Erklärung etlicher Namen in dieser Tafeln.
Ierusalem, Iebus, Aelia, Capitolina.
Mare mortuum, Das Todt vnd Gesalzen Meer.
Mare Galileæ, Das Tyberiadisch Meer, der See Genesareth, Maron, Samachonitis.
Galilæa, Decapolis, Capul.
Ptolemais, Acon.
Emaus, Nicopolis.
Iudæa, Palestina, Chananæa.
Idumæa, Duma, Aedom, Seir.
Bethel, Luza, Bethauen.
Cæsarea Palestinæ, Stratonis Thurn.
Cæsarea Philippi, Dan, Panea.
Samaria, Sebaster.
Aroer, areopolis.
Carmeli promō.
Mare med
Ptolemais & Acon
ISACHAR
ZABVLON
Cana
Nazareth
Galilæa gentiū
GALILEA
Cabul
ASER
Tyrus
Aphec
Sarepta
NEPTAL
Cana
Cedes
Thabor mōs
Seleucia
Dan

S' : TVBE : TEMPLI : XPI

HARTWIG SIPPEL

DIE TEMPLER

GESCHICHTE UND GEHEIMNIS

AMALTHEA

Für Seine Seligkeit,
den Patriarchen Maximos V.
von Antiochia, den ganzen Orient,
Alexandria und Jerusalem
sowie allen Christen im Heiligen Land

Produktion: Bildbuch Verlag, Wien
Bilder aus dem Archiv des ORDO SUPREMUS MILITARIS
TEMPLI HIEROSOLYMITANI, Österreich
und dem Archiv des Bildbuch Verlags, Wien
Umschlaggestaltung: Grafikstudio Schlotterer & Partner,
München
Gesetzt aus der Classical Garamond bt. 10pt., Bitstream Inc.
und Garamond, International Typeface Corporation
Druck und Bindung: Wiener Verlag, Himberg bei Wien
Printed in Austria
ISBN 3-85002-376-1

Inhalt

Die zwei Säulen der Macht

Die Funktion im Abendland

Der Verfall

Dritter Teil

Der Templerorden und die Kunst seiner Zeit

Die Gotik und ihre Entstehungsgeschichte

Der Templerorden im Spiegel der Literatur seiner Zeit

Epilog

Anhang

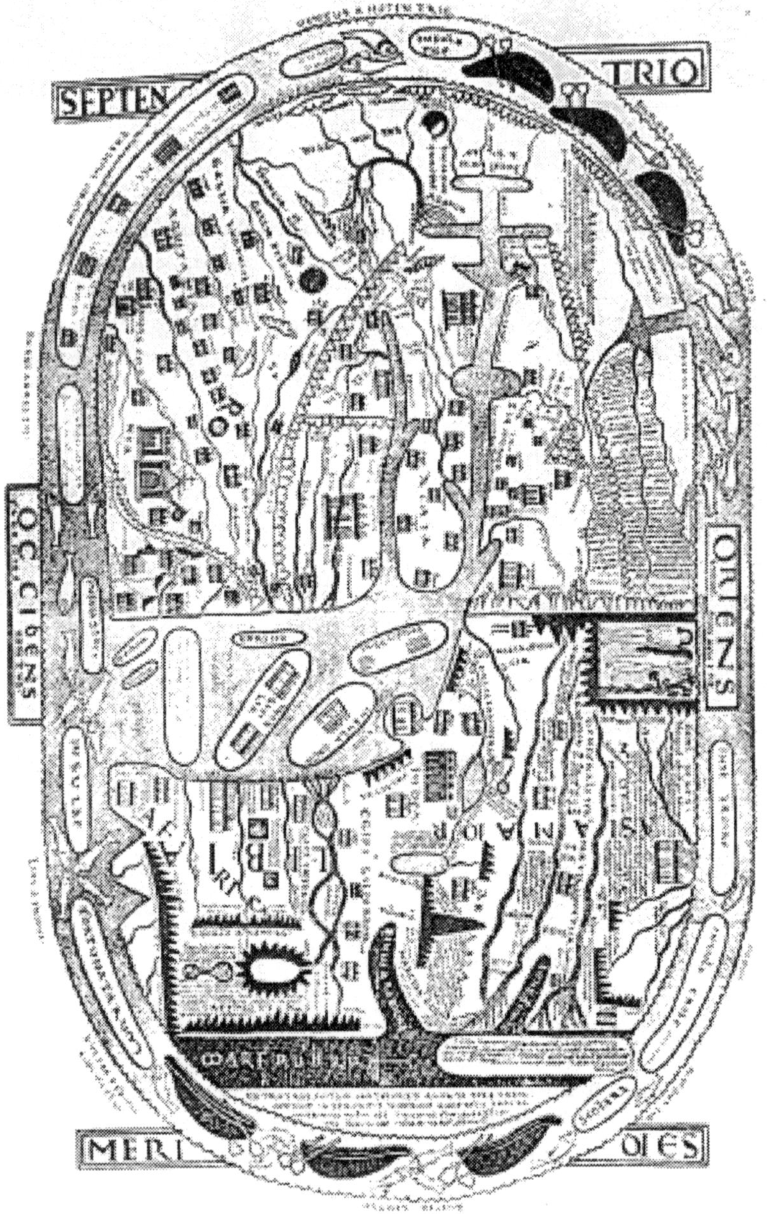

Zeitgenössische Weltkarte des Osma Beatus

Einführung

Vor 878 Jahren wurde von einer Handvoll beherzter Männer in Jerusalem eine Bruderschaft begründet, deren höchstes Ideal darin bestand, alles zu tun, um die Straßen im Heiligen Land zu sichern und christliche Pilger gegen Raubüberfälle und Angriffe der Sarazenen in Schutz zu nehmen. Niemand konnte zu diesem Zeitpunkt ahnen, daß damit der Grundstein für einen der bedeutendsten und zugleich umstrittensten Orden der Christenheit gelegt wurde.
Fürsten und Könige verhalfen dieser Gemeinschaft frommer Idealisten innerhalb weniger Jahrzehnte mit Schenkungen aller Art zu immensem Reichtum. Unzählige Männer aus dem Adel des Abendlandes wetteiferten, in den neuen Orden, der *Nova Militia,* jener »Neuen Ritterschaft vom Tempel zu Jerusalem«, einzutreten, um fortan freudig ihr Leben dem Kampf gegen die Ungläubigen zu widmen. Damit gewann der Orden weit über seine ursprüngliche Bestimmung hinaus an Macht und Einfluß.
Über wenige vergleichbare Organisationen ist in den letzten 150 Jahren so viel geschrieben worden wie über den kometenhaften Aufstieg und den jähen Untergang des Templerordens. Wohl kaum eine andere christliche Ordensgemeinschaft hat Jahrhunderte hindurch die Gemüter der Forscher derart bewegt. Gerade in den letzten Jahren wurden zahlreiche sensationswissenschaftliche Arbeiten mit entsprechender Aufmachung einer nach neuen Mysterien und Geheimnissen hungernden Leserschaft präsentiert – aber sie scheinen wohl kaum geeignet, die zweifellos noch vorhandenen offenen Fragen über die tatsächliche Ordensidee auch nur einigermaßen zufriedenstellend beantworten zu können. Ihre für die Forschung eher fragwürdigen »Enthüllungen« tragen vielmehr dazu bei, das in erster Linie durch den Prozeß gegen die Templer geprägte falsche Bild mit wissenschaftlich größtenteils nicht nachvollziehbaren Spekulationen noch mehr zu verdunkeln. In dem solche Autoren ganz bewußt Geschichte und Legende des Templerordens vermischen, besteht sogar die nicht zu unterschätzende Gefahr einer Dogmatisierung all jener zweifelhafter Theorien über irgendwelche abstrusen »Geheimlehren«.
Hingegen reduzieren sich die meisten der wissenschaftlich seriösen Publikationen über diesen umstrittenen Orden fast ausschließlich auf die Schilderung seiner Geschichte sowie auf den Prozeß

gegen ihn, ohne aber näher auf dessen geistig-ideelle Grundlagen und Zielsetzungen einzugehen. Zwar kann zum besseren Verständnis der politischen Zusammenhänge jener Zeit auch im Rahmen der vorliegenden Studie nicht auf eine chronologische Schilderung der wichtigsten Geschehnisse verzichtet werden, doch ist die Hauptaufgabe dieser Arbeit vor allem, die in den philosophisch-theologischen Vorstellungen des 12. und 13. Jahrhunderts begründete weltanschauliche Konzeption des Ordens zu untersuchen.

Die Tempelritter sind mit Sicherheit weit mehr als lediglich eine im Rahmen der Kreuzzüge auftretende Besonderheit. Gewiß ist die Entstehung dieser Gemeinschaft wie auch der anderen großen Ritterorden ohne den Hintergrund der Kreuzzüge ins Heilige Land, der wohl gewaltigsten religiösen Bewegung des Mittelalters, nur schwerlich vorstellbar. Doch sind die beiden Begriffe – Kreuzzug und Ordensritter – typische Phänomene ihrer Zeit. Sie sind eng verknüpft mit der alle Bevölkerungsschichten erfassenden epochalen sakral-ideologischen Erneuerungsbewegung, die bereits mehr als zwei Jahrhunderte vor der Gründung des Templerordens durch die Reformidee von Cluny ihren Anfang nahm.

Für die Untersuchung der ideologischen Grundlagen des Ordens diente in erster Linie als hervorragende Quelle das von Bernhard von Clairvaux verfaßte »Lob an die neue Ritterschaft« (*De Laude novae militiae*). Diese Schrift dokumentiert nicht nur die ideellen Zielsetzungen der *Nova Militia* in ihren Anfängen deutlich, sondern kann auch als ein hervorragendes Beispiel für den prägnanten Einfluß augustinischer Ideen auf die Denkweise des 12. Jahrhunderts angesehen werden. Charakteristisch für das theologisch-philosphische Erneuerungsdenken im Mittelalter ist die zweckbetonte Konfrontation von »alt« und »neu«. Darunter versteht man, daß die Gegenüberstellung von Bedeutungszusammenhängen zwischen christlicher Heilsgeschichte und Politik das politische Handeln in dieser Heilsgeschichte unmittelbar aufgehen ließ. Politik war in Theorie und Praxis allgemein auf die Religion bezogen. Religiöse Belange stellten der Politik daher ihre vornehmsten heilsgeschichtlichen Aufgaben: mit allen Mitteln den Schutz und die Verbreitung des christlichen Glaubens zu gewährleisten – im Bedarfsfall auch mit Waffengewalt.

Diese Vorstellung einer universalen Verchristlichung lieferte fast zwangsläufig den ideologischen Nährboden für eine monastische und ritterliche Prinzipien vereinigende Organisation wie den Templerorden und die zahlreichen anderen nach seinem Vorbild ins Leben gerufenen Vereinigungen. Ein neues ritterliches Ideal war geboren: der *miles christianus* – ein lebender Beweis für den radikalen Wandel in der christlichen Kriegsethik.

Die Templer waren aber ohne Zweifel nicht nur die militärische Speerspitze, sondern auch die sakral-ideologische Seele der Kreuzzüge – Vorbilder in einer mythisch verklärten Welt für Generationen von Rittern. Daher ist auch der Feststellung des Historikers Michael Howard nichts hinzuzufügen, »die bemerkenswerte Verschmelzung von germanischem Krieger und lateinischem Mönch« bilde »das Fundament der ganzen mittelalterlichen Kultur«.

Die Ursprünge des Templerordens fallen in einen Zeitabschnitt des sakralideologischen Aufbruchs. Damals hatte sich das Papsttum unter Gregor VII. und seinen Nachfolgern zur geistigen Führungsmacht des Abendlandes emporschwingen können, dies war eine Folgeerscheinung der cluniazensischen Reform. Rom konnte seine Position an der Spitze einer vermeintlich geeinten Christenheit für die nächsten zweihundert Jahre relativ unangefochten behaupten. Sämtliche Reformpäpste waren von der festen Überzeugung beherrscht, daß eine zielführende Kirchenreform untrennbar mit der Kreuzzugsidee verbunden sei.

Sichtbare Beweise für den hohen Stellenwert des Ordens in den politischen Überlegungen des Reformpapsttums liefert unter anderem die päpstliche Bulle *Omne datum optimum* (1139): Sie definiert den Tempel als Treuhänder und Garanten der Kreuzzugsidee, gesteht ihm außerordentliche Privilegien zu und unterstellt den Orden der ausschließlichen Jurisdiktion des Heiligen Stuhls. Mit dem zunehmenden Verfall der Kreuzzugsidee und dem jahrzehntelangen unseligen Ringen um das *dominum mundi* zwischen Rom und den Staufern verloren die Nachfolger Petri jedoch ihre uneingeschränkte Autorität im Abendland. Ein zur Marionette der französischen Krone herabgesunkenes Papsttum war schließlich nicht mehr in der Lage, dem Templerorden im alles entscheidenden Augenblick den nötigen Schutz zu gewährleisten.

Für eine Analyse der Weltanschauung des Templerordens in seiner Spätzeit verfügt die Forschung über kein wissenschaftlich absolut zuverlässiges Material. Die wenigen Hinweise liefern uns die Symbole des Ordens sowie die an Sinnbildern reichhaltige Literatur des 13. Jahrhunderts. Bekanntlich erlangte die künstlerische Ausdrucksform von geistig-ideellen Vorstellungen mittels allegorischer Darstellungen im Abendland ihren Höhepunkt mit der vollen Entfaltung der gotischen Kunst. Es wird daher im Rahmen dieser Arbeit

versucht, jenes Weltbild an Hand einer Interpretation der Gralsepen sowie der Dichtungen Dante Alighieris zu rekonstruieren, denn besonders in diesen Werken ist eine Fülle von Anhaltspunkten in verschlüsselter Form über die Ideale des Ordens zu finden.
In diesem Zusammenhang sollte nicht unerwähnt bleiben, daß die Auslegung jener Symbole der Forschung zahlreiche – auch vollkommen gegensätzliche – Möglichkeiten offenläßt. Gerade das Beispiel des Templerordens beweist leider immer wieder aufs neue, daß die bewußte oder unbewußte Fehlinterpretation jener für uns Menschen der Gegenwart sicherlich schwer begreifbaren Symbole immer wieder zu falschen Schlußfolgerungen führt.
Ebenfalls ist es im Rahmen dieser Arbeit unvermeidbar, daß für den behandelten Zeitraum der Hintergrund und die Abläufe der »Großen Politik« des christlichen Abendlandes, aber auch die »Große Politik« zwischen diesem und der orientalisch-muslimischen Staatengesellschaft aufgezeigt werden.

Seeschlacht zwischen Christen und Muslimen Faksimile aus »de passagiis in Terram Sanctam« (Venedig)

Im Unterschied zu den übrigen Staatengesellschaften der Geschichte, die hegemonial oder imperial regiert wurden, verfügte die mittelalterliche lateinische Christenheit über keinen wirklich autorisierten Oberherrscher, sie hatte aber auch die Unabhängigkeit ihrer Teile noch nicht anerkannt. Das römische Modell der legitimierten Vorherrschaft blieb indessen als Inspiration für die Amtskirche wirksam. Aber auch nach unten hin war wegen des feudalen Aufbaus der Gesellschaft eine Unterscheidung nach politischen Einheiten kaum zu treffen.
Der Feudalstaat bestand aus Ketten von Lehensbeziehungen, deren Grundlage das Lehen bildete, das eine Mischung von bedingtem Eigentum und privater Autorität darstellte. Das Eigentum war deshalb nur bedingt, da es explizite soziale Verpflichtungen mit sich brachte. Die Autorität wiederum war privat in dem Sinn, daß

die Vollmacht zur Rechtsprechung und Verwaltung über die Einwohner eines Lehens in der Person des Lehensinhabers, des »Lehensherrn«, lag. Darüber hinaus war es der Regelfall, daß für ein und dasselbe Landeigentum vielfältige Nutzungstitel bestanden. Solcherart stellte das mittelalterliche Herrschaftssystem ein Flickwerk von einander überlappenden und unvollständigen Herrschaftsrechten dar. Außerdem waren unterschiedliche gerichtliche Instanzen geographisch ineinander verwoben und geschichtet. Häufig konnten deshalb auch mehrfache Loyalitäten, asymmetrische Hoheitsrechte und merkwürdige Enklaven angetroffen werden.

Das mittelalterliche Herrschaftssystem kann man mit gewissen Einschränkungen grundsätzlich als ein internationales bezeichnen. Einerseits ist eine Unterscheidung zwischen internen und externen politischen Bereichen mangels klar erkennbarer Grenzen – außer in der Spätzeit – aus heutiger Sicht wenig sinnvoll. Andererseits kam es oft vor, daß Gebietsherren in verschiedenen Bezirken ihrer Herrschaft in entgegengesetzten Lehensverhältnissen standen. Obendrein zeichnete die feudale Herrschaftsklasse eine selbst für heutige Verhältnisse noch ungewöhnliche Mobilität aus – sie hatte offenbar keinerlei Schwierigkeiten, von einem Ende des Kontinents zum anderen zu reisen und ihre Herrschaftsfunktionen auszuüben, denn öffentliche Territorien bildeten zusammen mit den privaten Gütern ein fließendes Kontinuum.

Der Herrschaftsbereich der mächtigen Königshäuser war indessen nicht auf ein bestimmtes Territorium oder eine bestimmte Nation beschränkt. Ausnahmen bildeten lediglich die wenigen Familien der großen Adelsgeschlechter. Der Rest der Adelsgesellschaft war jedoch üblicherweise so fest im Lehenswesen verankert und gebunden, wie die Masse der Bauern und der Leibeigenen an deren von ihnen bewirtschaftetem Land (*ad glaebam adscriptam*). Doch entspricht viele Jahrhunderte hindurch jene »Bindung an das Land« im Sinne der Zugehörigkeit zu einer lokalen Einheit keineswegs unseren heutigen Vorstellungen von »Nationalität«. Es kann eigentlich nur von »lokal beschränkten Solidaritätsgefühlen« gesprochen werden, die sich kaum über eine bestimmte Stadt oder über eine exakt definierte Region hinaus erstreckten. Indes existierte aber bereits das Konzept eines quasi-ethnischen deutschen Franzosen oder Angehörigen anderer »Nationen«.

Trotz ihrer großen Vielfalt kann die mittelalterliche christliche Welt als eine relativ einheitliche Gesellschaft angesehen werden. Sie gliederte sich allerdings nicht vertikal in größere und kleinere unabhängige Staatsgebilde, welche – jedes für sich – innerhalb ihrer Grenzen souverän agierten. Die mittelalterliche Gesellschaft war vielmehr horizontal in vier große Klassen geschichtet: Adel (vom König bis zum einfachen Ritter), Geistlichkeit, Bürgertum (Kaufleute und Handwerker) und Bauern.

In der mittelalterlichen Christenheit teilte sich der Adel die Regierung mit der Kirche. Diese geteilte und doppelte Autorität des Mittelalters erwuchs seit der Völkerwanderung aus der Koexistenz zwischen römischer Kirche auf der einen sowie den »barbarischen« Königreichen auf der anderen Seite. Beide Mächte teilten sich die Autorität – und alle Menschen waren diesen beiden untertan.

Die Kirche befaßte sich natürlich in erster Linie mit Religion, die im Leben des damaligen Menschen eine wesentlich größere Rolle spielte als heute. Darüber hinaus zeichnete die Kirche nahezu für alles verantwortlich, was man heute unter dem Begriff »Sozialdienste« versteht: Medizin und Krankenhäuser, Geistigkeit und Erziehung (abgesehen von der Ausbildung der Adeligen und der Städter) und nicht zuletzt für die Fürsorge der Armen. Im Gegensatz zum Adel, der lokal gebunden war, blieb die Kirche im echten Sinne universal, denn der Klerus rekrutierte sich aus allen Klassen über die ganze Christenheit hinweg. Nicht zuletzt auch wegen der universal verwendeten lateinischen Sprache kann die von Rom aus gesteuerte Kirche als das markanteste Relikt des vormaligen römischen Imperiums bezeichnet werden. Tatsächlich vermittelt die Institution der Kirche am ehesten noch den Eindruck einer gewissen Universalität, denn sie erzeugte ein allgemeines Gefühl der Solidarität in der ganzen abendländischen Christenheit. Zwar repräsentierte die römische Kirche durch ihre überragende Stellung und ihren allgegenwärtigen Administrationsapparat den einzigen Garanten einer kulturellen Einheit, doch förderte sie gleichzeitig als einzige wirklich zentral organisierte Institution im lateinischen Okzident jene Diffusität der hegemonialen Autoritäten, um damit ihre eigene Stellung in der Gesellschaft zu festigen. Davon wird später noch ausführlich die Rede sein.

Die wichtigste Aufgabe des Adels hingegen bestand vor allem darin, Kriegsdienst zu leisten und bis zu einem gewissen Grad in seinem Machtbereich zu herrschen. An der Spitze der Adelsgesellschaft standen Könige und autonome Fürsten. Ein mittelalterlicher König verfügte allerdings über keine allzu große Autorität und zumeist über geringfügigen eigenen Grundbesitz außerhalb seiner Familiendomänen, der sogenannten »Hausmacht«. Er war mehr oder weniger von seinen feudalen Vasallen, den Herzögen, Grafen oder Baronen abhängig, die auf ihre Positionen und Funktionen wiederum ebensoviel Anrecht hatten wie der König auf die seinen. In Wirklichkeit jedoch waren viele »große« Lehensmänner mächtig genug, um sich ihren diversen Verpflichtungen gegenüber dem Lehensherrn zu entziehen. Nicht wenige von ihnen hatten unterschiedliche, in ihrer Gesamtheit widersprüchliche Dienste an ihre verschiedenen Dienstherren zu leisten.

Erst in späteren Jahrhunderten konnten zahlreiche Könige und souveräne Fürsten in Europa despotisch regieren – und diese Tatsache kann leicht zu dem Trugschluß verleiten, die Vorstellung von »absoluter« Macht auch auf mittelalterliche Könige zu projizieren. Während des Mittelalters aber waren Regierungsmacht wie militärische Stärke dezentral verteilt. Die meisten mittelalterlichen Herrscher hatten daher kaum die Möglichkeit, wirkliche Macht in ihren Händen zu konzentrieren. Ebenso schwierig war es für sie, über ihre eigenen Einnahmen, die ihnen durch das Gewohnheitsrecht zustanden oder die sie aus eigenen Besitzungen zogen, noch zusätzliche Einkünfte zu erzielen.

Die Autorität in der mittelalterlichen Adelsgesellschaft tritt fast immer nur fragmentiert und lokalisiert in Erscheinung. Die sogenannte »Oberhoheit« in dem ganzen System präsentiert sich ziemlich diffus und lediglich nominell.

An dieser Stelle sei darauf hingewiesen, daß selbst vermeintlich »mächtige« Gebilde wie das Heilige Römische Reich oder das Königreich Frankreich nicht als politische Einheit anzusprechen waren. Territorialität war generell keine Kategorie, denn die Staatengesellschaft des mittelalterlichen Europa wird dadurch charakterisiert, daß sie im Gegensatz zu seinem großen Vorgänger, dem Römischen Reich, keine Grenzen im herkömmlichen Sinn kannte. So wie die räumliche Ordnung über Jahrhunderte hindurch mehr oder weniger im unklaren lag, ist auch der Begriff »Territorialanspruch« für diese Epoche im politikwissenschaftlichen Sinn nicht genau definierbar. Demnach stellte das mittelalterliche Europa keinesfalls ein System von Staaten dar, vielmehr bildete die feudalistische Adelsgesellschaft eine Einheit.

Aus diesem Grund ist für die historisch-soziologische Betrachtung der internationalen Politik das Mittelalter und nicht zuletzt die Rolle des Templerordens in dieser Epoche besonders interessant. Freilich ist hier noch vieles nicht so sehr von den Fakten her, wohl aber aus systematischer Sicht aufzuklären.

Eine Darstellung der Kreuzzüge in der Maciejowski-Bibel, entstanden um etwa 1250

Erster Teil

Die Anfänge des Templerordens

Bernhard von Clairvaux

Erstürmung von Jerusalem im ersten Kreuzzug

DER AUFBRUCH DES ABENDLANDES

Die geopolitische Lage Europas im 11. Jahrhundert

Mit Beginn der zweiten Hälfte des 11. Jahrhunderts kam es zu einem durch mehrere Ursachen bedingten Umbruch, der die politische Lage in Europa entscheidend verändern sollte. Bekanntlich war die Welt zu jenem Zeitpunkt noch nicht in der Gestalt eines einzigen Staatensystems oder einer einzigen Staatengesellschaft organisiert, diese Entwicklung sollte erst gegen Ende des 15. Jahrhunderts einsetzen.

Jenes Staatensystem, dem die mittelalterliche lateinische Christenheit angehörte – weitere Staatensysteme lagen noch unbekannt und unentdeckt außerhalb der eurasischen Landmasse, so etwa in Nord-, Mittel- und Südamerika –, erstreckte sich zunächst von Spanien über Persien bis zum indischen Subkontinent mit seinen östlichen Ausläufern. In diesem Staatensystem findet man mehrere Formationen, von denen die mittelalterliche lateinische Christenheit nur sehr bedingt, die übrigen schon eher als »Staatengesellschaften« angesprochen werden können.

An den lateinisch-christlichen Okzident und den arabisch-orientalischen Orient grenzte das ebenfalls christliche byzantinische Reich, das vom südlichen Balkan über Griechenland und den ägäischen Inseln bis nach Kleinasien reichte. Byzanz bewegte sich als Staat unter Staatengesellschaften, denn es setzte das *Imperium Romanum* in staatsrechtlicher Form fort. Dieses System zeichnete im Gegensatz zur lateinischen Christenheit eine streng durchorganisierte, dem alten römischen Militärwesen entlehnte hierarchische Ordnung aus. An der Spitze dieser vertikalen Ordnung – von niemandem bestritten – stand der Kaiser (gr. *Βασιλεύς*).

Trotz ihrer Zugehörigkeit zur selben Religion grenzten sich die lateinischen Christen wegen schwerwiegender sakral-ideologischer Differenzen von den griechischen Christen das ganze Mittelalter hindurch schroff ab und betrachteten sich als die einzigen legitimen Mitglieder der Christenheit. Ihre Vorstellung schloß praktisch nur lateinische Christen ein und grenzte insbesondere seit dem Schisma von 1054 das griechisch sprechende Byzantinische Reich mit dem Mittelpunkt Konstantinopel aus.

Die arabisch-islamische Staatengesellschaft erstreckte sich von Spanien bis Persien; nach Osten schloß sich die Staatengesellschaft des indischen Subkontinents mit ihren östlichen Ausläufern und seiner traditionellen hinduistischen Kultur als Grundlage an, die Macht aber lag in den Händen muslimischer Herrscher.
Erst zu Beginn des 13. Jahrhunderts wurde die Verbindung zwischen dem sich über Europa, West- und Südasien erstreckenden Staatensystem auf der einen und dem zum Teil mongolisch-tatarischen Herrschaftsbereich auf der anderen Seite hergestellt.
Das nomadisierende, aus zahlreichen autonomen Stämmen bestehende Reitervolk der Mongolen trat 1206 erstmals ins Licht der Geschichte. Damals war es Dschingis Khan gelungen, alle Stämme unter seiner Führung zu vereinen. Von diesem Zeitpunkt an operierten die Mongolen als straff organisierte, aber gleichzeitig auch als überaus aggressive militärische politische Kraft. In der Folge unterwarfen sie China binnen weniger Jahre und übernahmen in dem auf einer hohen Zivilisation stehenden »Reich der Mitte« gleichzeitig auch dessen hervorragend ausgebildeten Verwaltungsapparat. Mit der Eroberung Chinas war jedoch die mongolisch-tatarische Expansion noch nicht abgeschlossen. Innerhalb weniger Jahrzehnte überrannten die siegreichen Heere Teile Indiens, die mittelasiatischen Steppen, Persien sowie Mesopotamien und standen gegen Mitte des 13. Jahrhunderts an den Grenzen des Abendlandes.
Charakteristisch für alle diese Staatengesellschaften (lateinische und griechische Christenheit, arabisch-islamisches System, indisches System, mongolisch-tatarisches System) ist ihre durch Religion, Regierungsform, Rechtssystem, Handelsbeziehungen und nicht zuletzt durch die Kenntnis der Schrift hoch entwickelte Zivilisation. Aber die diversen internationalen Gesellschaften, die in den Jahrhunderten vor dem Beginn der europäischen Expansion auf der eurasischen Landmasse ein Staatensystem bildeten, unterschieden sich natürlich sehr stark voneinander. Zum Beispiel waren das arabisch-islamische und das indische System in der Praxis aus einer Anzahl unabhängiger politischer Einheiten zusammengesetzt, wohingegen das mongolisch-tatarische und das chinesische System wirksamer zentralisiert waren.
Bei allen Unterschieden, die zwischen den übrigen Staatengesellschaften bestanden, findet man doch eine unübersehbare Gemeinsamkeit: sie waren alle – zumindest in der Theorie, die ihnen zugrundelag – hegemonial oder imperial aufgebaut. Im Zentrum einer jeden stand ein »Suzerain«, ein oberster Herrscher: der Kalif

oder Befehlshaber der Gläubigen, der Großmogul in Delhi, der mongolische Großkhan oder der chinesische »Sohn des Himmels«. Ein solcher »Suzerain« übte direkte Autorität über das Kernland aus. Dieses Imperium wurde von einer Peripherie lokalautonomer Herrschaftsbereiche umgeben, welche die Oberhoheit des Oberherrschers anerkannten und ihm durch Tribute oder Heerfolge verpflichtet waren. Dennoch waren viele jener peripheren Staaten durchaus in der Lage, trotz der nominellen Ansprüche des Oberherrschers eine vollständige Unabhängigkeit zu bewahren. Jenseits dieser einzelnen regionalen Staatensysteme lagen Königreiche und Fürstentümer, die sogar durch den obersten Herrscher als unabhängig, obwohl nicht ebenbürtig, anerkannt wurden.

Im Rahmen des Wirkungsbereichs jener Oberhoheitssysteme unterhielten die Staaten der Randgebiete Beziehungen untereinander ebenso wie mit dem Oberherrscher. Indes taten sie sich nicht zusammen, um die zentrale Autorität zu stürzen, wenn es auch gelegentlich vorkam, daß sie rebellierten – und manchmal versuchte auch ein mächtig gewordener König, die Oberherrschaft an sich zu reißen. Aber alle gingen davon aus, daß irgendein – wie auch immer geartetes – Zentrum mit nomineller Vorherrschaft weiterhin Bestand haben würde. In den größeren außereuropäischen internationalen Systemen versuchte niemand, dieses Konzept in Frage zu stellen.

Während der Jahrhunderte vor 1500 gab es weit weniger Berührungspunkte zwischen den verschiedenen außereuropäischen internationalen Systemen – und ebenso mit der ganz andersartigen Welt der mittelalterlichen lateinischen Christenheit – als innerhalb der Systeme selbst. Es bestanden vor allem Handelsbeziehungen, insbesondere auf dem Seeweg über das Mittelmeer und den Indischen Ozean. Man kommunizierte gelegentlich auf diplomatischer Ebene und trug hin und wieder militärische Konflikte aus. Kriege stellten sich allerdings nur in einigen Fällen als wirklich folgenschwer heraus, wie etwa die sakral-ideologisch bedingte Auseinandersetzung zwischen der lateinischen Christenheit und dem arabisch-islamischen System.

Bevor Europa den Globus vereinigte, konnten Beziehungen zwischen Staaten oder Herrschern, die verschiedenen regionalen internationalen Systemen angehörten, niemals auf derselben moralischen und rechtlichen Grundlage geführt werden wie Beziehungen innerhalb des jeweiligen Systems. Denn diese moralische und rechtliche Grundlage wurde zum Teil durch Prinzipien erstellt, die in der

Kreuzfahrer zur See
Faksimile aus »de passagiis in Terram Sanctam« (Venedig)

Eigentümlichkeit der Kultur begründet und daher exklusiv waren: die Einheit der Christenheit, die Gemeinschaft der Gläubigen im Islam oder die Konzeption des chinesischen Kaisers als des Herrschers im Reich der Mitte. In der europäischen Tradition fanden Ideen eines universalen Völkerrechts oder eines Naturrechts keinen Eingang, es dominierten hingegen in Konkurrenz Doktrinen einer fundamentalen Teilung der Menschheit zwischen Griechen und Barbaren, Christen und Ungläubigen, Europäern und Nichteuropäern. Wichtiger noch: es gab kein einzelnes konsensuelles Corpus von Regeln und Institutionen, das über die Grenzen von zwei regionalen internationalen Systemen funktioniert hätte und schon gar nicht über die ganze Welt hinweg.
Das dem Europa des 11. Jahrhunderts bekannte Weltbild beschränkte sich im wesentlichen auf bereits in der Antike gewonnene Kenntnisse. Dieses Weltbild teilt sich in die zwei kultur- und religionspolitisch voneinander getrennten Sphären des Christentums und des Islam. Als ungefähre Trennungslinie zwischen diesen beiden Kulturkreisen kann – mit Ausnahme des südwestlichen Teils der iberischen Halbinsel – das Mittelmeer angesehen werden: Die politisch wichtigsten Machtzentren Europas lagen seit der Spätantike

mit den Schwerpunkten Rom und Konstantinopel als Hauptstädte des west- beziehungsweise oströmischen Imperiums im Mittelmeerraum. Beide sahen sich mit dem sakral-ideologisch wie geopolitisch nicht zu unterschätzenden Problem der arabisch-islamischen Staatengemeinschaft konfrontiert.

Ausgehend von einem wiedererstarkten Papsttum in Rom, stellte die Kirche die politisch stabilste und eng mit der Staatsgewalt verbundene Institution dar. Wohl war die Vorherrschaft der deutschen Kaiser aus dem Hause der Sachsen und Salier bis zur Mitte des 11. Jahrhunderts unangefochten, doch wurde diese auf Grund des wachsenden Einflusses der theokratisch ausgerichteten Reformbewegungen in zunehmendem Maß erschüttert.

Mit Beginn der zweiten Hälfte des 11. Jahrhunderts kam es zu einem Umbruch, der die politische Lage in Europa entscheidend verändern sollte. Durch den frühen Tod Kaiser Heinrichs III. (1056) entstand vorübergehend ein Machtvakuum, das den deutschen Fürsten die Gelegenheit zur Vergrößerung ihrer territorialen Hausmacht gab. Hinzu kam die Auseinandersetzung zwischen geistlicher und weltlicher Macht, die unter Papst Gregor VII. und Heinrich IV. ihren Höhepunkt fand. Dies alles führte zur Destabilisierung der zentralen Staatsgewalt.

Im Westen Europas hingegen konnten die Spanier unter der Führung des Königreichs Kastilien die muslimischen Mauren aus dem nordwestlichen Teil der iberischen Halbinsel zurückdrängen. Außerdem eroberten die Normannen im Jahre 1066 England. Beide Ereignisse zeitigten erhebliche geopolitische Veränderungen.

Im südlichen Italien entstanden in den Jahren 1040–1054 ebenfalls normannische Staaten auf ehemaligen byzantinischen Territorien. Papst Leo IX., ursprünglich Gegner der in der Zwischenzeit christianisierten Normannen, anerkannte schließlich deren Rechte auf die eroberten Gebiete. Dieser päpstliche Akt im Jahre 1054 hatte den endgültigen Bruch *(Schisma)* zwischen West- und Ostkirche zur Folge, nachdem das Verhältnis bereits seit einigen Jahrhunderten von liturgischen Differenzen gekennzeichnet und der umstrittenen Anerkennung des Primats von Rom durch den Patriarchen von Konstantinopel belastet war.

Kurze Zeit nach dem Verlust der letzten oströmischen Provinzen in Süditalien betrat mit den Seldschuken eine neue Großmacht die Bühne der Weltgeschichte. Dieses Reitervolk tatarischen Ursprungs aus den Steppen Innerasiens war erst um das Jahr 1040 islamisiert worden, aber bald schon konnte es Byzanz bedrohen. Innerhalb

nur weniger Jahre eroberten die Seldschuken Persien und Mesopotamien im Osten beziehungsweise Armenien und den größten Teil Anatoliens im Westen. Der Versuch, diesem ungeheuren Expansionsdrang Einhalt zu gebieten, scheiterte mit einer vernichtenden Niederlage in der Schlacht von Manzikert (1071). Als politische Konsequenz dieser militärischen Auseinandersetzung verlor Byzanz endgültig die Vormachtstellung in Kleinasien an das neu entstandene Reich der Seldschuken.
Letztere drangen unmittelbar nach ihrem Sieg von Manzikert in das Reich der arabischen Fatimiden in Syrien ein und eroberten 1071 Jerusalem sowie 1075 Damaskus.

Die ideenpolitischen Strömungen der »Erben Roms«

Zu Beginn des Mittelalters zerfiel das philosophische wie auch das politische Erbe der Antike in drei große Teilbereiche: in Byzanz als Nachfolgestaat des oströmischen Imperiums, in den dem islamischen Weltbild zuzuordnenden Bereich und in den Kulturkreis des »lateinischen« Abendlandes. Trotz ihrer eigenständigen Entwicklung und den unterschiedlichen gesellschaftspolitischen Strukturen wird die Geschichte aller drei Nachfolgekulturen von einem gemeinsamen markanten Charakteristikum geprägt: der absoluten Dominanz der heilsgeschichtlichen Deutung über das politische Denken und Handeln. Die Vorstellungen von Politik und Gesellschaft standen in engem Zusammenhang mit theologischen Ideologien und waren untrennbar mit den jeweiligen, auf althergebrachten Traditionen beruhenden Glaubenssystemen verbunden.
Byzanz verstand sich nicht nur staatsrechtlich, sondern auch ideologisch immer als Fortsetzung des Römischen Reichs. Daher wurde das Verhältnis von Religion und Politik weitgehend durch das römisch-hellenistische Erbe gestaltet. Dieses durch die funktionale Trennung von Herrscheramt *(Imperium)* und Priesteramt *(Sacerdotium)* dominierte Verhältnis sieht entsprechend der von Eusebios, dem Hoftheologen Konstantins, festgelegten Grundsätzen den Kaiser unbestritten an der Spitze der Staatshierarchie: Der Kaiser hat als Gottes Stellvertreter die Ordnung des Kosmos zu repräsentieren; er fungiert jedoch keinesfalls als oberster Priester.
Im Gegensatz zum lateinischen Okzident greift Byzanz bei der Differenzierung der beiden Ämter nicht auf eine der »Zwei Schwerter-Lehre« ähnliche Doktrin zurück. Vielmehr definieren byzantini-

sche Theologen beide Institutionen als zwei gleichrangige, sich ergänzende vollkommene Gemeinschaften, die zur Zusammenarbeit verpflichtet sind.
Das islamische Weltbild ist gekennzeichnet durch die völlige Identifizierung von Religion und Politik. Geistiges wie weltliches Oberhaupt ist der Kalif, der Stellvertreter des Propheten Mohammed, dessen Führerschaft in den islamischen Gesetzen, der *schari'a,* verbindlich festgelegt ist. Ein von *Koran* und *schari'a* unabhängiges Denken war nur durch den Rückgriff auf das philosophische Gedankengut der Antike möglich, das von muslimischen Philosophen *(falasifa)* in die arabische Sprache übersetzt und teilweise weiterentwickelt worden war. Doch ein solches »griechisches« Denken übte auf die tasächlich angewendete Politik der islamischen Machthaber lediglich einen begrenzten Einfluß aus, denn die römisch-hellenistische Staatsidee war auf anderen Prinzipien als jene des islamischen Weltbilds aufgebaut.
Im lateinischen Abendland waren Politik und Religion einander doktrinär zugeordnet, und diese Haltung orientierte sich im wesentlichen an der »Krone der altkirchlichen Apologetik«, der *De civitate Dei,* der sogenannten Zwei-Staaten-Lehre des Kirchenvaters und großen christlichen Theoretikers Aurelius Augustinus.

Das Weltbild des Augustinus

Augustinus versteht die Menschheitsgeschichte als einen einzigen gottgewollten Heilsplan, der sich in einem Kampf zwischen Glaube und Unglaube manifestiert. An der Schwelle zum Mittelalter übernahm er wie kein anderer christlicher Denker vor ihm eine für die Nachwelt herausragende Mittlerrolle zwischen dem wesentlichen Gedankengut der römisch-hellenistischen Antike und den Kernaussagen der christlichen Heilslehre.
Der stark ausgeprägte dualistische Gegensatz in der Zwei-Staaten-Theorie – auf der einen Seite das irdischen Reich der Selbstliebe *(amor sui)* und des Bösen, auf der anderen Seite das himmlische Reich der Liebe zu Gott *(amor Dei)* und des Guten – geht in seiner Grundkonzeption zum Teil auf den bisweilen auch als »Stammvater des abendländischen Dualismus« bezeichneten hellenistischen Philosophen Plato zurück. Denn bereits Plato teilte die Welt in zwei voneinander getrennte Hälften: der »uneigentlichen«, von Raum und Zeit begrenzten Hälfte der sinnlichen Erfahrungen steht

Kreuzfahrer auf dem Marsch
Faksimile aus »de passagiis in Terram Sanctam« (Venedig)

die »eigentliche« Hälfte der körperlosen, ewigen Ideen und des Geistes gegenüber.
Der Gottesstaat *(civitas Dei)* bei Augustinus ist zunächst ein mit dem Weltstaat *(civitas terrena)* vermischter Pilgerstaat *(civitas peregrinorum)* in der Gestalt einer großen Familie mit Christus als ihrem Oberhaupt. Beide »Staaten« bilden aber eine Wirklichkeit, in der das Reich Gottes mehr oder weniger verborgen ist. Die vordringliche Aufgabe der Christen, »der Gemeinde der Reinen« in der Gemeinschaft der *civitas terrena,* ist die Errichtung der endzeitlichen »Gerechtigkeit«, (»...denn ineinandergeschoben sind die Staaten in dieser Weltzeit und miteinander verwirrt, bis sie beim letzten, dem jüngsten Gericht getrennt werden ...«).
Augustinus trennt zwar in seinem als rein geistige Konstruktion zu verstehenden Denkmodell Politik und Religion, indem er die beiden »Welten« – die des Diesseits *(civitas terrena)* und die des Jenseits *(civitas Dei)* – miteinander konfrontiert. Nichtsdestoweniger ist die Lehre von den »Zwei Staaten« aus ideenpolitischer Sicht nicht ganz unproblematisch – denn der Kirchenvater ordnet

ganz im Sinne Platos das Körperlich-Diesseitige dem Geistig-Jenseitigen unter, da das Diesseits nach dessen Ansicht nur eine Vorstufe zum Jenseits darstellt. Dennoch erklärt der Kirchenvater nirgends in seinen Werken ausdrücklich, der Staat müsse der Kirche unterworfen sein. Hingegen stellt er eindeutig fest, daß die göttliche Autorität zwar nur von der *ecclesia* repräsentiert werden könne, der Gottesstaat aber nicht mit der katholischen Kirche gleichzusetzen sei.

Augustinus' Theorie trat nach dem Zerfall des weströmischen Imperiums im Zuge der Völkerwanderung und der anschließend auf dem Fundament des Lehenswesens begründeten Germanenreiche vorübergehend in den Hintergrund. Erst als sich Mitte des 11. Jahrhunderts die Ausseinandersetzung zwischen König und Papst um die Weltherrschaft *(dominum mundi)* anbahnte, kam es zu diversen, im machtpolitischen Interesse der römischen Amtskirche begründeten Fehlinterpretationen der augustinischen Ideenlehre.

Bei der dualistisch angelegten Einteilung seines idealen Weltbilds wurde Augustinus aber nicht von Platos Philosophie allein inspiriert, sondern mit Sicherheit auch von der gnostischen Lehre der Manichäer, die im Römischen Reich des 4. und 5. Jahrhunderts in intellektuellen Kreisen sehr beliebt und weitverbreitet war. Augustinus selber war in seiner Jugend ein überzeugter Manichäer gewesen.

Über die Lehre der Manichäer existieren zahlreiche Mißverständnisse. Manchmal wird sie irrigerweise in die endlose Reihe der christlichen Häresien eingereiht, es handelt sich bei dieser aus dem Orient stammenden Lehre aber um eine der zahlreichen für die Spätantike typischen Mysterienreligionen. Der von dem Perser *Mani* (altgr. *Μανιχαιος*) Ende des 3. Jahrhunderts gegründete Erlösungskult war im Grunde nichts anderes als eine die Kernaussagen der Lehren Buddhas, Zarathustras und Christi umfassende synkretische Universalreligion. Das Weltbild der Lehre Manis besteht aus einem streng symmetrisch angeordneten unversöhnlichen Dualismus zwischen Körper und Geist, Finsternis und Licht, Böse und Gut sowie der Getrenntheit von Licht und Finsternis, ihre Mischung am Anfang und Entmischung zum Zeitenende.

Obschon der manichäische Einfluß unverkennbar ist – Augustinus verwendet in seinem »Gottesstaat« genau dieselbe dualistische Terminologie – stellt er Christi Erlösungswerk für beide *civitates*, also die gesamte Welt, in den Mittelpunkt seiner Arbeit. Er beruft sich hierbei auf *Johannes 1,1–5*: »...das Wort ist Fleisch geworden...«

und baut solcherart – anders als die Manichäer – eine Brücke zwischen seinen gegensätzlichen Staatsgebilden. In diesem Zusammenhang sei darauf verwiesen, daß Augustinus – nach seiner Bekehrung durch den Mailänder Bischof Ambrosius nunmehr entschiedener Gegner jeglicher gnostischen Lehren – nicht weniger als 33 Bücher gegen die Manichäer *(contra manichaeos)* in Form von Kampfschriften verfaßte.
Trotz seiner klaren biblischen Korrektur wurde das dualistische Weltbild Augustinus' von einigen im Mittelalter entstandenen christlichen Häresien und verschiedenen chiliastischen Bewegungen fälschlicherweise immer wieder im gnostischen Sinn umzudeuten versucht.
Dualismus setzt den Glauben voraus, der Mensch sei in der von Raum und Zeit eingegrenzten diesseitigen Welt nur ein umherirrender Fremdling oder Pilger, und lediglich die körperlose Seele könne – unter gewissen Voraussetzungen – einen Zugang zur ewigen Welt des Jenseits finden. Die daraus resultierende Ablehnung jeglicher diesseitig-irdischer Werte *(contemptus mundi)* führt zwangsläufig zu Weltentsagung, in besonderen Fällen sogar zu einer mit eschatologischen Heilserwartungen verknüpften Todessehnsucht. So ist es denn auch nicht weiter verwunderlich, daß »christliche Ketzer« wie auch Rechtgläubige oftmals aus freien Stücken den Weg des Martyriums, der *imitatio Christi,* beschritten.
Aus sozialpsychologischer Sicht kann generell festgestellt werden, daß dualistische Ideologien im Einklang mit chiliastischen Vorstellungen stets als geistige Produkte menschlicher Grenzsituationen oder in kulturellen Krisenzeiten auftreten. Dies geschieht entweder zum Schutz vor einer ungewissen Zukunft oder in Form einer Rebellion gegen eine bestehende, zumeist als unbefriedigend empfundene Ordnung.
So gelangte Plato, bedingt durch den Untergang seiner politischen Welt, der hellenistischen *polis,* letztendlich zu der Überzeugung, jede irdische Machtinstitution sei schlecht und deshalb » ... die irrende Seele, die aus der lichten Welt des Geistes in die niedere Stofflichkeit verbannt ist und aus ihr heimverlange ...«. Selbst Augustinus schuf seinen »Gottesstaat« nachweislich unter dem Eindruck des zerfallenden Römischen Reichs und vertrat die Meinung, mit der Plünderung Roms durch die Westgoten im Jahre 410 sei das Ende der Welt angebrochen.
Eng verknüpft mit der tiefen Unzufriedenheit über die jeweiligen religions- und gesellschaftspolitischen Verhältnisse war das duali-

stisch orientierte Endzeitdenken auch die wesentliche Grundlage sämtlicher sakral-ideologischer Erneuerungsbewegungen der römischen Kirche im Mittelalter.

Einweihung der Abteikirche von Cluny durch Papst Urban II. im Jahre 1095. Der Papst steht rechts vom Altar, Abt Hugo links

Die Reform von Cluny

Vorläufig noch unabhängig von den machtpolitischen Bestrebungen Roms, setzte mit der Gründung der Abtei von Cluny im französischen Aquitanien im Jahre 910 eine klösterliche Reformbewegung ein, die entscheidend Kultur und Politik mitgesteltete. Mehr noch: sie entwickelte sich binnen weniger Jahrzehnte als *ecclesia cluniacensis* europaweit zu der bisher wohl einflußreichsten christlichen Kongregation. Die cluniazensische Idee betrachtete in ihrem Drang nach Erleuchtung und dialektischer Scheidung zwischen Diesseits und Jenseits das irdische Leben als göttliche, streng dualistische und hierarchisch gegliederte Ordnung. Die unüberwindbar scheinende, Himmel und Erde trennende Kluft könne demnach nur

durch das Kloster in der Vermittlerrolle zwischen Gott und Mensch gleich einer Art »Vorhof zum Paradies« überbrückt werden.
Neben der vorrangigen Absicht, die strengen mönchischen Ideale entsprechend der ursprünglichen Benediktinerregel, die im Zeichen der Nachfolge Christi den Verzicht auf alles Vergängliche fordert, wiederherzustellen, lagen die Hauptursachen der Reform mit Bestimmtheit nicht allein in einem steigenden religiösen Bedürfnis. Im Rahmen der karolingischen Reichsreform standen die Klöster unter dem Schutz des Königs, der für alle Bistümer und Abteien einen weltlichen Vogt bestellte. Dieser *advocatus ecclesiae* fungierte als Vertreter der kirchlichen Institutionen nach außen. Besagtes Vogteirecht sowie die mangels königlicher Kontrolle überhandnehmenden Besitzansprüche des Adels gegenüber den Klöstern wurden aber bald zur unerträglichen Belastung; beides führte gegen Ende der Karolingerzeit zwangsläufig zum Niedergang des gesamten Klosterwesens.
Die Anhänger der cluniazensischen Bewegung gelangten schließlich zu der realen Erkenntnis, daß in einer innen- wie außenpolitisch instabilen Zeit der Zusammenschluß der einzelnen Klöster und die Zentralisierung ihrer Verwaltung einen besseren Schutz vor allfälligen Übergriffen des Adels gewährleiste; staatlich gefestigte Machtzentren fehlten damals. Mit der Befreiung von äußeren, säkularen Einflüssen *(libertas ecclesiae)* gelang es den neuen Klöstern, gleichzeitig eine wichtige gesellschaftspolitische, auf kultisch-religösen wie auch auf sozialen Beistand ausgerichtete Funktion zu übernehmen.
Zunächst beschränkten sich die Aktivitäten der Reformer fast ausschließlich auf rein geistige Belange, doch führte die Präsenz der cluniazensischen Niederlassungen in nahezu allen Ländern des Abendlandes sowie das hohe Bildungsniveau ihrer Angehörigen dazu, daß zahlreiche einflußreiche Positionen in Kirche und Gesellschaft mit Mönchen besetzt wurden. In ihrer neuen Rolle bemühten sich die Reformer, nun auch außerhalb ihrer monastischen Bestimmung auf die säkulare Gesellschaft einzuwirken. Sie begannen, die eigenen sakral-ideologischen Vorstellungen auf politischer Ebene in die Tat umzusetzen; das heißt, sie waren bestrebt, die ganze Welt einer einzigen konsequenten christlichen Ordnung zu unterwerfen.
Diese zweifelsfrei revolutionären Vorstellungen führten im Laufe des 11. Jahrhunderts zu einem tiefgreifenden Wandel in der vom Feudalsystem dominierten Gesellschaftsordnung. Mit der als *pax*

oder *treuga Dei* bezeichneten Gottesfriedensbewegung setzten sich die Verfechter der cluniazensischen Reform ein hohes Ziel: Sie wollten die angesichts einer desolaten königlichen Regierungsgewalt überhand nehmenden, unter dem Terminus »Fehde« bekannten internen Auseinandersetzungen des Adels zusammen mit all ihren sozialökonomisch ruinösen Nebenwirkungen weitgehend eingrenzen oder gar unterbinden.
Der aus kirchenpolitischer Sicht eindeutig auf Neuordnung ausgerichteten Bewegung gelang es vor allem, die mangels einer zentralen Führung gewissermaßen verwilderte Ritterschaft für das christliche Ideal zu begeistern. Auf diese Weise entwickelte sich eine völlig neue ritterliche Ethik von sozialpolitischer Relevanz. Diese Ethik erachtete es als ihre vornehmste Aufgabe, die Schwachen und Armen gegen gewalttätige Übergriffe zu verteidigen sowie die Sicherheit von klerikalen Institutionen zu gewährleisten.

Das Reformpapsttum und seine politischen Ziele

Indem die sakrale Ideologie der Bewegung von Cluny immer mehr Anhänger fand, kam die Auseinandersetzung zwischen *Sacerdotium* und *Imperium* zu einem vorläufigen Höhepunkt. Unter dem vom Reformgeist erfaßten Papsttum hatten die Bestrebungen der Kirche in der Mitte des 11. Jahrhunderts nun nicht mehr allein die *libertas ecclesiae*, eine von weltlicher Kontrolle juristisch unabhängige Körperschaft der Kirche, zum Ziel, die kirchlichen Machthaber strebten nun auch die Führungsrolle in einer von ihr geschaffenen sozialen und politischen Neuordnung der Welt an.
Der Anachronismus der ganzen Reformbewegung zeigt sich daran, daß sich die römische Kirche auf der Suche nach ihrer eigenen Identität immer mehr der weltlichen Politik zuwandte. Die Kirche wollte die »irdische« Welt überwinden, sie aber gleichzeitig auch gewinnen. Gerade dadurch geriet sie in Widerspruch zur eigentlichen, diesen Bestrebungen diametral gegenüberstehenden Grundidee der Reform: der Erneuerung durch Verinnerlichung und Kontemplation im Sinne der apostolisch-evangelischen Nachfolge. Ein weiteres, ebenso gravierendes Argument gegen die politischen Ambitionen der Kirche findet sich in der christlichen Lehre selbst mit der Kernaussage in *Paulus, Römer13*, die das Verhalten des Christen gegenüber der weltlichen Obrigkeit regelt. Der unter anderem durch das »Zinsgroschengleichnis« bekannte Römerbrief verlangt

in *Römer 13, 1-2, 4* ausdrücklich die Eingliederung in die jeweilige Gesellschaft und damit die Unterordnung unter die weltliche Gewalt: »Jeder leiste den Trägern der staatlichen Gewalt den schuldigen Gehorsam. Denn es gibt keine staatliche Gewalt, die nicht von Gott stammt... «

Im Gegensatz zur Kirche vertrat das Kaisertum, das die höchste weltliche Herrschaft repräsentierte, niemals die Forderung, über der höchsten geistlichen Macht, dem Papsttum, zu stehen. Auf der einen Seite nahm also die römische Kirche eine immer mehr am sogenannten Reformpapsttum orientierte, streng hierarchisch gegliederte Rechtsgestalt an und arbeitete konsequent an der Durchsetzung ihrer spirituell begründeten Forderungen, auf der anderen Seite verfiel die Autorität der weltlichen Herrschaft, weil sie sich sowohl auf ideeller auch auf politischer Ebene in die Defensive gedrängt sah.

In dem seit Jahrhunderten auf dem Grundgedanken der von Papst Gelasius I. zu Ende des 5. Jahrhunderts aufbauenden sogenannten Zwei-Schwerter-Lehre, die das Gleichgewicht von geistlicher Gewalt *(sacrata pontificum autoritatis)* und weltlicher Gewalt *(potestas regalis)* regelt, ist letzterer ganz eindeutig eine autonome Position zuerkannt. Da jedoch die Wortwahl sowie die Beschreibung der beiden Verantwortungsbereiche grundsätzlich unterschiedliche Auslegungen zulassen, hat die Amtskirche ihren universalen Machtanspruch mit Hilfe dieser Theorie zu rechtfertigen versucht.

Dies – zusammen mit dem aus einer einseitigen Interpretation der augustinischen Idee seitens der Reformpäpste abgeleiteten Machtanspruch der römischen Kirche über den Staat – waren die Hauptursachen des politisch folgenschweren Konflikts zwischen Kaiser und Papst. Ausgelöst wurde das als Investiturstreit bekannte Ringen um die universale Vorherrschaft letztlich durch das von Rom geforderte Verbot, kirchliche Ämter käuflich zu erwerben, sowie der bisher vom Kaiser vorgenommenen Investitur von Laien.

Papst Gregor VII., ehedem Mönch in Cluny, ergriff im Wissen um die durch innenpolitische Wirren hervorgerufene Schwäche der kaiserlichen Macht die Gelegenheit, seine Verantwortung für die Welt geltend zu machen: Er gedachte unter Berufung auf Augustinus dem Reich einen Dienst nicht nur an, sondern auch in der Kirche (*ministerium regis*) zuzuweisen. Damit ging er jedoch weit über den von dem Kirchenvater zuerkannten und lediglich als Schutz für die Kirche verstandenen Ordnungszweck eines weltlichen Staatsgebildes hinaus.

Papst Gregor VII.

Mittels seines 27 Artikel umfassenden, *dictatus Papae* genannten Memorandums versuchte Gregor VII., die theokratischen Grundsätze der universalen päpstlichen Herrschaft für die Zukunft neu zu definieren. Für den selbsternannten »alleinigen irdischen Stellverteter, den » *Vicarius* Christi«, war es demnach selbstverständlich, daß sich die Welt dem Willen des Papst-Imperators unterwarf, denn Gregor akzeptierte getreu der cluniazensischen Idee ausschließlich in der *ecclesia* die einzige rechtmäßige irdische »Ordnung«. In seinem scharf dualistisch orientierten Weltbild, das mit gewissen Einschränkungen an Augustinus erinnert, glaubte er in der Staatenwelt nur Mächte der Finsternis und Ausgeburten des Teufels zu erkennen, sich selbst mit den von ihm Auserwählten dagegen dem Reich des Lichts und des Himmels zugehörig.

Dieser von Gregor VII. mit seiner nach ihm benannten Reform ins Leben gerufene theokratische Absolutismus reichte räumlich wie zeitlich weit über den Zusammenprall zwischen Kaiser und Papst hinaus. Diese Reform sollte das abendländische Denken sowie das politische Geschehen bis zum Beginn des 14. Jahrhunderts gleich einer conditio sine qua non noch nachhaltig beeinflussen. Die im Wormser Konkordat de facto nur scheinbar erzielte Einigung zwischen dem Papst Honorius II., einem Nachfolger Gregors, und dem Kaiser Heinrich V. endete mit der in der Geschichte des Christentums ersten staatsrechtlichen Trennung der beiden Herrschaftsbereiche von Kirche und Staat sowie deren gesellschaftspolitische Funktionen.

Der Mythos Jerusalem

Neben dem zum Teil mit Erfolg betriebenen geistigen Reformismus der römischen Amtskirche wurde das politische Geschehen im 11. Jahrhundert in zunehmendem Maß noch von einer anderen heilsgeschichtlich motivierten Bewegung gekennzeichnet: der Wiederbelebung von frühchristlichen apokalyptisch-millenaristischen Ideen, bekannt als sogenannte »Lehre vom tausendjährigen Reich«. Das christliche Abendland betrachtet von Anbeginn an Jerusalem als das mythische Zentrum der Welt. Bereits aus vorchristlicher Zeit finden sich in den Büchern der jüdischen Propheten Weissagungen über das nach einer vorangegangenen Weltkatastrophe wiedergewonnene Paradies. Sämtliche Prophezeiungen aus der nachbabylonischen Zeit und dem frühen Christentum sehen im wiederentstandenen Jerusalem den Mittelpunkt des zu erwartenden messianischen Königreichs. Auch von Kirchenvater Augustinus wurde Jerusalem als Stadt des endzeitlichen Friedens interpretiert und deren Name, der »Schau des Friedens« bedeutet, in *Civ. XIX. 11* stellvertretend für den »Gottesstaat« verwendet.

Da das Christentum vor allem eine historische Religion ist, führt seine Lehre zwangsläufig immer wieder zum Heiligen Land, dem

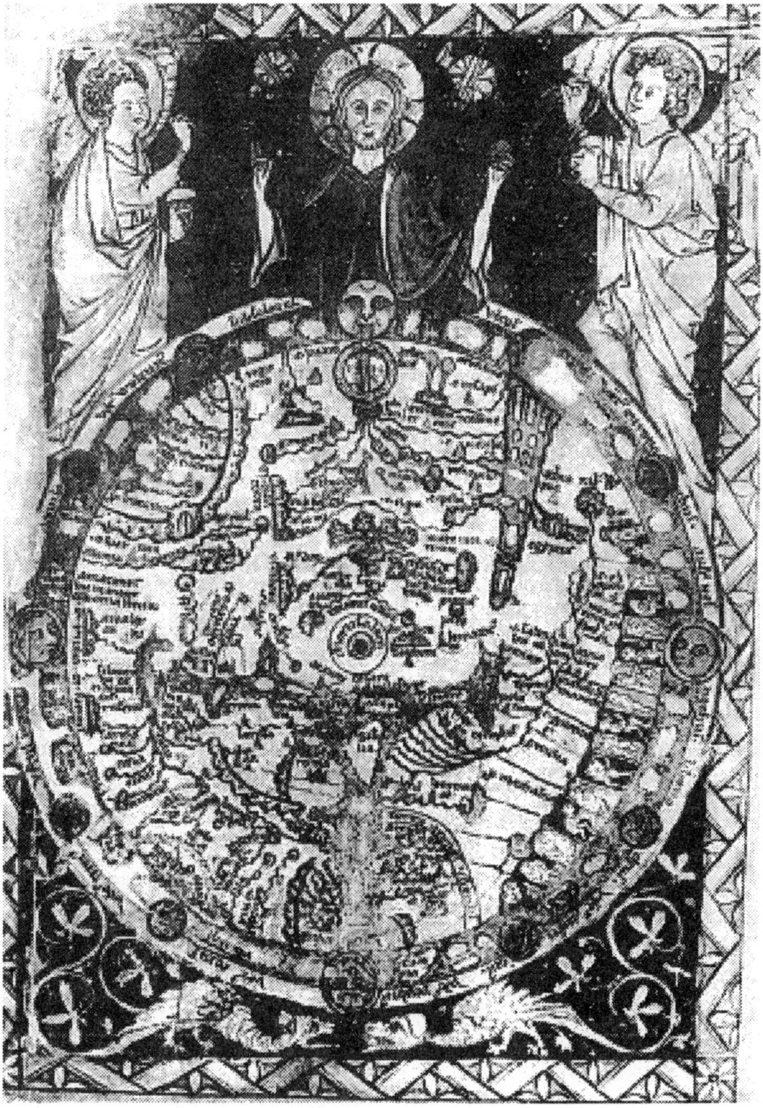

Kreuzfahrerdarstellung von Jerusalem als Nabel der Welt (vor 1100)

Wirkungsraum Christi *(ubi steterunt pedes eius)* sowie seiner Passion, zurück. Entsprechend den Kernaussagen des Neuen Testaments, insbesondere der Bergpredigt, strebt die christliche Lehre im Gegensatz zum mosaisch-jüdischen Glauben prinzipiell nicht nach der Errichtung eines diesseitigen, irdischen Staatengebildes, sondern verfolgt ausschließlich auf das Jenseits bezogene Interessen, die, kurz skizziert durch die Aussage von Christus selbst in *Johannes 18, 28-19,16*, wohl eindeutig bezeugt werden: »Mein Königreich ist nicht von dieser Welt.«
Nach sozialwissenschaftlichen Erkenntnissen gewinnt diese Botschaft zusammen mit apokalyptischen Weissagungen stets als Begleiterscheinung kultureller Krisenzeiten zunehmend an Bedeutung. Dies geschieht hauptsächlich bei den sozial schwachen Bevölkerungsschichten, denen in Erwartung des Paradieses im Jenseits die irdische Existenz ohnedies nur Mühen und ein unsicheres Schicksal zu bieten hat.
Vor dem Hintergrund des zur Jahrtausendwende allerseits in Kürze erwarteten Weltuntergangs und der darauffolgenden Wiederkehr Christi in Macht und Herrlichkeit, der *Parusie*, und später beim Millenium der Passion im Jahre 1033, kulminierte dieser Mythos vom »ewigen Jerusalem« zu einem neuen Höhepunkt.
Übervölkerung, Dürrekatastrophen und Hungersnöte wurden plötzlich von größtenteils in Frankreich und im Nordwesten Deutschlands auftauchenden Wanderpredigern mit »prophetischen Fähigkeiten« nun im Sinne der Offenbarung Johannis interpretiert. Die Verkündung der Wiederherstellung des Paradieses auf Erden sowie des Triumphs der »Guten« nach vorheriger Vernichtung der »Kräfte der Finsternis« erweckten bei der breiten Masse der unteren Stände eschatologische Visionen. Das Bild jenes »neuen«, himmlischen Jerusalem, der Stadt des Paradieses und des Überflusses, wurde solcherart zum Symbol einer grenzenlosen Hoffnung auf Errettung aus Not und Elend.
Diese für heutige Begriffe utopischen Vorstellungen sind zum einen wohl auf das in der mangelnden Bildung begründete Unvermögen des gemeinen Volkes zurückzuführen, das nur unzureichend zwischen dem irdischen und dem himmlischen Jerusalem zu unterscheiden vermag, und einfache Menschen hatten an der steten Zunahme der Wallfahrten im 11. Jahrhundert keinen geringen Anteil. Zum anderen stellt eine Fülle von kartographischen Darstellungen in klösterlichen Arbeiten jener Zeit Jerusalem nicht nur als mystischen, sondern auch als geopolitischen Mittelpunkt der damals bekannten

Die Kirche des Heiligen Grabes in Jerusalem, ein ersehntes Ziel für jeden christlichen Pilger

Welt dar. Damit wird verdeutlicht, daß nach dem Zerfall des weströmischen Reichs, der alten *Roma aeterna*, das zu erwartende »ewige Jerusalem« zur neuen geistig-ideellen Hauptstadt des christlichen Abendlandes avancierte.
Erstaunlicherweise versuchte sogar ein philosophisch gebildeter Theologe vom Rang eines Gerhard von Cambrai in seinem ganz offenkundig auf augustinischem Gedankengut aufbauenden Werk »Von den Ordnungen der Kirchenherrschaft«, eine geistig-ideale Verbindung zwischen dem irdischen und dem himmlischen Jerusalem herzustellen. Mittels der Gleichsetzung der Heiligen Kirche als Haus Gottes mit dem Jerusalem »hoch oben« (*superna*) gehöre dieses ebenso zum Himmel wie zur Erde. Die von der *ecclesia* beherrschte Ordnung stelle demnach ein zweistöckiges Gebäude dar, dessen unterer Teil, die niedere irdische Welt, die Verhältnisse des oberen Teils, des Himmels, in weniger vollkommener Weise widerspiegle.
An der mystischen Bedeutung Jerusalems änderte auch die Tatsache nichts, daß die Araber das Heilige Land im 7. Jahrhundert erobert hatten, denn die Muslime waren wohl aus wirtschaftlichen Überlegungen an den wachsenden, mit dem stetig ansteigenden Pilgerstrom verknüpften Handelsbeziehungen interessiert. War bis zur Eroberung durch die Seldschuken im Jahre 1071 ein feindliches

Verhältnis zwischen Christen und Muslimen bis auf wenige Ausnahmen nicht nachweisbar, führte die Neugestaltung der politischen Machtverhältnisse in dieser Region zu einem radikalen Umschwung. Das bis zu diesem Zeitpunkt von den Muslimen anerkannte Recht der Christen auf unbehelligte Wallfahrt zu den Heiligen Stätten wurde von den Seldschuken angeblich durch Mißhandlungen der Pilger sowie der Entweihung von Kirchen mißachtet.
Diese aus wissenschaftlicher Sicht mittlerweile eher umstrittenen Geschehnisse mögen die millenaristischen Erwartungen in vermehrter Form geschürt haben und beschworen die Muslime in Erinnerung an die apokalyptischen Völker *Gog* und *Magog* als die Heerscharen des Antichrist. Überdies vertrat man die irrationale Auffassung, gemäß der Offenbarung Johannis müsse vor der Wiederkehr Christi aller Unglauben in der Welt beseitigt werden.
Die Voraussetzung dafür bildete freilich auch eine Befreiung der Heiligen Stätten von den »Ungläubigen«, den Muslimen, durch die Christenheit.

Der erste Kreuzzug und seine Vorgeschichte

Die politische und geistige Umbruchstimmung gegen Ende des 11. Jahrhunderts bot dem Heiligen Stuhl die Gelegenheit, als geistig wie auch säkular führende Kraft des christlichen Abendlandes im Sinne der Reform Gregors VII. das Schisma von 1054 zu beseitigen und die ersehnte Einheit unter dem Primat Roms wiederherzustellen. Aus diesem Grund hatte bereits Gregor selbst am Anfang seines Pontifikates eine militärische Expedition ins Heilige Land erwogen, konnte sie aber wegen des sich anbahnenden Investiturstreits nicht durchführen.
Für die angestrebte Vereinigung bot sich nun mit der beabsichtigten Wiedergewinnung Jerusalems zwar ein trefflich geeignetes Instrument, doch konnte sie nur durch den von der Kirche seit jeher im Grunde abgelehnten Einsatz von Waffengewalt realisiert werden. Der dem Geist des Evangeliums nicht entsprechende Gebrauch von Waffen vermochte allerdings unter Berufung auf die drei urprünglich von Augustinus festgelegten Bedingungen für den gläubigen Christen zur Abwehr von Gewalt und Wiederherstellung einer verlorenen Ordnung gerechtfertigt werden: einen gerechten Grund, eine rechte Absicht und die richtige politische Autorität, um beides zu erklären und auszuführen. Damit wurde, wie der Historiker Hans

E.Mayer schreibt, »... freilich einer weitherzigen Interpretation politischer Tatbestände bereits ein großer Spielraum gelassen«. In der Folge präzisierte Isidor von Sevilla den augustinischen Terminus des gerechten Krieges *(bellum iustum)*: »Gerecht ist der Krieg, der nach Warnung geführt wird, um widerrechtlich angeeignete Güter zurückzugewinnen oder Feinde zurückzuschlagen.«
Da unter anderem auch nach der Doktrin Gregors VII. das Heilige Land naturgemäß »das Erbgut Christi« und somit Urbesitz der Christenheit sei und als ein von den Muslimen widerrechtlich angeeignetes Territorium betrachtet werden mußte, war nach Auffassung der römischen Amtskirche die Rechtsgrundlage zur Rückeroberung der Heiligen Stätten gegeben. Nach einem dringenden Ersuchen des byzantinischen Kaisers Alexios II. Komnenos um militärische Unterstützung sah der ehemalige Cluniazensermönch Papst Urban II. den Zeitpunkt für gekommen, um auf dem Konzil zu Clermont 1095 »zum Marsch auf Jerusalem zur Befreiung der christlichen Kirchen« aufzurufen.
Der Ordnung halber muß in diesem Zusammenhang allerdings darauf hingewiesen werden, daß Byzanz, das in seiner bedrängten Lage den eigentlichen Vorwand für den Kreuzzug lieferte, selbst keinesfalls aus religionspolitischen Motiven handelte. Die Byzantiner dachten vielmehr daran, nach der verheerenden Niederlage von Manzikert im Jahre 1071 die verlorene Vormachtstellung im kleinasiatischen Raum gegenüber den Seldschuken wiederzugewinnen. Bereits seit Jahrhunderten an die permanente Auseinandersetzung mit seinen vornehmlich islamischen Nachbarn gewohnt, war dem Oströmischen Reich die abendländische Kreuzzugsidee völlig fremd, wodurch schlußendlich der Keim für spätere Konflikte zwischen Ost- und Westkirche gelegt war.
In seinem flammenden Appell wandte sich der Reformpapst Urban II. insbesondere an das Rittertum mit dem Ziel, die beständigen Fehden zu verringern und den Gedanken der christlichen Wallfahrt mit der Theorie des Ritters als Lehensmann Gottes zu verbinden: »Laß nun alle, die bisher Räuber waren, jetzt Soldaten Christi sein.« Die Grundgedanken dieser sakralen Ideologie bildeten – neben dem Bedürfnis nach einer kollektiven Aktion zur Gewährleistung der Sicherheit der christlichen Welt vor vermeintlich »ungläubigen« Unterdrückern – wiederum die cluniazensische Verchristlichung des bestehenden Feudalsystems mit Christus als oberstem Lehensherren und ihm selbst, dem Papst, als seinem irdischen Stellvertreter auf Erden.

Kreuzritter folgen ihrem Lehensherrn Jesus Christus

In der Tat bot sich den Rittern durch die Gottesfriedensbewegung *Treuga Dei* im ausgehenden 11. Jahrhundert mit der Idee eines Kreuzzuges, als gerechter Krieg *(bellum iustum)* propagiert, ein alternatives Betätigungsfeld. Ein weiterer ebenso bedeutender Beweggrund lag in den großen sozialökonomischen Schwierigkeiten des Adels: Durch die vor allem in Westeuropa weitverbreitete Primogenitur, dem exklusiven Erbrecht des Erstgeborenen, standen die Nachgeborenen vor den Alternativen, sich entweder der kirchlichen Laufbahn oder dem Kriegsdienst zuzuwenden. Ein Kreuzzug hingegen bot jenen Besitzlosen die selten gewordene Gelegenheit auf Beute, Land und Titel.
Unmittelbar im Anschluß des in erster Linie an den Adel gerichteten Aufrufes von Clermont traten zahlreiche Pseudopropheten und apokalyptische Visionäre vor die breite Masse, in der Absicht, auch »den gemeinen Mann« für die Teilnahme an diesem Kreuzzug zu gewinnen. Der wohl bekannteste dieser Wanderprediger war Peter von Amiens, genannt »der Einsiedler«.
Der Adel versprach sich von einem Zug in den Osten vor allem irdische Reichtümer, dagegen hatten die Armen, die *Pauperes*, das paradiesische Jerusalem vor Augen und hofften, den Seuchen und

Hungersnöten in ihren Heimatländern entfliehen zu können. Der Kreuzzug bedeutete für den Großteil der Ritterschaft eine zeitlich begrenzte militärische Aktion, am ehesten mit einem ritterlichen Abenteuer, dagegen glaubten ihn die fanatisierten Massen der *Pauperes* in ihren eschatologischen Illusionen als Kreuzweg, eine *imitatio Christi*, zu verstehen, die am Ende in Jerusalem mit einer Massenapotheose belohnt werden würde.

Die nahezu sämtliche Bevölkerungsschichten erfassende Kreuzzugseuphorie bewirkte ein bisher nicht bekanntes Gemeinsamkeitsbewußtsein. Viele sahen nun in trügerischer Illusion die im Feudalsystem festgeschriebene strenge Trennung der sozial sonst so gegensätzlichen Stände im Zeichen des Kreuzes überwunden.

Derart fand die von der cluniazensischen Erneuerungsbewegung beabsichtigte gesellschaftsbezogene Verwandlung durch »Verchristlichung« ihren unbestrittenen Höhepunkt – die Kreuzzugsidee vereinte die gesamte abendländische Christenheit unter der geistigen Führung Roms. Bedenklich hingegen stimmt die steigende Tendenz zur Militanz der römischen Kirche und die gleichzeitig damit verbundene Entfernung von dem eigentlichen Kerndogma des christlichen Glaubens, dem Liebesgebot.

Der nun folgende erste Kreuzzug setzte sich nach langen Vorbereitungen 1096 auf dem Landweg von Mitteleuropa nach Konstantinopel in Bewegung. Von dort zog das mehrheitlich aus Franzosen und Normannen bestehende Heer über Anatolien nach Palästina und erreichte schließlich, durch zahllose Kämpfe, Seuchen und Entbehrungen geschwächt, im Sommer 1099 Jerusalem, das erst im Jahr zuvor von den Fatimiden zurückerobert worden war. Die für die christlichen Angreifer verlustreiche Einnahme der Stadt nach 39tägiger Belagerung am 19. Juli fand ihr ruhmloses Ende, indem die Sieger »im Namen des Friedensfürsten« die gesamte Zivilbevölkerung, Muslime und Juden, niedermetzelten.

Nichts aber kann den bis zur Geringschätzung des Irdischen, nach sichtbaren Verbindungen zum Transzendenten suchenden Zeitgeist besser charakterisieren als folgender bemerkenswerte, an Irrationalität kaum mehr zu überbietende Vorfall bei der Wahl des ersten Königs von Jerusalem: Als man dem gewählten Gottfried von Bouillon die Königskrone antrug, erbat jener, ihm den Königstitel zu erlassen, er wolle nur »Verteidiger des Heiligen Grabes«, *Advocatus Sancti Sepulchri*, genannt werden, denn er könne in der Stadt, in welcher einst der Sohn Gottes die Dornenkrone getragen hatte, sich keine goldene aufs Haupt setzen.

Papst Urban II. auf dem Konzil in Clermont

Die Gründung des Templerordens

Der sozialpolitische Hintergrund

Zu Ende des zweiten Jahrzehnts nach der Gründung des lateinischen Königreichs von Jerusalem waren die Grenzen nach siegreich geführten Abwehrkämpfen gegen die benachbarten Emirate zunächst einmal weitgehend gesichert. Tatsächlich jedoch beschränkte sich die Macht der neuen christlichen Herren im wesentlichen auf die wenigen Städte und befestigten Plätze; im übrigen war das Land infolge der jahrelangen Auseinandersetzungen mit den islamischen Nachbarstaaten nur relativ dünn besiedelt und durch die ständigen Überfälle muslimischer Räuberbanden verwüstet.

Die Einwanderer aus Europa, eher gering an Zahl, zogen es verständlicherweise aus Gründen der Sicherheit vor, sich im Schutz der leicht zu verteidigenden Städte niederzulassen. Vornehmlich die wichtigen, von den Mittelmeerhäfen ins Landesinnere führenden Verbindungswege waren das bevorzugte Ziel bewaffneter Raubüberfälle. Christliche Pilger aus dem Abendland – häufig in kleinen Gruppen reisend und zumeist unbewaffnet – waren deshalb besonderen Gefahren ausgesetzt, vor allem, wenn sie in mühsamem Zug durch die Wüste an den Wasserstellen lagerten.

Zur Abhilfe dieser auf Dauer unhaltbaren Mißstände beschlossen der aus der Gegend um Troyes stammende Ritter Hugo von Payens und sein Landsmann Gottfried von St.Omer, »die Zisternen und Pferdetränken« an dem wohl wichtigsten und daher zugleich auch gefährlichsten durch die Wüste Juda führenden Karawanenweg zwischen Jaffa und Jerusalem zu überwachen. Schon nach kurzer Zeit stießen weitere sechs gleichgesinnte Männer ritterlichen Standes zu der Gemeinschaft.

Über die Anfänge der Bruderschaft ist von der Geschichtsschreibung verhältnismäßig wenig überliefert worden, doch scheint festzustehen, daß die Vereinigung schon vor dem in der Geschichtsschreibung allgemein angenommenen Zeitpunkt 1118/19 gegründet wurde. Es wird nämlich bereits 1115 eine im lateinischen Königreich bestehende *Militia Christi* in einem Brief des Bischofs Ivo von Chartres an Hugo Graf der Champagne, einem späteren Ordensmitglied, erwähnt. Dabei kann es sich – wie die Historikerin

Marie-L.Bulst-Thiele meint – wohl nur um die bisher an sich namenlosen Tempelritter oder allenfalls deren Vorläufer gehandelt haben, denn der Name *Militia Christi* wurde (neben anderen) vom Orden bis zu seinem Ende beibehalten.

Zu Anbeginn war die Bruderschaft lediglich eine freie Vereinigung auf laikaler Basis ohne ordensmäßige Organisation und entbehrte jeden monastisch-geistlichen Charakter.

Ein von verschiedenen Chronisten erwähnter verlustreicher Überfall auf einen Pilgerzug zu Ostern des Jahres 1119 war – nach Bulst-Thiele – möglicherweise das auslösende Moment, die Gemeinschaft nach außen zu manifestieren und gemäß den Regeln des *Ordo Sancti Benedicti* neu zu gestalten. Im gleichen Jahr, anläßlich des Konzils von Nablus, legten jene Ritter vor Garimond, dem Patriarchen von Jerusalem, die drei mönchischen Ordensgelübde der Keuschheit, der Armut und des Gehorsams ab und fügten außerdem – so der Chronist Wilhelm von Tyrus – als vierten Schwur hinzu, »alles zu tun, was in ihrer Macht stand, um die Straßen zu schützen und die Pilger gegen Raubüberfälle und Angriffe der Ungläubigen zu verteidigen« *(ut vias et itinera, ad salutem peregrinum contra latronum et incursantium insidias, pro viribus conservarent)* und »im Dienste der Kirche die öffentlichen Straßen unter ihren Schutz zu stellen« *(se tradere servitio more canonicum et stratas publicas custodiare).*

In der Folge überließ Balduin II., der König von Jerusalem, dem neu gegründeten Orden den östlichen Flügel seines Palastes als Wohnsitz, der an die vormalige, von den Omayaden im 7. Jahrhundert erbaute El-Aqsa Moschee neben den Ruinen des Tempels Salomonis grenzte *(Rex in palatio suo, quod secus templum Domini ad australem habet partam, lis ad tempus concessit habitaculum).* Bis dahin war der Orden lediglich als *Militia Christi* bezeichnet worden – nun aber »Arme Ritterschaft Christi vom Salomonischen Tempel zu Jerusalem« *(pauperes commilitones Christi templique Salomonici Hierosalemitanis)* oder auch *Sacer ordo* beziehungsweise *Sacer domus militiae templi Hierosalemitani, Fratres Templi, Milites Templi* oder einfach nach deren Niederlassung innerhalb des Tempelbezirks *Templarii* (Templer).

Dem aus wissenschaftlicher Sicht in diesem Punkt unzureichenden Bericht Wilhelm von Tyrus' zufolge erfüllten die Ordensmitglieder acht Jahre lang ihre selbst auferlegten Pflichten gegenüber den Pilgern. Diese wiederum lohnten den Tempelherren die Verdienste um ihre Sicherheit reichlich mit Schenkungen an Geld und Grund-

Das Areal des Salomonischen Tempels

besitz. Als einziges Ereignis von nennenswerter Bedeutung in diesen acht Jahren wird von den Chronisten der Eintritt des Grafen Hugo der Champagne, einem der mächtigsten Lehensherren Frankreichs, in den Orden im Jahre 1125 als erwähnenswert erachtet, womit die Zahl der Ordensmitglieder auf angeblich insgesamt neun anstieg.[1]

Der ideelle Hintergrund

Aus historischer Sicht betrachtet, könnte nun auf den ersten Blick der Eindruck entstehen, die Umstände der Gründung des Templerordens wären nichts anderes als eine Begleiterscheinung des ersten Kreuzzugs. Doch schon seit einiger Zeit gab es damals den im Rahmen der Gottesfriedensbewegung *Treuga Dei* entstandenen neuen Typ des Ritters, den »Soldaten Christi« *(miles Christi)*; er hatte sich, zur Überwachung des Gottesfriedens als sogenannter Friedenswächter *(Pazier)* in Friedensligen organisiert, er widmete sich hauptsächlich dem Schutz des Priestertums und der als *pauperes* bezeichneten sozial schwachen Personengruppen.
Der Terminus *miles Christi* findet sich bereits bei Paulus und wurde insbesondere von den Kirchenvätern im übertragenen Sinn auf Dämonen bekämpfende Märtyrer und Asketen angewandt. Viel später, erst in der Zeit der großen klerikalen Reformen und der Kreuzzüge, erhielt dieser Begriff eine konkrete Bedeutung, indem

er nunmehr auf jene die irdischen Feinde des Christentums be-kämpfenden Berufskrieger übertragen wurde. Diese *milites Christi* gaben sich selbst den Namen »arme Ritter« – eine Bezeichnung, die in diesem gegenständlichen Fall keineswegs im Sinn von bedürftig oder mittellos verstanden werden darf. In der Deutung der Kirchenväter bezieht sich der Begriff *pauper* (»arm«) hier vielmehr auf die in der Bergpredigt propagierte »Armut im Geiste«. Die wahre Armut ist innerlich – daher zeichnet jene »armen Ritter« in der beständigen Nachfolge Christi *(imitatio Christi)* vor allem das Streben nach Gerechtigkeit und Friedfertigkeit aus sowie die Abkehr von allen weltlichen Dingen. Aber diese Ritter unterwarfen sich auch völlig den geistigen Idealen der sakral-ideologischen Reformbewegung.

Diese vorwiegend vom Klerus initiierte und unter seiner Befehlsgewalt stehende Ritterschaft kann sozusagen als drohender »Schwertarm« einer zunehmend militanter werdenden Amtskirche angesehen werden, sie hatte gegen sämtliche die *Pax Dei* verletzende Individuen aufzutreten. Ganz in diesem Sinn zu verstehen ist auch der Aufruf Papst Gregors VII. an die Ritterschaft im Römischen Reich, im Konflikt mit Kaiser Heinrich ausschließlich ihm, dem Nachfolger auf dem Throne Petri und dem Begründer der *Militia Sancti Petri,* die Heerfolge zu leisten.

Die Forschung weiß zu berichten, daß sich die meist in Bruderschaften organisierten Gruppen von »armen Rittern« unter anderem zu Beginn der *reconquista* auf der iberischen Halbinsel und nicht zuletzt am ersten Kreuzzug in nicht unerheblicher Zahl beteiligt haben sollen. Aller Wahrscheinlichkeit nach handelte es sich bei Hugo von Payens, der nachweislich am ersten Kreuzzug teilgenommen hatte, und seinen ersten Mitbrüdern um eine Gruppe solcher armer Ritter. Dies ist ja auch aus deren Bestimmung, für die Sicherheit der Pilger zu sorgen, und schließlich aus dem Namen der Bruderschaft »Arme Ritterschaft vom Salomonischen Tempel« eindeutig erkennbar.

Aus heutiger Sicht scheint die Initiative einer militärischen Vereinigung wegen der sicherheitspolitisch unbefriedigenden Verhältnisse durchaus gerechtfertigt. Doch stellt sich hier zwangsläufig die Frage, ob und wie weit die mehr oder weniger profane Tätigkeit von Berufssoldaten – denn die Templer waren nichts anderes – mit den Mönchsidealen und dem christlichen Liebesgebot in Einklang gebracht werden konnte. Offenbar hatten Hugo von Payens und seine frühen Gefährten als erste die Idee, den Kampf gegen die »Heiden« mit der mönchischen Lebensform zu verbinden und der-

art ein neues ritterliches Ideal zu verwirklichen. Eine solche Synthese von ritterlichen und monastischen Elementen war dem christlichen Abendland bis zu diesem Zeitpunkt in dieser Form noch nicht bekannt. Ebenso setzte sich die Ordensidee über die althergebrachte mittelalterliche Ordnung der drei streng voneinander getrennten Stände Bauern, Ritter, Klerus mit aller Deutlichkeit hinweg.
Diese von den beiden Bischöfen Adalbero von Laon und seinem Vetter Gerhard von Cambrai im 11. Jahrhundert aufgestellte Theorie der Trifunktionalität – die in verblüffender Weise an die drei Stände des von Plato in seiner *politeia* beschriebenen Idealstaat erinnert – charakterisiert die sozialpolitische Ordnung der Gesellschaft im Feudalsystem bis weit in die Neuzeit. Erstaunlich daran ist die Tatsache, daß der Einfluß platonischer Ideen von der Forschung erst für das 12. Jahrhundert nachgewiesen werden kann.
In der Schrift *carmen ad Robertum regem*, einem von Adalbero nach klassischen Vorbildern der Antike verfaßten Gedicht, versucht dieser, seinen König mahnend, die bestehende Welt- und Gesellschaftsordnung gegen drohende Neuerungen zu verteidigen: »Dreifach ist das Haus Gottes, das man eines wähnt. Die einen beten *(oratores)*, die anderen kämpfen *(bellatores)* und noch andere arbeiten *(agricultores, laboratores)*. Diese drei gehören zusammen und ertragen es nicht, entzweit zu sein.«
Auf der Grundlage dieser Dreiteilung der Gesellschaft setzt Etienne de Fougères, Bischof von Lisieux, in seinem *Livre de manières*, der ersten ausführlichen Abhandlung über das Rittertum überhaupt, den Stand der *bellatores* einfach mit Ritterschaft – *chevalerie* – gleich. Offenbar noch unter dem Eindruck der gregorianischen Reform und der *Pax Dei* - Ideologie erachtet er als höchste Aufgabe des Ritters, in der Funktion eines bewaffneten Armes der Amtskirche die Gebote ihrer Autoritäten durchzusetzen.
Im Gegensatz zum Christentum enthält die Lehre des Islam als eines ihrer Grundelemente das Gebot des Glaubenskrieges, wonach bei Nichtannahme des muslimischen Glaubens die Unterwerfung der Ungläubigen gefordert wird.
Den Templern sowie den anderen später nach deren Modell entstandenen christlichen Ritterorden ähnliche islamische Gemeinschaften waren in den von muslimischen Machthabern beherrschten Ländern bereits seit geraumer Zeit vor ihren christlichen Pendants eine wichtige und militärisch anerkannte Institution. Es handelte sich dabei um die *Murabitun*, von den Christen auch *Marabut* genannt, fanatische Krieger, die in *Ribat*, befestigten Klöstern ver-

gleichbar, in ständiger Kampfbereitschaft ein ordensähnliches Leben führten. Die *Murabitun* schworen, ihr Leben der Verteidigung des islamischen Glaubens zu weihen, und der Tod im heiligen Krieg, dem *Jihad*, bedeutete für sie die Erlangung der Seligkeit des siebenten Himmels. So wie die späteren Burgen der christlichen Ritterorden wurden auch die *Ribat* zumeist an Grenzen und strategisch wichtigen Punkten angelegt.

Diesen Parallelen zufolge kann der These der Historikerin Sigrid Hunke, die Entstehung der abendländischen Ritterorden wäre lediglich als eine Entgegnung auf das muslimische Glaubenskämpfertum in der Organisation des *Ribat* zu werten, dem Grunde nach nicht

widersprochen werden. Tatsächlich aber dürfte einer möglichen Vorbildfunktion eine eher untergeordnete Bedeutung zugemessen werden. Die beiden annähernd gleichartigen, jedoch nicht gleichen Modelle weisen nämlich zwei gravierende Unterschiede auf: Zum einen wurde der Dienst im islamischen *Ribat* als ein zeitlich begrenzter persönlicher Beitrag frommer Muslime zum *Jihad* auf freiwilliger Basis angesehen. Dagegen wurden bei den bedeutenden christlichen Ritterorden wie den Templern die damit vergleichbaren auf Zeit verpflichteten Ritter, die *fratres ad terminum,* nicht zu den Mitgliedern der Ordensgemeinschaft im engeren Sinne gezählt. Denn als »Ordensbrüder« galten ausschließlich diejenigen, die die lebenslänglich verpflichtenden Gelübde abgelegt hatten. Zum anderen muß zwischen dem »heiligen Krieg« *(Jihad)* auf muslimischer Seite, der die Tötung eines Ungläubigen ausdrücklich erlaubt, und dem »gerechten Krieg« *(bellum iustum)* auf christlicher Seite, bei dem, obwohl im wesentlichen der Verteidigung dienend, das Töten trotzdem eine Sünde blieb, unterschieden werden.
Auf Grund dieser aus ideologischer Sicht nicht zu vereinbarenden Gegensätze scheinen vielmehr sakral-ideologische Ideen und Zielsetzungen aus dem geistigen Umfeld einer abermals nach neuen Lebens- und Gemeinschaftsformen suchenden Mönchsbewegung zu Beginn des 12. Jahrhunderts den entscheidenden Impuls gegeben zu haben.

Die geistige »Erneuerung« der Zisterzienser

Bekanntlich »erschlaffte« die anfangs auf rein monastische Belange ausgerichtete Grundidee der cluniazensischen Reformbewegung infolge des im Zuge der Expansion des Ordens erworbenen Vermögens »durch Glanz und Reichtum« (F. J. Schmale), auch wurden die ursprünglichen Ideale aufgrund des universalen Anspruchs auf kulturelle und soziale Hegemonie immer mehr verdrängt.
Die erneute, von der Abtei Citeaux (lat. *Cistercium*) 1098 ausgehende und nach ihr benannte Reformbewegung hatte, ähnlich der cluniazensischen 150 Jahre zuvor, ihre Ursache in der tiefen Unzufriedenheit über den Verfall der klösterlichen Sitten. Sie diente der Erneuerung der monastischen Lebensweise durch strenge Befolgung *(ad apicem litterae)* der ursprünglichen Observanz des heiligen Benedikt von Nursia.

Wegen der Entsagung von allem irdischen Reichtum sowie jeglicher Prachtentfaltung und dem Streben nach völliger Abgeschiedenheit errichteten die Zisterzienser ihre Klöster häufig in unbesiedelten, schwer zugänglichen Gegenden. Die mit den Neugründungen einhergehende Kultivierung unbebauten Bodens war für die Landwirtschaft in Europa über Jahrhunderte hinweg von unschätzbarem Nutzen.
Die Auslegung des monastischen Grundprinzips *ora et labora* durch die besondere Hervorhebung des Gebets und wirklicher Handarbeit gemäß der sogenannten *charta caritatis* in der apostolischen Nachfolge *(vita vere apostolica)* bei den Zisterziensern – hauptsächlich zum Zweck der Selbstversorgung – steht im scharfen Kontrast zur überwiegend geisteswissenschaftlichen Tätigkeit der cluniazensischen Mönche und der Ausnutzung der Leibeigenen auf ihren Ländereien. Während Cluny vor allem den Kampf um die Freiheit der Kirche gegenüber dem Staat verfolgte, sah die Zisterzienserbewegung in der Abkehr von allem Weltlichen ihre ausschließliche Bestimmung.
Trotz der asketisch-apostolischen Zielsetzungen – oder vielleicht gerade deswegen – breitete sich der Orden rasch aus und gelangte bereits nach wenigen Jahrzehnten in ganz Europa zu großem Ansehen. Der von den Zisterziensern in relativ kurzer Zeit geschaffene Verwaltungsapparat war jeder anderen vergleichbaren Institution, ob säkular oder klerikal, dank seines einfachen, aber wirksamen Hierarchiesystems überlegen. Der Historiker Edward Burman bezeichnet das System der Zisterzienser sogar als »die erste effiziente internationale Organisation Europas«.
Diese erstaunliche Entwicklung war in erster Linie auf die charismatische Persönlichkeit des einem alten burgundischen Adelsgeschlecht entstammenden Bernhard von Fontaine, dem Begründer und späteren Abt des Klosters von Clairvaux (lat. *clara valle*), zurückzuführen. Das Wirken des Ordens unter der Führung jenes außergewöhnlichen Mannes ging weit über die monastischen Belange hinaus und prägte Politik und Gesellschaft wie keine andere Institution des 12. Jahrhunderts. Diese Epoche wird manchmal auch » das Jahrhundert der Zisterzienser« oder sogar »Bernhardinisches Zeitalter« genannt. Bernhards umfangreiches Werk, unter Einbeziehung seiner Predigten und Briefe, kennzeichnet offenkundig einen traditionsbewußten, streng patristisch ausgerichteten Geist – nicht umsonst wurde er »als letzter der Kirchenväter und den früheren keinesfalls unterlegen« (Jacques Le Goff) bezeichnet. Im

Mittelpunkt seines Lebens und Schaffens stand, oft als »christliche Sokratik« bezeichnet, die besondere Betonung von Demut und Buße. Gott erlebe man nicht mit dem Verstand, sondern »man erkennt Gott, soweit man ihn liebt«. Daher bedeutet »Wissenschaft« in ihrer höchsten Vollendung für ihn den Zustand der mystischen Verbindung zwischen Seele und Gott, getreu den berühmten programmatischen Worten von Augustinus: »Gott und die Seele versuche ich zu erkennen. Weiter nichts? Sonst gar nichts.« *(Deum et animium scire cupio. Nihilne plus? Nihil omnino)*

Die extrem jenseitsbezogenen politischen Vorstellungen des Mystikers Bernhard haben ihren Schwerpunkt weniger in der Unterordnung der weltlichen Gewalt *(potestas regalis)* unter die geistliche *Autorität (sacrata pontificum auctoritatis)*, sondern vielmehr in der exklusiven spirituellen Vollmacht des Papstes.

Aus dem Zisterzienserorden ist nur ein Papst hervorgegangen: Eugen III. Bernhard widmet diesem seinem Schüler die Bücher »Über die Betrachtung« *(de consideratione ad papam Eugenium)*, auch bekannt als »Papstspiegel«. Dort übt er zwarKritik am Amtscharakter des Papsttums, unterstreicht aber gleichzeitig die absolute Unvergleichbarkeit der in der ausschließlich spirituellen Führerschaft verankerten Würde. Der Papst als alleiniger *vicarius Christi* habe die universale irdische Verantwortung *(plenitudo potestatis)* kraft der vom Apostel Petrus verliehenen Macht und der Salbung durch Christus – der Rest der Menschheit indessen würde daher nur Teilaufgaben erfüllen *(pars solicitudinis)*.

Mittels seiner eigenen Interpretation der »Zwei-Schwerter-Lehre« versucht er die kirchlich-hierarchischen von den weltlichen Herrschaftsaufgaben abzugrenzen. Dem Papst weist er zum einen unter Berufung auf *Lukas 22, 38* sehr wohl beide Schwerter und den Primat in beiden Bereichen zu. Zum anderen vertritt er jedoch die Ansicht, die römische Kirche dürfe allerdings nur das geistliche Schwert *(gladius spiritualis)* unmittelbar *(potestas directa)* selbst anwenden. Das weltliche *Schwert (gladius materialis)* hingegen sei nur mittelbar *(potestas indirecta)*, das heißt zwar auf Geheiß des Papstes, doch gemeinsam mit dem weltlichen Herrscher und seinem Befehl von dessen Kriegern zu gebrauchen.

In der festen Überzeugung, daß es kein Heil ohne Bekehrung gebe, verstand sich der Abt von Clairvaux selbst als »Chimäre meines Jahrhunderts«*(chimaera mei saeculi)* – ein Wechselbild, halb Mönch, halb Ritter, und solcherart dazu auserwählt, die Form der *vita apostolica* gleichermaßen auf beide Lebensbereiche auszudehnen.

Der sakral-ideologische Wandel im Rittertum

Gleich dem Mönchtum hat sich auch das Rittertum am Beginn des Zeitalters der Kreuzzüge gravierend gewandelt. Die Reform der Zisterzienser strebte nach der wiederentdeckten, mystisch orientierten Wüsteneinsamkeit, nach Verinnerlichung und freiwilliger Armut.

Die Veränderung im Rittertum findet ihre Ursache vor allem in der Kreuzzugsidee, die eine zunehmende Verchristlichung seines Standesethos mit Christus als Lehensherrn zur Folge hatte – derart kann man in den Kreuzzugsunternehmungen die Vollendung der christlich-ritterlichen Ideologie sehen. So wurden von nun an sämtliche Ritter, die »das Kreuz nahmen«, das heißt ein rechtlich bindendes Gelübde in Hinblick auf die Teilnahme an einem Kreuzzug gegen die Ungläubigen ablegten, von Rom als *milites Christi* bezeichnet. Zudem stand jeder Kreuzfahrer unter dem besonderen Schutz der römischen Kirche, die jeden Angriff auf seine Person oder sein Eigentum mit dem bischöflichen Interdikt ahndete. Besondere Beachtung verdient auch die Gewährung eines vollständigen Sündenablasses für jeden Kreuzzugsteilnehmer.

Ohnehin war es der Reformbewegung von Cluny, die der Zisterzienserbewegung voranging, gelungen, im Rahmen der *Treuga Dei* den Adel an die sittlich ordnenden Kräfte der Kirche zu binden.

Der revolutionäre Wandel in beiden Ständen vollzog sich zwar, bedingt durch ihre gesellschaftspolitisch diametralen Aufgabenbereiche, auf unterschiedliche Weise, jedoch mit demselben Ziel: der verstärkt eschatologisch-mystisch betonten Zuwendung zum Transzendenten und somit der Begegnung mit Gott. Diese gemeinsame Zielsetzung mußte deshalb zwangsläufig zu einer Annäherung von Mönchtum und Ritterschaft führen.

Dennoch stieß der neugegründete Orden der Tempelherren zunächst auf nicht unerhebliche Schwierigkeiten durch Anfeindung und Ablehnung, die sogar seine Existenz in Frage stellten. Aller Wahrscheinlichkeit nach lag die Ursache jener anfänglichen Schwierigkeiten in der ritterliche und monastische Elemente verbindenden und damit gegen die herrschende Gesellschaftsordnung verstoßenden Lebensweise. Das überlieferte Schreiben eines gewissen nicht näher bekannten *Hugo peccator* an die Tempelritter berichtet von schweren Vorwürfen an den Orden. Hauptsächlich beziehen sich diese Vorwürfe, die *Hugo peccator* eben in seinem Schreiben zu entkräften versucht, auf jene der monastischen Kontemplation wi-

dersprechenden Beschäftigung, nämlich dem ritterlichen Dienst mit der Waffe.
Die Krise scheint daher eine Erklärung für die offenkundige Stagnation in den Anfangsjahren des Ordens zu sein, der trotz der wohlwollenden Förderung durch König Balduin II. und den lateinischen Patriarchat von Jerusalem keinen nennenswerten Zuwachs erhielt.
So ist es denn auch nicht verwunderlich, daß ein Kapitel der ursprünglichen Ordensregel ausdrücklich vorsah, vor allem exkommunizierte Ritter – »eine ganze Menge Lasterhafter, Gottloser, Heiligtumschänder, Räuber, Mörder und Meineidiger« (Hans Prutz) – in die Bruderschaft einzugliedern.
Diese auf den ersten Blick für eine christliche Vereinigung eher sonderbare Vorgangsweise erfüllte einen doppelten Zweck: Einerseits konnten damit die personellen Probleme teilweise gelöst werden, denn ein aus der Gesellschaft Ausgestoßener, ein Verfemter oder Geächteter, war dem Orden zu besonderem Dank verpflichtet, er war in unerschütterlicher Treue verbunden und hatte zudem durch ein fortan untadeliges Verhalten die Gelegenheit zur Sühne und somit die Chance, wiederum einen ehrlichen Namen zu erlangen. Andererseits war mit den Tempelherren eine resozialisierende Institution ins Leben gerufen, die in der Lage war, zumindest einige jener moralisch verwilderten, nur in der Hoffnung auf reiche Beute nach Syrien ziehenden Ritter in ihre Vereinigung zu integrieren. Deren Zügellosigkeit ließ sich im »christlichen Sinn«, das heißt im Kampf gegen die Ungläubigen, kanalisieren.
Balduin II., stets unter dem Mangel an ausgebildeten Soldaten leidend, erkannte sehr bald den militärischen Wert dieser für die damaligen Verhältnisse disziplinierten Truppe und zeigte daher großes Interesse an einer weiteren Ausbreitung des Ordens. Die einfachen Pilger waren für den Kriegsdienst in der Regel nicht zu gebrauchen, da sie nach vollendeter Wallfahrt wieder in ihre Heimatländer zurückkehrten. Die wenigen im Orient Verbleibenden trachteten nur nach raschem Erwerb von Grundbesitz, waren aber im Anschluß daran nicht bereit, diesen im Bedarfsfall mit der Waffe zu verteidigen.
Da besonders vom Emirat Damaskus eine drohende Gefahr ausging – die islamischen Nachbarstaaten hatten sich von dem Überraschungsschock des ersten Kreuzzugs langsam erholt und begannen sich zu reorganisieren –, sah sich der König veranlaßt, sich um militärischen Beistand an die kirchlichen und weltlichen Grö-

ßen im Abendland zu wenden. Seine wiederholten Hilferufe erzielten indessen bei weitem nicht den gewünschten Erfolg. Es scheint daher verständlich, daß sich der König in seiner bedrängten Lage bemühte, den Templerorden als eine der wenigen zuverlässigen in Syrien stationierten Einheiten mit allen ihm zur Verfügung stehenden Mitteln zu fördern. Die wohlwollende Haltung Balduins gegenüber der Bruderschaft in jener für die weitere Entwicklung entscheidenden Phase war allerdings alleine nicht ausreichend, die für eine Steigerung notwendige Anzahl an Mitgliedern für den Orden zu gewinnen.

Die dringend erforderlichen Neuzugänge konnten nur im Abendland angeworben werden, wo die Templer aller Wahrscheinlichkeit nach bis zu jenem Zeitpunkt noch ziemlich unbekannt waren. Um der Vereinigung auch dort das nötige Ansehen zu verschaffen und zu einer von der Amtskirche anerkannten Organisation zu verhelfen, bat er den Patriarchen von Jerusalem, Etienne de la Fièrte, um Hilfe. Er ersuchte ihn, möglichst bald bei Papst Honorius II. vorstellig zu werden und die Bestätigung der von Hugo von Payens entworfenen Ordensregel zu bewirken.

Bernhard von Clairvaux und die *Nova Militia*

Um möglichen Verzögerungen rechtzeitig entgegenzutreten, beschloß König Balduin, sich im Einvernehmen mit Hugo von Payens um Unterstützung des Gesuchs an eine der einflußreichsten Persönlichkeiten im christlichen Abendland, Bernhard von Clairvaux, zu wenden.

Zu diesem Zweck machten sich zwei Ordensritter, ein gewisser Gondemar und Andreas von Montbard, zu Bernhard auf den Weg und überbrachten ihm einen die ganze Problematik des neuen Ordens schildernden Brief: »Da wir die Macht Deiner Fürbitte bei Gott und seinem Stellvertreter und bei den übrigen Fürsten kennen, legen wir in Deine Hand diese zwiefache Mission (...) Die Ordensregel der Templer möge so sein, daß sie für Männer geeignet ist, die in den Wirren des Krieges leben, und doch auch wiederum so, daß sie für die christlichen Fürsten, die für den Orden wertvolle Verbündete sind, annehmbar sind. So weit es an Dir liegt und so weit es Gott gefällt, führe diese Sache zu einem schnellen und glücklichen Ausgang.« Es ist anzunehmen, daß der auch sonst wohlinformierte Bernhard schon lange vor diesem Besuch der bei-

den Ritter über die Situation des Ordens unterrichtet gewesen sein mußte, denn Andreas von Montbard war sein Onkel mütterlicherseits. Ebenso kannte er nachweislich den wenige Jahre vorher in den Templerorden eingetretenen Hugo Graf der Champagne sowie dessen früheren Lehensmann und gegenwärtigen Ordensmeister Hugo von Payens – denn das Lehensgut der Familie Hugo von Payens lag in unmittelbarer Nachbarschaft zur Abtei Clairvaux.
Die These des Historikers Louis Charpentier, Bernhard sei überhaupt der geistige Initiator der Gründung des Templerordens, darf deshalb grundsätzlich nicht völlig von der Hand gewiesen werden. Beweise in Form von Urkunden, die jene früheren Kontakte zu den Templern belegen könnten, sind allerdings nicht oder nicht mehr vorhanden, doch aus späterer Zeit ist eine die These bestätigende Gelöbnisformel für die Meister der Ordensprovinz Alcozaba in Portugal erhalten: »Ich, (...) neuerwählter Meister der Ritter vom Tempel in Portugal, gelobe (...) Unterwerfung unter den Großmeister des Ordens, den Statuten gemäß, die uns vorgeschrieben sind von unserem Vater, dem heiligen Bernhard.«
Ein anderes Dokument, eine Verteidigungsschrift aus dem Prozeß gegen den Templerorden, die ein gewisser Bruder Aymery aus Limoges 1310 den päpstlichen Bevollmächtigten übergab, ist wahrscheinlich als ein noch deutlicheres Indiz zu werten und beginnt unter der Anrufung Jesu folgendermaßen: »Dein Orden, der vom Tempel, ist zu Ehren der Heiligen und Ruhmvollen Jungfrau, Deiner Mutter, auf dem Generalkonzil vom seligen Bernhard, Deinem heiligen Bekenner, gegründet worden, der von der Heiligen Römischen Kirche zu diesem Amte ausersehen war. Er hat, zusammen mit anderen ehrbaren Männern, dem Orden seinen Auftrag gewiesen und übergeben (...) Heilige Maria, Mutter Gottes, verteidige Deinen Orden, der von Deinem Heiligen und treuen Bekenner, dem seligen Bernhard gegründet worden ist.«
Auch die Anrufung und Verehrung Mariens im Templerorden selbst 150 Jahre nach Bernhards Tod läßt auf eine sehr enge Verbindung zu dem großen Abt schließen, denn der Abt galt als glühender Marienverehrer. Er, der als Zisterzienser den Künsten ansonsten eher verhalten gegenüberstand, wenn er sie nicht überhaupt als »Blendwerk des Teufels« *(pompa diaboli)* verwarf, weil sie eine der Nachfolge Christi unwürdige Genußbefriedigung darstelle, schrieb über die Gottesmutter zahllose Gedichte und Lieder, von denen das berühmte *Salve Regina* wohl am eindrucksvollsten ist. Mit seiner mystisch-asketischen Marienverehrung leistete Bernhard

einen nicht unerheblichen Beitrag zu der Entwicklung der ritterlichen Ethik und der Vorstellung der »Dame« als höheres Wesen. Wohl deswegen wird der Abt häufig auch als der »Minnesänger unserer lieben Frau« oder der »Ritter Mariens« bezeichnet. Ihren Höhepunkt findet die Aussagekraft der Mariologie Bernhards in seiner Anrede *Notre Dame*. Dies ist ein Begriff, der im übertragenen Sinn, fast einem Synonym gleich, die im Entstehen befindliche abendländische Kunst der Gotik wie kaum ein anderer für die nächsten zwei Jahrhunderte prägen sollte.
Zu guter Letzt soll nicht unerwähnt bleiben, daß der Templerorden von Anbeginn an neben den zahlreichen bereits zitierten Namen auch die in diesem Zusammenhang bemerkenswerte Bezeichnung »Diener Gottes und der seligen Jungfrau Maria« *(Servi Dei et beatae Mariae)* führte. In einigen überlieferten Dokumenten wurde die Gottesmutter auch öfter als *Chiè de la religion*, als »Chefin des Ordens« genannt. Und mancherorts findet man noch heute an einigen Templerbauten in Stein gehauene Kreuze, umgeben von einem liegenden Halbmond, der in der christlichen Symbolik seit jeher als ein Sinnbild der Mutter Gottes gilt. Von einigen Autoren wird indessen dieser Halbmond in Verbindung mit dem Kreuz fälschlicherweise als »schlüssiger« Beweis für die Vermischung von christlichen und islamischen Glaubensinhalten im Templerorden gewertet.

Das Lob an die »Neue Ritterschaft«

Der Abt von Clairvaux zeigte sich von den Idealen der Tempelherren begeistert, denn sie verhießen ihm die Erfüllung seiner Vorstellungen. Er stand allen, die sich an Aufgaben heranwagten, denen sie nicht gewachsen waren, ablehnend gegenüber. Vor allem übte er stets strenge Kritik an jenen Vertretern des geistlichen Standes, die beabsichtigten, selber gegen die Muslime ins Feld zu ziehen, obwohl dieses Verhalten nicht ihren erlernten Fähigkeiten entsprach. Nun aber hatte er seine »Wächter« gefunden – denn sein Streben galt einer ständigen Kriegerschaft aus Berufssoldaten[2], die aber auch »Knechte Gottes« wären. Er verurteilte scharf den weitverbreiteten Irrglauben, ein unausgebildeter Krieger könne sich im Kampf gegen die Muslime behaupten, nur weil er das »Kreuz trage«.[3] Weitsichtig erkannte der auf der mystischen wie auch auf der politischen Ebene mit höchstem Einsatz präsente Abt klar die sich in

einer Verbindung von Ritterschaft und Mönchtum bietenden Möglichkeiten.
Mit seiner kategorischen Verurteilung des ganzen »weltlichen« ritterlichen Standes strebte er höchstwahrscheinlich in seinen idealen, eben nur einem wahren Mystiker wirklich begreifbaren Vorstellungen eine Verschmelzung des Standes der Krieger *(bellatores)* mit dem der Mönche *(oratores)* an. Er war überzeugt, nur dadurch alle Arten zukünftiger kriegerischer Auseinandersetzungen, allen voran die »Fehden« unter Christen, unterbinden zu können.
In seiner schier grenzenlosen Bewunderung für jene neuartige Bruderschaft verfaßte Bernhard zu Ehren der Templer den *Sermo exhortatorius*, besser bekannt als *De laude novae militiae*. Dieses Lob ist für die Forschung der sakral-ideologischen Strömungen sowie der traditionellen Theologie des Verteidigungskrieges jener frühen Kreuzzugsepoche außerordentlich aufschlußreich. Das Hohelied in seiner für Bernhard typischen, zum überwiegenden Teil an Augustinus orientierten metaphorischen Form ist eine Rechtfertigung jener »neuen« geistigen Ritterschaft und gleichzeitig eine Verurteilung der »alten« dekadenten, weltlichen Ritterschaft. Die letztere nennt er, um den Kontrast noch zu verstärken, nicht *militia*, sondern *malitia*. Demonstrativ spricht der Abt von Clairvaux von einer »gelebten Synthese von Ritter- und Mönchtum«, einem *novum militiae genus*: »Im Unterschied zum Alten, das im Sinne der Zeit durch sich selbst gerechtfertigt war, bedurfte das Neue einer besonderen Legitimation, und es ist bezeichnend, daß Bernhard (...) als entschiedener Fürsprecher des Neuen in Erscheinung tritt.« (Josef Fleckenstein) Dieses ganz im Stil der frühkirchlichen Apologetik verfaßte Werk dokumentiert einmal mehr den methodischen wie inhaltlichen Einfluß des großen Kirchenvaters Augustinus auf die abendländische Philosophie des 11. und 12. Jahrhunderts.
In der Unterscheidung der zwei Ritterschaften in eine gute und eine schlechte erneuerte der Abt von Clairvaux ganz eindeutig Augustinus' eschatologische Idee von den beiden Staaten oder Herrschaften aus dem *De civitate Dei*, »die von Gott« *(civitas Dei)* und »die von der Welt« *(civitas terrena)*. Bei Bernhard finden sich nicht nur die gleichen dualistischen Merkmale der von Augustinus beschriebenen Welten und eine deutliche Differenzierung zwischen dem gerechten Krieg *(bellum iustum)*, bei dem das Gute mit dem Bösen konfrontiert wird, und dem ungerechten Krieg *(bellum iniustum)* wieder. Er bedient sich sogar der für den Kirchenvater charakteristischen Wortspiele: »Was ist also Zweck und Frucht

dieser weltlichen – Ritterschaft sage ich nicht, sondern – Schlechtigkeit *(non dico, militiae, sed malitiae)*, wenn sowohl der Totschläger fröhlich sündigt, als auch der Getötete auf ewig zugrunde geht? (...) Was aber darüber hinaus das Gewissen des Bewaffneten belastet, ist die Oberflächlichkeit, die Flüchtigkeit der Motive, die ihn in einen so gefährlichen Kriegsdienst führen.«

Als entschiedener Gegner des sich immer noch befehdenden Rittertums und der daraus resultierenden »ungerechten«, einzig und allein auf irdische Reichtümer abzielenden Bruderkriege zwischen Christen äußert er sich voller Verachtung: »Tatsächlich kommt bei euch kein Streit und keine Fehde zum Ausbruch, die nicht von unvernünftigem Haß, eitler Gewinnsucht oder von Besitzgier angestachelt wären. Bei solchen Zielen ist man weder beim Töten noch beim Sterben in Sicherheit.«

Dagegen sieht Bernhard in der *nova militia* »ein neues, der Welt noch unbekanntes Rittertum, das einen zweifachen Kampf zugleich unermüdlich kämpft, nämlich den gegen Fleisch und Blut und den gegen die bösen Geister des himmlischen Bereiches«. Darunter versteht hier der Abt von Clairvaux nicht nur den Kampf gegen die Heiden, sondern auch den inneren Kampf der Selbst – und Sündenüberwindung. Er verherrlicht die »neue Ritterschaft« mit mystisch-eschatologischen Aussagen, wonach der dem Tempelritter im Krieg jederzeit drohende Tod deshalb erstrebenswert scheint, weil er zur direkten Begegnung mit Gott führe und somit sein Heil noch gesicherter sei, wenn er selbst getötet wird, als wenn er andere tötet:

»Ihr seid in Sicherheit, weil weder der Tod noch das Leben euch von der Liebe Gottes, die in Jesus Christus ist, werden trennen können. (...) Ob wir leben, ob wir sterben, wir gehören dem Herrn.« [Römer 14,8] »Glückselig sind, die im Herrn sterben [Offenbarung 14,13].(...) Der Soldat Christi, sage ich, tötet unbekümmert, noch sicherer stirbt er. Wenn er stirbt und wenn er tötet, überstellt er sich Christus. Denn nicht ohne Grund trägt er das Schwert: Er steht im Dienst Gottes, um den zu bestrafen, der Böses tut, und um den auszuzeichnen, der Gutes tut [Römer 13,4; 1 Petrus 2,14]. Wenn er den Übeltäter erschlägt, ist er gewiß kein Menschentöter, sondern ein Übeltöter. (...) Durch den Tod des Heiden wird der Christ verherrlicht, da ja Christus verherrlicht wird.«

Der Abt will damit, wohl um allfällige Zweifel an der Legitimität des kriegerischen Handwerks seiner geliebten Ritter ein für alle

Mal aus der Welt zu schaffen, zum Ausdruck bringen, daß der Kampf gegen die Heiden ausschließlich als ein in lauterer Absicht geführter Verteidigungskrieg im augustinischen Sinn verstanden werden müsse. Daher stellt sich dem Tempelritter die Aufgabe, das Böse in jeder Form zu beseitigen, und da ja der Heide schlechthin Träger des Bösen ist, muß sein Tod mehr als Vernichtung des Bösen als Vernichtung des Menschen *(non homicida, (...) sed malicida)* verstanden werden; er lehnt die bedingungslose Tötung der Heiden nach Möglichkeit sogar ab und will Gewalt auf ein Mindestmaß beschränken: »Sicherlich sollte man die Heiden ebensowenig wie andere Menschen töten, wenn man anderweitig allzu große Gefährdung und Unterdrückung der Gläubigen verhindern kann.«

Die Rechtfertigung der Tötung von Menschen anderen Glaubens ist einer der wesentlichen Punkte des ganzen Loblieds auf die neue Ritterschaft. Man spürt förmlich, wie Bernhard bemüht ist, den Nachweis zu erbringen, daß dieses wohl bedeutendste Prinzip des Ordens – das Töten im Krieg – unter ganz bestimmten Umständen unbedingt erlaubt sein müsse. Merkwürdigerweise stellt die danach folgende Aussage eine deutliche Abschwächung der vorhergehenden dar und steht in auffallendem Widerspruch zu der dem Abt ansonsten zugeschriebenen konsequenten Kompromißlosigkeit. Die Ursache dafür mag wohl in der nach wie vor bestehenden heftigen Kritik an den Tempelherren wegen des Verstoßes gegen das christliche Liebesgebot zu suchen sein.

In diesem Zusammenhang darf die Meinung des berühmten englischen Theologen Walter Mapes nicht unbeachtet bleiben – sie ist nämlich für die in manchen intellektuell-klerikalen Kreisen nicht ganz zu Unrecht den Templern gegenüber vorherrschenden Bedenken charakteristisch. Sie stellt allerdings die ganze Kreuzzugsbewegung und die Zulässigkeit des *bellum iustum* insgesamt in Frage: »Das Schwert ergreifen sie zum Schutz der Christenheit, das Petrus zur Verteidigung verboten wurde (...). Sie ergreifen das Schwert und werden durch das Schwert zugrunde gehen. Sie sagen, alle Gesetze (...) erlauben, die Gewalt durch Gewalt zurückzuweisen. Aber diese Gesetze hat jener verneint, der, als Petrus zuschlug, den Legionen der Engel nicht gebieten wollte.«

Bernhard von Clairvaux hingegen stützt sich in seinem Hohelied wahrscheinlich auf den von Augustinus unter Berufung auf Paulus (Römer 18) verfaßten Brief 47: »Es ist keine Sünde, von Amts wegen zu töten. (...) Dies sage ich in Bezug auf die Leute, die getötet werden müssen. (...) Die sind keine Mörder, die mit Eifer gegen die Feinde der Kirche kämpfen.«

Mit diesem und den folgenden Sätzen erinnert der Abt an *Civ I. 35*; er versteht darunter die Templer in übertragenem Sinn offensichtlich als die Garanten für die Errichtung der endzeitlichen irdischen Gerechtigkeit. Diese Art von Gerechtigkeit will er nicht als juristischen, sondern als philosophisch-theologischen Begriff zu verstanden wissen: »Und so wird sich das Prophetenwort erfüllen: Der Herr hat sein Volk erlöst und befreit. Sie werden kommen auf Zions Höhe, sie werden strahlen vor Freude über die Gaben des Herrn.« [Jeremia 31,11f] (...) »Denn der Herr tröstete sein Volk, er erlöste Jerusalem.« (...) »Ferner freut sich der Gerechte über jenen, wenn er die Vergeltung sieht. Von diesem sagen die Menschen: Der Gerechte erhält seinen Lohn. ... Es gibt einen Gott, der auf Erden Gericht hält.«

Von diesem Lohn haben Augustinus wie Bernhard augenscheinlich gleichfalls dieselbe Vorstellung, nämlich das himmlische, ewige Jerusalem: »...ja, ihr sollt an Jerusalem getröstet werden. Siehst du nicht, wie durch das Zeugnis der Alten die neue Ritterschaft gebilligt wird und daß es deshalb heißt: Wie wir es gehört haben, so sehen wir es in der Stadt des Herrn der Heerscharen. (...) Wir erhoffen nämlich für die Ewigkeit, was wir zur Deutung dieser Zeit aus den Worten der Propheten entnehmen: Der Glaube möge durch das Sichtbare nicht verloren gehen. (...) Im übrigen zerstört der zeitliche Ruhm der irdischen Stadt [Jerusalem] nicht die himmlischen Güter, sondern vermehrt sie. Nur dürfen wir keine Bedenken haben, daß diese Stadt das Urbild jener darstellt, die unsere Mutter im Himmel ist.«

Unverkennbar ist auch in den folgenden Auszügen der Einfluß der Ideen seines großen Vorbilds bei der Rechtfertigung des Verteidigungskriegs in der Form des *bellum iustum* ersichtlich: »Und er wird in jeder Hinsicht sowohl als Rächer Christi gegenüber Schlechthandelnden, als auch als Verteidiger der Christen betrachtet.« (...) »... als daß die Rute der Sünder über dem Haupt der Gerechten schwebt, damit nicht noch die Hand der Gerechten nach Unrecht greift (...) Ja mögen sie daher jene Heiden, die den Krieg wollen, auseinandersprengen.«

Analog zu Augustinus und getreu seinen monastischen Prinzipien verurteilt der Abt von Clairvaux in scharfen, kompromißlosen Worten wiederholt die irdische Prunksucht, Besitzgier und Eitelkeit der seiner Ansicht nach zu ewiger Verdammnis bestimmten weltlichen Ritterschaft *(militia saeculi):* »Ihr packt eure Pferde in Seide, umhüllt eure Rüstungen mit was weiß ich für wallenden Schärpen; ihr behängt eure Lanzen, Schilde und Sättel; Zäume und Steigbügel sind mit Gold, Silber und Edelsteinen verziert, und in solchem Pomp zieht ihr in unverschämter Narrheit oder bestürzendem Leichtsinn in den Tod.« Bei den Templern dagegen »...vermeidet man sowohl bei der Speise als auch in der Kleidung jeden Überfluß, allein auf das Notwendigste richtet man seine Aufmerksamkeit (...). Sie sind niemals gekämmt, selten gebadet, eher schon zerzaust, geschwärzt vom Staub, Rüstung und Haut von der Sonne. Wenn aber Krieg droht, rüsten sie sich innerlich mit Glauben, äußerlich mit Eisen und nicht mit Gold (...), den Sieg und nicht den Ruhm haben sie im Sinn.«

Zur Ermutigung jener noch militärisch unbedeutenden Schar der Ritter in ihrem Kampf gegen die Übermacht der Ungläubigen zieht der Abt 1 Makkabäer 3,18-19 als Quelle heran: »Auch wenn sie sehr wenige sind, fürchten sie weder wilde Barbarei noch zahlreiche Übermacht. Sie haben gelernt, nicht auf die eigenen Kräfte zu vertrauen, sondern den Sieg aus der Kraft des Herrn der Heerscharen zu erhoffen. Sie sind (...) überzeugt, daß es ihm, nach dem Ausspruch des Makkabäers, ein Leichtes ist, viele wenige in die Hände fallen zu lassen; für den Himmel macht es keinen Unterschied, ob er durch viele oder wenige Rettung bringt. Denn der Sieg im Kampf liegt nicht an der Größe des Heeres, sondern an der Kraft, die vom Himmel kommt.«

Im Kern dieser Aussage läßt sich zweifelsfrei feststellen, daß Bernhard in dem (bevorstehenden) Kampf zwischen Tempelrittern und Ungläubigen ein Gottesurteil zugunsten der »gerechten christlichen Sache« zu erkennen glaubte.[4] Gerade diese auf ein irrational übersteigertes Gottvertrauen aufbauende Vorstellung bildete die Grundlage für mehrere militärisch nicht vertretbare Operationen des Ordens in späterer Zeit.

Obwohl er das Körperliche dem Geistigen unterordnet, räumt Bernhard aber auch ein, daß Gott für das diesseitige Leben notwendige Güter zur Verfügung stellt. Diese Gütter seien dem irdischen Leben dienbar und deren Verwendung sei dem Willen Gottes entsprechend letztendlich zur Erlangung des ewigen Friedens im Jenseits nützlich.

In seiner mystisch orientierten Auffassung des Lebens als streng hierarchisch gegliederte göttliche Ordnung und ausgehend von einem der leitenden Grundsätze der Zisterzienser, das Kloster sei

der auserwählte Ort, an dem diesseitiges und jenseitiges Leben nahtlos ineinander übergehen, ist Bernhard voll des Lobs über den kontemplativen Lebenswandel der Templer, der »wahrhaft heiligen und geschützten Ritter«: »Damit nichts an himmlischer Vollkommenheit fehle, leben alle in einem Hause, ohne Eigentum und eines Sinnes. Wachsam bewahren sie die geistige Einheit, die der Friede verbindet. Diese Schar hat (...) ein Herz und eine Seele, so sehr beeilt sich jeder einzelne, weit davon entfernt, seinem persönlichen Willen zu folgen, dem des Oberen nachzukommen.«
So wie bei Augustinus beide »Herrschaften« jedoch Verantwortung für die Welt wahrnehmen und die *civitas terrena* durchaus einen festen Platz in der göttlichen Planung einnimmt, versucht dementsprechend auch Bernhard, die seiner Meinung nach »schlechte« weltliche Ritterschaft im Sinne des Kirchenvaters in sein eigenes ideales gesellschaftspolitisches Schema zu integrieren und sie dem Werk Gottes dienstbar zu machen. Für den weitblickenden Abt könnten aber auch durchaus realitätsbezogene Überlegungen eine nicht unerhebliche Rolle gespielt haben. Auf diese Art und Weise bot sich nämlich die günstige Gelegenheit, gefährliche Elemente aus dem Abendland relativ problemlos zu entfernen und möglicherweise sogar in den Schoß der Kirche zurückzuführen: »Und was man für recht angenehm hält und recht fleißig betreibt, eben nur wenige kamen in der großen Menge dorthin, wenige, außer den üblichen Verbrechern, Schamlosen, Dieben, Kirchenräubern, (...) über deren Abfahrt – da ja Doppeldeutiges immer auch Gutes hervorbringt – man sich doppelt freut, da sich die Einwohner des Heimatlandes so über ihre Abfahrt freuen, wie diejenigen, denen sie zu Hilfe eilen über ihre Ankunft (...) Das eine entläßt seine grausamsten Plünderer, das andere nimmt mit Freuden seine treuesten Verteidiger auf, und von denen werden die einen sehr angenehm getröstet, von denen die anderen heilbringend verlassen werden.«

Der Aufbruch in das »Neue Zeitalter«

Um die Begriffe »alte« und »neue« Ritterschaft auch zeitlich voneinander abzugrenzen, beruft sich Bernhard auf zwei Allegorien des Augustinus. In der einen vergleicht der Kirchenvater unter Bezugnahme auf Paulus *1 Korinther 3, 16; 6, 19; Korinther 6, 16* in *Civ. XVIII*, 48 die Herrlichkeit des ersten, des »steinernen«, und des zweiten, des »lebendigen« Tempels (Salomos) mit dem Alten und dem Neuen Bund: »Dies Gotteshaus besitzt größere Herrlichkeit als jenes erste, das aus Holz und Steinen und sonstigen kostbaren Stoffen und Metallen erbaut war. (...) Dagegen dies unser zum Neuen Bunde gehöriges Haus besitzt umso größere Herrlichkeit, je edler die lebendigen Steine, die Gläubigen und Wiedergeborenen, sind, aus denen es aufgebaut ist. Aber insofern wird durch die Wiederaufrichtung jenes Tempels sinnbildlich dargestellt, als die Erneuerung des Gebäudes selber (...) auf einen anderen Bund hinweist, den man den Neuen nennt.«

Im gleichen Sinn äußert sich auch Bernhard: »Denn seine [des Tempels] allumfassende Großartigkeit wurde in vergänglichem Gold und Silber, in Steinquadern und in einer Vielfältigkeit von Holz festgehalten. (...) Jenes fällt durch die Farbenvielfalt als bewundernswert auf, dieses sollte durch mannigfaltige Tugenden und ehrwürdige Handlungen verehrt werden.« »Die Ritter entbrennen im gleichen Eifer für das Haus Gottes, wie einst er [Christus] selbst, der Anführer der Ritter: Als er den Tempel betrat, bewaffnete er seine Hand nicht mit dem Schwert, sondern mit einer Geißel (...) und vertrieb die Händler. (...) Vom Beispiel eines solchen Königs angeregt, hält sich das ihm dienende Heer in den heiligen Hallen mit Pferden und Waffen auf. (...) Und wenn sie die Ungläubigen (...) vom Tempel und den anderen heiligen Orten vertrieben haben (...) ehren sie den Tempel Gottes in ständigem und aufrichtigem Dienst, indem sie mit (...) Hingabe, nicht nach dem Brauch der Alten (...), sondern die wahrhaft friedlichen Opfer, nämlich Bruderliebe, (...) Unterwerfung und freiwillige Armut darbringen. Dies alles geschieht in Jerusalem, und die Welt gerät in Erregung.«

Bernhard vergleicht den Kampf der neuen Ritterschaft gegen die Ungläubigen mit der aus *Lukas 19. 45* überlieferten Tempelreinigung Christi, der hier im übertragenen Sinn als mittelalterlicher Lehensherr wie auch als endzeitlicher Richter auftritt. Demzufolge ist der bewaffnete Kampf lediglich auf den Zeitraum jener als eschatologisch zu verstehenden »Tempelreinigung« begrenzt. Im Anschluß daran folgt das irdische Paradies in Form einer zukünftig friedfertigen, monastischen Lebensweise, eben der Anbeginn der »neuen Zeit«.

In der anderen Allegorie in *Vera rel. XXVI.48* über die sieben Altersstufen des menschlichen Lebens unterscheidet Augustinus zwischen der Bestimmung des alten und des neuen Menschen, indem

er dem im Lebenszweck des in den Begierden der zeitlichen Dinge gebundenen alten (den er auch äußeren oder irdischen nennt), nur den leiblichen Tod erkennend, dem verinnerlichten neuen Menschen gegenüberstellt, dessen Ziel und Ende das ewige Leben ist.
So erkannte auch Bernhard in der »neuen Ritterschaft«, die nach dem Historiker Georges Duby »... endlich geläutert war von Habgier und Eitelkeit, reingewaschen, verschmolzen mit den himmlischen Heerscharen...«, eine Ritter und Mönch *(miles et monachus)* vereinigende Gemeinschaft, eine Art »neuer Menschen«, in der die Werte der irdischen Gesellschaft ihren Höhepunkt erreichen und die beiden herausragenden sozialen Ordnungen seiner Epoche zusammentreffen: die mönchische Ordnung für das geistige und die ritterliche für das weltliche Element der Gesellschaft.
Auch einer der prominentesten Zeitzeugen, Petrus Venerabilis von Cluny, betont diesen Umstand mehrfach, indem er von einem zweifachen Kampf spricht: »Ihr seid Mönche in euren Tugenden, Ritter in euren Taten, das eine erfüllt ihr in geistlicher Weise, das andere übt ihr mit den Kräften des Körpers aus.« Der Templerforscher V. E. Michelet stellt dazu treffend fest: »Der Soldat hat den Ruhm, der Mönch die Ruhe. Der Tempelritter hat beidem abgeschworen. Er vereinigte, was die beiden Lebensarten an Härte besitzen: Die Gefahr und die Enthaltsamkeit.«
In seinem leidenschaftlichen Eifer nach vollständiger Bekehrung und Verchristlichung der irdischen Gesellschaft strebte der Abt von Clairvaux als Endziel ganz offenkundig die Verschmelzung von weltlicher und geistlicher Macht an, wie unter anderem aus dem berühmten »Brief LVI« an Papst Eugen, dem er bekanntlich den Primat in beiden Bereichen zuweist, sehr deutlich hervorgeht: »... man (die römische Amtskirche) müsse beide Schwerter ziehen...«
Zudem könnte aber auch der Eindruck entstehen, daß Bernhards Loblied – ähnlich dem augustinischen *De civitate Dei,* das nach Heinrich Scholz »Abschiedsworte an eine versinkende und Prolegomena zu einer neuen Kultur« sind. Der verblichene Ruhm des alten überlebten, durch Krisen zerrütteten römischen Weltreichs, die *Roma aeterna* – das »ewige Rom als Idee« – mußte nach dem Denkmodell des Kirchenvaters zu Gunsten einer neuen sakral-ideologischen Heilsordnung, der *Roma christiana,* weichen. Vor dem Hintergrund der augustinischen Zwei-Welten-Ontologie sind jene Rittermönche der *Nova Militia* daher nicht nur die »Speerspitze der Kreuzzüge«, sondern vielmehr die tragende Säule einer neu-

artigen, idealen verchristlichten Gesellschaft, nämlich die Wegbereiter eines neuen Zeitalters.
Es wäre allerdings weit gefehlt, würde man dem Abt von Clairvaux eine Denkweise im Sinn jenes utopischen Millenarismus der großen Massenbewegungen des vorangegangenen Jahrhunderts unterstellen, schließlich hat sein großes Vorbild Augustinus die eschatologischen sogenannten »Lehren vom tausendjährigen Reich« als lächerliche Geschichten *(ridiculas fabulas)* entschieden verworfen. Bernhard versteht die zum guten Teil der millenaristischen »Ideologie« zugrundeliegende Offenbarung Johannis ausschließlich als seelisches Gleichnis und das Millenium mit Christus und seiner Kirche bereits verwirklicht: »Also ist auch jetzt die Kirche zugleich Reich Christi und Himmelreich«.[5]
Christus kommt bei seinem zweiten Advent also nicht von »außen«, sondern aus der Tiefe seiner von ihm begründeten kirchlichen Gemeinschaft. Demzufolge werde die Kirche das Gottesreich in der Welt mit Hilfe der Gnade Gottes völlig zur Herrschaft führen, um auf diese Weise die Schöpfung durch den Übertritt von der Zeit in die Ewigkeit und der Umgestaltung des irdischen Kosmos zu vollenden. Genau diese darunter verstandene Verchristlichung von allem Diesseitig-Irdischen durch die Kirche war ja auch das erklärte Ziel der Reformbewegungen von Cluny und Citeaux. Dennoch ist nicht gänzlich auszuschließen, daß selbst Bernhard von den im 11. Jahrhundert neu entflammten millenaristischen Strömungen in gewissem Maß erfaßt wurde, erwartete er doch wie viele seiner Zeitgenossen die Wiederkehr Christi: »Notwendig ist also die Ankunft des Erlösers, notwendig ist die Gegenwart Christi für die derart mit Gebrechen behaftete Menschheit.« Obwohl die »Milleniumsidee« schon auf dem Konzil von Ephesus im Jahre 431 als häretische Lehre verurteilt worden war, gewannen apokalyptische Weissagungen, allen voran die des Johannes, aufgrund der weltpolitischen Ereignisse zunehmend an Bedeutung.
Aus eschatologischer Betrachtungsweise führte die Polarisierung von »alt« und »neu« zu einer Dimension, in der das Politische in der Heilsgeschichte unmittelbar aufgeht. So ist davon auszugehen, daß die tatsächlich erfolgte Eroberung Jerusalems durch die Kreuzfahrer – als Erfüllung eines wesentlichen Teiles der Johanneischen Prophezeiung interpretiert – selbst in intellektuell theologischen Kreisen nicht zur Gänze übergangen werden konnte.
Die solcherart millenaristisch-eschatologisch gefärbten Überlegungen Bernhards entsprechen durchaus dem philosophischen Zeit-

geist des 12. Jahrhunderts. So spricht der große Abt von Cluny, Petrus Venerabilis, über den neuen Orden: »Wer sollte sich nicht mit der ganzen Macht seines Geistes freuen in Gott seinem Retter, daß die Ritterschaft des ewigen Königs, das Heer des Herrn Zebaoth, zu neuen Kämpfen gleichsam von himmlischen Heerlagern herabgestiegen ist, um die Feinde des Kreuzes Christi zu besiegen.« In einer Urkunde des Papstes Clemens III. aus dem Jahre 1191 wird ebenfalls vermerkt, daß die Templer, »dem Dienst des allmächtigen Gottes geweiht, der himmlischen Ritterschaft zuzurechnen sind«.

Einer der berühmtesten Lehrer der Schule von Chartres und zu den Vertretern der platonischen Denkrichtung gezählte Theologe und Dichter Bernardus de Silvestris von Tours klagt in seinem kosmographischen Werk *Megacosmus et microcosmus* von einer aus der Ordnung geratenen, im Chaos versinkenden Welt: ihr könne nur mittels einer neuen, verstärkt jenseitsbezogenen »Geisteserkenntnis« entgegengetreten werden.

Sein berühmtester Schüler, Alain de Lille, besser bekannt als *Alanus ab Insulis* (wie sein Lehrer ebenfalls bemerkenswerterweise Zisterziensermönch) befaßt sich in seinem Hauptwerk, dem *Anticlaudian,* mit der in naher Zukunft zu erwartenden Wiederkehr Christi und dem darauffolgenden Weltenneubau auf der Grundlage einer erneuerten geistigen Moralität. Das zentrale Thema dieser beeindruckenden Dichtung sind die Mühen der Göttin *Natura*, einem Synonym für den in den Elementen wirkenden, dem Geiste zugewandten Seelenteil, bei der Erschaffung des »Neuen Menschen«, der an die Stelle des »alten, durch Unmoral verderbten«, treten soll.

Diesen neuen Menschen stellt Alanus sinnbildhaft »als einen Ritter vom Geist vor, den die Tugenden, nachdem ihn die menschliche Weisheit vom göttlichen Urquell des Himmels herabgetragen hat«, zu der auf dem inneren Schlachtfeld seiner Seele *(pugna spiritualis)* zu bestehenden Auseinandersetzung, »...ausrüsten mit den Waffen des Geistes: Helm, Schwert und Lanze und einem mutigen Pferd...« Die Waffen sollen hier gewissermaßen Symbole verschiedener christlicher Eigenschaften oder Tugenden nach dem Vorbild der von Paulus in *Epheser 6,11-17* ausführlich beschriebenen *arma lucis,* der sogenannten »Waffenrüstung Gottes«, verkörpern: der Helm ist Sinnbild des Heils, der Panzer symbolisiert die Gerechtigkeit, der Schild den Glauben und das geistige Schwert das Wort Gottes.

Der Aufruf des Alanus ist als überzeitlich zu werten und betrifft den Entscheidungskampf zwischen den »guten« Auserwählten und den »bösen« dämonischen Heerscharen um das zukünftige Schicksal der Welt. Mit Sicherheit bezieht sich Alanus an dieser Stelle auf die Johannes-Offenbarung 19, 11-21: »Und ich sah den Himmel aufgetan; und siehe, ein weißes Pferd, und der darauf saß, hieß Treu und Wahrhaftig, und er richtet und streitet mit Gerechtigkeit (...). Und ihm folgte nach das Heer im Himmel auf weißen Pferden, angetan mit weißer und reiner Leinwand (...). Und aus seinem Munde ging ein scharf Schwert, daß er damit die Heiden schlüge.«

Jedenfalls scheint die Dichtung des *Anticlaudian,* somit gleich wie das *De laude novae Militiae,* nichts anderes als ein Appell an den Adel zu sein, der »alten« Welt zu entsagen und sich dem »neuen« geistigen Rittertum zuzuwenden.

Obwohl Alanus den Templerorden in seinem Werk namentlich nicht erwähnt, entsteht zwangsläufig der Eindruck, daß diese Vereinigung ganz offensichtlich seinem Idealbild entspricht. Denn als Verkörperung der vier platonischen Tugenden Erkenntniskraft *(prudentia),* Tapferkeit *(fortitudo),* Bescheidenheit *(temperantia)* und Gerechtigkeit *(iustitia)* beschreibt Alanus im *Anticlaudian* mit dem »neuen Menschen« auf keinen Fall das mönchische Idealbild; diese Tugenden sind unverwechselbar die wesentlichen Bestandteile des höfischen und ritterlichen Weltbildes, der *Courtoisie.*

Schon bei Kirchenvater Ambrosius ist der Grund und das Ziel der, wie er sie erstmals nennt, »Kardinaltugenden«, explizit auf das Jenseits und auf Gott ausgerichtet, sie sind nichts anderes als »eine Entfaltung der Gottesliebe«. Sein Schüler Augustinus stellt vor allem die Gerechtigkeit als die wichtigste Tugend über die übrigen drei, denn »...was soll in einem Menschen, der Gott nicht dient, als im Zustand der Gerechtigkeit befindlich angesehen werden ...« Daraus ergibt sich für den Kirchenvater weiters die Schlußfolgerung: »Wenn in einem solchen Menschen keine Gerechtigkeit ist, dann auch (...) nicht in einer Vereinigung, die aus solchen Menschen besteht (...). Wo keine Gerechtigkeit, da kein Staat.«

Die herausragende Bedeutung jener vier Kardinaltugenden für die politische Wissenschaft im Mittelalter unterstreicht bekanntlich Isidor von Sevilla, indem er mit ihnen die Ethik und generell die Philosophie des rechten Handelns zu definieren versucht. Auf der Basis dieser Aussage erklärt Hugo von St.Viktor etwa fünfhundert Jahre später: »Das rechte Handeln und die öffentliche Ethik dienen, da ihre Aufgabe die Sorge für das Gemeinwesen sind, dem *bonum commune*, dem Wohle aller.«

Das Konzil von Troyes - Die Ordensregel

Auch der Heilige Stuhl erkannte sehr bald die für seine politischen Zielsetzungen weitreichenden Möglichkeiten des Templerordens. Seit Anbeginn der Kreuzzüge vertrat Rom, noch unter der Nachwirkung der gregorianischen Reform, die Ansicht, die geistige und weltliche Macht in Jerusalem habe in den Händen der Amtskirche zu liegen. Mit einer Approbation des Ordens bot sich Papst Honorius II. die Gelegenheit, eine von der weltlichen Kontrolle freie Organisation ähnlich der von Gregor VII. geplanten *Militia Sancti Petri* zu schaffen. Er hatte hierbei den Hintergedanken, daß diese Organisation vielleicht in der Lage sei, die politischen Interessen der Kirche gegebenenfalls mit militärischen Mitteln durchzusetzen. Diesen Überlegungen und dem vehementen Betreiben des Abtes Bernhard zufolge wurde der Ordensmeister zu dem im Jänner 1128 in Troyes einberufenen Konzil eingeladen, um seine Vorstellungen von der Satzung, der Gliederung und vom Aufbau seiner Vereinigung darzulegen.[6]
Die von Bernhard verfaßte Vorrede *(praefatio)* zu der auf dem Konzil festgelegten sogenannten »lateinischen« Templerregel gibt einen detaillierten Aufschluß über die Zusammensetzung der teilnehmenden kirchlichen Würdenträger unter dem Vorsitz des päpstlichen Kardinallegaten in Frankreich, Matthaeus, Bischof von Albano: dreizehn Bischöfe und neben mehreren weltlichen Großen neun Äbte, darunter jene der bedeutendsten Zisterzienserabteien, nämlich der von Molesmes, Pontigny, Troisfontaine, Citeaux und nicht zuletzt von Clairvaux. Die Anwesenheit gerade jener ranghöchsten Zisterzienseräbte ist wiederum ein deutlicher Hinweis, wie sehr der Einfluß ihres Reformdenkens den Lauf der Ereignisse auch in dieser Angelegenheit entscheidend mitgestaltete.
Deshalb und wohl auch seines großen Ansehens wegen erteilte das Konzil Bernhard von Clairvaux – der zu seiner Zeit fraglos renommiertesten Persönlichkeit der Zisterzienserbewegung – den Auftrag, die beschlossenen Satzungen zu redigieren und dazu die Vorrede zu verfassen. In dieser im Stile des *De laude* gehaltenen *praefatio* wendet sich Bernhard neuerlich an das weltliche Rittertum, »daß ihr denen folgt, welche Gott aus der Masse der Ver-

dammnis *(massa damnata)* auserwählt und durch seine Gnade (...) zur Verteidigung der Heiligen Kirche berufen hat.« Er bezieht sich dabei nochmals auf die Tempelallegorie des Augustinus, die nach Paulus, *Epheser 1,4,* besagt, daß »... kommen wird, was auserwählt ward vom Herrn aus allen Völkern (...). Viele sind berufen, aber wenige sind auserwählt.«
Bernhards wiederholte Anspielung gerade auf die Tempelallegorie dürfte einer tiefen Symbolik zugrundeliegen, derzufolge der Hauptsitz des Templerordens im seit jeher als Mittelpunkt des irdischen wie auch des himmlischen Jerusalems verstandenen Tempel Salomos (des »Weisen«) aus einer völlig anderen Perspektive betrachtet werden sollte. Der Berg Moriah, der sogenannte Tempelberg von Jerusalem, galt bereits im frühen Judentum als geheiligter Ort, an dem Melchisedek, der sagenhafte Priesterkönig von »Salem«, lange vor der biblischen Zeit den ersten Grundstein zu einer Kultstätte legte. Dort befindet sich die Stelle, wo Abraham Gott seinen Sohn Isaak opfern wollte.
Ebenfalls von hier wurde der Prophet Mohammed in den Himmel entrückt, weshalb auch die Muslime ein Heiligtum, den Felsendom, errichteten. Nicht weit davon liegt an der »weitesten von Mekka entfernten Gebetsstätte Mohammeds« die El-Aqsa-Moschee. Diese Moschee, die, während der Kreuzfahrerzeit in eine Kirche umgewandelt, zu dem Teil des Königspalasts gehörte, wurde schließlich dem Templerorden 1118/19 überlassen. Mithin ist der Tempelberg ein für alle drei monotheistischen Religionen gleichermaßen heiliger Ort, der – wie der Buchautor Andreas Gruber bemerkt – »die Geschichte des Volkes Gottes wie in einem Brennpunkt zusammenfaßt«.
Die Wahl genau dieses Standortes scheint daher ganz offensichtlich alles andere als eine gewöhnliche Schenkung König Balduins an die Tempelritter im herkömmlichen Sinn gewesen zu sein. Dabei weiß die bisherige Geschichtswissenschaft darüber im Grunde merkwürdigerweise so gut wie nichts zu berichten.
Außerdem beruft sich Augustinus in seiner Tempelallegorie auf die sogenannten (zweiund)»siebzig Bücher« der *septuaginta.* Besonders bemerkenswert erscheint in diesem Zusammenhang die Tatsache, daß die »lateinische« Templerregel von Troyes ebenfalls in exakt 72 Artikel beziehungsweise Paragraphen aufgegliedert ist. Die Verwendung der Zahl 72 dürfte auch kein Zufall sein, sondern hat aller Wahrscheinlichkeit nach ihren Ursprung in der jüdischen Zahlenkabbalistik, wo sie als Symbolzahl für alle Völker der

Erde gilt. Des weiteren wird in der Kabbalistik zwischen dem »72-buchstabigen Namen«, dem sogenannten »großen« Gottesnamen, und dem »Namen der 72 Namen Gottes« unterschieden.
Die bis weit ins Mittelalter häufig angewandte Zahlensymbolik läßt auch noch einen weiteren interessanten Vergleich zu. Wie bereits erwähnt, führt der einzige die Gründungszeit des Templerordens beschreibende Chronist Wilhelm von Tyrus explizit neun Ordensmitglieder an. Aus kabbalistischer Sicht ist die Neun die Zahl der Vollendung. Dagegen entspricht den Begriffen »Erneuerung« und »Wiedergeburt« die Zahl Acht. Die Multiplikation von Acht mit Neun ergibt ebenfalls die 72.
Den symbolischen Wert der Zahl acht unterstreicht unter anderem auch Augustinus in *Civ. XXII, 30* – bezeichnenderweise dem letzten Kapitel seines »Gottesstaates« –, als er vom auf den Sabbat folgenden sogenannten »ewigen achten Tag der Schöpfung« spricht, der durch Christi Auferstehung geheiligt ist und somit den Anbruch der himmlischen Herrschaft bedeutet.
In jedem Fall scheint die Zahl 72 den hohen Rang in der kirchenpolitischen Gesellschaftsordnung zu unterstreichen. Dies wird auch in einem anderem Zusammenhang anschaulich durch einen Urkundenschreiber dokumentiert, da dieser dem Großmeister Hugo von Payens seine Würde unmittelbar nach Gott zuweist: »*... quorum ordinis magister post Deum Hugo de Paianis ...*«
Der wissenschaftliche Stellenwert der Numerologie im allgemeinen wird selbst von einem gelehrten Theologen im Range eines Augustinus in signifikanter Weise hervorgehoben, indem er Zahl und Weisheit auf dieselbe Stufe stellt: »... zumal ich keinen Zweifel hege, daß beide ein und dasselbe sind (...), selbst was am Ende aller Dinge liegt, besitzt eine Zahl (...). Betrachte Himmel und Erde, Meer und alles, was da glänzt und kriecht und fliegt und schwimmt: alles hat Formen, weil es Zahlen hat: nimm sie fort und alles wird zunichte.«
In der Tat war die in Troyes erstmals schriftlich festgelegte Templerregel der erste erfolgreiche Versuch, eine monastische Organisation für die von religiösen Idealen beseelten Ritter zu schaffen und auf diese Weise den bisher unversöhnlichen Antagonismus zwischen Mönch und Krieger auszuschalten. Juristisch betrachtet kann die Bruderschaft *(fraternitas)* eigentlich erst ab diesem Zeitpunkt als »richtiger« Orden *(religio)* nach kanonischem Recht bezeichnet werden. Es scheint daher nur logisch, daß der Inhalt der von Bernhard überarbeiteten Regel sich in wesentlichen Punkten (die mili-

tärischen Obliegenheiten ausgenommen) an den strengen Richtlinien der Zisterzienserregel orientiert – der erneuerten Urform des klösterlichen Zusammenlebens *(ora et labora et convivere)* des Benedikt von Nursia.

Sämtliche später gegründeten geistlichen Ritterorden nahmen sich das bewährte Modell des Templerordens zum Vorbild. Besonders hervorzuheben sind neben der Metamorphose des bereits zur Zeit des ersten Kreuzzugs erstmals urkundlich erwähnten und 1113 bestätigten Hospitalordens der Johanniter, der sich schließlich an Idealen der Templer orientierte. Hinzu kamen zwei weitere, ausschließlich aus der Erneuerungsbewegung der Zisterzienser hervorgegangene ritterliche Gemeinschaften: der vom Abt des Klosters Fitero in Kastilien, Raymond von Serrat, zusammen mit dem Mönch Diego Velasquez 1158 gegründete Ritterorden von Calatrava und die 1202 von Theoderich von Treisen ins Leben gerufenen »Brüder der Ritterschaft Christi in Livland« *(Fratres militiae Christi de Livonia)*, bekannt auch unter dem Namen »Schwertbrüderorden«. In diesem Zusammenhang erscheint noch ein anderer in Portugal bereits um 1147 aus einer Waffenbruderschaft hervorgegangener »Ritterorden von Evora«, der sich zunächst bemerkenswerterweise des von Bernhard von Clairvaux eigentlich für die Templer geprägten Ausdrucks *nova militia* bediente. Diese Bruderschaft erwarb sich später als die »Ritter von St.Benoit d'Aviz« in der Auseinandersetzung mit den Mauren im Rahmen der iberischen *reconquista* hervorragende militärische Verdienste.

Gerade der letztgenannte Orden ist einmal mehr ein ausgezeichnetes Beispiel für den außerordentlich sakral-ideologischen Einfluß der monastischen Erneuerungsbewegungen auf die Wandlung der zunächst säkularen Bruderschaften zu geistlichen Ritterorden. Getreu ihren Vorbildern übernahmen alle diese monastisch-ritterlichen Gemeinschaften zu ihrer Kleidung den für die Zisterzienser typischen weißen Habit, den sogenannten »weißen Chlamys«, als Zeichen der Reinheit: »Diejenigen, die das düstere Leben aufgegeben haben, erkennen durch die weiße Kutte an, daß sie mit ihrem Schöpfer versöhnt sind.«

Unmittelbar nach Beendigung des Konzils von Troyes bereiste der Großmeister Frankreich, Aragon, England, Schottland und Flandern, um dort mit großem Erfolg für den Orden zu werben. Überall wurde er mit Stiftungen aller Art, vorwiegend in Form von Schenkungen an Geld und Liegenschaften, von Leuten »jeden Standes« überhäuft.

Wichtiger noch als materielle Zuwendungen waren die zahlreichen jungen Männer aus dem Adel, die sich, von dem neuen ritterlichen Ideal begeistert, dem Orden anschlossen und solcherart eine wesentliche militärische Verstärkung darstellten. Wohl stammte die überwiegende Mehrheit aus den französischen Kerngebieten, doch waren erstmals auch andere Länder in der Bruderschaft vertreten. Somit wurde in jener Entwicklungsphase der Grundstein zu einer den gesamten Kulturkreis des Abendlandes umfassenden Institution gelegt. Bernhard, der als Schöpfer des Begriffs *nova militia* dem noch unbekannten, aufstrebenden Orden die notwendige ideelle Legitimation gab, sah sich in seinen Bemühungen bestätigt – denn nun kam wirklich, »was auserwählt ward vom Herrn aus allen Völkern ... Diener, die wahrhaftig das Grab Salomos wachsam und gläubig hüten.«

1 Bulst-Thiele hat sicherlich recht, wenn sie die ausschließlich bei Wilhelm von Tyrus angegebene Zahl für zu niedrig annimmt. Vgl. Bulst-Thiele, »Untersuchungen zur Geschichte des Templerordens«, Göttingen 1974. Für die Zahl »neun« dürften wohl eher sakral-ideologische Beweggründe ausschlaggebend gewesen sein. Vgl. dazu Bernard Vaillant, »Westliche Einweihungslehren«, München 1986, und Louis Charpentier, »Das Geheimnis der Kathedrale von Chartres«, Köln 1986.

2 Diese Ansicht Bernhards läßt in ihren Grundzügen eine deutliche Anlehnung an platonisches Gedankengut, nämlich den aus der *Politeia* bekannten Wächterstand der Phylaken, erkennen. Vgl. dazu Rehmke/Schneider, »Geschichte der Philosophie«, Wiesbaden 1959, Fenske, »Geschichte der politischen Ideen«, Frankfurt 1990, und Elser, »Enzyklopädie der Philosophie«, Augsburg 1992.

3 Alle Kreuzfahrer waren durch ein auf der linken Schulter aufgenähtes Kreuz gekennzeichnet.

4 Diese Vorstellung, die von ihm später auf den gesamten zweiten Kreuzzug transformiert wurde, sollte sich jedoch als der folgenschwerste Trugschluß der christlichen Sakralideologie des 12. Jahrhunderts erweisen. Vgl. G.Winkler, Hg., Bernhard von Clairvaux, »Sämtliche Werke«, Innsbruck 1990

5 Augustinus, Civ.XX 9 und 7. Bereits Origenes weist darauf hin, daß »das Ereignis« in der Seele des einzelnen Menschen stattfindet. Vgl. dazu auch Cohn, »Das neue irdische Paradies«, Reinbek 1988.

6 Das »Konzil« von Troyes war eigentlich eine Regionalsynode zweier französischer Kirchenprovinzen, der Ile de France und der Champagne; es war nur eines von vielen.

Zweiter Teil

Macht und Ohnmacht des Templerordens

DIE TEMPLER

Um 1120 *Etwa zwischen 1150 und 1200*

1220 bis etwa 1240 *1250 bis etwa 1270*

Struktur und Hierarchie

Der innere Aufbau

Mit der päpstlichen Anerkennung der in Troyes erstmals schriftlich festgelegten Ordensregel war der organisatorische Aufbau des Ordens noch längst nicht abgeschlossen. Der binnen weniger Jahre durch großzügige Zuwendungen zustandegekommene Landbesitz, vor allem in Burgund und Frankreich, erforderte zwangsläufig einen dem Ordenszweck angepaßten Verwaltungsapparat. Demzufolge sah sich Meister Hugo vor seiner Rückkehr nach Palästina veranlaßt, eine nicht unbeträchtliche Anzahl von neu angeworbenen Ordensmitgliedern in Europa zurückzulassen.

Der stete Zuwachs an Ländereien bedurfte schon früh einer Aufgliederung in Ordensprovinzen. Deren Zahl sollte sich bis zur Zeit der größten territorialen Ausdehnung des Ordens in der Mitte des 13. Jahrhunderts auf insgesamt siebzehn erhöhen. Fünf der Provinzen befanden sich im Orient *(Outremer)*: Jerusalem, Tripolis, Antiochien mit Armenien, Zypern und Romanien (Thessalien und griechische Inseln), und zwölf im Okzident *(Decamar)*: Sizilien-Apulien, Lombardei mit Rom, Portugal-Kastilien, Aragon-Katalonien, Oberdeutschland, Niederdeutschland, Österreich mit Böhmen und Mähren, England mit Schottland und Irland, Provence, Aquitanien, Normandie und die größte der abendländischen Provinzen, »Francien«, der noch Flandern, Burgund und die Champagne zugeordnet waren.

Gemäß den Ordensstatuten verblieb der Sitz des Großmeisters und der Ordensregierung bis zu dessen Verlust im Jahre 1187 in Jerusalem und im Anschluß daran bis zum endgültigen Untergang des lateinischen Königreichs 1291 in Akko *(St.Jean d'Acre* – auch bekannt unter dem aus der Antike stammenden Namen Ptolemais). Die höchste Autorität im Orden lag de iure beim Generalkapitel, das sich ähnlich einem Parlament aus den führenden Würdenträgern zusammen mit den Präzeptoren der Provinzen als deren Deputierte zusammensetzte und alle fünf Jahre im Heiligen Land abgehalten wurde. Am besten definiert der Historiker J. Marques-Rivière dieses System. Demnach ging die Macht, gepaart mit absolutem Gehorsam, von der Basis – den Ordensbrüdern – aus, wurde aber an der Spitze nach mehrheitlichem Willen ausgeübt.

Trotz dieses scheinbar demokratischen Systems lag allerdings die Führung des Ordens de facto zum guten Teil bei dem im Rang eines Fürsten an königlichen Höfen stehenden Großmeisters und den Würdenträgern von *Outremer*, denn die Präzeptoren des Westens waren wegen der zumeist sehr großen Entfernungen selten in der Lage, rechtzeitig vor Ort anwesend zu sein. Aus diesem Grund war es auch nicht möglich, zur Wahl des Großmeisters ein Generalkapitel einzuberufen, denn wegen der fast ständig drohenden Kriegsgefahr waren stets rasche Entscheidungen geboten. Folglich nahmen an dieser Wahl fast ausnahmslos nur die im Heiligen Land stationierten Tempelherren teil.

Krieger und Ritter vom Kreuzzug

Die in der ursprünglichen Regel in Kapitel LXXII festgelegte, mehr oder weniger allumfassende Entscheidungsgewalt des Ordensmeisters wurde in der Folge – wahrscheinlich unter dem Einfluß der demokratisch orientierten Zisterzienser – durch »den Rat der Brüder« im Rahmen des Kapitels erheblich eingeschränkt. Nach der etwa um das Jahr 1140 unter dem zweiten Ordensmeister Robert von Craon adaptierten »französischen Regel« (Kapitel LXXVII - XVIIIC) wird dem Meister nämlich ausdrücklich untersagt, »Landbesitz zu veräußern oder zu verschenken und einen vom Konvent ausgegangenen Befehl eigenmächtig zu ändern, zu erweitern oder zu mildern, einen Krieg zu beginnen, noch Waffenstillstand zu schließen ohne Zustimmung des Konvents«. Kurz skizziert

könnte man sagen, die Macht des Ordensmeisters war zwar souverän, aber nicht absolut.
Die übrigen Würdenträger der Ordensregierung sowie jene der Provinzen wurden zwar normalerweise vom Meister ernannt, doch bedurfte er in dieser Angelegenheit des Wohlwollens des Kapitels. Somit bildete der Rat der Brüder ebenfalls eine gewisse Einschränkung der ansonsten eher relativ weitläufigen Machtbefugnisse des Ordensmeisters.
In der von den Statuten festgelegten Hierarchie vertrat der Seneschall als zweithöchster Beamter den Großmeister bei dessen Abwesenheit in Friedenszeiten. Für sämtliche militärische Belange des Ordens trug der Marschall die Verantwortung. Dieses Amt stellte vor allem in Kriegszeiten eine besonders verantwortungsvolle Position in der Hierarchie dar, denn alle im Dienst des Ordens stehenden Streitkräfte waren im Feld einzig dem Befehl des Marschalls unterworfen. Die Verwaltung der Finanzen oblag dem Komtur des Königreichs von Jerusalem, dem als Ordensschatzmeister wiederum neben dem für Bekleidung und Ausrüstung zuständigen Drapier die übrigen im Verwaltungsbereich zuständigen Beamten untergeordnet wurden. Alle genannten Würdenträger waren in ihrem jeweiligen Aufgabenbereich an die direkten Weisungen des Großmeisters gebunden, der letzten Endes in sämtlichen Angelegenheiten zuständig war.
Grundsätzlich kann aber festgestellt werden, daß die gesamte Struktur der Ordenshierarchie seit der Expansion in den Jahren nach dem Konzil von Troyes in zunehmendem Maß bloß die gesellschaftspolitische Ordnung des mittelalterlichen Feudalsystems widerspiegelt. In den Anfangsjahren wurde zunächst zwischen Rittern und Knappen nicht unterschieden – getreu den für die Forschung aufschlußreichen Worten des Heiligen Bernhard: »Unter ihnen gibt es keinen Vorzug der Person; man urteilt nach Verdienst, nicht nach Adel.« Diese Ansicht erinnert einmal mehr an Plato, der mit dem Begriff »Adel« auch die Bewährung von »Tugend« *(virtus)* verbindet. Auch er versteht unter den Adeligen die »Besten« und die »Tüchtigsten«.
Die Freiheit der Person – lediglich Leibeigenen blieb der Zutritt zum Orden verwehrt – stellte die einzige Bedingung für die Aufnahme dar, wie aus der in Troyes gebilligten Ordensregel ersichtlich ist. Es ist aber nicht besonders verwunderlich, daß sich im Zuge der ziemlich raschen Expansion des Ordens nun auch beim sogenannten »Templervolk« das bereits erwähnte, für die abend-

ländische Feudalgesellschaft charakteristische, trifunktionale Schema wiederfindet:
Die Ritterbrüder *(fratres milites)* und Knappen oder Sergeanten *(fratres armigeri)* als *bellatores*, die Kapläne *(fratres capellani)* als *oratores* und die dienenden Brüder oder Knechte *(fratres servientes famuli et officii)* in der Funktion der *agricultores* oder *laboratores.*
Neben den Ordensrittern auf Lebenszeit *(fratres remanentes)* werden noch die sogenannten Gastritter *(milites ad terminum)* unterschieden: weltliche Ritter[1], die sich dem Orden ausschließlich zum Kampf gegen die Ungläubigen für eine vertraglich begrenzte Zeit, in der Regel für die Dauer eines Kreuzzugs, anschlossen.
Eine weitere Klasse bildeten die außerhalb der Ordensgemeinschaft lebenden Affilierten – Männer und Frauen, die sich dem Templerorden durch Ablegen eines frei gewählten Gelübdes verpflichteten und ihn zumeist als Erben einsetzten. Zu den Affilierten zählten auch die »Donaten«, die für den Orden freiwillig bestimmte Dienste verrichteten, sowie die »Oblaten«, die bereits als Kinder von ihren Eltern für den Orden bestimmt wurden und nach dessen Regeln erzogen wurden.
Es sollte an dieser Stelle auch ein anderer, nicht unbedeutender Aspekt außer acht gelassen werden. Die Ritter des Templerordens verstanden sich sowohl als geistige wie auch als militärische Elite der Christenheit. Die wohl bedeutendste Grundvoraussetzung einer militärischen Elite war und ist im allgemeinen unbedingter Gehorsam gegenüber den Vorgesetzten – und eiserne Disziplin, die gerade im Mittelalter bei herkömmlichen Truppenkörpern eher im argen lag.
Doch Gehorsam und Disziplin verlangen zwangsläufig Ungleichheit. Die »Ordnung« kommt von oben: »Wir können nicht in einer Gleichheit der Stellungen miteinander leben; daher besteht die Notwendigkeit, daß die einen befehlen und die anderen gehorchen.«

Die gottgefällige *Aventiure*

Die Struktur des Templerordens war freilich nicht nur ein Abbild der säkularen Gesellschaft allein, denn ganz deutlich ist auch die Vorbildfunktion des für die Zisterzienser charakteristischen monastischen Systems zu erkennen: Zum einen die Ritter, waffentragende Brüder und Kapläne, die allesamt der Klasse der Mönche entsprechen – sie stellten mit der Ablegung der drei Mönchsgelübde Armut, Keuschheit und Gehorsam die eigentliche *societas* des Ordens dar. Zum anderen die arbeitenden »Brüder vom Handwerk« als Pendant zu den klösterlichen Laienbrüdern.

Es kann davon ausgegangen werden, daß – offenbar in Anlehnung an die vorherrschende gesellschaftliche Situation in der damaligen Welt – die Mehrzahl derer, die sich dem Orden anschlossen, vorwiegend dem mittleren und niederen Adel, gewissermaßen der Militäraristokratie entstammten. Diese durch Dokumente und Urkunden belegte Tatsache mag aus heutiger Sicht unverständlich erscheinen, zumal die Tempelherren – wie alle anderen christlichen Ordensgemeinschaften auch – ihren Angehörigen keinerlei Möglichkeiten für einen sozialen Aufstieg boten. Die Motive für einen Eintritt sind in der eigentlichen Bestimmung des Templerordens zu suchen: dem Kampf gegen die Ungläubigen.

Innerhalb der mittelalterlichen feudalen Gesellschaftsordnung war der dem niederen Adel zuzuordnende Ritterstand die tragende Säule in sämtlichen bewaffneten Auseinandersetzungen schlechthin. Allein der ritterbürtige Krieger war normalerweise materiell überhaupt in der Lage, den kostspieligen Anforderungen des Kampfes zu Pferde gerecht zu werden sowie die dazu notwendige Ausrüstung auf Dauer zu gewährleisten.

Die Berufskrieger wußten sich allerdings im Frieden den für Kriegszeiten nötigen aufwendigen Unterhalt nicht immer auf moralisch einwandfreie Art und Weise zu beschaffen, sondern waren zum Teil gezwungen, auf Raub und Plünderung zurückzugreifen. Diese in einem Staatswesen auf Dauer untragbaren Zustände führten bekanntlich zu der bereits ausführlich dargestellten, von Cluny initiierten und von Citeaux weitergeführten Gottesfriedensbewegung. Somit bot sich für manch einen beschäftigungslos gewordenen Ritter mit dem Eintritt in den Templerorden eine durchaus ernstzunehmende Alternative zu seiner bisherigen Tätigkeit, die aus christlich-ethischer Sicht eher fragwürdig war . Denn der Templerorden bot ebenfalls mit einiger Bestimmtheit Kampf und ritterliches Abenteuer, auch ermöglichte er seinen Mitgliedern ein annähernd standesgemäßes Leben. Nach Campbell »garantierte nur der Tempel die ewige Seligkeit durch ritterlichen Kampf, und zwar in einer Zeit, da jeder Mann adeligen Geblüts zwangsläufig ein geübter Krieger war«. Es war der große Bernhard von Clairvaux selbst, der zur Bekehrung jener im *De laude novae militiae* ausführlichst beschriebenen Mitglieder der weltlichen Ritterschaft aufgefordert

hatte, denn er sah die einzige Rettung vor der ewigen Verdammnis nur in einer vollständigen Umkehr.
Jene drei die Aufnahme in den Orden behandelnden Artikel 11, 12 und 13 der »lateinischen Ordensregel« befassen sich sehr ausführlich mit Exkommunizierten, den aus »der Masse der Verlorenen«. Es galt, hauptsächlich diese sozial problematische Gruppe der »sündhaften« Ritter zu isolieren und möglichst für die christliche Sache zu gewinnen, um sie auf diese Weise zu resozialisieren.
Im übrigen benötigte der Orden zur Realisierung seiner Ziele vor allem im Waffenhandwerk geübte Krieger – und fand diese auf jeden Fall unter jenen Raubrittern und unter den von der Kirche gebannten Unruhestiftern zur Genüge. Daher scheint von diesem Gesichtspunkt aus die von manchen Autoren verwendete Bezeichnung für den Templerorden als eine Art »Fremdenlegion« der Kreuzzugsepoche sicherlich gerechtfertigt, denn die Templer, so meint zum Beispiel der Historiker Alain Demurger, agierten bei der Rekrutierung neuer Mitglieder tatsächlich »an den Rändern der christlichen Gesellschaft«.
Nicht zuletzt verantwortlich für den zahlenmäßig enormen Zuwachs des Ordens im Laufe des 12. Jahrhunderts ist aber die durch die *Pax Dei* bewirkte »Verchristlichung« der Militäraristokratie, zusammen mit dem allgegenwärtigen sakral-ideologischen Einfluß aus dem geistigen Umfeld der klerikalen Reformen. Das mit jenen klerikalen Erneuerungsbewegungen untrennbar verbundene Kreuzzugsideal sowie der hohe Stellenwert der Verteidigung Jerusalems und der Heiligen Stätten im übersteigerten Vorstellungsvermögen in Teilen der Ritterschaft, sind eine weitere Erklärung für deren radikalen Gesinnungswandel.

Machtgewinn durch Privilegien

Der innere Aufbau und die organisatorische Gliederung waren gegen Ende der Amtszeit des ersten Tempelmeisters Hugo von Payens größtenteils abgeschlossen. Allerdings wurde der Orden zunächst gemäß der im Rahmen des Konzils von Troyes getroffenen Resolutionen der Jurisdiktion und Kontrolle der jeweils zuständigen ordentlichen Diözesangeistlichkeit der Bischöfe und deren Priestern unterstellt. Diese Vertreter der Kirche trachteten aus machtpolitischen Motiven verständlicherweise danach, ihren Einfluß durch Begrenzung der Zahl der geistlichen Kaplansbrüder innerhalb der

Ordensgemeinschaft zu bewahren; auf diese Weise wollten sie eine eventuelle Unabhängigkeit der Tempelherren vom Weltklerus ausschließen.

Hugos Nachfolger, der Großmeister Robert von Craon, setzte es sich von Anfang seiner Amtszeit an zum Ziel, dieses Problem der Beziehungen zur weltlichen Geistlichkeit, in erster Linie zum Patriarchat von Jerusalem, zu bereinigen. Denn nur indem der Orden sich von einem hinderlich bevormundenden Klerus löste, konnte er seinen Aufgaben gerecht werden und eine Realisierung der eigenständigen Ideen und Zielsetzungen gewährleisten.

Diese Autonomiebestrebungen beschränkten sich übrigens keineswegs auf die Templer allein, sie waren vielmehr für sämtliche der großen christlichen Ordensbewegungen charakteristisch. Der Heilige Stuhl stand diesem Drang nach Unabhängigkeit stets aufgeschlossen gegenüber, schuf er doch mit seiner Unterstützung jener Ordensgemeinschaften ein bemerkenswertes Gegengewicht zu der zunehmenden Machtfülle des weltlichen Klerus.

Da in jener Anfangsphase außerdem trotz aller größzügigen Zuwendungen der Gläubigen die Mittel offenbar noch nicht ausreichten, um den kostspieligen Nachschub an notwendigen Versorgungsgütern für den fast permanent im Kriegszustand befindlichen Orden kontinuierlich zu sichern, waren vor allem die an die Kirche zu leistenden Zehentzahlungen eine ökonomisch kaum vertretbare Belastung.

Robert von Craons Bemühungen in Rom waren nicht umsonst, denn der Zeitpunkt, seine Forderungen durchzusetzen, schien wegen der dortigen vorübergehend ungeklärten Machtverhältnisse außergewöhnlich günstig gewesen zu sein. Seit 1130 saß nämlich mit Innozenz II. ein Mann auf dem Thron Petri, der seit seiner nach kanonischem Recht legitimen Wahl zum Papst gezwungen war, sich mit einem Gegenpapst namens Anaklet II., der ihn vorübergehend sogar aus Rom vertrieb, sowie dessen zahlenmäßig gar nicht geringer Anhängerschaft auseinanderzusetzen.

Wiederum trat Bernhard von Clairvaux in den Vordergrund, indem er aus berechtigter Sorge um die Einheit der Amtskirche unermüdlich seinen ganzen Einfluß zur Beseitigung dieses römischen Schismas geltend zu machen versuchte. Das hohe Ansehen des Abtes im christlichen Abendland und sein vehementes Eintreten für die Sache des Innozenz gaben schließlich den Ausschlag, so daß sich letzterer in dem unseligen Ringen um den Heiligen Stuhl gegenüber seinem Kontrahenten behaupten konnte.

Im Bewußtsein der bedeutenden Machtposition eines nur Rom verantwortlichen Ordens der Tempelherren im Fall einer eventuellen Verteidigung des rechtmäßigen Pontifex, dürfte es dem kirchenpolitischen Genius Bernhard daher nicht allzu schwer gefallen sein, den von seinem Rivalen auf das schärfste bedrängten Innozenz von seinen Ansichten zu überzeugen.
So mag es nicht von ungefähr gekommen sein, daß Innozenz - wohl auch in Erinnerung an die einst von Gregor VII. zur Verteidigung des Heiligen Stuhls vorgesehene *Militia Sancti Petri* - dem Ansinnen Robert von Craon stattgab und im Jahre 1139 nach den Cluniazensern und Zisterziensern die Tempelherren als nunmehr dritten Orden und als erste mönchisch-ritterliche Gemeinschaft in der Geschichte der Christenheit der unmittelbaren Jurisdiktion des Papstes unterstellte.
Die in der am 29. März jenes Jahres im Rahmen des zweiten Laterankonzils veröffentlichten Bulle *omne datum optimum* bestätigten Privilegien hatten im wesentlichen folgende angestrebten Forderungen und Vorrechte zum Inhalt: Der Tempel sowie sein derzeitiges und zukünftiges Eigentum werden jeder bischöflicher Weisungs- oder Verfügungsgewalt entzogen; sie stehen unter dem Schutz und der Obhut des Heiligen Stuhls. Keiner weltlichen oder geistlichen Autorität ist gestattet, aus welchen Gründen auch immer, gegen den Orden vorzugehen sowie die schriftlich festgelegten Statuten des Kapitels abzuändern. Dem ausschließlich vom Ordenskapitel gewählten Meister wird die oberste Gewalt übertragen. Der Tempel wird von der Errichtung der »Annaten und Decimen« (des »Zehnten«) befreit. Zudem war der Orden von nun an berechtigt, die Anzahl seiner Kleriker *(fratres capellani)* nach eigenem Ermessen festzusetzen.
Alle diese in der Bulle gewährten Vergünstigungen wurden mit einiger Bestimmtheit von Bernhard, dem ohne Zweifel größten Förderer der Templer, initiiert – allzu deutlich erkennt man nämlich an der verwendeten charakteristischen Wortwahl in der Präambel abermals die Mitwirkung des Abtes von Clairvaux, dem Papst Innozenz II. schließlich Amt und Würde zu verdanken hatte: »Mit Recht werdet ihr heilige Krieger genannt, denn der Herr hat euch erwählt als Verteidiger der katholischen Kirche und als Streiter gegen die Feinde Christi.«
Das *omne datum optimum*, von W. Southern und H. Prutz als *Magna Carta* der Tempelherren bezeichnet, kann sicherlich als Markstein in der Geschichte des Ordens angesehen werden. Im

Anschluß daran vollzog sich ein tiefgreifender Wandel, der das Antlitz der Bruderschaft nach innen wie nach außen völlig veränderte. Im Bewußtsein der neugewonnen Machtposition entfalteten sich nun auch bei den Rittermönchen die für alle Eliten der Menschheitsgeschichte symptomatischen und stets kritisierten Eigenschaften: Stolz, Überheblichkeit und Anmaßung gegenüber Andersdenkenden.

Endlich befreit von der lästigen Vormundschaft der Diözesen sowie der anmaßenden Autorität ihrer Kleriker, hatten die Templer von nun an die Möglichkeit, selbständige, nur vor dem Heiligen Stuhl zu verantwortende Entscheidungen zu treffen. Die Templer entsprachen zwar weiterhin der ursprünglichen Aufgabe der Ordensgründer, den Schutz der Pilger und die Bewachung der Karawanenwege im lateinischen Königreich zu gewährleisten, aber sie rückten diesen eigentlichen Ordenszweck zugunsten genereller strategisch-militärischer und politischer Interessen sowie der Sicherung der dazu notwendigen wirtschaftlichen Ressourcen immer mehr in den Hintergrund. Somit entwickelte sich aus der Straßen bewachenden Gemeinschaft »armer Ritterbrüder« von 1118 innerhalb von wenig mehr als zwanzig Jahren die schlagkräftigste militärische Institution auf christlicher Seite im Orient.

In diesem Zusammenhang machte Edward Burman offenbar als erster eine für die Templerforschung ganz besonders interessante Feststellung: Eigenartigerweise erwähnen weder Bernhard in seinem *De laude novae militiae* noch Innozenz II. im *omne datum optimum* jenen Schutz hilfloser Pilger oder einen ähnlichen Aufgabenbereich; am erstaunlichsten erscheint jedoch, daß ebenfalls in keiner der beiden Fassungen der Templerregel die geringsten Hinweise auf diese anfangs so wichtige Verpflichtung zu finden sind.

Innerkirchliche Kritik

Die größten Proteste verursachte neben besagter Befreiung von der Ableistung des »Zehnten« das in der Bulle *Milites Templi* im Jahre 1143 – einer Erweiterung der Privilegien des *omne datum optimum* – gewährte Recht, in den unter Interdikt gestellten Regionen einmal jährlich mittels ordenseigener Kapläne die Messe abzuhalten. Ebenso umstritten war die von Eugen III. – dem einzigen aus dem Zisterzienserorden hervorgegangenen Papst, einem vertrauten Freund und vormaligen Schüler des Bernhard von Clairvaux – zwei Jahre später erlassene Bulle *Militia Dei.* In ihr wurde den Templern die Ermächtigung erteilt, sogar eigene Kirchen und Friedhöfe zu besitzen. Letzteres geschah mit der sonderbar anmutenden, eher konstruiert wirkenden Begründung, den Ordensbrüdern solle auf diese Weise der Kontakt mit »der Masse der Verlorenen« erspart werden.

Schließlich führte Papst Coelestin II. als eine weitere Ergänzung zum *omne datum optimum* im Mandat *Milites Templi Ierosolimitani* an, daß der Orden der Tempelherren, seine Angehörigen sowie seine Besitztümer von den Exkommunikationen und Interdikten der Bischöfe ausgenommen sein sollen. Gerade diese Vorrechte aber bedeuteten einen außerordentlichen Eingriff in die Machtbefugnisse der Diözesanbischöfe. Interdikt und Exkommunikation dienten seit jeher zu den wichtigsten Instrumenten zur Durchsetzung kirchenpolitischer Interessen und Zielsetzungen auf regionaler Ebene.

Zu den herausragendsten Gegnern jener Exemtion zählten der bereits erwähnte Walter Mapes, der Zisterzienserabt Isaak von L' Etoile und vor allem der durch seinen ideenpolitischen Traktat *Polycraticus* der Nachwelt bekannte Johannes von Salisbury. Letzterer warf dem Orden vor, er würde sich durch den extensiven Gebrauch dieses Privilegs »nicht um Gnade, sondern um Geld« über das »Zuchtmittel« der Kirche gegenüber dem Volk hinwegsetzen.

Was Wunder, daß die Privilegien im allgemeinen bei weiten Teilen des Diözesanklerus größtes Mißfallen erregten. Die heftigste Kritik übte die hohe Geistlichkeit im lateinischen Königreich, deren Oberhaupt, der ehrwürdige Patriarch von Jerusalem, sich in seiner Autorität und in der Ausübung seiner Amtsgeschäfte behindert sah. Jene Proteste erscheinen nicht unbegründet, avancierte doch der Orden bereits wenige Jahre nach seiner Gründung zu einem der größten Grundbesitzer in *Outremer*, wodurch logischerweise die materiellen Einnahmen der dortigen Weltgeistlichkeit – sie zählte in jener Zeit sicherlich zu den reichsten der christlichen Welt – in nicht unerheblicher Weise geschmälert wurden.

Aber auch im Abendland fanden sich nicht wenige Widersacher, die mittels Klagen und Anschuldigungen der unterschiedlichsten Art alles daransetzten, die in ihren Augen ungeheuren Privilegien des Templerordens im speziellen zu untergraben und die nicht gerade seltenen Mißbräuche der Ritterorden im allgemeinen dementsprechend anzuprangern. Die Situation wurde insgesamt noch zusätzlich verschärft, als ab dem Jahre 1154 die Hospitaliter als zweiter Ritterorden über genau dieselben Privilegien verfügen konnten wie die Tempelherren.

Allen Vorwürfen zum Trotz entzogen indes die Nachfolger Petri »ihren« Ritterorden niemals ihre schützende Hand – vielmehr bemühten sie sich, lediglich auf die streitenden Parteien mäßigend einzuwirken, denn so konnten sie die sonst drohende Ausuferung dieser Auseinandersetzungen nach Möglichkeit in Grenzen halten. Tatsächlich belegen die etwa hundert in den folgenden Jahrzehnten erlassenen Weisungen, die die erstmals 1139 gewährten Privilegien bestätigen oder erweitern, den von Rom den Templern zugedachten außerordentlichen kirchenpolitischen Stellenwert.

Reitergefecht, eine Darstellung des späteren 12. Jahrhunderts

Besonders Papst Alexander III., wurde zu einem wichtigen Verbündeten der Templer. Ein Zufall war das nicht. Denn er wurde seinerseits in den langjährigen Konflikten mit insgesamt vier Gegenpäpsten von den Templern unterstützt. Alexander wiederholte in seiner Überzeugung, den Orden mit allen Mitteln fördern zu müssen, gleich dreimal das *omne datum optimum* und erließ mindestens 89 Mandate vorwiegend zum Schutz der abendländischen Templerkomtureien vor allfälligen Angriffen und Schädigungen, die mit schwersten Kirchenstrafen bedroht wurden.

Allerdings führte mancherlei Mißbrauch auch zu päpstlichem Tadel – doch bemerkenswerterweise erst, als sich Alexander nach zwanzigjährigem Kampf gegen seine Kontrahenten endgültig behauptet hatte: »...daß die Brüder des Tempels und des Hospitals

(...) die Privilegien, die ihnen der Heilige Stuhl verliehen hat, überschreiten und sich herausnehmen, vieles zu tun, was unter dem Volke Gottes Ärgernis erregt.«
Der ihnen größtenteils wohlgesonnene Innozenz III. verurteilte die Templer wegen ihres vielfach kritisierten Umgangs mit Exkommunizierten. Er nannte die häufig geübte Praxis, »das Zeichen des Kreuzes über jeden Strolch zu schlagen, der ihre Predigten hört, und jenen, die unter Interdikt standen, ein christliches Grab zu geben ...« eine Teufelslehre *(doctrina daemoniorum)*.[2]
Die fortwährende Rivalität mit dem weltlichen Klerus schwächte auf Dauer den Templerorden. Nicht minder sollte gegen Ende des 13. Jahrhunderts der ideologische Verfall der Kreuzzugsbewegung und die dadurch schwindende Autorität des Papsttums die Position der Templer erschüttern.
Eine Reihe von militärischen Rückschlägen in Verbindung mit einer für die christlichen Machthaber verwirrenden eigenständigen Diplomatie gegenüber den Muslimen im Orient, wovon noch später ausführlich die Rede sein wird, taten ein übriges. Dies ließ in zunehmendem Maß Zweifel an der Rechtfertigung jener außerordentlichen Privilegien sowie an der eigentlichen Mission des Ordens überhaupt entstehen.
Die Abhängigkeit von einem politisch dominierenden Papsttum kann kaum besser als durch den Ausspruch Clemens IV. im Jahre 1256 dokumentiert werden, der in dieser Form wohl als Warnung an die Templer zu verstehen war: »Wenn die Kirche auch nur einen Augenblick die Hand wegnähme, die euren Schutz gegenüber den Weltprälaten und weltlichen Prinzen sichert, könntet ihr auf gar keinen Fall den Sturmangriffen dieser Prälaten und der Gewalt der Prinzen standhalten.«
In der Tat geschah dann genau dies etwa sechzig Jahre später unter dem Pontifikat des vom französischen König Philipp IV. weitgehend entmachteten Clemens V. Bekanntlich hatte dies die völlige Zerschlagung und Auflösung des Templerordens zur Folge.

[1] Wohl einer der prominentesten »Ritter auf Zeit« war Fulko Graf von Anjou und späterer König von Jerusalem. Vgl. dazu Campbell, »Die Tempelritter«, Stuttgart 1958.

[2] Vgl. Demurger, »Die Templer«, München 1991, und Campbell, »Die Tempelritter«, Stuttgart 1958. Nach Bulst-Thiele, »Untersuchungen zur Geschichte des Templerordens«, Göttingen 1974, glaubt Prutz zu Unrecht in dieser Äußerung einen Hinweis auf eine allfällige Irrlehre zu erkennen; siehe dazu Prutz, »Geheimlehre und Geheimstatuten des Tempelherrenordens«, Berlin 1879.

Die zwei Säulen der Macht

Der Orden im Orient

Die ersten Jahre nach dem Konzil von Troyes können als Konsolidierungsphase des Templerordens bezeichnet werden, denn er tritt zunächst nicht sonderlich in Erscheinung. Die zahlenmäßig nicht unbedeutenden Verstärkungen, die Hugo von Payens von seiner Werbereise aus den Ländern Westeuropas mit in den Orient brachte, änderten vorerst nichts an der politischen und militärischen Situation der lateinischen Kreuzfahrerstaaten. Die auf die verschiedenen Ordensniederlassungen verteilten Neuankömmlinge, wußten noch wenig über die orientalischen Verhältnisse und widmeten sich zunächst ausschließlich der Sicherung der Karawanenwege und dem Schutz der Pilger.
Doch schon bald berichten zeitgenössische Chronisten immer häufiger von der Beteiligung größerer Kontingente des Ordens an verschiedenen militärischen Einsätzen, die deutlich über den Rahmen der ursprünglichen Mission hinausgingen.
Verglichen mit dem militärischen Potential der islamischen Nachbarn verfügte das an Fläche und Bevölkerung gemessene kleine lateinische Königreich von Jerusalem seit dem Ende des ersten Kreuzzuges über ein stehendes Feldheer von eher geringer Größe. Die Kerntruppe dieses Heeres bestand wie bei allen anderen feudalen Armeen des mittelalterlichen Abendlandes aus der üblicherweise von den Angehörigen des Ritterstands aufgestellten schwerbewaffneten, gepanzerten Reiterei. Diese – obwohl niedrig an Zahl – konnte in den ersten Jahrzehnten der Auseinandersetzung mit dem Islam nahezu sämtliche bedeutenden Gefechte auf Grund einer den Sarazenen anfangs noch unbekannten Kampftaktik sowie der Überlegenheit ihrer Ausrüstung zu Gunsten der Christen entscheidend beeinflussen. Denn jener ritterlichen Reiterei hatten die Sarazenen zunächst nichts annähernd Gleichwertiges entgegenzusetzen, sie verfügten lediglich über eine leichtbewaffnete, vorwiegend aus Bogenschützen und Schleuderern zusammengesetzten Reiterei.
Im Wissen um diese offenkundige Schwäche des Gegners trachteten die Machthaber in den Kreuzfahrerstaaten natürlich danach, ihren taktischen Vorteil nach Möglichkeit zu wahren. Für eine die

Idealisierte Darstellung der Heiligen Stadt Jerusalem

sen Zweck erfüllende Verstärkung der schweren Reiterei fehlten jedoch sowohl die nötigen Mittel als auch die ausgebildeten Krieger. Der gerade etablierte Ritterorden der Tempelherren bot dagegen beides. Dank großzügiger Schenkungen reich geworden, verfügte jene ritterliche Gemeinschaft über eine solide, von den strapazierten königlichen Finanzen unabhängige materielle Basis, um im Fall einer ernsten Bedrohung nicht nur eine gut ausgerüstete, sondern auch besonders schlagkräftige Reitertruppe zur Verfügung zu stellen. Ein ebenso wichtiger Faktor war die hervorragende Disziplin der Rittermönche, die ja bekanntlich nicht nur in den Kampf zogen, um der zu erwartenden Beute willen zu plündern (so wie es bei dem Großteil ihrer weltlichen Standesgenossen noch immer der Brauch war, da Kriegsbeute nach wie vor zu einem wesentlichen Bestandteil ihres Einkommens gehörte).

Die ersten größeren, im Verband mit anderen Einheiten durchgeführten Aktionen der Templer – wie die erste Belagerung von Damaskus im Jahre 1129 – begründeten ihren legendären Ruf als unbezwingbare Kämpfer für den wahren Glauben. Die zumeist in Todesverachtung vorgetragenen Reiterattacken führten dabei – den Überlieferungen der Chronisten zufolge – angeblich stets zu erschreckend hohen Verlusten der Templer. Diese für die Ordensritter in Hinkunft charakteristische, weder Mensch noch Ausrüstung schonende Kampftaktik findet ihre Ursache sicherlich zum größten Teil in der auf das Jenseits bezogenen, das irdische Leben verneinenden Ideologie des Ordens sowie in der einschlägigen Propaganda ihres geistigen Vaters Bernhard von Clairvaux: »Freuet Euch, wenn Ihr lebet und sieget im Herrn, mehr noch, wenn Ihr fallet und eingehet zum Herrn. Leben ist schön, Siegen bringt Ruhm, aber noch besser ist es, als Heiliger zu sterben. Selig sind jene, die im Herrn sterben, aber weit seliger sind die, die für Ihn sterben (...). Ob wir leben oder sterben, wir gehören dem Herrn (...). Der Soldat Christi (...) tötet unbekümmert, noch sicherer stirbt er.«

Der Halbmond schlägt zurück

In den Jahren 1135 - 1145, die bis auf »gelegentliche gegenseitige Raubüberfälle« durch ein verhältnismäßig friedliches Nebeneinander zwischen Christen und Sarazenen gekennzeichnet waren, erreichten die Kreuzfahrerstaaten im Vorderen Orient die flächenmäßig größte Ausdehnung in ihrer knapp zweihundert Jahre währenden Geschichte.

Das Herrschaftsgebiet des Königreichs Jerusalem erstreckte sich im Westen südlich von Darum der Mittelmeerküste entlang bis Nahr-al-Kalb, nördlich von Beirut, sowie im Osten vom Golf von Aqaba entlang dem Toten Meer und dem Jordan bis zum Gebirge des Libanon. Die Grenzen der im Norden an das Königreich anschließenden Grafschaft Tripolis verliefen im Westen von einem nördlich der Hafenstadt Tortosa gelegenen Punkt dem Gebiet der Assassinen entlang bis zum Orontes. Die Ostgrenze lag parallel zum Meer im Libanongebirge.

Der nördlichste Staat, das Fürstentum Antiochia, kontrollierte den Landweg nach Europa sowie den Seeweg vor der nördlichen Levanteküste und erstreckte sich von der Grenze mit Armenien im Nordwesten über Marasch in Kilikien im Norden bis zum Assas-

sinengebiet im Süden bei einer parallel zur Küste verlaufenden Ostgrenze. Die östlich des Fürstentums gelegene Grafschaft Edessa verfügte als einziger Kreuzfahrerstaat über keinen direkten Zugang zum Meer. Sie grenzte im Westen an Antiochia, im Norden an das Reich der Rumseldschuken und im Süden an das Emirat von Aleppo, während die Ostgrenze östlich des Euphrats verlief.
Der Umstand der nur scheinbaren christlichen Stärke war vor allem auf die Schwäche der durch interne machtpolitische, meist dynastische Auseinandersetzungen zerrütteten angrenzenden muslimischen Staaten zurückzuführen. Die Machthaber der Emirate konnten sich lange Zeit zu keinem gemeinsamen Vorgehen gegen die Kreuzritter durchringen. Auf der anderen Seite mangelte es den christlichen Machthabern aber aus den geschilderten Gründen an der für einen größeren Feldzug notwendigen Anzahl geeigneter Streitkräfte.
Die solcherart relativ stabile politische Lage der christlichen Position änderte sich schlagartig mit dem plötzlichen Tod ihrer beiden herausragenden Herrscherfiguren, des byzantinischen Kaisers Johannes II. Komnenos und Fulkos von Anjou, dem König von Jerusalem, im Jahre 1143. Das nun folgende vorübergehende Machtvakuum machte sich der Atabeg[1] von Mossul und Aleppo, Imad ad-Din Zengi, zu Nutzen: In einem raschen Feldzug eroberte er die seit der Zeit des ersten Kreuzzugs im Besitz der lateinischen Christen im nördlichen Syrien gelegene Grafschaft Edessa sowie deren gleichnamige Hauptstadt nach vierwöchiger Belagerung.
Der Verlust von Edessa war der erste wirklich bedeutende Gebietsverlust der christlichen Seite seit Gründung der Kreuzfahrerstaaten und wird von der Forschung allgemein als der Wendepunkt in der Auseinandersetzung zwischen Orient und Okzident angenommen. Von diesem Zeitpunkt an verlor das lateinische Königreich endgültig die politische und militärische Initiative an die sich langsam, aber sicher zu einer Einigung durchringenden muslimischen Staaten, welche die Christen in den kommenden Generationen immer konsequenter in die Defensive drängen sollten.
Die Hilferufe aus Jerusalem nach diesem raschen Sieg des Islam bewirkten im christlichen Abendland eine ähnliche Begeisterung für ein großangelegtes Kreuzzugsunternehmen wie im Jahre 1095, denn die geistlichen und weltlichen Größen rechneten mit einem Generalangriff der »Ungläubigen« auf die Heiligen Stätten.
Paradoxerweise scheint sich die durch den Fall von Edessa entstandene Krisensituation sogar als Vorteil für den Orden der Tem-

pelherren erwiesen zu haben. Denn durch die in den Augen der abenländischen Christen bis zu diesem Zeitpunkt – wenn auch nur scheinbar – gesicherte Lage des lateinischen Königreichs über viele Jahre hindurch hatte das Interesse am Kampf gegen den Islam merklich gedämpft.
Erst die neuerliche existentielle Bedrohung des »Erbgutes Christi« führte zu einem weiteren Aufschwung des Ordens in Form von zahlreichen, dringend benötigten Neuzugängen sowie den fast schon obligaten hohen materiellen Zuwendungen. Außerdem sahen sich zahlreiche adelige Grundbesitzer aus Furcht vor dem bevorstehenden muslimischen Generalangriff veranlaßt, ihre Ländereien kurzfristig zu veräußern und sich nach Europa abzusetzen. Solche oft weit unter ihrem Wert angebotenen Güter wurden mangels anderer Interessenten von dem finanzkräftigen Ritterorden erworben.

Der zweite Kreuzzug und seine Auswirkungen

In Rom reagierte man sehr rasch auf jene Besorgnis erregenden Meldungen aus dem lateinischen Orient. Papst Eugen III. forderte mittels der als *Quantum praedecessores* bekannten Bulle insbesondere den französischen König Ludwig VII. unverzüglich auf, einen neuen Kreuzzug zur Rückgewinnung aller an die Ungläubigen verlorenen Territorien vorzubereiten. Um seine Gefolgsleute und den Adel von der Dringlichkeit der Unternehmung zu überzeugen, wandte sich der König im Einvernehmen mit dem Papst an Bernhard von Clairvaux.
Dem unbestritten wohl profiliertesten und einflußreichsten Prediger seiner Zeit – wegen seiner charismatischen Überzeugungskraft nannte man ihn auch gelegentlich *doctor mellifluus*, den »Honigfließenden« – fiel es daher auf dem Hoftag in Vezelay im Jahre 1146 bestimmt nicht allzu schwer, die versammelten Großen Frankreichs für die »gerechte Sache« zu gewinnen. Allerdings hatte er zuvor die Führungsrolle der römischen Amtskirche sichergestellt. Bernhard wandte sich zwar vorwiegend an den Adel – sein auf das bestehende Gesellschaftsystem bezogenes Weltbild versteht ausschließlich im Ritter den eigentlichen Krieger –, doch gelang es ihm ebenfalls, unablässig predigend, das einfache Volk für die Idee zu mobilisieren.
Durch den religiösen Fanatismus der breiten Masse mußte die Bewegung insgesamt – ähnlich der des ersten Kreuzzugs – zwangs-

läufig an Eigendynamik gewinnen. Doch sollte gerade die begeisterte Teilnahme des einfachen Volks später zu ungeahnten Folgen führen.

Dem Inhalt seiner zahllosen Kreuzzugspredigten zufolge erfüllte die beabsichtigte Unternehmung in den Augen Bernhards sowohl einen realpolitischen als auch einen sakralideologischen Zweck: erstens die Befreiung der jüngst an die Heiden verlorenen christlichen Territorien im Orient und zweitens die Befreiung der Kreuzfahrer von ihren Sünden.

Seiner Auffassung nach war die reale Bedrohung der lateinischen Staaten in Syrien anscheinend ein durchaus begrüßenswerter Wink Gottes, denn unter Berufung auf Paulus, *2. Korinther 6, 2* » war endlich die angenehme Zeit zur Buße« *(acceptabile tempus)* gekommen: »Selig sind diejenigen, die dieses gottgefällige Jahr, dieses Jahr der Vergebung (...) erleben (...). Der Herr hat dies für keine Generation zuvor getan (...). Schaut, mit welcher Kunst er euch erretten will (...). Bedenkt die Tiefe seiner Liebe und staunt, ihr Sünder!« Der kommende Kreuzzug – er nannte ihn nicht umsonst »Kreuzzug des Seelenheils« – bedeutete für den Mystiker Bernhard demnach nicht bloß eine militärische Expedition, sondern vor allen Dingen eine günstige Gelegenheit zur individuellen und kollektiven Erlösung.

Seine besondere Betonung liegt deswegen in einem ausschließlich jenseitsbezogenen »Lohn«, im Ablaß sämtlicher Sünden für den Kreuzfahrer, indem er dem verdienstvollen, ritterlichen Krieger in seinen uns überlieferten Predigten immer wieder »ein einzigartiges Handelsgeschäft anbietet« und ihn dabei mit einem erfolgreichen Kaufmann vergleicht:

»Du tapferer Ritter hast nun eine Fehde ohne Gefahr, wo der Sieg Ruhm bringt und der Tod Gewinn.(...) Bist Du ein kluger Kaufmann (...), einen großen Markt sage ich Dir an (...). Nimm das Kreuzeszeichen, und für alles, was Du (...) beichtest, wirst Du auf einmal Ablaß erlangen. Die Ware ist billig, wenn man sie kauft; und wenn man fromm für sie bezahlt, ist sie ohne Zweifel das Reich Gottes wert.«

Die nicht zu übersehende Problematik dieser für Bernhard repräsentativen Denkweise liegt aber in der nicht unbedenklichen Grundhaltung, daß er offenkundig kompromißlos die Kreuzzugsteilnehmer allesamt, ähnlich der weltlichen Ritterschaft, in seinem *De laude novae militiae* schlichtweg als »Übeltäter« oder gar als »Masse der Verdammten« betrachtete.

Den Angaben zeitgenössischer Quellen zufolge kann mit einiger Sicherheit angenommen werden, daß eine ganze Reihe asozialer Elemente nicht nur in diesem Kreuzzug die Gelegenheit wahrnahm, sich straflos aus dem Staub zu machen. Denn jeder gemeine flüchtige Kriminelle stellte sich auf Grund des einmal geleisteten Kreuzzugsgelübdes automatisch unter den Schutz der Kirche, solange er »das Kreuz trug«. Und da sie nach ihrer Ankunft im Heiligen Land endgültig vor Verfolgungen sicher waren, zogen es die meisten von ihnen verständlicherweise vor, nicht mehr in ihre Heimatländer zurückzukehren.
In seinem schier grenzenlosen Eifer reiste Bernhard ohne päpstlichen Auftrag nach Deutschland und bedrängte den wegen interner Schwierigkeiten im Reich vorerst noch widerstrebenden König Konrad III. mit einem wortgewaltigen Appell, sich dem geplanten Kreuzzug im Dom zu Speyer anzuschließen. Wenig später erkannte Papst Eugen III. auf Drängen der iberischen Christen, die im Kampf gegen die dortigen muslimischen Mauren bislang keine nennenswerte Unterstützung von außen erhalten hatten, sämtliche militärische Aktionen im Rahmen der *reconquista* als Kreuzzug an. Damit schwächte er jedoch auf der anderen Seite das Unternehmen im Orient in einem nicht unerheblichen Ausmaß.
Diese Approbation bewirkte aber immerhin neben der langersehnten ausländischen Beteiligung unter anderem eine stärkere Präsenz der Tempelherren. Außerdem entstand eine ganze Reihe kleinerer, nach deren Vorbild organisierter, monastisch-ritterlicher Ordensgemeinschaften. Die Bedeutung jener fast ausnahmslos aus Spaniern oder Portugiesen bestehenden Orden hielt sich außerhalb der iberischen *reconquista* eher in Grenzen, denn diese artete im Lauf der Zeit neben ihrem ursprünglichen exklusiven Zweck, dem Glaubenskampf, immer mehr zu einem rein machtpolitisch motivierten, nationalen Befreiungskrieg aus.
War der erste Kreuzzug noch eine größtenteils von Frankreich ausgehende Operation, wurde nunmehr das christliche Abendland fast zur Gänze von der Kreuzzugseuphorie erfaßt.
Vermutlich in bester Erinnerung an die ehrwürdige Tradition Gottfrieds von Bouillon, wählten die beiden größten Heeresverbände aus Frankreich und dem Deutschen Reich erneut den beschwerlichen wie auch gefahrvollen Landweg über Konstantinopel und das von den Türken kontrollierte Anatolien. Mehrere kleinere, aus dem nördlichen Europa stammende Kontingente – zum überwiegenden Teil Normannen und Engländer – entschieden sich für den

Seeweg, unterbrachen aber ihre Reise vorübergehend, um in Portugal die dort kämpfenden Christen mit Erfolg unter anderem bei der Einnahme des von den Mauren besetzten Lissabon zu unterstützen. Am Ende stellte sich heraus, daß dies der einzige greifbare Erfolg des zweiten Kreuzzugs sein sollte – eben allerdings nur auf einem Nebenkriegsschauplatz.

Bei der Durchquerung von Kleinasien stießen die beiden zunächst zeitlich wie räumlich voneinander getrennt marschierenden, aus Kriegern und Pilgern bestehenden Hauptheere völlig unerwartet auf allergrößte Schwierigkeiten. Und deren Konsequenzen stellten das gesamte Unternehmen mehr als nur einmal in Frage. Zuerst erlitt das mangels ausreichenden Proviants durch Hunger geschwächte deutsche Heer in der blutigen Schlacht bei Dorylaeum in Mittelanatolien eine vernichtende Niederlage gegen die türkischen Seldschuken. Die Überreste schlossen sich den im Süden vorrückenden Franzosen an, denen einige Monate später bei einem türkischen Hinterhalt am Fuße des Berges Cadmus ein ähnlich unglückliches Schicksal wie vorher den Deutschen widerfuhr.

Um der endgültigen Zerschlagung der noch übrig gebliebenen, völlig demoralisierten Truppen zuvorzukommen, veranlaßte König Ludwig VII. Eberhard des Barres, den Praezeptor und »Meister« des Tempels in Frankreich, zusammen mit seinem starken Ordensaufgebot aus Europa, die militärische Befehlsgewalt für den weiteren Verlauf der Expedition zu übernehmen. Diese Entscheidung fand die wohlwollende Zustimmung des ganzen Heeres, denn es wurde, so der Chronist und Kaplan Ludwigs VII., Odo von Deuil, einstimmig beschlossen, »... daß sich allesamt mit dem Tempel zu einer Bruderschaft vereinen sollten. Reich und arm leisteten den Eid, (...) in allen Dingen den Befehlen zu gehorchen, die der Meister gab«.

In der Tat gelang es unter dem Kommando des allerseits hochgeachteten Meisters von Frankreich, der »ein frommer Mann und den Rittern ein Vorbild im Kampfe war« – offenbar der Prototyp des »Bernhardinischen Rittermönchs« schlechthin –, Ordnung und Disziplin wieder herzustellen. Odo führte das stark zusammengeschmolzene Heer ohne größere Zwischenfälle sicher an die noch vom byzantinischen Reich kontrollierte Küste.

Die Rettung des zweiten Kreuzzugs vor dem sicher scheinenden Untergang in den unwegsamen Schluchten Kleinasiens wird allgemein als erste wirklich bedeutende militärische Aktion des Templerordens bezeichnet.

Auffallend ist dabei die Tatsache, daß diese unter dem Oberbefehl der Tempelherren durchgeführte Operation bestätigt, wie ein im Verhältnis zur Größe des christlichen Heeres zahlenmäßig unbedeutendes Kontingent an allerdings dementsprechend motivierten Berufssoldaten durchaus in der Lage sein kann, das Gelingen eines Feldzugs selbst unter schwierigsten Bedingungen zu gewährleisten. Diese und die nachfolgenden Ereignisse zeigen sehr deutlich die stetig wachsende Diskrepanz in der Auffassung über den Sinn und Zweck der Kreuzzüge. Die Machthaber des nunmehr seit annähernd fünfzig Jahren im Orient als politisch realer Staat etablierten christlichen Königreichs von Jerusalem erwarteten in Zeiten der Bedrohung Hilfe aus dem Abendland in Form einer ausschließlich militärischen Unterstützung. Die Mehrheit der abendländischen Christen hingegen verstand unter der Kreuzzugsidee in erster Linie noch immer eine »Pilgerfahrt in Waffen«, jedoch auf keinen Fall einen Feldzug im herkömmlichen Sinn. Zumeist schlecht ausgerüstet und größtenteils in völliger Unkenntnis über die jeweiligen geographischen wie ethnischen Eigenheiten, stellten diese obendrein außergewöhnlich undisziplinierten »Truppen« für die bedrohten Kreuzfahrerstaaten mehr eine zusätzliche Belastung als eine effiziente militärische Verstärkung im Überlebenskampf gegen die Sarazenen dar.
Die wahrscheinlich einzige ernstzunehmende Ausnahme davon bildeten streng genommen nur die Ritterorden, allen voran die Templer. Denn in den Idealen der Ritter und Mönch vereinigenden Organisation konnte am ehesten eine mögliche Problemlösung jener diametralen Ansichten der Christen im Orient und Okzident gefunden werden.
Die Tempelherren »verkörperten« zu jener Zeit am ehesten den Kreuzzugsgedanken. Der Historiker Alain Demurger bezeichnet sie daher mit Recht als »Treuhänder der Kreuzzugsidee«. In Anerkennung ihres permanent geführten, verlustreichen Kampfes gegen die Ungläubigen gewährte nämlich Papst Eugen III. 1147 auf die Bitte Bernhards allen Ordensbrüdern des Tempels das exklusive Recht, zum steten Gedenken an das Martyrium Christi ständig ein rotes Tatzenkreuz auf der linken Schulter *(a sinistra)* zu tragen. Der Grundgedanke für diese Auszeichnung findet sich im Evangelium *Lukas 14, 27*: »Wer nicht sein Kreuz trägt und mir nachfolgt, kann nicht mein Jünger sein.« Während sonst das »Tragen des Kreuzes« von der römischen Kirche vergleichsweise nur für die Dauer eines Kreuzzugs gestattet wurde, sollte hier das ständige Tragen

des Kreuzes letzten Endes wohl auch die ständige Bindung des Ordens an das Kreuzzugsversprechen symbolisieren.

Das ruhmlose Ende vor Damaskus

Endlich im Heiligen Land eingetroffen, änderten die Verantwortlichen des zweiten Kreuzzugs im Einvernehmen mit den Großen des lateinischen Königreichs ihre Zielsetzung. Sie wollten nicht mehr unverzüglich Edessa aus den Händen der »Heiden« befreien – ein Vorhaben, das ja Anlaß für den zweiten Kreuzzug war. Sie faßten hingegen den politisch unverantwortlichen Beschluß, das Emirat von Damaskus anzugreifen, obwohl dieses seit zehn Jahren mit Jerusalem verbündet war.

Die anschließende Belagerung von Damaskus mußte wegen diverser interner Unstimmigkeiten und Querelen im zusammengewürfelten christlichen Heer sowie taktisch wichtiger Fehlentscheidungen nach wenigen Wochen wieder abgebrochen werden.

Da die Zwistigkeiten unter den Befehlshabern auch nach diesem Mißerfolg nicht enden wollten und zu regelrechten Schuldzuweisungen unter den verschiedenen Parteien führten, war an eine konstruktive Fortsetzung des Kreuzzugsunternehmens nicht mehr zu denken. Der Fehlschlag hatte für die christliche Seite schwerwiegende Folgen. In Europa machte man nicht ganz zu Unrecht den Kronrat, die *haute cour,* und die Barone von Syrien für das Fiasko verantwortlich - man warf ihnen Korruption und Verrat vor. Auch den Tempelherren blieben Schuldzuweisungen dieser Art anfangs nicht erspart, sie erwiesen sich im nachhinein jedoch sehr bald als haltlos.[2]

Der Tempel fand vor allem in den beiden Königen seinem mächtigsten Verteidiger. Konrad III., der während seines Aufenthalts in Jerusalem im Palast des Großmeisters residierte, erklärte öffentlich, daß die Anschuldigungen jeder Grundlage entbehrten. Ludwig VII., der vom Tempel in Frankreich enorme Summen zur Finanzierung seines Kreuzheeres geliehen hatte, wies seinen Kanzler Suger, Abt von St.Denis, an, die Staatsschuld umgehend zu begleichen. Denn die Templer hätten ihn im Orient am zuverlässigsten unterstützt und ohne deren Hilfe hätte er »...auch nicht für kurze Zeit in diesen Ländern verweilen können (...) darum bittet der König den Abt, die Templer wissen zu lassen, daß er ihr Fürsprecher gewesen ist«.

Beratung der christlichen Fürsten in Akko vor dem Angriff auf Damaskus 1148

Zusammenfassend bemerkt dazu der Historiker Hartmut Boockmann treffend: »Soweit der überwiegend erfolglose Kreuzzug überhaupt zu positiven Ergebnissen für die Kreuzfahrer führte, war das vor allem den Templern zu verdanken, deren Ansehen in allen europäischen Ländern nun wuchs, zu weiterem Wachstum des Ordens und zum Ausbau seiner Selbständigkeit innerhalb der kirchlichen Hierarchie führte.«

Weit gefährlicher als die öffentliche Meinung im Abendland waren hingegen die unmittelbaren politischen Konsequenzen für die Kreuzfahrerstaaten. Von Anbeginn ihrer Herrschaft im Orient konnten sich die lateinischen Christen nur durch kluge Diplomatie unter geschickter Ausnutzung der Machtkämpfe innerhalb der sie umgebenden islamischen Staatengemeinschaft behaupten. Die mit dem Emirat Damaskus im Jahre 1129 geschlossene Allianz muß wahrscheinlich zu den beachtlichsten Erfolgen dieser Art überhaupt gerechnet werden. Jenes vom Abendland in absoluter Unkenntnis der politischen Verhältnisse im Orient stets auf das schärfste kritisierte Bündnis diente nur einem einzigen Zweck: die Vereinigung der beiden mächtigsten Emirate an der Nordgrenze, Damaskus und Aleppo, zu verhindern.

Die Ereignisse des Jahres 1148 versetzten dieser Erfolgreich betriebenen Politik verständlicherweise einen empfindlichen Rückschlag. Der Chronist Wilhelm von Tyrus bringt die Situation der Christen mit folgender Aussage auf den Punkt: »... von dieser Zeit an verschlechterte sich die Lage der Lateiner im Osten sichtbar...« Der unüberlegte Vertragsbruch seitens der Kreuzzugsteilnehmer trug wesentlich zur nahezu kampflosen Übergabe von Damaskus an Nur ad-Din, den Emir von Aleppo, sechs Jahre später bei.

Nur ad-Din, Sohn Imad ad-Din Zengis und Erbe des Emirats von Aleppo, setzte die aggressive Politik seines Vaters gegen die Kreuzfahrerstaaten an der Nordgrenze erfolgreich fort. Beträchtliche Gebietsgewinne auf Kosten des Fürstentums Antiochia führten schließlich im Sommer 1149 zu der Schlacht von Inab, die mit dem überwältigenden Sieg Nur ad-Dins über Fürst Raimund endete, der dabei sein Leben verlor.

Aktionen dieser Art waren jedoch begrenzt und hatten zunächst auf den Bestand der christlichen Herrschaft in Syrien insgesamt noch keinen allzu großen Einfluß – die Auswirkungen waren indessen ganz anderer Natur. Das klägliche Versagen der christlichen Streitkräfte trotz großzügiger Vorbereitungen auf breiter Basis zerstörten in den Augen der islamischen Welt ihren Nimbus der Unbezwingbarkeit. Durch seinen Erfolg bestätigt, sah sich Nur ad-Din von nun an als Vorkämpfer des Islam und von Gott für die historische Mission auserwählt, alle Muslime gegen die orientalischen Christen zu vereinen.

Mittels dieser Vorstellung versuchte Nur ad-Din die Idee des *Jihad,* des »heiligen Krieges«, als treibende Kraft der islamischen Politik im Einklang mit einer allgemeinen Innovation der muslimischen Glaubensgrundsätze zu verbinden. Denn gemäß den Überlieferungen des Propheten lassen sich bekanntlich Politik und Staat nicht von der Heilslehre trennen. Unter intensiver Verwendung der propagandistischen Methoden seiner Zeit – Predigten und Dichtungen – gelang es ihm, die Volksmassen gegen die christlichen Eindringlinge zu fanatisieren. Die ungeheure Dynamik jener islamischen Erneuerungspolitik zeitigte als erstes Ergebnis das Zerbrechen der auch in der islamischen Welt als Skandal empfundenen Allianz zwischen Jerusalem und Damaskus, wodurch die Machtposition Nur ad-Dins natürlich gewaltig gesteigert wurde.

Das Scheitern einer Idee

Die nach dem vollständigen Mißlingen des zweiten Kreuzzugs allerorts aufkommenden Stimmen suchten krampfhaft, das Debakel von 1148 vorwiegend mit metaphysischen Ursachen zu erklären. Manche Kritiker des Kreuzzugs, wie Johann von Würzburg, sahen in der Aktion gar ein »Werk des Antichrist«. Was Wunder, daß selbst der geistige Initiator, der allseits hochangesehene Abt von Clairvaux, immer mehr in den Brennpunkt der Kritik geriet.
Doch war es erwiesenermaßen Bernhard selbst, der sich wie kein anderer mit der »gerechten Sache« dieses Kreuzzugs identifiziert hatte und dem letztlich ein großer Teil der Verantwortung an der Mobilisierung jener unkontrollierbaren Pilgerscharen angelastet werden muß. Jene aufgehetzten Massen waren zudem nicht selten alles andere als stets bloß »fromme« Pilger.
In diesem konkreten Fall handelte Bernhard im Widerspruch zu einem seiner Grundprinzipien, vertrat er doch kategorisch die auch aus objektiver Sicht vernünftige Meinung, jedermann solle stets nur das tun, wozu er wirklich befähigt war. Der als Theologe in strategischen Fragen mit Sicherheit unerfahrene Idealist Bernhard hätte dann ohne Ausnahme lediglich die Ritter oder sonstigen Kriegsleute für die aus damaliger Sicht militärisch waghalsige Expedition in den Orient motivieren dürfen und auf keinen Fall die für das Kriegshandwerk gänzlich unbrauchbaren Volksmassen.
Der von ihm und den Zisterziensern propagierte Grundgedanke des Kreuzzugs als Mittel zur Seelenrettung wurde beim ungebildeten gemeinen Volk als konkrete Zusage für seine irdische Errettung verstanden. Dieses Versprechen auf Erfüllung seiner jenseitsorientierten Sehnsüchte konnte dann auf Grund der tatsächlich eingetretenen Geschehnisse nicht eingehalten werden. Die als Gottesurteil aufgefaßte Auseinandersetzung zwischen Kreuz und Halbmond wurde zugunsten des letzteren entschieden. Bernhard selbst, das sei vorweggenommen, hat sicherlich wie viele andere auch an die Unfehlbarkeit der »gerechten christlichen Sache« geglaubt.
Er mühte sich redlich, alle Vorwürfe als »Gottes unerforschlichen Ratschluß« in seinem *De consideratione* zu entkräften: »Wir eilten nicht dorthin wie ins Ungewisse, sondern auf deinen (des Papstes), ja durch dich auf Gottes Befehl.« Doch er war nicht bereit, seinen folgenschweren Irrtum, die Mobilisierung der Massen, einzugestehen. Er verteidigte sich primär mit seinem päpstlichen Predigtauftrag und bezeichnete sich selbst als »einen Schild, der die

vergifteten Pfeile der Gotteslästerer (der Kritiker), die nicht ihn, sondern (...) Gott meinten, auf sich zog, damit sie Gott nicht träfen.«

Doch all jene Anstrengungen können nicht die Tatsache verleugnen, daß mit der Katastrophe von 1148/49 Bernhards und folglich auch »seines« geliebten Ordens der Tempelherren ideale, auf der mystischen Vorstellung des *Dominum Mundi* aufgebaute Weltordnung sowie ein militärisch dominierendes Christentum zerbrochen war. Vielmehr wurde – einer Ironie des Schicksals gleich – Bernhards Idee des gerechten, heiligen Kriegs nun von der Gegenseite als *Jihad* aufgenommen und veranlaßte die geeinten Gegner, die Initiative im Krieg um die Heiligen Stätten in die Hand zu nehmen.

Die »zwei Wege« nach Jerusalem

Die veränderte Situation hinterließ zwangsläufig auch im lateinischen Königreich ihre Spuren. Trotz der angespannten außenpolitischen Lage des Königreichs brach kurze Zeit nach dem Abzug der Kreuzfahrer der schon lange schwelende innerdynastische Konflikt zwischen dem jugendlichen König Balduin III. und seiner Mutter Melisandis zu einem offenen, den Adel sowie den Klerus des Reichs in zwei Lager spaltenden Machtkampf aus.

So wurde der nach dem Tod des Ordensmeisters Robert von Craon erwartungsgemäß zu seinem Nachfolger gewählte »Held von Anatolien«, Eberhard des Barres, der bei den schweren Abwehrkämpfen im Norden des Reichs erneut seine hervorragenden militärischen Qualitäten unter Beweis gestellt hatte, fast zwangsläufig in diese unselige Auseinandersetzung hineingezogen.

Des Barres reiste nach Europa ab, bitter enttäuscht über die vollendete Tatsache, daß das Heilige Land, in dem der König gegen seine eigene Mutter ins Feld zog, sich in keiner Weise mehr von irgendeinem anderen Reich unterschied. Offenbar überkamen ihn ob solcher skandalöser Verhältnisse Zweifel am Sinngehalt eines Ordens, dessen vornehmste Berufung es war, dieses Heilige Land, »das Erbgut Christi«, zu verteidigen.

Des Barres entschied sich daher als erster *magister Dei gratia* sein Amt niederzulegen, um in der Abgeschiedenheit der Abtei von Clairvaux seinen Lebensabend als Mönch zu beschließen. Er tat dies wohl auf Anraten seines greisen Freundes und Mentors Bernhard. Er, der zwar heilsuchenden Christen grundsätzlich zwei Wege zu dem irdischen und zugleich himmlischen Jerusalem zubilligte – den Kreuzzug und die Weltentsagung des Mönches –, glaubte stets in der letzteren der beiden die höchste irdische Lebensform zu erkennen.

Bernhards wiederholte Propagierung jener aus der Anfangsphase der monastischen Innovationsbewegungen stammende Grundidee kommt in der folgenden, oft zitierten Aussage eindrucksvoll zur Geltung: »Dieses Jerusalem, das mit dem himmlischen verbunden ist (...), das ist Clairvaux.« Man kann daher verstehen, warum der von den Chronisten als »frommer Mann« beschriebene Eberhard des Barres, entsetzt über die verwerflichen, in krassem Widerspruch zu seinen Idealvorstellungen stehenden Zustände in Jerusalem, schließlich den Weg ins Kloster wählte. Allerdings dürfte diese für einen Berufssoldaten ungewöhnliche Entscheidung im Orden der Tempelherren, dessen Sinn und Zweck der Heidenkampf war, wohl eher zu den Ausnahmen gezählt haben.

Die Phase der Bewährung

Die auf den zweiten Kreuzzug folgenden Jahre zählen sicherlich zu den verlustreichsten in der Geschichte des Templerordens. Zwar wurde der Orden immer reicher – nicht zuletzt die großzügig gewährten Privilegien ermöglichten die Finanzierung des kostspieligen Kriegsetats aus ordenseigenen Mitteln –, doch betrug die Gesamtzahl der gefechtstauglichen Templer ritterlichen Standes ab der Mitte des 12. Jahrhunderts trotz eines fast immer gleichmäßigen Zuwachses durch Neuaufnahmen selten mehr als fünfhundert.

Diese augenscheinliche Diskrepanz kann nur durch die ungeheuren Verluste in jenen Jahren erklärt werden. Ungeachtet des allgemein zunehmenden Verfalls der Kreuzzugsbewegung blieben die Tempelherren ihrem ursprünglichen Idealismus treu, daß nichts ruhmvoller sei, als für Gott im Kampf gegen die Ungläubigen zu fallen. Der Devise »...die ersten beim Angriff, die letzten beim Rückzug...« folgend, verlor der Orden oftmals einen Großteil seiner Brüder in einer einzigen Schlacht.

Ebenso fand der weitverbreitete Brauch, im Falle einer Gefangennahme weltlicher Ritter ein hohes Lösegeld auszuhandeln, bei Ordensrittern keine Anwendung. Deshalb wurden gefangene, zumeist

Matthäus Paris: Kampf zwischen Christen und Sarazenen

verwundete Templer in der Regel sogleich an Ort und Stelle von den Muslimen hingerichtet. Selbst der in Gefangenschaft geratene Großmeister Odo von St. Amand lehnte getreu der Ordensregel die Bezahlung eines Lösegeldes ab und wählte lieber den freiwilligen Hungertod in seinem damaszenischen Kerker.
Symptomatisch für das unerbittliche Verhalten der Muslime gegenüber den Templern und den Johannitern sowie später auch den Rittern des Deutschen Ordens ist folgende, von dem arabischen Chronisten Abu Schama überlieferte Bemerkung des großen Saladin: »Ich will die Erde von diesen schändlichen Organen reinigen, deren Handeln [für den Islam] ohne Nutzen ist, die niemals ihre Feindschaft aufgeben und keinen Dienst als Sklaven leisten werden.« Bekanntlich wurden auf den persönlichen Befehl Saladins hin sämtliche bei der Schlacht von Hattin gefangene Templer sofort enthauptet. Die Historikerin Bulst-Thiele bemerkt dazu treffend: »Er ermordete den Gegner, den zu besiegen ihm nicht gelungen war.« Das von Chronisten wie Troubadouren der Nachwelt überlieferte Bild des großherzigen und »ritterlichen« Sultans bedarf daher zumindest in diesem Punkt wohl einer Korrektur.
Generell unterschieden die Muslime zwischen den geistlichen Ritterorden und den schon seit zwei oder drei Generationen im Orient ansässigen Franken, den *poulains*. Die Ritterorden wurden mit Recht als fanatisch-antimuslimische, durch strenge Ordensregeln disziplinierte Kampfgruppen betrachtet, die obendrein von ihren abendländischen Komtureien ununterbrochen Ersatz erhielten. Sie waren deshalb niemals so wie die mittlerweile heimisch

gewordenen fränkischen Einwanderer bereit, sich der orientalischen, dem ungewohnten syrischen Klima adäquaten Lebensweise und den muslimisch dominierten Sitten anzupassen. Jakob von Vitry bezeichnete noch zu Beginn des 13. Jahrhunderts die orientalischen Christen spöttisch als Männer, »die ihrer Väter Land ohne ihrer Väter Sitten geerbt hätten«. Jene Assimilierung der Christen wird auch von Ousama ibn Munquid deutlich bestätigt: »Jeder der in den fränkischen Ländern noch neu ist, hat rohere Sitten als jene, die sich schon an das Land gewöhnt haben und die mit den Muslimen zusammen leben.«

Die Ordensbrüder kamen in erster Linie ins Heilige Land, um gegen die Muslime zu kämpfen, und nicht, um mit ihnen zusammen zu leben. Jede Art einer möglichen Assimilation der Ordensangehörigen schien zumindest bis zum Ende des 12. Jahrhunderts daher im vorhinein, völlig ausgeschlossen.

Der laufende Zuzug unverbrauchter Neuzugänge hatte für das Königreich indessen erhebliche Vorteile: Ein guter Teil der Ordensritter bestand ständig aus Kriegern, die erst seit kurzer Zeit in *Outremer* lebten und darum noch nicht physisch wie psychisch durch die harten, für Europäer auf Dauer ungewohnten Lebensbedingungen ausgezehrt waren.

Das lateinische Königreich entfremdete sich als eine der Folgen des mißlungenen Kreuzzugs immer mehr vom Abendland, dagegen war der Templerorden zeit seines Bestehens logistisch von seinen europäischen Niederlassungen abhängig, ohne deren permanente Unterstützung sein Überleben im Orient wahrscheinlich nicht hätte gewährleistet werden können. Auf Grund dieser engen Bindungen sollte der Orden in Hinkunft fast zwangsläufig die wichtige Rolle eines Mittlers zwischen Orient und Okzident übernehmen.

Das ägyptische Abenteuer

Trotz der relativ ungünstigen strategischen Situation im nördlichen Syrien zeigte sich das Königreich im Jahre 1152 dennoch militärisch mächtig genug, den ägyptischen Fatimiden die überaus stark befestigte Hafenstadt Askalon nach einer aufwendigen Belagerung zu entreißen. Askalon, der nördlichste Stützpunkt des Fatimidenreichs an der Südgrenze Palästinas, stellte als Operationsbasis ständiger Überfälle und Raubzüge auf christlichem Territorium eine permanente Bedrohung dar. Die Chronisten sind sich einig, daß die Eroberung jener hervorragend verteidigten Festung durch die Franken vorwiegend dem »Heldenmut« des Templerkontingents sowie dem taktischen Geschick seines Ordensmeisters zu verdanken war, der bei den erbitterten Kämpfen zusammen mit einem Großteil seiner Brüder das Leben verlor.

Durch die Einnahme von Askalon in ihrem Selbstvertrauen gestärkt, traf die *haute cour* eine folgenschwere Entscheidung: Krieg zu führen gegen das reiche, aber militärisch schwache Ägypten, das seit dem Jahre 969 von den schiitischen Fatimiden beherrscht wurde. Die politische und strategische Position der Franken rechtfertigte diese Überlegungen, zumal die Einnahme Kairos mit Sicherheit den Schlüssel zur Vorherrschaft im Nahen Osten bedeutet hätte.

Da durch das Ungeschick des zweiten Kreuzzugs bekanntlich die Einigung von Aleppo mit Damaskus vorangetrieben wurde, galt es nun primär, die drohende Union von Ägypten und Syrien unter allen Umständen zu verhindern. Die Aussichten auf einen erfolgreichen Angriff standen günstig, denn Ägypten befand sich in einem bürgerkriegsähnlichen Zustand – verschiedene Parteien rangen um die zentrale Machtposition des Großvezirs[3], und der eigentliche Souverän, der schiitische Kalif Al-Adid, war nichts anderes als eine Schattenfigur.

Während Nur ad-Dins Heere den Norden weiterhin verwüsteten und eine Stadt nach der anderen seiner Herrschaft unterwarfen, brachte der erste von insgesamt vier zwischen 1163–1168 geführten Feldzüge ins Reich am Nil weder militärisch noch politisch nennenswerte Vorteile und kann deshalb eher als reiner Raubzug angesehen werden. Demgegenüber kamen die zweite und dritte Expedition auf Interventionsersuchen des in Bedrängnis geratenen Großvezirs Schawar zustande, der sich der zuvor von ihm selbst ins Land gerufenen Hilfstruppen Nur ad-Dins nun nicht mehr zu erwehren wußte.

Es versteht sich von selbst, daß sich Jerusalem zur Erhaltung des politischen Gleichgewichts in der Region genötigt sah, auf der Seite der Ägypter in den Konflikt einzugreifen.

Überraschenderweise gelang es den Lateinern trotz zahlenmäßiger Unterlegenheit beide Male, die syrischen Truppen an der für Jerusalem fatalen Machtübernahme zu hindern und ihnen einige empfindliche Niederlagen zuzufügen. Da jedoch keiner der Kontrahenten die Überhand gewinnen konnte, einigten sich Syrer und

Lateiner, Ägypten zu räumen und den ursprünglichen Status wiederherzustellen.
Ungeachtet dessen konnte mit den ägyptischen Machthabern ein für die Lateiner vorteilhafter Vertrag ausgehandelt werden, der Jerusalem nicht nur einen jährlichen Tribut von 100.000 Goldbesants, sondern auch die Überwachung des Übereinkommens mittels einer in Kairo stationierten Garnison garantieren sollte. Zur Durchführung der Vertragsmodalitäten entsandte das Königreich Hugo von Caesarea und den Tempelherrn Gottfried Fouchier, einen hohen Würdenträger des Ordens und späteren Präzeptor von Frankreich. Dieses Abkommen machte Ägypten faktisch zu einem Protektorat des Königreichs Jerusalem.
Die Ägypter hielten die Lateiner wegen der zweimaligen Intervention zugunsten ihrer Interessen für zuverlässige Vertragspartner, und auch Nur ad-Din seinerseits brauchte eine Annexion durch seinen Gegner vorerst nicht mehr zu befürchten. Nachdem auf diese Weise das politische Gleichgewicht wiederhergestellt worden war, hätte man annehmen können, alle drei in den Konflikt verknüpften Parteien wären nun mit diesem Zustand vollauf zufrieden gewesen.
Doch allein der von den Chronisten als »geldgierig« beschriebene König Amalrich hatte keinerlei Skrupel, sein gegebenes Wort zu brechen. Mit vielversprechenden Zusagen aus Konstantinopel als Rückendeckung – er war mit der Nichte des Kaisers Manuel Komnenos verheiratet – und dem unnachgiebigen Drängen einiger aggressiver Mitglieder des Kronrats, der *haute cour*, allen voran der Großmeister des Hospitals von St. Johannis, Gilbert von Assalit, ließ sich Amalrich zu dem militärisch riskanten und politisch unsinnigen Abenteuer eines neuerlichen Angriffs auf Ägypten hinreißen.
Der Großmeister des Tempels, Bertrand von Blanchefort, lehnte hingegen eine Teilnahme an dem geplanten Feldzug mit der logischen Begründung kategorisch ab, ein Vertragsbruch würde mit Sicherheit eine sofortige Intervention Syriens bewirken. Der Orden hielt sich damit konsequent an den mit Ägypten geschlossenen Pakt, an dessen Zustandekommen er maßgeblich beteiligt war, und mühte sich vergebens, das die Existenz der Lateiner im Orient gefährdende Unternehmen zu Fall zu bringen.
Der wohl hervorragendste Chronist jener Epoche, Wilhelm von Tyrus, ansonsten eher ein scharfer Kritiker des Templerordens, rechtfertigte in dieser für die nähere Zukunft der fränkischen Herr-

schaft im Orient vielleicht entscheidenden Phase das Verhalten der Templer. Wilhelm schränkte allerdings ein, der Widerstand der Templer fände seine Ursache in der Eifersucht auf das Hospital und seinen Meister, »der Urheber und Führer des Unternehmens war«. Tatsächlich wird diese Haltung belegt durch eine zwischen dem König, der dieses Mal die vollständige Unterwerfung Ägyptens plante, und Gilbert von Assalit geschlossene Vereinbarung über Güter und Einkünfte in zehn ägyptischen Städten als Gegenleistung für die militärische Unterstützung des Hospitals.
Wie auf Grund der viel zu schwachen Kräfte der Christen nicht anders zu erwarten war, endete der letzte vom lateinischen Königreich ohne fremde Hilfe offensiv geführte Feldzug nach anfänglichen Erfolgen mit dem vollständigen Rückzug aus Ägypten. Die Ägypter in ihrer Bedrängnis hatten nämlich nichts Eiligeres zu tun, als ihren vormaligen Gegner Nur ad-Din um Unterstützung zu ersuchen. Dieser ließ sich natürlich die Gelegenheit nicht entgehen und entsandte ein starkes Heer unter Schirkuh, seinem erfahrensten Feldherrn. Das syrische Heer besetzte kurzerhand Kairo, ohne auf die Franken zu stoßen – diese hatten sich bereits wohlweislich zurückgezogen. Der Großvezir Schawar wurde beseitigt, und Schirkuh übernahm nun selbst diese Schlüsselposition im Land am Nil als Statthalter für seinen Herrn Nur ad-Din.

Sultan Saladin

Der von Saladin erbaute Teil der Zitadelle von Kairo

Saladins Aufstieg

Somit wurde – als einziges Resultat dieses für Jerusalem aus strategischer Sicht sinnlosen letzten Ägyptenfeldzugs – die bis dahin verhinderte Union Syriens mit dem Fatimidenreich nur beschleunigt. Nach dem Tode Schirkuhs 1169 übernahm nämlich dessen von den Christen allgemein Saladin genannte Neffe Salah ad-Din Yussuf, Sohn des Ayub und Begründer der gleichnamigen Dynastie, die Schlüsselstelle des Großvezirs. Als er zwei Jahre später mittels eines Staatsstreiches dem schiitischen Kalifat ein Ende machte, gelang es ihm ganz im Sinn der panislamischen Erneuerungspolitik Nur ad-Dins, endlich die langersehnte orthodox-sunnitische Einheit im Vorderen Orient wieder herzustellen.
Nach dem Tod Nur ad-Dins im Jahre 1174 besetzte Saladin, der sich, wie sich sehr bald herausstellen sollte, nicht zu Unrecht als der einzig wahre Erbe betrachtete, Damaskus, ehelichte die Witwe Nur ad-Dins und versuchte, mit dessen Nachkommen einen Ausgleich zustandezubringen. Nachdem auch der Kalif von Bagdad, das geistige wie politische Oberhaupt aller sunnitischen Muslime,

ihn formell als Herrscher von Syrien und Ägypten anerkannte, gerieten die Kreuzfahrerstaaten in jene verhängnisvolle Umklammerung, die ihr politisches Überleben auf Dauer aussichtslos erscheinen ließ.
Dennoch scheint Saladins Ziel zunächst noch nicht die Eliminierung der christlichen Staaten im Orient gewesen zu sein – er dürfte eher die Wiederherstellung des ehemaligen islamischen Einheitsreichs »als Ausdruck der Herrschaft des geoffenbarten Gesetzes« (Hans E.Mayer) verfolgt haben. Wie schon sein Vorgänger Nur ad-Din sah er sich ebenfalls als von Gott für diese heilige Mission berufen und benutzte im Kampf gegen den politischen Verfall des Islam geschickt den von Nur ad-Din aufgebauten Propagandaapparat.
Damit gelang dem Realpolitiker Saladin, sowohl die Idee des *Jihad* gegen die christlichen Eindringlinge als auch die Auseinandersetzung mit häretischen Strömungen innerhalb des Islams, wie jene der Schiiten, seinen Intentionen dienbar zu machen. Wie der Historiker Mayer dazu treffend feststellt, »war Saladins Aufstieg vom Abstieg des lateinischen Königreiches begleitet«.

Zunehmender Einfluß der Ritterorden

Die Konsequenzen des mißglückten Feldzugs von 1168 waren für die Christen in der Tat ernüchternd. Der Urheber der Katastrophe, Gilbert von Assalit, sah sich gezwungen, seine Großmeisterwürde zurückzulegen und stürzte das Hospital in eine seiner schwersten Krisen. Dem Tempel, der die Teilnahme an jener Expedition bekanntlich verweigert hatte, oblag es in der Zwischenzeit, das von Truppen entblößte Reich allein gegen die verstärkten Einfälle der Syrer im Norden zu verteidigen. Der Ordensmeister Philipp von Naplous wandte sich deshalb hilfesuchend an die Monarchen des Abendlandes und berichtete in seinen Briefen, wie die Templer von überlegenen muslimischen Heeren zusammengeschlagen wurden. Nachdem die dringend benötigte Unterstützung ausblieb, legte er, durch die Last der hohen Verantwortung überfordert, verbittert sein Amt nieder.
Die Geschehnisse jener Jahre weisen ein besonderes Charakteristikum auf: die zunehmend dominierende Rolle der Ritterorden bei wichtigen politischen Entscheidungen. Diese Entwicklung beweist

aber auch deutlich, daß das Königreich immer mehr auf den militärischen Beistand der Mönchsritter angewiesen war.
So sahen sich wegen ihrer eigenen Unfähigkeit, die fortwährenden muslimischen Überfälle erfolgreich abzuwehren, insbesondere die Machthaber der am nördlichsten gelegenen Kreuzfahrerstaaten von Antiochia und Tripolis gezwungen, den beiden Ritterorden – dem Tempel und dem Hospital – ausgedehnte Gebiete zu überlassen. Die Landesherren traten dabei sämtliche Hoheitsrechte an die Orden ab, ohne deren Zustimmung sie auch keinen Waffenstillstand mehr mit dem Gegner schließen durften. Interessanterweise waren die Orden ihrerseits aber nicht an die Waffenruhen der Landesherren gebunden.
Dies waren spektakuläre Konzessionen, obwohl es sich zumeist um verwüstete oder bereits an den Feind verlorene Gebiete handelte, die erst zurückerobert werden mußten. Diese Machtübergabe leistete sicherlich einen wesentlichen Beitrag für die Entwicklung der Ritterorden zu staatsrechtlich nahezu autonomen Institutionen.
Um den häufigen Raubzügen und Einfällen muslimischer Verbände einigermaßen wirksam entgegentreten zu können, begannen beide Orden schon vor der Mitte des Jahrhunderts, Burgen und Festungen durch Schenkungen oder Kauf zu erwerben sowie neue an strategisch wichtigen Punkten in den »Grenzmarken« zu errichten. Da die Kreuzfahrerstaaten über kein gemeinsames Verteidigungssystem verfügten, muß diesen unter der exklusiven Befehlsgewalt der Ordensmeister stehenden festen Plätzen eine besondere strategische Bedeutung zugemessen werden.
All diese Vorgänge dokumentieren deutlich, daß von nun an politische Entscheidungen nur noch im Einvernehmen mit den Ritterorden vollzogen wurden – alles andere führte unweigerlich zu einer für die Sicherheit des Reichs bedrohlichen Situation. Die Templer haben dies mehr als einmal ausdrucksvoll demonstriert. Bei der gescheiterten Ägyptenunternehmung verweigerten sie dem König von Jerusalem und Souverän des Heiligen Landes erstmals seit ihrer Gründung die Heerfolge, da diese offenbar nicht mit den Interessen des Ordens im Einklang stand. Obendrein war der Bruch des rechtsgültigen Vertrags mit der Ehre des Ordens unvereinbar. Die kurze Zeit später von Amalrich mit dem Oberhaupt des syrischen Zweigs der berüchtigten schiitisch-ismaelitischen Sekte der Assassinen, Abu Sinan ibn Suleiman, angebahnten Verhandlungen führten neuerlich zu einem schweren innenpolitischen Zwischen-

fall. Abu Sinan – besser bekannt unter dem Decknamen »Der Alte vom Berg« –, ein fanatischer Gegner der sunnitisch-orthodoxen Innovationsbestrebungen, erklärte sich überraschend bereit, ein militärisches Bündnis mit Jerusalem einzugehen sowie mit seinen Anhängern zum christlichen Glauben überzutreten. Als einzige Bedingung verlangte er dafür vom König, daß ihm der jährlich an den Tempel zu leistende Tribut von 2000 Goldbesants erlassen werde. Der König willigte ein. Der Templerorden aber widersetzte sich, da er zum einen nicht auf seinen Tribut verzichten wollte und zum anderen dem plötzlichen Gesinnungswandel des zwielichtigen Sektenführers mit Recht mißtraute.
Nach seiner Abreise wurde der Gesandte der Assassinen von einer Gruppe Templer erschlagen. »Zum Schaden des ganzen Landes...«, wie der Chronist Wilhelm von Tyrus dazu bemerkte, denn der geplante Vertrag kam nach diesem Vorfall verständlicherweise nicht mehr zustande.
Der König verlangte vom Ordensmeister Odo von St. Amand die sofortige Auslieferung des verantwortlichen Tempelritters – die ihm mit dem Hinweis auf die Unzuständigkeit der weltlichen Behörden verweigert wurde. Als Amalrich besagten Ritter trotzdem mit Gewalt in Haft nehmen ließ, protestierte der Ordensmeister unter Berufung auf die exklusiven Privilegien seines Ordens in Form eines Briefes, der, so Wilhelm, »...von jenem Geist des Hochmuts und der Anmaßung diktiert war, der ihm eigen war«. Doch bevor noch über das weitere Schicksal des Templers entschieden werden konnte, verstarb der König.

Die Mitverantwortung am Untergang des Königreichs

Der unerwartete Tod Amalrichs stürzte das lateinische Königreich in seine wahrscheinlich schwerste Krise seit Anfang seines Bestehens. Auf den Thron folgte ihm der erst dreizehnjährige, unheilbar an Aussatz erkrankte Balduin IV., der keine Macht ausüben konnte. Der Graf von Tripolis wurde zum Regenten und Wilhelm, der Erzbischof von Tyrus, zum Kanzler des Reichs ernannt. Etwa zur selben Zeit verstarb auch Nur ad-Din.
Da Saladin nun seine internen Angelegenheiten in Syrien zu regeln hatte, war dem Reich eine vorübergehende Atempause gegönnt – doch waren die Franken nicht in der Lage, sie zu nützen und ihre Verteidigung zu organisieren.

Von seiner langjährigen Schutzherrin Byzanz konnte Jerusalem keinerlei Beistand mehr erwarten. Die Streitkräfte des Kaisers Manuel Komnenos erlitten im Jahre 1176 in der Schlacht bei Myriokephalon in Phrygien gegen die anatolischen Seldschuken eine vernichtende Niederlage, in ihren Auswirkungen nur mit derjenigen von Manzikert 1071 vergleichbar. Das umkämpfte Anatolien fiel unwiderruflich an die Seldschuken, wodurch Konstantinopel für alle Zukunft der Grundlage jeglicher konstruktiver Nahostpolitik beraubt wurde.

Das Desinteresse der abendländischen Fürsten am Schicksal Jerusalems veranlaßte die *haute cour*, die öffentliche Meinung in einem letzten Vorstoß von der Dringlichkeit eines neuen Kreuzzugs zu überzeugen. Die Bedeutung dieses Unterfangens wird insbesondere durch den hohen Rang der dafür bestimmten Gesandten, die in Europa noch über großen Einfluß verfügten, dokumentiert – die Delegation wurde nämlich höchstpersönlich vom Patriarchen von Jerusalem in Gesellschaft der beiden Ordensmeister des Tempels und des Hospitals geleitet.

Doch war auch dieser Mission nicht der erwünschte Erfolg beschieden, denn außer finanziellen Zuwendungen erhielt die Delegation nur vage Versprechungen. Mit Geld allein konnten die anstehenden Probleme jedoch nicht gelöst werden, wie durch die Klage von Heraklius, des Patriarchen von Jerusalem, vor dem mit seinem Krieg mit Frankreich beschäftigten Heinrich II. von England treffend überliefert wurde: »Wir suchen einen Mann und kein Geld, aber kein Land sendet uns einen Fürsten. Deshalb suchen wir einen Fürsten, der Geld braucht, und kein Geld, das einen Fürsten braucht...«

Saladin nützte die offenkundige Schwäche seines Gegners zu weiterem Geländegewinn. Der entscheidende Schlag aber gelang zunächst nicht, da Aufstände der Nachkommen Nur ad-Dins ihn immer wieder zwangen, den Kampf gegen die Franken zu unterbrechen. Nachdem Aleppo 1183 vor Saladin kapitulierte, hatte sich der Ring um das Königreich zu Lande unwiderruflich geschlossen.

Zu der außenpolitisch bedenklichen Situation Jerusalems trat überdies eine nicht minder gefährliche innenpolitische Krise hinzu. Der aussätzige Balduin IV. mußte krankheitsbedingt endgültig die Regierungsgewalt zurücklegen. In einem zweijährigen, intrigenreichen Machtkampf gelang es Guido von Lusignan, dem Gatten der umstrittenen Thronerbin, fast ausschließlich mit der Hilfe des Tempelmeisters Gerard von Ridefort und des Patriarchen, sich gegen den Orden vom Hospital sowie gegen den von der Mehrheit der Barone unterstützten vormaligen Regenten, Raimund von Tripolis, durchzusetzen.

Nachdem der zwei Jahre zuvor vereinbarte Waffenstillstand von einem unbotmäßigen Rainald von Chatillon, dem Herrn von Transjordanien *(Oultrejordain)*, durch Überfälle auf Mekkapilger wiederholt verletzt worden war, ergriff Saladin im Frühsommer 1187 erneut die Initiative. Als das muslimische Heer Galiläa zu verwüsten begann, wurde in Jerusalem hastig der allgemeine Heerbann einberufen, der neben dem ritterlichen Lehensheer auch alle anderen waffenfähigen Männer umfaßte. Trotz seiner internen Intrigen konnte das Königreich angesichts der Bedrohung seine bisher größte Streitmacht ins Feld stellen. Man setzte alles auf eine Karte und entblößte sogar den für eine Verteidigung lebenswichtigen Festungsgürtel, der bisher stets ein allzu weites Vordringen des Gegners verhindert hatte, von einem großen Teil seiner kampffähigen Besatzungen.

Mit diesem schlagkräftigen Heer bestand die reale Möglichkeit, Saladin zu schlagen oder zumindest aufzuhalten. Der in militärischen Angelegenheiten unerfahrene König Guido von Lusignan ließ sich aber gegen den Rat seiner kriegserfahrenen Barone vom Tempelmeister Gerhard von Ridefort zu einer taktisch nicht vertretbaren Vorgangsweise überreden. Der Chronist Ernoul weiß zu berichten, daß »...der König ihm nicht zu widersprechen wagte, denn er liebte ihn und fürchtete ihn deswegen, weil er ihn zum König gemacht hatte«.

In der Folge gerieten die christlichen Truppen am 4. Juli 1187 im unwegsamen, wasserlosen Gelände bei Hattin nahe dem See Genezareth in einen muslimischen Hinterhalt und wurden fast zur Gänze aufgerieben – das Feldheer des Königreichs existierte nicht mehr. Die Schlacht von Hattin war, wie der islamische Chronist und Sekretär Saladins, Imad ad-Din, folgerichtig feststellte, die fürchterlichste Niederlage der Lateiner seit Beginn der Kreuzzüge: »Seit die Franken das Küstenland erobert hatten, war kein Tag für die Muslime so glänzend verlaufen.«

Sofort nach Beendigung der Schlacht ließ der triumphierende Saladin bekanntlich mehr als zweihundert überlebende Templer hinrichten – der glücklose König und einige Barone sowie der für die Katastrophe hauptverantwortliche Ridefort gerieten in Gefangenschaft. Die dem sonst üblichen Brauch widersprechende Verhaltensweise Saladins gegenüber dem Tempelmeister bewegte Chro-

Die Schlacht bei den Hörnern von Hattin
Darstellung aus der Historia Major des Matthäus Paris

nisten wie Historiker und sorgte in Bezug auf die umstrittene Persönlichkeit Rideforts für eine Reihe verschiedener Spekulationen. Es scheint daher angebracht, näher auf seine Person einzugehen sowie die Hintergründe seiner für das gesamte Königreich so verhängnisvollen Wahl zum Ordensmeister und die dafür verantwortlichen internen Verhältnisse im Orden zu jener Zeit zu durchleuchten.

Eine verhängnisvolle Wahl

Zunächst einmal kann der Werdegang des Gerhard von Ridefort im Grunde genommen als typische Templerkarriere bezeichnet werden. Aus Flandern stammend, kam er zu Beginn der siebziger Jahre »als fahrender Ritter« ins Heilige Land. Verschiedenen Chronisten berichten zufolge soll er ein »Abenteurer und Prahlhans« gewesen sein, der so wie viele mittellose Ritter im Orient sein Glück versuchen wollte.
Er trat zunächst in die Dienste des Grafen Raimund von Tripolis, des späteren Regenten, der ihm ein Rentenlehen überließ und die Heirat mit einer reichen Erbin zusagte. Nachdem der Graf sein Wort nicht hielt, verließ ihn Ridefort haßerfüllt und in seiner Ehre tief gekränkt. Einige Zeit später gelang es dem ehrgeizigen Aufsteiger überraschend, die einflußreiche Position des Marschalls in Jerusalem zu erringen.
Im Anschluß an eine schwere Krankheit trat Ridefort in den Templerorden ein, wo er nach ungewöhnlich kurzer Zeit zum Seneschall avancierte. Als schließlich der Großmeister Arnold von Torroja als

Mitglied jener nach Europa entsandten Delegation in Verona verstarb, wurde Ridefort vom Generalkapitel zu dessen Nachfolger berufen.
Natürlich zwingt sich die Frage nach dem Motiv auf, warum denn ausgerechnet dieser Mann zweifelhaften Charakters gewählt wurde. Gerade er sollte sich sehr bald als völlig unfähig herausstellen, die hohe Verantwortung seines Amts in der obendrein strategisch schwierigen Situation des Reichs zu tragen. Wie fast alle größeren Organisationen, setzte sich auch der Templerorden aus Gruppierungen von Anhängern unterschiedlicher Ansichten und Interessen zusammen. In jener Periode wurde der Orden von zwei Lobbies dominiert, die abwechselnd den Großmeister stellten:
Auf der einen Seite verfolgten die Realisten – jene Ritterbrüder, die sich schon länger in *Outremer* aufhielten – eher eine gemäßigte Linie und waren auf Grund ihrer langjährigen Erfahrung im Umgang mit dem Gegner gegebenenfalls auch zu Kompromissen bereit, soferne diese dem Orden nützten.
Ihnen standen auf der anderen Seite die jungen, gerade aus dem Abendland eingetroffenen Brüder gegenüber. Unerfahren und noch von Idealen eines realitätsfremden, übersteigerten Christentums beseelt, hatten sie nur eines im Sinn: Kampf gegen die Ungläubigen um jeden Preis, denn, so Jakob von Vitry, »... ein Templer fragt niemals wie stark die Feinde sind, sondern wo sie sind !«
Im Gegensatz zu seinem Vorgänger Odo von St. Amand wie auch zu Ridefort wird Arnold von Torroja als besonnen und verhandlungsbereit beschrieben. Er bemühte sich vor allem, die arg gelichteten Reihen, so gut es ging, für die bevorstehende Entscheidungsschlacht zusammenzuhalten und unnötigen Gefechten auszuweichen. Doch zwang ihn die während der Amtszeit Odos von St. Amand in zahllosen Abwehrkämpfen fast völlig ausgeblutete Truppe, sie in größerem Umfang mit neuen Kräften aus den europäischen Komtureien aufzufrischen.
Solcherart mußte die Gruppe der aggressiven Neuankömmlinge im Orden zwangläufig allmählich die Oberhand gewinnen. Unter der zurückhaltenden Führung Arnold von Torrojas allerdings wurde jenen »Falken« wahrscheinlich nur selten die Gelegenheit geboten, sich im Kampf auszuzeichnen. Dagegen schien der unbeherrschte und kompromißlose Draufgänger Ridefort genau ihren Vorstellungen entsprochen zu haben, denn er hatte keinerlei Bedenken, seine Leute wider jede taktische Vernunft in geradezu selbstmörderischen Einsätzen regelrecht zu »verheizen«.

Noch wenige Wochen vor der Entscheidungsschlacht bei Hattin verlor der Orden allein durch Rideforts Verschulden in einer einzigen, militärisch noch dazu bedeutungslosen Aktion bei den Quellen von Cresson ein Drittel der gesamten Mannschaft in *Outremer*. Bemerkenswert erscheint die von dem Historiker Alain Demurger erwähnte These, Ridefort habe diese gegen eine vielfache Übermacht geführte Attacke offenbar als ein Gottesurteil betrachtet, denn er soll seinen Angriffsbefehl mit dem Makkabäerzitat 1 Makkabäer 3, 18 aus Bernhards *de laude* gerechtfertigt haben: »Der Sieg im Kampf liegt nicht an der Größe des Heeres, sondern an der Kraft, die vom Himmel kommt.«

Sein Verhältnis zu Guido von Lusignan, der ohne der Hilfe von Ridefort und seiner Intrigen kaum die Königskrone hätte gewinnen können, wird in den Berichten der Chronisten als überaus freundschaftlich geschildert. Derart kann der enorme Einfluß Rideforts auf den entschlußschwachen König und dessen Staatsgeschäfte erklärt werden. Eigenartigerweise mißbrauchte der Ordensmeister jene machtvolle Vertrauensstellung fast ausschließlich, dem anderen Bewerber um die Krone, Raimund von Tripolis, seinem ehemaligen Lehensherrn, ohne Rücksicht auf die Interessen des Reichs jedmöglichen Schaden zuzufügen. Nicht zuletzt unterstellt Ernoul dem Ordensmeister, er habe den König vor der Schlacht bei Hattin nur deswegen zu der verhängnisvollen Operation überredet, weil sich der ihm so verhaßte Graf von Tripolis entschieden dagegen ausgesprochen haben soll.

Mit einiger Bestimmtheit kann davon ausgegangen werden, daß Saladin über die »militärischen Fähigkeiten« dieses Mannes wohl ausgezeichnet informiert war. Wahrscheinlich hat der Großmeister seine ungewöhnliche Verschonung daher dem Scharfblick des berechnenden Sultans zu verdanken, denn mit einem lebenden Ridefort an der Spitze des Templerordens konnte der christlichen Sache mit Sicherheit ein weit größerer Schaden zugefügt werden als mit einem toten. Außerdem ließ sich der Sieger die Freilassung noch mit drei strategisch wichtigen Templerfestungen sehr teuer erkaufen.

Völlig absurd ist indessen die Annahme einiger dem Ritterorden nicht unbedingt freundlich gesinnter Chronisten und Historiker, Ridefort sei von Saladin nur deswegen verschont worden, weil er angeblich insgeheim zum islamischen Glauben übergetreten wäre. Durch den weiteren Verlauf der Ereignisse wurde genau das Gegenteil bewiesen.

Der schlaue Sultan sollte Recht behalten. Tatsächlich stiftete Ridefort nach seiner Rückkehr aus der Gefangenschaft neuerlich Unruhe und Verwirrung, bis er schließlich 1189 in einem Gefecht bei der Belagerung von Akko die Gelegenheit zu einem, von Ambroise überlieferten, geradezu bühnenreifen Abgang nützte. In aussichtsloser Lage von einer großen Übermacht hart bedrängt und von »Memmen wie Kühnen« aufgefordert, die Flucht zu ergreifen, erwiderte der Ordensmeister selbstherrlich: »Es wäre nicht gottgefällig, sähe man mich jemals anderswo und könnte man dem Templerorden vorwerfen, man habe mich fliehen sehen ...« – worauf er sich ins Getümmel warf und sofort erschlagen wurde, »...denn zu viele Sarazenen warfen sich auf ihn«.

Es darf nicht übersehen werden, daß in allen größeren militärischen Organisationen der Geschichte, insbesondere in denen, die sich als Eliten betrachteten, von Haß und Fanatismus verblendete Charaktere mit Sicherheit keine Seltenheit darstellten. Die Person des Gerhard Ridefort an der Spitze des Templerordens kann jedoch eher als Ausnahme angesehen werden und ist wahrscheinlich nur auf die bekannten Umstände bei seiner Wahl zurückzuführen – womit allerdings der Beweis erbracht wäre, daß selbst in jener erhabenen Gemeinschaft nicht immer der Fähigste das höchste Amt erlangte.

Allerdings muß der Ordnung halber darauf hingewiesen werden, daß die überlieferten Berichte über jene Ereignisse mangels Objektivität bis zu einem gewissen Grad mit der nötigen Distanz zu bewerten sind. Sie stammen nämlich durchwegs von Chronisten, die im Dienste von Parteigängern des Grafen von Tripolis standen und somit zu den Gegnern des Königs Guido und dessen Anhängerschaft gerechnet werden müssen.

Auf jeden Fall scheinen die Templer aus jener unglückseligen Episode ihre Lehre gezogen zu haben – denn einen zweiten Großmeister wie Ridefort konnte sich der Orden in Hinkunft wirklich nicht mehr leisten. Die bei Hattin und den nachfolgenden Kämpfen erlittenen Ausfälle waren so hoch, daß der Tempel in dem, was vom Königreich noch übrig blieb, für die kommenden zwei Jahre weder militärisch noch politisch eine nennenswerte Rolle zu spielen vermochte.

Ein Brief aus dem belagerten Tyrus, in dem Terricus, der Präzeptor von Jerusalem, in Vertretung des noch in Gefangenschaft befindlichen Ordensmeisters die Komtureien des Westens um dringenden Ersatz bittet, vermag die erschütternde Situation des Ordens wiederzugeben: »Bruder Terricus und die Bruderschaft – die ... fast ganz vernichtet ist – an alle Präzeptoreien. (...) Wir bitten Euch, sogleich uns und der Christenheit, die im Orient fast vernichtet ist, Unterstützung zu gewähren, damit wir mit Gottes Hilfe und mit Unterstützung Eurer Waffen retten können, was uns noch an Städten geblieben ist.«

Der Fall Jerusalems und seine Auswirkungen

In den Monaten nach ihrem überwältigenden Sieg von Hattin überrannten Saladins Truppen in einem Siegeszug ohnegleichen fast das ganze Königreich und eroberten ohne Schwierigkeiten selbst stark befestigte Burgen und Städte wie Akko und Caesarea, da ja deren Besatzungen zur Verstärkung des bei Hattin aufgeriebenen Feldheeres abgezogen worden waren. Innerhalb eines Jahres fielen bis auf Antiochia, Tripolis und Tyrus alle Städte sowie fast sämtliche Festungen in die Hand der Sarazenen. Von insgesamt mehr als fünfzig Burgen konnten lediglich ganze vier, die sich bezeichnenderweise im Besitz der beiden Ritterorden befanden, den Ansturm mit Erfolg abwehren.

Bereits im Oktober 1187 kapitulierte Jerusalem nach nur zweiwöchiger Belagerung. Die großzügige Geste des siegreichen Saladin, der christlichen Einwohnerschaft gegen ein relativ geringes Lösegeld freien Abzug zu gewähren, steht im krassen Gegensatz zu jenem von den ersten Kreuzfahrern im Jahre 1099 angerichteten Blutbad und begründete unter anderem seinen Ruf als »edler Ritter« in der spätmittelalterlichen Dichtung des Abendlandes.

Die Garnisonen des Tempels und des Hospitals erschöpften zur Bezahlung des Lösegelds für die Gefangenen ihre letzten finanziellen Mittel. Ausgerechnet diesen beiden Ritterorden, die eigentlich berufen waren, anreisende Pilger sicher von der Küste in die Heilige Stadt zu eskortieren, fiel nun die deprimierende Aufgabe zu, den Flüchtlingszug unbeschadet von Jerusalem auf noch unbesetztes christliches Gebiet an der Küste zurückzugeleiten.

Obwohl von geringem strategischen Wert, bedeutete die Eroberung der den Christen wie Muslimen gleichermaßen heiligen Stadt, für Saladin den absoluten Höhepunkt in seiner Auseinandersetzung mit den Kreuzfahrerstaaten; der Besitz von Jerusalem verschaffte ihm einen enormen Prestigegewinn in der gesamten islamischen Welt.

Auch in dem am Schicksal der Lateiner im Orient seit dem zweiten Kreuzzug relativ desinteressierten Abendland verfehlte die unerwartete Nachricht vom Verlust Jerusalems nicht ihre Wirkung. Zutiefst erschüttert erlag Papst Urban III. unmittelbar nach Erhalt der Schreckensbotschaft einem Herzschlag. Sein Nachfolger Gregor VIII. rief in seiner Enzyklika *Audita tremendi* unverzüglich zum Kreuzzug auf, verstarb jedoch nach knapp zweimonatiger Amtszeit.
Im Abendland stellten die ungeheuren Erfolge der »Ungläubigen« zunächst den absoluten Glauben an die Überlegenheit des Christentums erneut in Frage. Die durch die Ereignisse bedingte Verunsicherung Roms in seiner Funktion als geistige Führungmacht bestätigen die aufschlußreichen Worte des Papstes Clemens III.: »Die Nachricht von dem strengen Strafgericht, das die Hand Gottes über das Land Jerusalem verhängt hat, hat Uns (...) mit Schrekken und Sorge erfüllt, daß Wir nicht wissen, was Wir tun oder unternehmen sollen.«
Schließlich versuchte der Heilige Stuhl, wie bereits Bernhard vierzig Jahre vorher, das Unglück noch einmal mit metaphysischen Argumenten zu erklären. Er scheute sich nicht, die »Verkommenheit der ganzen Welt« dafür verantwortlich zu machen.
Wie im Vorfeld der zwei vorangegangenen Kreuzzüge sollten jedoch auch diesmal nicht jene allerorts in Erscheinung tretenden Kreuzzugsprediger fehlen. Die bedeutendsten unter ihnen, der Erzbischof Balduin von Canterbury und der Kardinallegat Heinrich von Albano, beide bemerkenswerterweise Zisterzienser, bemühten sich im Stile des mittlerweile heiliggesprochenen Bernhard, aber auch mit Hilfe von Propaganda über muslimische Greueltaten aller Art, die öffentliche Meinung aufzuheizen.
Ungeachtet seiner Hintergründe bedeutete indessen der Fall Jerusalems selbst die beste Werbung für einen neuen Kreuzzug. Der Mythos des »Nabels der Welt«, des *navus mundi,* schien ungebrochen, denn die Fürsten der Christenheit waren bereit, alle Kräfte zur Rückgewinnung der Heiligen Stätten zu moblisieren. Einschränkend muß allerdings darauf verwiesen werden, daß zumindest bei den großen Monarchen sicherlich nicht allein spirituelle Motive, sondern sehr profane, durchwegs realpolitische Überlegungen den Ausschlag gegeben haben.
So nützte der seiner imperialen Würde bewußte Kaiser Friedrich I. Barbarossa die Gelegenheit, die innenpolitisch gefährliche Opposition der Welfen sowie der norditalienischen Städte mittels der

ihm von der lateinischen Christenheit zuerkannten obersten Führung in dem bevorstehenden Kreuzzug zu untergraben.
Philipp II. August von Frankreich und Richard I. von England scheinen ähnlich gelagerte Beweggründe zur Teilnahme veranlaßt haben. Da keiner der beiden aus dem seit Jahrzehnten schwärenden Konflikt zwischen den Dynastien der Plantagenets und der Kapetinger um die Vormachtstellung in Frankreich entscheidende Vorteile ziehen konnte, erwartete sich jeder der beiden Monarchen im Falle einer militärischen Profilierung im Heiligen Land, seine politische Position dem anderen gegenüber verbessern zu können. Vor ihrem Aufbruch vereinbarten die verfeindeten Könige von Frankreich und England in Vezelay, sämtliche Eroberungen und die zu erwartende Beute zu teilen. Deutlich signalisiert dieses Abkommen deren offenkundiges Desinteresse am bisherigen sakral-ideologischen Charakter der Kreuzzugsbewegung. Damit wich die ursprüngliche Vorstellung einer »bewaffneten Wallfahrt« endgültig machtpolitischen Zielsetzungen.

Der dritte Kreuzzug

Nach dem Verlust nahezu all seiner Besitzungen in *Outremer* infolge der Offensive Saladins in den Jahren 1187–1189 stand der Tempel im Orient praktisch vor dem Nichts. Lediglich einige wenige Burgen, die wahrscheinlich nur wegen ihres geringen strategischen Werts vom Gegner unbehelligt blieben, konnten sich halten.

Friedrich I. Barbarossa auf dem dritten Kreuzzug

In den anderen Fällen wurde nach bekanntem Muster erbitterter Widerstand geleistet, doch scheinen die unerträglich hohen Verluste der letzten Jahre sowie die nunmehr aussichtslose Lage auch an den Reihen der sonst so unbeirrbaren Rittermönche nicht spurlos vorübergegangen zu sein. Denn zum erstenmal verhandelten Besatzungen von Templerburgen – wohl im Bewußtsein ihrer eigenen Schwäche – mit den Belagerern über freien Abzug gegen Lösegeld. Was Wunder, daß selbst auf der Seite des Gegners die Zahlung von Lösegeld durch Templer von dem erstaunten Chronisten Ibn Shaddad als »etwas, das vorher noch nie gehört wurde« aufmerksam registriert worden ist.
Die sich stets in Episoden der Niederlage erhebenden Stimmen der Kritiker vermeinten in jenen für die Tempelritter tatsächlich absolut ungewöhnlichen Kapitulationen »schlüssige« Beweise für eine Abkehr von ihrer ideellen Mission oder gar für den Verrat an der christlichen Sache gefunden zu haben.
Dieser Vorwurf entbehrt mit Bestimmtheit jeder Grundlage. Zwar widerspricht die Vorgangsweise dem bisher üblichen Verhalten in ähnlichen Situationen, muß aber im Licht der zeitlich bedingten, katastrophalen militärischen Gesamtlage im Orient betrachtet werden. Ergänzend sei vermerkt, daß der Konvent des Ordens im »Restreich« zwanzig Monate hindurch nicht einmal mehr die für eine vorschriftsmäßige Wahl eines Nachfolgers des gefallenen Rideforts notwendige Anzahl an Ritterbrüdern aufzubringen vermochte.
Trotz seines beeindruckenden Siegeszugs unterlief Saladin nun aber ein folgenschwerer strategischer Fehler. Zwar hatte er das Landesinnere weitgehend in seiner Hand, doch verabsäumte er, rechtzeitig die gesamte Küste unter seine Kontrolle zu bringen. Bei dem viel zu späten Versuch, die vermeintlich militärisch geschwächten Städte Tyrus und Tripolis den Christen zu entreißen, stießen die Truppen des Sultans überaschend auf starken Widerstand. Die Gegenwehr organisierten die ersten soeben mit einer Flotte aus Sizilien eingetroffenen Kreuzfahrer.
Die beiden für den Nachschub aus Europa ungemein wichtigen Hafenstädte konnten sich wider Erwarten gegen alle Angriffe erfolgreich behaupten, wodurch das lebenswichtige Tor zum Abendland offen blieb. Gleichzeitig bildeten sie die Brückenköpfe für die sehnlichst erwarteten Heere aus dem Westen.
Zum Unterschied zum ersten und zweiten Kreuzzug – man hatte die bitteren Erfahrungen von 1148 nicht vergessen – bestanden die großen Heere aus Frankreich, England sowie dem deutschen

Reich mehrheitlich aus gut ausgerüsteten Berufssoldaten. Das Unternehmen war jetzt nicht mehr ein bewaffneter Pilgerzug, sondern hatte den Charakter einer reinen Militärexpedition. Erstmals wurde daher auch eine große Anzahl Söldner rekrutiert, die man mittels einer eigenen Kreuzzugssteuer, dem »Saladinzehnten«, zu finanzieren gedachte.

Als erster setzte sich der deutsche und numerisch stärkste Verband mangels ausreichenden Schiffsraums im Mai 1189 auf dem Landweg in Bewegung – dieses Heer soll über 50.000 Mann gezählt haben. Durch übliche Behinderungen und Strapazen bereits stark dezimiert, löste sich das Heer nach dem überraschenden Tod des Kaisers Friedrich I. Barbarossa beim Überqueren des Flusses Saleph in Ostanatolien praktisch auf. Nur etwa ein Fünftel erreichte völlig erschöpft im Oktober 1190 sein Ziel vor dem belagerten Akko, spielte aber bei den kommenden Kampfhandlungen keine wesentliche Rolle mehr.

Sich gegenseitig auch weiterhin mißtrauend, beschlossen die Könige Englands und Frankreichs, gemeinsam den Seeweg zu nehmen - und trafen nach Unterbrechungen in Sizilien und Zypern, das Richard *coeur de lion* kurzerhand eroberte, im Sommer 1191 ebenfalls vor Akko ein.

Mit der Belagerung der größten und reichsten Hafenstadt an der Küste Palästinas wurde bereits zwei Jahre vorher auf das Betreiben des zusammen mit Ridefort aus sarazenischer Gefangenschaft freigelassenen Königs Guido von Lusignan begonnen. Obwohl als König mehr denn je umstritten, gelang Guido mit dieser für seinen Gegenspieler Saladin unerwarteten Aktion, die seit Hattin verlorene Initiative zurückzugewinnen. Das Ringen um Akko wurde für beide Kontrahenten zur Prestigeangelegenheit. Der zunächst noch dünne Belagerungsring entwickelte sich sehr rasch zur zentralen Anlaufstelle für alle Kreuzfahrer aus dem Westen – der gewünschte Erfolg konnte zunächst jedoch nicht erzielt werden.

Die Situation änderte sich mit der Ankunft der beiden Berufsheere und ihrem umfangreichen Belagerungsgerät schlagartig. Die Verteidiger hatten dem nichts mehr entgegenzusetzen und übergaben Akko dem vereinigten Kreuzheer gegen den Willen des Sultans schließlich im Juli 1191.

Offensichtlich hatte Saladin die Resonanz auf seinen Vormarsch im Okzident unterschätzt, denn er zeigte sich auf das Eintreffen der Verstärkungen erstaunlich unvorbereitet. Außerdem stand er vor dem Problem, seine nun schon jahrelang fast ununterbrochen

im Feld stehenden Truppen zusammenzuhalten. Der Verlust Akkos und die unmittelbar anschließende Rückeroberung des südlichen Küstenstreifens durch die Christen erschütterten seinen Nimbus als unbezwingbaren Kämpfer für die Sache des Islams.
Das vorwiegend aus europäischen Christen bestehende Kreuzheer seinerseits stellte deutlich unter Beweis, daß es mit disziplinierten Berufstruppen unter einer dynamischen Führung in der Person des »Soldatenkönigs« Richard I. allemal in der Lage war, sich gegen einen zahlenmäßig überlegenen Gegner selbst unter widrigen Umständen durchzusetzen. Der von ständigen feindlichen Attacken begleitete Vormarsch nach Süden entlang der *via maris* zusammen mit der defensiv geführten Schlacht von Arsuf fand als Musterbeispiel mittelalterlicher Taktik die höchste Anerkennung zahlreicher Militärhistoriker.

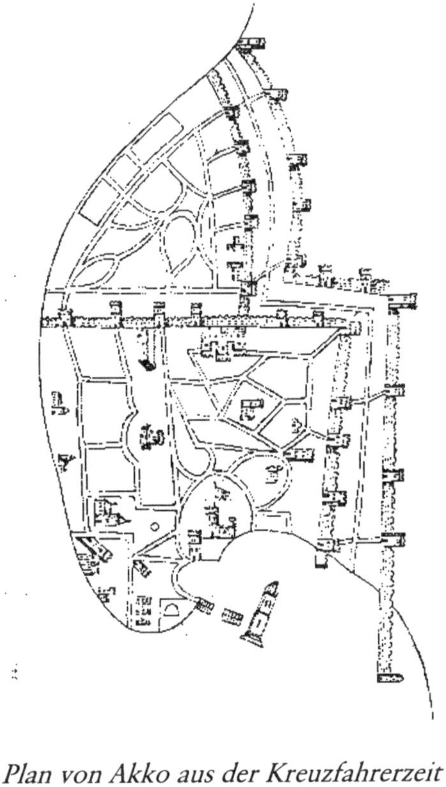

Plan von Akko aus der Kreuzfahrerzeit

Mit der Einnahme von Akko 1191 und den anschließenden militärischen Erfolgen des Kreuzheeres fand der Orden sehr bald wieder zu seinem alten Selbstvertrauen zurück. Noch häufiger als in den Berichten aus früheren Jahren wird von den Chronisten die wichtige Rolle der Mönchsritter bei den Kampfhandlungen und Bewegungen an der Küste hervorgehoben. So übernahmen zum Beispiel Templer und Johanniter abwechselnd die besonders gefährdete Vorhut oder Nachhut. Auf Grund ihrer ausgezeichneten Kenntnisse über Kampfweise und Taktik des Gegners wurden sie während des ganzen Feldzugs zu unentbehrlichen Ratgebern. Dank seiner schier unerschöpflichen Ressourcen im Okzident gelang es somit dem Tempel, sich im Windschatten des dritten Kreuzzugs relativ rasch zu regenerieren und auch seine gelichteten Reihen mit neuen Kräften aufzufüllen. Einen wesentlichen Beitrag zum Wiederaufbau leistete der nach seinem Eintreffen mit den Königen Frankreichs und Englands vor Akko zum neuen Ordensmeister gewählte Robert von Sablé, einem vormaligen Vasall und engem Vertrauten Richards I.

Der verlorene Templerstaat

Dennoch ließ Sablé eine der größten Gelegenheiten, die sich dem Tempel im Laufe seiner Geschichte jemals bieten sollte, gezwungenermaßen ungenützt. Wie bereits kurz erwähnt, hatte Richard auf seinem Weg in den Orient die formell noch unter der Hoheit von Konstantinopel stehende Insel Zypern erobert. Kurze Zeit später veräußerte der König – vermutlich weil er nicht genügend Truppen für die Besatzung aufbringen konnte oder einfach nur aus Geldmangel – die Insel an den Templerorden: um den stattlichen Kaufpreis von 100.000 Besanten. Augenscheinlich hatte der Tempel trotz des Verlusts seines gesamten Vermögens im Orient keinerlei Mühe, die geforderte Anzahlung von 40.000 Besanten zu erstatten.

Allerdings sahen sich die neuen Herren der Insel ebenso wie ihr Vorbesitzer mit dem selben Problem überfordert, nämlich eine zur Machtausübung notwendige Garnison abzustellen, zumal der Feldzug gegen Saladin an der Küste Palästinas bereits in vollem Gange war. Der kleinen Besatzung – möglicherweise nur ganze hundert Mann – gelang es nicht, die freiheitsliebende griechische Bevölkerung unter Kontrolle zu halten. Hohe Abgaben und ver-

schiedene Übergriffe führten schließlich in Nikosia zu einem gegen die als Fremdherrschaft empfundene Besatzungsmacht gerichteten Volksaufstand.
Obwohl die Revolte niedergeschlagen werden konnte, dürfte den Templern inzwischen klar geworden sein, daß der Besitz Zyperns auf Dauer zu viele Kräfte binden würde, die der Orden zur Erfüllung seiner Mission in *Outremer* gerade zu jenem Zeitpunkt mit Sicherheit dringender benötigte. Diese Überlegung veranlaßte die Ordensführung, die unbeliebte Insel nach knapp einem Jahr wieder aufzugeben. Mit Zustimmung Richards beschloß man, dem mittlerweile als König von Jerusalem abgelösten Guido von Lusignan, der soeben für sich ein neues Dominium suchte, die Herrschaftsrechte gegen Rückerstattung des Kaufpreises abzutreten.
Man kann sich leicht ausmalen, daß die Geschichte des Templerordens wahrscheinlich anders verlaufen wäre, hätte er Zypern in seinem Besitz halten können – denn die flächenmäßig größte Insel des östlichen Mittelmeers war seit alters her von außerordentlich hoher strategischer Bedeutung. Mit Zypern als Basis bestand für den Orden die Aussicht, nicht nur die Seefahrtswege in diesem Raum zu sichern, sondern im Bedarfsfall auch militärische Operationen gegen jeden beliebigen Punkt an der Festlandküste zwischen Alexandria im Süden und Antiochia im Norden vorzubereiten.
Auch verpaßte der Tempel mit dem Verkauf die einmalige Chance, einen eigenen Staat bereits geraume Zeit vor den Deutschen Herren in Ostpreußen und dem Hospital auf Rhodos zu begründen. Dieses Versäumnis sollte sich hundert Jahre später bitter rächen.

Ein seltsames Friedensangebot

Im weiteren Verlauf der Auseinandersetzung wich Saladin einer offenen Entscheidungsschlacht wegen taktischer Nachteile ganz bewußt aus. Er beschränkte sich auf die Bedrohung der Nachschubwege im Landesinneren, um wenigstens Jerusalem halten zu können. Seine Rechnung ging voll auf, denn die Kreuzfahrer wiederum waren nicht mehr bereit, ihre nicht unbeträchtlichen territorialen Gewinne durch das mögliche Mißlingen eines ungenügend gesicherten Angriffs auf die Heilige Stadt aufs Spiel zu setzen.
Anders als noch vor wenigen Jahren traten die Rittermönche nun als moderate Realisten in Erscheinung. Robert von Sablé, den wohl ein besonderes Einvernehmen mit dem englischen König verband,

zählte sogar zu denjenigen, die Richard vernünftigerweise von einem voreiligen Angriff auf Jerusalem abrieten.
Die Feststellung, daß der Gegner mit den vorhandenen Kräften nicht besiegt werden konnte, zwang die beiden mittlerweile kriegsmüden Parteien schließlich an den Verhandlungstisch. Im Zuge der langwierigen Friedensgespräche wurde dem erstaunten Gegner von christlicher Seite ein in der Geschichte der Kreuzzüge vermutlich einmaliger Vorschlag zur Lösung ihres interkonfessionellen Konflikts unterbreitet: eine Eheschließung zwischen der Schwester Richards, Johanna, mit Saladins Bruder, Al-Adil. Eine solche Ehe sollte die gemeinschaftliche Herrschaft beider Religionen in dem für Kreuz und Halbmond gleichermaßen heiligen Jerusalem gewährleisten. Es überrascht nicht, daß dieser Vorschlag von dem orthodoxen Sunniten Saladin höflich, aber bestimmt zurückgewiesen wurde.
Mag es dem Tempel bei diesem Vorschlag in erster Linie darum gegangen sein, den verlorenen Landbesitz möglichst rasch und dauerhaft zurückzugewinnen? Überraschen muß dieser Vorschlag, weil er zwar politischen Zielsetzungen diente, aber in eklatantem Widerspruch zum herkömmlichen Kreuzzugsideal stand. Bloßer Landgewinn wäre allerdings für eine Rechtfertigung des mutmaßlichen Bruchs mit der bisherigen Ordenstradition bei weitem nicht ausreichend. Vielmehr dürfte jene die Heirat betreffende Anregung, die vielleicht sogar von Sablé selbst stammte, den Auftakt einer neuen politischen Strategie des Tempels darstellen. Diesen Zielsetzungen liegen allerdings nicht nur geopolitische, sondern sehr wohl sakral-ideologische, aus dem geistigen Umfeld des gregorianischen Reformdenkens stammende Motive zu Grunde.
Möglicherweise sind die aus militärischer Sicht vielleicht gerechtfertigten Einwände Robert von Sablés, welche Richard davon abhielten, Jerusalem anzugreifen, ebenfalls ein Bestandteil der neuen Strategie. Eindeutig gegen den Rat des Ordensmeisters spricht die Tatsache, daß hundert Jahre vorher Jerusalem ohne Rücksicht auf Flankensicherung oder etwaige Nachschubprobleme von einem wesentlich schwächeren christlichen Heer erobert wurde. Daher erscheinen uns heute jene Umstände, die zum Abbruch des Vormarsches auf Jerusalem führten, um so unverständlicher, besonders da das erklärte Ziel sämtlicher Kreuzzüge in den Orient nun einmal entweder die Inbesitznahme der Heiligen Stadt oder deren Verteidigung darstellte. Auf die Erklärung dieser rätselhaften Verhaltensweisen und die Untersuchung der zunächst noch im

Dunklen liegenden Hintergründe kommen wir noch in einem späteren Kapitel ausführlich zu sprechen.
Der zu guter Letzt mit den Muslimen ausgehandelte Friedensvertrag beendete den emotionslos und rein nach strategischen Gesichtspunkten geführten dritten Kreuzzug – er garantierte den Christen die von ihnen eroberten Küstenregionen von Akko bis Jaffa sowie wenigstens den freien Zugang zu den Heiligen Stätten in Jerusalem.
Gemessen an den aufwendigen Vorbereitungen war der militärische Erfolg des wohl größten Kreuzzugs relativ gering. Gleichwohl wurden von diesem in der Geschichte vermutlich letzten von einer geeinten Christenheit durchgeführten Unternehmen jene Voraussetzungen geschaffen, die das politische Überleben der lateinischen Herrschaft im Orient für weitere hundert Jahre sichern sollte.

Der Tempel und das »zweite« lateinische Königreich

Als die eigentlichen Nutznießer des dritten Kreuzzugs können wahrscheinlich nur die beiden Ritterorden – der Tempel und das Hospital – angesehen werden, denn sie sind die einzige nach der Niederlage von Hattin übriggebliebene Macht. Der 1192 zum König ernannte Heinrich von Champagne zeigte an der Ausübung der Regierungsgeschäfte in dem vom Krieg verwüsteten Land offenbar kein allzu großes Interesse. Er nahm zwar die Herrschaft an, lehnte aber den Königstitel und die Krone ab, weil er auf seine okzidentalen Besitzungen angeblich nicht verzichten wollte.
Ebenso führte die neue Situation die beiden Ritterorden zu einer starken Vermehrung ihres Besitzes. Denn zahlreiche nach 1187 in den Westen geflohene adelige Grundherren legten keinen Wert mehr darauf, auf ihre zurückgewonnen Landgüter zurückzukehren. In jenen Kreisen bestanden auf Grund der bisherigen Erfahrungen berechtigte Zweifel, ob die schwachen christlichen Verbände nach Abzug der Kreuzfahrer im Falle eines erneuten Angriffs überhaupt in der Lage wären, den zahlenmäßig überlegenen muslimischen Heeren ernsthaften Widerstand zu leisten. Landbesitz in dem auf einen wenige Kilometer breiten Küstenstreifen reduzierten Königreich war zu einer unsicheren Sache geworden.
Die beiden kapitalkräftigen Orden blieben die einzigen, die nicht nur die finanziellen Mittel für den Landerwerb aufbringen konnten, sondern ebenfalls über die nötigen Mannschaften zu ihrer Ver-

teidigung verfügten. Infolgedessen wurden ihnen auch fast sämtliche Festungen überlassen. Während der folgenden Jahrzehnte investierten die Orden ungeheure Summen in die Verstärkung bestehender und den Bau neuer Befestigungsanlagen.
Allerdings sind jene meist monumentalen, an der Wende zum 13. Jahrhundert entstandenen Bauwerke steinerne Zeitzeugen des wachsenden Defaitismus der Lateiner im Orient. Der offensive Geist

Wilhelm, Erzbischofvon Tyrus

der frühen Kreuzzugsbewegung wich einer passiven Verteidigung und militärischer Ohnmacht. Waren doch jene Befestigungen größtenteils nichts anderes als überdimensionale Fluchtburgen mit der einzigen Funktion, langdauernden Belagerungen nach Möglichkeit standhalten zu können. Die Stärke jener monumentalen Mauern ist somit gleichzeitig eine unwiderlegbare Manifestation der Schwäche ihrer Verteidiger.
Diese Art Resignation ist um so bemerkenswerter, als die orientalischen Christen mit dem unerwartet frühen Tod Saladins im

Jahre 1193 ihren gefährlichsten Gegner verloren hatten. Denn nach dem Tod des Sultans zerfiel das von ihm geschaffene Imperium in mehrere sich gegenseitig bekriegende Teilreiche – und damit zerbrach auch die die Kreuzfahrerstaaten umklammernde muslimische Einheitsfront.

Umsoweniger zeigten sich die Lateiner imstande, aus dieser für sie günstigen Entwicklung irgendwelche außenpolitischen Vorteile zu ziehen und neuerlich die Initiative zu ergreifen. Interessanterweise vertraten vor allem die Ritterorden zunächst den Standpunkt, man müsse die durch den Friedensvertrag vorläufig gesicherte Waffenruhe zur Durchführung der notwendigen Verteidigungsmaßnahmen nutzen.

An dieser zurückhaltenden Strategie änderte sich auch nichts, als Kaiser Heinrich VI. im Jahre 1197 seine Weltherrschaftspläne mittels eines deutschen Kreuzzugs zu realisieren versuchte. Obwohl wegen der Uneinigkeit der Nachfolger Saladins durchaus die Möglichkeit auf weitere territoriale Gewinne bestand, stieß das Unternehmen bei den Machthabern und den Orden im Orient auf Ablehnung.

Denn nach den bisherigen negativen Erfahrungen war auch den sonst so militanten Rittermönchen klar geworden, daß die örtlichen Kräfte in *Outremer* nach dem Abzug der Kreuzfahrer niemals ausreichen würden, etwaige Eroberungen gegen das militärische Potential des Gegner halten zu können. Zudem drohte durch einen christlichen Angriff die nicht zu unterschätzende Gefahr einer neuerlichen islamischen Einigung.

Es entsteht der Eindruck, daß sich infolge der veränderten Gegebenheiten im Anschluß an die Ereignisse von 1187 in der Grundhaltung des Tempels ein tiefgreifender Wandel vollzog. Der sakralideologisch fundierte Fanatismus der Gründerzeit wich einer den neuen Verhältnissen angepaßten pragmatischen Linie.

War die Strategie der Rittermönche in der Auseinandersetzung mit den Muslimen bisher vornehmlich durch bedingungslose militärische Konfrontation gekennzeichnet, so tritt diese zugunsten einer bisher ungewohnten Kompromißbereitschaft immer mehr in den Hintergrund. Obwohl jene zunehmende Vertrautheit im Umgang mit dem Gegner in erster Linie dem Selbstschutz diente, bot sie dennoch erneut Anlaß für scharfe Kritik im Abendland.

Trotzdem nahmen der Tempel wie auch das Hospital – allerdings nur widerstrebend – an dem deutschen Kreuzzug teil. Das Unternehmen zeigte einige Anfangserfolge, löste sich aber zur Genug-

tuung der Lateiner nach dem vorzeitigen Tod des Kaisers sehr bald auf.
Wiederum treten als eines der wesentlichsten Merkmale dieser Expedition – wie schon beim dritten Kreuzzug – die zunehmenden nationalen Gegensätze zwischen den einzelnen Kreuzfahrerkontingenten zum Nachteil der ursprünglichen Kreuzzugsidee in den Vordergrund. Wahrscheinlich wurde als Folgeerscheinug dieser Differenzen von den Deutschen die bereits 1190/91 zur Pflege ihrer kranken Landsleute ins Leben gerufene Hospitalgemeinschaft »Brüder vom deutschen Hause St. Mariens zu Jerusalem« (in der Kurzform auch »Deutscher Orden« oder »Deutsche Herren« genannt) 1198 ebenfalls in einen geistlichen Ritterorden umgewandelt.
Die zwei »alten« Orden rekrutierten die Mehrzahl ihrer Ritterbrüder zwar aus dem Adel West- und Südeuropas, doch gehörten ihnen auch Ritter aus dem deutschen Reich an. Man könnte daher annehmen, daß ein dritter Ritterorden, der allein schon wegen seines deutschen Charakters zwangsläufig andere Zielsetzungen verfolgte – seine Entstehung muß sicherlich im Zusammenhang mit dem staufisch-imperialen Universalismus betrachtet werden –, bei den beiden übernationalen, an Rom orientierten Orden des Tempels und des Hospitals auf Ablehnung stoßen sollte.
Um so eigenartiger mutet daher der Umstand an, daß die Gründung des *ordo teutonicus* ausgerechnet im Hause der Templer in Akko und mit der ausdrücklichen Zustimmung der Ordensmeister des Tempels und des Hospitals stattfand. Die einzige logische Erklärung dafür dürfte wohl nur in dem chronischen Mangel an zuverlässigen Truppen im Orient zu suchen sein. Der neu geschaffene Orden konnte diesen Zustand etwas verbessern – denn er fand im deutschen Reich großen Zuspruch und übernahm von nun an dort dieselbe Rolle wie ihrerseits das Hospital und der Tempel im übrigen Europa.
Der Ordo Teutonicus übernahm die bereits bewährte Regel und Satzung des Tempels. Nach wenigen Jahren wurden ihm vom Heiligen Stuhl summarisch auch die gleichen Privilegien zuerkannt.

Das »veränderte« Islambild

In seinem *De laude novae militiae* bietet der geistige Vater des Templerordens, Bernhard von Clairvaux, dem Tempelritter in seiner Konfrontation mit dem Islam bekanntlich zwei Alternativen

zur Auswahl: die Bekehrung der Muslime zum Christentum oder falls dies nicht zu bewerkstelligen ist – deren Tötung.
Die Wirklichkeit sah indessen ganz anders aus. Vielmehr bedeutete der ebenfalls vom Heiligen Bernhard als erstrebenswert propagierte Tod in der Schlacht - denn »wenn diejenigen glückselig sind, die im Herrn sterben, wird dann nicht die Zahl derer größer werden, die für den Herrn sterben [wollen]?« – in dem fast permanent geführten Kampf gegen den Islam für unzählige Rittermönche die Erfüllung ihrer jenseitsbezogenen Sehnsüchte. Jene mystische Anziehungskraft dieses »direkten Weges« vom Schlachtfeld zu Gott hatte aber nicht nur zwangsläufig die Geringschätzung des eigenen Lebens der *milites Christi* zur Folge, sondern bewirkte – der hohen Ausfälle wegen – auch gleichzeitig eine dauernde Schwächung des Ordens im Orient.
Allein auf diese Weise konnte der Tempel – trotz unbestrittener Verdienste im Glaubenskrieg und zunehmender Einflußnahme auf politische Entscheidungen – sein von Bernhard vorgegebenes Endziel, die Verchristlichung der irdischen Welt, unmöglich realisieren. In den ersten hundert Jahren seines Bestehens waren die Templer nicht einmal in der Lage, eine der für ihre Mission wesentlichen Grundvoraussetzungen – den unangefochtenen Besitz der Heiligen Stadt Jerusalem – zu gewährleisten. Auch konnten sie nicht jene schweren Niederlagen verhindern, die zum Verlust des größten Teils des Heiligen Landes führten. Dem Templerorden gelang es weder, den Muslimen ihren »Unglauben« auszutreiben, noch sie militärisch in die Schranken zu weisen. Daher blieb ihm, um den drohenden eigenen Untergang hintanzuhalten, schlußendlich nichts anderes übrig, als sich gezwungenermaßen mit dem Gegner zu arrangieren.
Obgleich der Orden bereits ab der Mitte des 12. Jahrhunderts über ein riesiges und stetig wachsendes Vermögen an Grundbesitz in fast allen Ländern des Okzidents verfügte, war demungeachtet sein Hauptaugenmerk von Anbeginn seiner Existenz ausschließlich auf die Verhältnisse in *Outremer* gerichtet. Die Aussage des Historikers Riley-Smith, »nur die lateinischen Niederlassungen im Orient sind ihr (der Ritterorden) Daseinsgrund«, erweist sich als richtig, bedarf jedoch einer zusätzlichen Ergänzung. Jene Niederlassungen waren anfangs das politische Produkt einer das ganze Abendland erfassenden, sakral-ideologischen Begeisterung. Nachdem diese aber gegen Ende des 12. Jahrhunderts zunehmend verflachte, oblag es vor allem dem Templerorden als dem »Treuhänder der Kreuzzugs-

idee«, das für sein eigenes Überleben sowie für den Weiterbestand der lateinischen Niederlassungen notwendige Interesse des Abendlandes mit allen Mitteln aufrecht zu erhalten.

Da jedoch die relativ geringe Unterstützung – vom dritten Kreuzzug abgesehen – bei weitem nicht ausreichte, die Lage weder politisch noch militärisch zu stabilisieren, verblieb den beiden Ritterorden zusammen mit dem Rest der orientalischen Christen nur noch ein einziger Ausweg: der nicht unumstrittene Kompromiß mit dem übermächtigen Gegner. Auf den ersten Blick steht diese Vorgangsweise der Rittermönche natürlich in einem offenen Widerspruch zu der bis dahin bekannten Position jener fast »klassischen« Vertreter einer fundamentalistisch-antimuslimischen Grundeinstellung.

Es wäre jedoch weit gefehlt, dem Tempel deswegen eine Abkehr von seiner ursprünglichen Bestimmung zu unterstellen, denn sein Verhalten kann allen Kritikern zum Trotz sowohl aus sakral-ideologischer als auch aus realpolitischer Perspektive sehr wohl gerechtfertigt werden. Schränkt nicht schon Bernhard selbst unter dem Eindruck des heftigen Vorwurfs, die Templer würden gegen das christliche Liebesgebot verstoßen, die Vernichtung der Ungläubigen nur auf ein notwendiges Mindestmaß ein: »Sicherlich sollte man die Heiden ebensowenig wie andere Menschen töten, wenn man anderweitig allzu große Gefährdung und Unterdrückung der Gläubigen verhindern kann.« Im Anschluß daran betont er jedoch entschieden, »gegenwärtig aber (zur Zeit der Entstehung des *De laude novae militiae*) ist es besser, daß sie getötet werden«.

Damit schließt der Abt von Clairvaux offenkundig für den Fall, daß keine »große Gefährdung und Unterdrückung der Gläubigen« mehr besteht, ein anderes Verhalten der Templer gegenüber den Muslimen in der Zukunft grundsätzlich nicht aus. Tatsächlich kann man zumindest in jenen auf den Friedensvertrag von 1192 folgenden Jahren auf keinem Fall eine konkrete Gefährdung oder Unterdrückung der im Heiligen Land befindlichen Christen, wie sie Bernhard zu seinen Lebzeiten verstanden haben mag, erkennen. Ferner spricht der Abt explizit von der Vernichtung lediglich »jener Heiden, die den Krieg wollen«. Die muslimischen Machthaber aber waren nach dem Tod Saladins mit der langwierigen Regelung ihrer internen dynastischen Angelegenheiten beschäftigt und daher an einem Krieg mit dem militärisch harmlosen lateinischem Königreich vorläufig nicht interessiert. Entsprechend den Vorstellungen seines Vorbildes Augustinus (»mit dem Frieden als Ziel führt man

Krieg«) sieht auch Bernhard (»als wahre Söhne Israels brechen sie [die Templer] zum befriedenden Krieg auf«) im Frieden das höchste Gut. So vermerkt Augustinus in seinem *De civitate Dei* deutlich: »Während also dieser himmlische Staat auf Erden pilgert, beruft er aus allen Völkern seine Bürger und sammelt (...) seine Pilgergemeinde. Er fragt nicht nach Unterschieden (...), wodurch der irdische Friede begründet oder aufrechterhalten wird, (...) mag es auch in den verschiedenen Völkern verschieden sein, da alles ein und demselben Ziele irdischen Friedens dient. Nur darf es die Religion, die den höchsten und wahren Gott zu verehren lehrt, nicht hindern.(...) So benutzt auch der himmlische Staat während seiner Erdenpilgerschaft den irdischen Frieden (...), soweit es unbeschadet der Frömmigkeit und Religion möglich ist, und stellt diesen irdischen Frieden in den Dienst des himmlischen Friedens.« Nach Augustinus ist es in jenem »Pilgerstaat« also keinesfalls untersagt, selbst mit Andersgläubigen (»als doch sogar unter offenkundigsten Feinden vorherbestimmte Freunde verborgen sind, ohne es selbst zu wissen.«) Frieden zu schließen oder diesen einzuhalten, sofern es dem zukünftigen »Gottestaat« nützlich ist. Der Kirchenvater will die ganze Welt vereinen, denn Gottes Liebe ist allumfassend. Daraus resultiert, daß das höchste Ziel der Menschheitsentwicklung letzten Endes nur ein Völkerbund sein kann.
Ganz im Sinn der augustinischen Ideenlehre könnte unter anderem auch der erfolglose Versuch des Tempelgroßmeisters Robert von Sablés gewertet werden, mittels der beabsichtigten Eheschließung von Richards Schwester mit dem Bruder Saladins eine ungeteilte christlich-islamische Königsherrschaft ins Leben zu rufen. Diese hätte mit Sicherheit nicht nur den Frieden in jener Region garantiert, sondern in weiterer Folge zu unabsehbaren Konsequenzen auf die künftigen Beziehungen der beiden Religionen geführt.

Der humanistisch-theologische Toleranzgedanke

Einer der vielleicht wichtigsten, für die veränderten Vorstellungen über das islamische Weltbild verantwortlichen Faktoren ist auf die direkten Kontakte mit den vermeintlichen »Ungläubigen« zurückzuführen. Schon nach wenigen Jahrzehnten betrachteten die christlichen Einwanderer nach Palästina die Dinge anders als zur Zeit Urbans II. und des ersten Kreuzzugs. Die rasche wirtschaftliche Integration der muslimischen Einwohnerschaft im lateinischen Kö-

nigreich bewirkte eine gewisse Entspannung, die selbst in Kriegszeiten relativ ungestörte Handelsbeziehungen zwischen Christen und Muslimen ermöglichte.
Auf Grund der zahlreichen, durch ihre langjährige Präsenz in einer überwiegend von Muslimen bewohnten Region gewonnen Informationen begann sich nun auch bei den sakral-ideologisch eingestellten Rittermönchen allmählich eine rationale Auffassung über die tatsächliche Natur der im Abendland noch relativ unbekannten islamischen Religion durchzusetzen.
Bis zur Mitte des 12. Jahrhunderts war das europäische Islambild – das einiger spanischer und byzantinischer Chronisten ausgenommen – weniger auf Fakten, als vielmehr auf diverse Phantasien und Legenden aufgebaut. Vornehmlich in jenem von den *chansons de geste* dargestellten Idealbild des christlichen Ritters, dessen größte Feinde die Sarazenen sind, glaubten zahlreiche Krieger – besonders zu Beginn der Kreuzzugsepoche –, ihre Identität zu finden.
Einen außerordentlich wichtigen Beitrag zum neuen Islamverständnis leistete Petrus Venerabilis, der letzte große Abt von Cluny, indem er den englischen Gelehrten Robert von Ketton mit der Übersetzung des Korans in die lateinische Sprache beauftragte. Petrus Venerabilis sah im Islam kein eigenständiges Weltbild, sondern vielmehr eine christliche Häresie – und zwar die letzte und bedeutendste überhaupt.
Anders als sein Zeitgenosse Bernhard von Clairvaux setzte Petrus seine Hoffnung auf eine friedliche Bekehrung der Muslime mit den Waffen des Geistes, in Form einer theologischen Widerlegung des Korans: »Ich greife euch nicht mit Waffen an, sondern mit Vernunft; nicht im Haß, sondern in Liebe (...) Ich liebe euch, und weil ich euch liebe, schreibe ich euch, und weil ich euch schreibe, lade ich euch zum Heil ein.« Dieser Versuch einer Auseinandersetzung auf humanistisch-intellektueller Ebene war zunächst vor dem Hintergrund der sich fortwährend verschlechternden strategischen Lage der Kreuzfahrerstaaten im letzten Drittel des 12. Jahrhunderts wohl zum Scheitern verurteilt.
An dieser Stelle sollte noch die im Gegensatz zur Lehrmeinung der Amtskirche stehende ungewöhnlich scharfe Kritik des englischen Klerikers Radulfus Niger an der »herkömmlichen« Kreuzzugsidee von 1188, etwa ein Jahr nach dem Verlust Jerusalems, ohne Kommentar wiedergegeben werden: »Sind die Sarazenen hinzumorden? (...) Der Herr hat gesagt: Ich will nicht den Tod des Sünders. Sie sind Menschen von derselben natürlichen Beschaffenheit wie

wir. Sie müssen auf jeden Fall von unserem Land zurückgeworfen werden, weil alle Rechte es erlauben, Gewalt mit Gewalt zu vergelten, gleichwohl mit der Mäßigung der gerechten Verteidigung, damit nicht das Heilmittel das Maß überschreitet. Jedenfalls müssen sie mit dem Schwert des Wortes Gottes geschlagen werden, so daß sie freiwillig und ohne Zwang zum Glauben kommen, da ja der Herr (...) erzwungene Diener haßt. Wer immer also den Glauben mit Gewalt zu verbreiten sucht, verläßt die Lehren Christi. Vom Papst darf nur erfolgen, was die Vernunft zuläßt.(...) Gott nimmt (...) den Dienst der Sünder nicht an, bevor sie nicht ihre Sünden nach Ableistung der Buße (...) geleistet haben. Und das Vergießen des jeglichen Blutes ist wohl keine angemessene Genugtuung, und die Pilgerfahrt genügt nicht (...) bei beliebigen Sünden zur Genugtuung.«

Dem ungeachtet hat aber auch der große Historiograph Wilhelm, Erzbischof von Tyrus, integriert in den abendländischen ebenso wie in den orientalischen Kulturraum, in seiner *Historia* einen dem Petrus Venerabilis ähnlichen theologischen Standpunkt vertreten. Dessen Haltung bezeichnet der Historiker R.C.Schwinges als »informelle Toleranz«. Folglich erblickte Wilhelm, der letzte Kanzler des lateinischen Königreichs vor dem Schicksalsjahr 1187, in den Muslimen keine »Heiden« *(pagani)*, sondern gleicherweise Gläubige, die im Grunde den »gemeinsamen« Gott verehrten.

Er hält den Islam insgesamt zwar für verwerflich, akzeptiert ihn aber trotzdem als autonomes »religiöses System, das durchaus zu Gottesfurcht und Gerechtigkeit anleiten kann«. In diesem Sinn weist, so Schwinges, Wilhelm dem strenggläubigen Sunniten Nur ad-Din – versehen mit den Attributen *timens Deum* und *religiosus* – sogar einen Platz innerhalb des augustinischen Denkmodels des *civitas Dei* – als Friedensfürst und Gottesbürger zu. Mit dem Beinamen *princeps iustus* räumt der Erzbischof – wie Augustinus seinem idealen christlichen Herrscher – dem damaszenischen Fürsten zusätzlich dasselbe Recht ein, den von Gott erteilten Herrscherauftrag zu erfüllen.

Daraus kann für die Muslime fast zwangsläufig das ansonsten exklusiv von den Christen in Anspruch genommene Recht, einen *bellum iustum pro uxoribus et liberis, pro patria...* zu führen, abgeleitet werden. So wird dem vermeintlichen Glaubensfeind auch in völkerrechtlicher Hinsicht eine ebenbürtige Position zugestanden. Es überrascht deshalb nicht, daß Wilhelm in seiner toleranten, humanistisch aufgeklärten Denkweise keinerlei Bedenken hatte, mehrmals ein in den Augen Roms als *foedum impius* verrufenes Bündnis mit den Muslimen für gut zu heißen.[4]

Man muß dabei jedoch einschränkend berücksichtigen, daß der Tyrer genau genommen nur jene Bündnisse und Friedensverträge – allen voran das klassische Bündnis mit Damaskus von 1139 – befürwortet, die zum überwiegenderen Teil der christlichen Seite zum Nutzen gereichten. Insgesamt ist Wilhelms Beurteilung der Muslime gewissermaßen von ihrer Zweckdienlichkeit für die jeweilige politische Lage der Lateiner abhängig, womit er wiederum deutlich an Augustinus *(Civ. XIX.17)* erinnert.

Trotz dieser berechnenden Geisteshaltung wird Wilhelm nach Schwinges »auf dem Schauplatz harten, unbarmherzigen Ringens zwischen Kreuz und Halbmond von einer religiösen und menschlichen Toleranz ausgezeichnet, die im Mittelalter schwerlich ihresgleichen hat«.

Dieses Toleranzdenken mag wohl auch die Ursache für die bis auf wenige Ausnahmen wiederholt gezeigte Antipathie des Erzbischofs gegenüber dem gerade zu seinen Lebzeiten besonders fanatisch und fundamentalistisch geprägten Templerorden gewesen sein. Der Höhepunkt seiner teilweise überspitzten Abneigung findet sich in der an negativem Beiwerk kaum zu übertreffenden Beschreibung des in militärischer Hinsicht zwar fähigen, aber hochmütigen Großmeisters Odo von St. Amand: *homo nequam, superbus et arrogans, spiritus furoris habens in naribus, nec Deum timens, nec ad hominem habens reverentiam (ein nichtsnütziger, arroganter Kerl, im Grunde ein Verrückter, Gottlos und menschenverachtend).* Insbesondere mit der Bezeichnung *nec Deum timens* stellt der offenbar jegliche Art von religiösem Fanatismus verabscheuende Humanist aus Tyrus den Großmeister der christlichen Elitetruppe sogar als Antithese zu dem muslimischen Fürsten Nur ad-Din dar, den er ja bekanntlich einen *vir Deum timens* nennt.

Wilhelm – er starb bereits 1186 – erlebte weder den Zusammenbruch des lateinischen Königreichs, noch die durch den Friedensschluß und den Tod Saladins veränderte Situation. Doch fand die in den folgenden Jahren praktizierte, meist falsch verstandene Bündnispolitik des Tempels – fast einer Ironie des Schicksals gleich – gerade in den Ansichten jenes Erzbischofs, der zu seinen Lebzeiten vielleicht zu den schärfsten Kritikern des Mönchsrittertums überhaupt zählte, eine mehr als angemessene Rechtfertigung.

Der muslimische Chronist Ibn al-Athir weiß zu berichten, daß selbst der vormals unversöhnliche Gegner Saladin schon bei den Friedensverhandlungen 1192 unter anderem die unbedingte Zuverlässigkeit der Templer als Vertragspartner rühmte: »Das sind fromme Männer, und sie finden es gut, treu zu ihrem Wort zu stehen.« Den Ausführungen Abu Schamas zufolge entsprach der Tempel allerdings nicht dem ausdrücklichen Wunsch des Sultans, seine mit König Richard getroffenen Vereinbarungen zu garantieren, da die Rittermönche offenbar Zweifel an der Aufrichtigkeit der abendländischen Kreuzfahrer hegten.

Die Erneuerungspolitik Innozenz III. und der Triumph Roms

Wenige Wochen nach dem Zusammenbruch des deutschen Kreuzzugs bestieg 1198 mit Innozenz III. wohl eine der schillerndsten Figuren der Kirchengeschichte den Thron Petri. Mit diesem staatsmännischen, juristischen und finanztechnischen Genius, »dem Augustus des Papsttums«, erreichte das römische Pontifikat seinen unbestrittenen Höhepunkt. Dem kühnen Idealisten, Theoretiker der Theokratie und zugleich praktisch veranlagten Realpolitiker Innozenz gelang es, die Vorstellungen Gregors VII. von der *plenitudo potestatis* und dem *dominum mundi* nicht nur weiter zu entwickeln, sondern auch in die Tat umzusetzen.

Grundsätzlich gesteht Innozenz III. der weltlichen Macht eine bestimmte Unabhängigkeit zu, doch hebt er gleichzeitig sein eigenes weltliches Recht als oberste irdische Entscheidungsinstanz in moralischen und religiösen Angelegenheiten dementsprechend hervor: »Wir leugnen nicht, daß der Kaiser im weltlichen Bereich über dem Papst steht (...), aber der Pontifex überragt ihn in geistlicher Hinsicht.« Aus diesem Anspruch leitete er die Ermächtigung ab, weltliche Monarchen zu verurteilen, wenn ihr Verhalten nicht dem »eines christlichen Fürsten« entsprach. Solcherart machte Innozenz den Heiligen Stuhl zur höchsten dogmatischen kirchenrechtlichen Gewalt – und somit zum Tribunal des Abendlandes schlechthin. Der *verus imperator mundi* wurde – wie alle Reformpäpste seit Gregor VII.– von der festen Überzeugung beherrscht, daß eine zielführende Kirchenreform untrennbar mit der Kreuzzugsbewegung verbunden sei. Ebenso erkannte er im Kreuzzugsgedanken ein treffliches Instrument zur Durchsetzung seiner hierarchischen Ambitionen. Da nach der Ansicht Innozenz' ein erfolgversprechender Kreuzzug nur mittels einer geeinten und »geläuterten« Chri-

Papst Innozenz III.

stenheit garantiert werden könne, sah er sich bereits unmittelbar nach seinem Amtsantritt veranlaßt, das gesamte Umfeld der Kreuzzugsbewegung neu zu organisieren.

Zu diesem Zweck schuf er nicht nur ein durchdachtes Finanzierungssystem, sondern gestaltete auch die propagandistischen Mittel wie Kreuzzugsprivilegien, Verhaltensmaßregeln und Anweisungen für die zahllosen von ihm ausgesandten Prediger nach völlig neuen Gesichtspunkten. In seiner priesterköniglichen Stellung (»weniger als ein Engel, doch mehr als der Mensch«) erachtete Innozenz sich nicht wie seine Vorgänger bloß berechtigt, zu einem Kreuzzug aufzurufen, sondern vielmehr auch dessen Gesamtleitung zu übernehmen. Denn Innozenz glaubte in der Führung der Könige die Ursache für die bisherigen Mißerfolge zu erkennen.[5]

Unter seinem Pontifikat wurde der Kreuzzugsbegriff überhaupt neu definiert. Bisher führte man Kreuzzüge ausschließlich mit dem Ziel, die von den Ungläubigen »widerrechtlich« angeeigneten Besitztümer und Territorien zurückzuerobern – nunmehr wurde unter der Vision einer »geläuterten« Christenheit der Begriff »Kreuzzug« auch auf nahezu sämtliche militärische Aktionen gegen alle von der Amtskirche als häretisch bezeichneten christlichen Bewegungen ausgedehnt. In Anlehnung an den extremen Dualismus seines Vorbildes Gregors VII. war in dem »christlichen« Weltbild des Innozenz kein Platz mehr für Andersdenkende.

In seinem übertriebenen Haß auf alles Nonkonformistische rief Innozenz – wie kein Papst vor oder nach ihm – fast pausenlos zu Kriegen im Interesse der Amtskirche auf. Einer dieser »Kreuzzüge« – jener gegen die Katharer (»die Reinen«) im Südwesten Frankreichs – sollte mit Unterbrechungen mehr als 35 Jahre dauern. Aus der Sicht des apostolischen Stuhls stellte der sich rasch ausbreitende, jegliche Oberhoheit Roms ablehnende Katharismus mit seinen extrem jenseitsbezogenen Zielsetzungen in der Tat eine Bewegung dar, die das uneingeschränkte Monopol der Amtskirche bedrohte. Um diesen Kreuzzug zu rechtfertigen, bezeichnete der Nachfolger Petri in seinen Dekreten die Katharer wider besseren Wissens kurzerhand als Neumanichäer; sie seien »schlimmer als die Sarazenen«. Damit konnte Rom sich wieder einmal auf Augustinus berufen und sich bequem der zahlreichen Argumente aus seinen Kampfschriften *Contra Manichaeos* bedienen.

Dieses Unternehmen stand in krassem Widerspruch zu der von Bernhard von Clairvaux kaum sechzig Jahre vorher geäußerten Überzeugung. »Sicherlich gibt es keine christlicheren Predigten als die ihren, und ihre Sitten waren rein. Was ihre Sittlichkeit betrifft, so betrügen sie keinen, und ihre Worte stimmen mit ihren Taten überein.« Ferner müsse man die Katharer »nicht mit Waffengewalt, sondern mit Argumenten, die ihre Irrtümer widerlegen«, in den Schoß der Kirche zurückführen: *Fides sudenda est, non imponenda* (»Zum Glauben muß man innerlich, nicht äußerlich gewinnen«). Der von Rom betriebenen propagandistischen Verhetzung konnten sich aber jetzt nicht einmal die Zisterzienser entziehen. Denn der erste geistliche Führer der antikatharischen Bewegung, Arnauld-Alméric, war vor seiner Ernennung zum Erzbischof von Narbonne und päpstlichen Legaten bezeichnenderweise ebenfalls ein Abt von Clairvaux.

Die Radikalisierung seiner Ordensgemeinschaft wird durch seinen bei der Ernennung getätigten Aufruf »an die Christenheit« wiedergegeben: »Laßt in Frankreich und in der ganzen Welt den Ablaß verkünden. Wer das Kreuz [gegen die Katharer] nicht nimmt, soll nicht mehr das Recht haben, (...) am Tische zu essen (...), und wenn er stirbt, nicht anders begraben zu werden als ein Hund.«

Versehen mit der vom Papst erteilten uneingeschränkten Vollmacht, »zu zerstören, zu vertilgen und auszureißen«, verwandelten die »Kreuzfahrer« eine der kulturell und wirtschaftlich bedeutendsten Regionen des mittelalterlichen Europas auf Jahrhunderte in ein Notstandsgebiet. Vor dem Hintergrund der Pogrome in der Provence und der Languedoc wurde auf dem vierten Laterankonzil 1215 jenes Abkommen zwischen geistlicher und weltlicher Macht über ein gemeinsames Vorgehen gegen Häretiker getroffen, das die Grundlage für das berüchtigte Verfahren bildete, das später unter dem Namen »Inquisition« seinen blutigen Terror über das Abendland verbreiten sollte.

Dieses der christlichen Ethik in jeder Hinsicht hohnsprechende Einschreiten gegen eine religiöse Minderheit ist ein Musterbeispiel für den Mißbrauch theologischer Macht durch den zu einem theokratischen Despoten entarteten Papstimperator. Insofern kann das Gebaren Innozenz III. sicherlich als eines der dunkelsten Kapitel der Kirchengeschichte bezeichnet werden. Dennoch bewirkte die konsequent betriebene pseudotheologische Demagogie unter diesem Papst eine neue Welle der christlichen Begeisterung, die unter anderem mit dem sogenannten Kinderkreuzzug einen ihrer erschreckendsten Höhepunkte fand.

Unbestritten bleibt jedoch die Stärkung des Pontifikats sowie der Person des Papstes innerhalb der römischen Kirche. In geschichtlichem Machtbewußtsein nannte Innozenz sich nun nicht mehr bloß »Stellvertreter Petri«, sondern auch »Stellvertreter Christi«. Ebenso nützte Innozenz geschickt das durch den Tod des deutschen Kaisers Heinrich VI. entstandene Machtvakuum sowie die daran anschließende Rivalität zwischen Welfen und Staufern zu einer großzügigen territorialen Erweiterung des *Patrimonium Petri* in Mittel- und Süditalien.

Innozenz III. und die Rittermönche

Im Rahmen der wiederbelebten Kreuzzugsidee versteht es sich fast von selbst, daß gerade bei einem Papst mit den Vorstellungen eines Innozenz III. den geistlichen Ritterorden ein außerordentlich hoher Stellenwert eingeräumt wurde. Allerdings lehnte Innozenz Verhandlungen mit den Muslimen kategorisch ab. Dabei diente die im Orient allerorts aus der Position der eigenen militärischen Schwäche notwendig gewordene Vertragspolitik ausschließlich nur dazu, den letzten noch vorhandenen territorialen Besitz zu behaupten. Innozenz vertrat indessen die Ansicht, daß das lateinische Königreich kraft des für die Christen seiner Meinung nach ungünstigen Fiedensvertrags von 1192 nur unvollkommen wiederhergestellt worden sei und drängte deshalb vehement auf eine rasche Rückeroberung von Jerusalem.

Um seine ehrgeizigen Kreuzzugspläne zu realisieren, erschien ihm der Tempel als die zur Durchführung seines Vorhabens am besten geeignete Organisation. Die mehrfach wiederholte Bestätigung der bestehenden Privilegien der Rittermönche und die Gewährung zahlreicher neuer sind der beste Beweis für die in den Orden gesetzten hohen Erwartungen. Überhaupt ließ Innozenz III. »seinen geliebten Brüdern von der Miliz des Tempels« jedmögliche Art der Unterstützung zukommen und bemühte sich selbst geflissentlich, neue Mitglieder für den Orden zu gewinnen. Die besondere Bevorzugung des Tempels gegenüber anderen klerikalen Organisationen lassen Erinnerungen an die imaginäre *Militia Sancti Petri* Gregors VII. sowie die ihr zugedachte Rolle einer ausschließlich im Dienste des Heiligen Stuhls stehenden Streitmacht wach werden. Die eher seltenen an die Templer gerichteten Vorwürfe dieses Papstes haben nicht etwa die von den zeitgenössischen Kritikern des Ordens häufig verurteilte – durch die politische Lage bedingte – Untätigkeit oder gar »Paktfreudigkeit« mit den Muslimen zum Gegenstand, sondern befassen sich vor allen Dingen mit Überschreitungen ihres Rechts, in interdizierten Städten die Sakramente zu verteilen. Doch taten diese geringfügigen Verfehlungen den guten Beziehungen zum Heiligen Stuhl keinerlei Abbruch.

Vielmehr führten die permanenten an die Fürsten und den weltlichen Klerus gerichteten päpstlichen Ermahnungen, den Schutz der Mitglieder und das Eigentum des Tempels zu gewährleisten, neuerlich zu schweren Spannungen mit den derart Angesprochenen. Indessen trat der Orden während der gesamten Amtszeit seines großen Gönners weder militärisch noch politisch sonderlich in Erscheinung. Zum einen zeigte der neue »starke Mann« auf muslimischer Seite, der Sultan Al-Adil, der Bruder Saladins, zu diesem Zeitpunkt kein allzu großes Interesse an einem Krieg mit den Christen, da er die Ordnung in seinem Reich noch nicht zur Gänze wiederhergestellt hatte. Zum anderen erzwangen mehrere zu Beginn des 13. Jahrhunderts auftretende schwere Naturkatastrophen in Form von Erdbeben und Hungersnöten in *Outremer* ohnedies einen vorübergehenden Stillstand jeglicher Kampfhandlungen.

Verständlicherweise hatten jene widrigen Umstände langjährige Waffenstillstandsverträge zur Folge. Nachdem im lateinischen Königreich praktisch keine Zentralgewalt mehr existierte, agierten die Meister der Ritterorden mit der Rückendeckung Roms nunmehr wie souveräne Landesherren, führten direkte Verhandlungen und schlossen selbständig Verträge mit einzelnen muslimischen Fürsten ab. Diese hinhaltende Diplomatie konnte auch vor den Augen des kritischen Papstes, der prinzipiell Verträge mit Andersgläubigen ablehnte, gerechtfertigt werden.

Denn auch Innozenz hatte mittlerweile zur Kenntnis nehmen müssen, daß diese Vorgangsweise der christlichen Sache keinen Schaden zufügte, sondern ausschließlich der Stabilisierung der damaligen Verhältnisse im Heiligen Land diente. Da durch den von ihm selbst so groß propagierten, jedoch völlig verfehlten vierten Kreuzzug nur geringfügige Kräfte den Weg an ihren ursprünglich vorgesehenen Bestimmungsort fanden, war an eine Rückeroberung der Heiligen Stätten im Augenblick ohnehin nicht zu denken.

Um so erstaunlicher erscheint uns angesichts solcher Verhältnisse der politisch unkluge Entschluß des greisen Tempelmeisters Philipp von Plessis – gegen den Rat des Hospitals und der zwischenzeitlich etablierten Deutschen Herren –, im Jahre 1209 den Waffenstillstand mit Al-Adil aufzukündigen. Vermutlich versuchte der Meister damit den permanenten Aufforderungen des Papstes nachzukommen, endlich wieder gegen den Glaubensfeind die Initiative zu ergreifen. Der offensichtlich von seinem fortgeschrittenen Alter gezeichnete Philipp von Plessis glaubte doch tatsächlich in völliger Unkenntnis der Realität allein auf die Gebetshilfe der Zisterzienser vertrauen zu können. So ist in einem seiner Briefe an deren Abt die Formulierung bezeugt: »...da ja unser Haus von Eurem und von Euren Vorgängern die *institutio* empfing...«. Sein vorzeitiges Ableben verhinderte die Ausführung dieser unsinnigen Entscheidung und bewahrte die Lateiner vor den unabsehbaren Folgen.

Das Problem der Albigenserkreuzzüge

Die Rolle des Tempels bei der Ketzerbekämpfung im Rahmen der sogenannten Albigenserkreuzzüge scheint von der Tempelforschung noch nicht hinreichend geklärt, denn es werden zum Teil völlig konträre Auffassungen präsentiert. So versichern die Historiker Louis Charpentier und Jaques de Mahieu, die Templer wie auch die Hospitaliter hätten sich geweigert, gegen die Katharer ins Feld zu ziehen. Diese Ansicht stützt sich wohl auf die Statuten der Ordensregel, wonach die Tötung eines Christen mit einer der strengsten vom Konvent zu verhängenden Strafen, nämlich mit dem Verlust des Ordenskleides, geahndet wurde.

Für die Richtigkeit dieser These spricht auch das von zahlreichen vor den »Kreuzfahrern« fliehenden Katharern beanspruchte Asylrecht in den Templerkomtureien der Provence und der Languedoc. Einige jener Flüchtlinge sollen in der Folge sogar in den Orden eingetreten sein. Dies würde erneut die vielgeübte, jedoch stets umstrittene Praxis der Aufnahme von Exkommunizierten bei den Templern bestätigen.

Mancher mit der Materie des Templerordens befaßte Forscher glaubte deshalb zu Recht oder zu Unrecht, daß auf diese Weise bestimmte später auftauchende gnostische Rituale Eingang in die Bruderschaft gefunden haben könnten. Die nicht selten in diesem Zusammenhang geäußerte Vermutung, aus diesen Kontakten der Rittermönche zu den Katharern sei eine Unterwanderung der Bruderschaft durch jene »Ketzer« abzuleiten, war über Jahrhunderte hindurch das Hauptthema unzähliger Legenden. Dies ist aber anhand der kaum vorhandenen Quellen wissenschaftlich nicht nachvollziehbar.

Als gesichert kann jedoch angenommen werden, daß viele Katharer, die vor den Inquisitionsgerichten ihren Glauben widerrufen hatten und zur Buße zum Eintritt in einen Orden gezwungen wurden, bereit waren, sich dem Tempel anzuschließen.

Der Historiker Campbell vertritt hingegen die Ansicht, der Orden hätte seiner engen Beziehungen zum Heiligen Stuhl wegen ohnedies keine Alternative gesehen, als der Aufforderung zur Beteiligung an jener für christliche Ritter zweifelhaften Operation Folge zu leisten. Demnach sollen »Präzeptoreien aus verschiedenen Ländern (...) Brüder gesandt haben, die sich durch ihre Grausamkeit auszeichneten. Das Heer aus Tempelritter und anderen Leuten (...) kämpfte fröhlich gegen die Albigenser und erschlugen sie mit Begeisterung.« Diese Behauptung Campbells kann jedoch nicht den Tatasachen entsprechen, denn der Orden verfügte zu Anfang des 13. Jahrhunderts in den Komtureien des Westens, die vorwiegend Landwirtschaftsbetriebe waren, kaum über waffenfähige Ordensbrüder – Rittermönche wurden stets auf dem kürzesten Wege entweder nach *Outremer* oder an die Kriegsschauplätze auf der iberischen Halbinsel abkommandiert.

Aus strategischer Sicht hätte für die Templer die Beteiligung an den Katharerkreuzzügen neben einem schwerwiegenden Gewissenskonflikt – ihr exklusives Kreuzzugsideal war nun einmal der Heidenkampf – eine weitere militärisch nicht mehr vertretbare Aufsplitterung ihre Kräfte bedeutet. Zudem wurde etwa zur selben Zeit von Innozenz III. zu einem Kreuzzug in Spanien gegen die maurischen Almohaden aufgerufen. Dieser Krieg, bei dem die spanischen Templer wertvolle Dienste leisteten, endete 1212 mit dem für den weiteren Verlauf der *reconquista* vorentscheidenden christlichen Sieg von Las Navas de Tolosa.
Wohl in Anbetracht unbestrittener Verdienste im Heidenkampf kann davon ausgegangen werden, daß der Heilige Stuhl nicht auf einer obligatorischen Teilnahme der Rittermönche an den Albigenserkreuzzügen bestanden haben dürfte.

Die Folgen des vierten Kreuzzugs

Dank seiner jahrelangen massiven Propaganda wähnte sich Innozenz am Ziel seiner Wünsche, denn das Abendland war im Jahre 1202 endlich zu einem neuen orientalischen Abenteuer bereit: Zur Entlastung des lateinischen Königreichs plante man die Eroberung Ägyptens, des Zentrums der ayubidischen Macht.[6] Aber das im Kern aus Franzosen und Deutschen bestehende Heer entschloß sich aus Geldverlegenheit, anstelle eines Teils der vereinbarten Transportkosten die von Venedig an Ungarn abgefallene Stadt Zara an der dalmatinischen Küste zurückzuerobern – und damit drohte der Kreuzzug bereits in seiner Anfangsphase zugunsten der machtpolitischen Interessen der aufstrebenden Seemacht Venedig gänzlich außer Kontrolle zu geraten.
Da sich der Angriff gegen eine christliche Stadt richtete und die Kreuzfahrer und Venedig gegen den ausdrücklichen Einspruch des Papstes handelten, trennten sich als erste Konsequenz einige Kontingente – darunter die Abteilungen der Ritterorden – vom Hauptheer und segelten auf direktem Weg ins Heilige Land. Dem Papst blieb nichts anderes übrig, als die unbotmäßigen Angreifer kurzerhand zu exkommunizieren. Um aber ein vorzeitiges Scheitern »seines« Kreuzzugs zu verhindern, sah sich der sonst wegen seiner Konsequenz gefürchtete Innozenz auf verschiedentliche Interventionen hin veranlaßt, den Bann wieder aufzuheben. Allerdings zogen die Kreuzfahrer entgegen seinen Erwartungen nicht ins Heilige

Land, sondern unter dem fadenscheinigen Vorwand, einer »gerechten Sache« zu dienen, nach Konstantinopel. Tatsächlich wurden die Abendländer von einem vertriebenen byzantinischen Thronprätendanten gegen Bezahlung einer horrenden Summe überredet, ihm bei seinem Kampf gegen einen Usurpator zu unterstützen.
Obwohl dieses Vorhaben zunächst im Sinn der Kreuzfahrer erfolgreich verlief, kam es nach der Inthronisierung des neuen »alten« Kaisers wegen der fälligen Bezahlung der vereinbarten Summe zu einem Volksaufstand – wobei der Kaiser ermordet wurde. Die ohnehin krisengeladene Situation spitzte sich zu, als der nachfolgende Kaiser die nun isolierten Lateiner dazu noch mit einer feindlichen Haltung unklugerweise herausforderte. Dies nahmen die Kreuzfahrer zum Anlaß, Konstantinopel, die damals reichste Stadt des christlichen Kulturkreises, zu besetzen und vollständig auszuplündern.
An eine Fortsetzung dieses »Raubkreuzzugs« war nun natürlich nicht mehr zu denken. Gemäß den Bestimmungen eines Vertrags, der auf Drängen Venedigs schon vor dem Fall Konstantinopels unter den Kreuzfahrern geschlossen worden war, teilten die Plünderer das gesamte byzantinische Reich sowie die unermeßliche Beute auf, und einer ihrer Führer, Balduin von Flandern, wurde zum ersten lateinischen Kaiser des neu gegründeten lateinischen Kaiserreichs gewählt
In jenem durch nichts zu rechtfertigenden Akt größter Barbarei fand das seit Beginn der Kreuzzugsepoche stetig gewachsene Mißtrauen des lateinischen Abendlandes gegen das griechische Kaiserreich von Byzanz seinen negativen Höhepunkt. Innozenz III. zeigte sich nach anfänglichen Protesten über die Eroberung des verhaßten Byzanz begeistert, denn durch die neu geschaffene Situation glaubte er die von Rom seit langem erhoffte Wiedervereinigung der griechisch-orthodoxen mit der römischen Amtskirche vor der Verwirklichung. Diese Erwartung erfüllte sich jedoch nicht. Denn obwohl die Union zwangsweise formell vollzogen wurde und Rom diverse Bistümer installierte, weigerte sich der alte byzantinische Klerus auch weiterhin beharrlich, die Autorität des Heiligen Stuhls anzuerkennen. Derart scheiterte nicht nur die ersehnte Einheit der Christenheit. Nach Ansicht des Historikers Steven Runciman, war die Annektierung Konstantinopels überhaupt »ein Akt gigantischer politischer Torheit«, denn sie sollte aus strategischer Betrachtung langfristig für die Kreuzzugsbewegung insgesamt eine weitere erhebliche Schwächung bedeuten.

Obgleich das Abendland dieses neu geschaffene »lateinische« Reich anfangs für eine Stärkung der Position ihrer Glaubensgenossen im Heiligen Land hielt, stellte sich bald das Gegenteil heraus. Der Historiker Ernst Benz bemerkt dazu: »So hat der lateinische Westen durch Eroberung von Byzanz in Wirklichkeit das stärkste Bollwerk gegen Asien mit eigener Hand zerstört und die einzige christliche Macht im Osten durch einen im Interesse Roms geführten Kreuzzug beseitigt, die bisher imstande gewesen war, den aus dem Osten vordringenden nichtchristlichen, asiatischen Völkern den Zugang nach Europa zu versperren.«

Die neuen Machthaber in Konstantinopel waren nicht in der Lage, eine militärisch oder politisch herausragende Rolle im vorderen Orient zu übernehmen. Vielmehr sahen sie sich gezwungen, im Westen Unterstützung anzufordern, um ihren nach innen wie außen kaum gefestigten Herrschaftsbereich wenigstens einigermaßen abzusichern.

Diese günstige Gelegenheit ergriffen natürlich zahlreiche Abenteurer, die den viel gefährlicheren Weg nach Palästina scheuten, um rasch und ohne großes Risiko zu Land und Wohlstand zu gelangen. Erleichtert wurde ihnen ihre Entscheidung sogar durch ein später von Papst Gregor IX. erlassenes Dekret, der die für den Kampf gegen die Muslime geleisteten Gelübde denen für den Kampf in Griechenland gleichsetzte.

Selbst der Tempel und das Hospital, die an diesem irregeleiteten Kreuzzug nachweislich nicht teilnahmen, kannten keine Skrupel, sich am Ausverkauf des einstigen Weltreichs zu beteiligen. Diese Orden erwarben auf dem griechischen Festland sowie mit einigen Inseln in der Ägäis beträchtlichen Landbesitz. Die neuen Niederlassungen in »Romanien«, dem »lateinischen Griechenland«, waren derart umfangreich, daß sich die Führung des Templerordens veranlaßt sah, eine eigene Ordensprovinz gleichen Namens zu errichten.

Innozenz bewertete zwar die (wenn auch nur scheinbare) Beseitigung des Schismas als großen Erfolg, aber der ehrgeizige Papst war äußerst betroffen, daß der von ihm inszenierte Kreuzzug in Wirklichkeit seiner Kontrolle entglitten war. Keinesfalls zufrieden mit den großartigen Erfolgen der von ihm forcierten anderen Kreuzzüge gegen die Mauren in Spanien und gegen die Albigenser in Südfrankreich, verfolgte der Papst weiterhin beharrlich das langersehnte Ziel, sein Pontifikat mit der Wiedereroberung der Heiligen Stätten zu krönen.

Die zunehmende Ausweitung oder Ablenkung der Kreuzzugsbewegung und die daraus resultierende Abkehr vom ursprünglichen Zweck der Idee, rief zwangsläufig zahlreiche Kritiker auf den Plan. Obwohl Rom rein formell im Recht war, kann nicht geleugnet werden, daß der Heilige Stuhl jene Idee eigentlich nur noch in Gestalt einer sakral-ideologischen Maske mißbrauchte. In Wahrheit ging es allein um die eigene Machterhaltung und Machterweiterung sowie die Bekämpfung von andersdenkenden Gegnern der Amtskirche.
Wenn auch so der ursprüngliche Kreuzzugsgedanke total verzerrt erschien und die geistliche Autorität des Pontifikats erschüttert war, konnte der Papst mittels der Bulle *Quia maior* erneut im Abendland erfolgreich für einen Kreuzzug werben.

Der fünfte Kreuzzug

So war denn auch – neben der Erörterung dogmatischer Fragen – das Projekt eines bevorstehenden Kreuzzugs das zentrale Thema beim vierten Laterankonzil. In erster Linie wollte Innozenz für bessere finanzielle Voraussetzungen sorgen, damit der Kreuzzug nicht wieder zu einem Instrument der machtpolitischen Ambitionen Venedigs degradiert wurde. Innozenz III. erlebte jedoch die Realisierung seines Lieblingsgedankens nicht mehr – er starb noch während der umfangreichen Vorbereitungen.
Sein Nachfolger Honorius III. setzte die Arbeit seines Vorgängers konsequent fort. In Sorge um die Wiederholung der Katastrophen bei einigen früheren Unternehmungen in den Orient erließ er ein nützliches Dekret, um »Frauen und andere schwache und kranke und mit Armut belastete Personen« von einer Teilnahme abzuhalten. Damit wurde zumindest erreicht, daß sich die Einheiten fast ausschließlich aus waffenkundigen Männern zusammensetzten.
Zum ersten Mal bestand das Kreuzheer aber mehrheitlich nicht mehr aus Franzosen, sondern aus Süddeutschen, Italienern und Ungarn. Die Ursache dafür ist nach dem gegenwärtigen Stand der Wissenschaft wohl in dem leidenschaftlichen Engagement der Franzosen in den Albigenserkriegen und im »lateinischen Kaiserreich« zu suchen.
Frankreichs König Philipp II. August scheute sich nicht, große, für das Heilige Land gesammelte Geldbeträge zum Nutzen seiner dynastischen Interessen im Kampf gegen die ketzerischen Provençalen

Belagerung von Damiette

abzuzweigen. Dies ist ein deutlicher Beweis, welch immenser Schaden der ursprünglichen Idee durch die Ausweitung des Kreuzzugsbegriffs unter der Politik Innozenz III. zugefügt wurde.

Nach einigen strategisch unbedeutenden Gefechten in Palästina – der Gegner konnte oder wollte sich nicht zur Entscheidungsschlacht stellen – kamen die Führer der christlichen Streitmacht wie schon im Jahre 1202 überein, die muslimische Macht könne nur in ihrem Kernland Ägypten zerschlagen werden. Da man deshalb das lateinische Königreich zur Gänze von Truppen entblößte, mußte es durch eine militärische Allianz mit den Seldschuken in Nordsyrien abgesichert werden.

Die diplomatisch geschickt eingefädelte Allianz mit dem aufstrebenden muslimischen Reich läßt sich zwar militärstrategisch durchaus rechtfertigen, sie wirft allerdings zwangsläufig die berechtigte Frage auf, wie weit denn diese Vorgangsweise im Rahmen eines Kreuzzugs zur Befreiung der Heiligen Stätten aus den Händen der einen muslimischen Macht mittels der Unterstützung einer anderen muslimischen Macht sakral-ideologisch überhaupt noch zu vertreten war.

Aber die Kreuzzugseuphorie eskalierte, und die Zahl der Kreuzfahrer wuchs stetig. Außerdem erschien die Schwäche des muslimischen Gegners offenkundig. Diese Eindrücke räumten letzte Zweifel sogar bei den Templern aus, die in den vergangenen Jahren bekanntlich wegen der viel zu geringen Unterstützung aus dem Okzident einer militärischen Aktion wenig Erfolgsaussichten eingeräumt hatten. Auch der Meister des Tempels, Wilhelm von Chartres, war von der Richtigkeit eines Angriffs auf Ägypten überzeugt und vertrat in einem Schreiben an Papst Honorius die Ansicht, daß die Christenheit im Fall einer Eroberung Kairos die Heiligen Stätten ebenfalls ohne allzugroße Schwierigkeiten zurückgewinnen würde, denn »niemals sei das Heidentum weniger stark gewesen«.
Im Rahmen der drei Jahre andauernden Kampfhandlungen im Nildelta bildeten die Rittermönche mit ihrer harten Disziplin das Rückgrat der christlichen Truppen und demonstrierten mehrmals, daß im Ernstfall nur auf sie Verlaß war. Unter anderem stellte der Orden dem Kreuzheer seine Flotte für die Überfahrt von Akko nach Ägypten zur Verfügung.
Trotz einiger Anfangserfolge gelang es den Kreuzfahrern jedoch nicht, die die Nilmündung beherrschende Hafenstadt Damiette zu erobern. Als das durch hohe Verluste und Seuchen schon stark dezimierte Heer der Christen bereits Auflösungserscheinungen zeigte und das ganze Unternehmen zu scheitern drohte, entsandte der Papst den Kardinallegaten Pelagius von Albano, um die schwer erschütterte Kampfmoral wiederherzustellen.
Damit realisierte Honorius III. auch jene von Innozenz III. stets reklamierte kirchliche Leitung des Kreuzzugs. Diese Maßnahme führte jedoch unter den Befehlshabern zu schweren Zerwürfnissen, da der Kardinallegat unter dem Vorwand, das christliche Heer sei vom Papst ausgehoben und kämpfe daher im Namen der Kirche, nicht nur die geistliche, sondern auch die militärische Führung beanspruchte. Pelagius fand den größten Rückhalt bei den Ritterorden, denen der Kirchenmann nun die Kriegsführung überließ. Als während der Belagerung der alte Sultan Al-Adil verstarb, sah sich sein Neffe und Nachfolger in Ägypten, El Kamil, im Hinblick auf die bevorstehenden dynastischen Machtkämpfe um das ayubidische Erbe veranlaßt, mit den christlichen Aggressoren zu verhandeln. Um den Krieg mit den Christen möglichst rasch zu beenden, bot er ihnen für einen Abzug aus Ägypten die Rückgabe nahezu sämtlicher 1187 verlorener Gebiete und Jerusalem mit Ausnahme Transjordaniens.

Dieser auf den ersten Blick für die Christen vorteilhafte Vorschlag bewirkte im Lager der Kreuzfahrer unterschiedliche Reaktionen. König Johann von Brienne mit dem Großteil des Adels von *Outremer* wäre nur allzu gerne bereit gewesen, das Angebot des Sultans anzunehmen, denn es hätte für sie eine erhebliche Erweiterung ihrer Territorien bedeutet.
Doch der Kardinallegat und die Ritterorden vermeinten in der Großzügigkeit des Gegners ein Zeichen seiner Schwäche zu erkennen und lehnten in Erwartung auf einen nunmehr leicht zu erringenden Sieg den Vorschlag rundweg ab. Eine andere Ursache für diese harte Linie mag aber auch in einem nicht gänzlich unbegründeten Mißtrauen gegenüber den muslimischen Versprechungen gelegen sein, denn der Sultan beabsichtigte – offenbar mit Erfolg – mit seinen verlockenden Versprechungen die Uneinigkeit im zusammengewürfelten Heer der Christen noch zu verstärken.
Die mittlerweile im jahrzehntelangen Umgang mit den Muslimen geübten Rittermönche, die – so der Chronist Jakob von Vitry – »aus Erfahrung die Listen der Füchse [Muslime] kannten, wie die Templer, Hospitaliter und Deutschritter (...), machten sich nichts aus den falschen Worten der Ungläubigen, wohl bedenkend, daß die Sarazenen keine andere Absicht hatten, als das Heer Christi zu vernichten, sobald sich die Pilger zurückgezogen hätten«. Die Templer erkannten klar, daß die eigenen Truppen nach dem Abzug der Kreuzfahrer niemals ausreichen würden, die neugewonnenen Gebiete unter Kontrolle zu halten oder gegen die zu erwartenden Überfälle zu verteidigen.
Ebenso wußte der Tempel um den hohen sakral-ideologischen Stellenwert Jerusalems für die islamische Welt. Ein Verlust der Heiligen Stadt – aus welchen Motiven auch immer – bedeutete auch für alle Mulime einen auf Dauer nicht akzeptablen Zustand. Es wäre daher absehbar gewesen, daß in naher Zukunft eine neuerlich konsolidierte muslimische Zentralgewalt sich mit Sicherheit dessen mit Waffengewalt bemächtigen würde, was kampflos aufgegeben worden war.
Als Damiette nach einer Belagerung von achtzehn Monaten schließlich kapitulierte und in Ägypten auch noch eine Hungersnot ausbrach, erneuerte El-Kamil in seiner Bedrängnis das Angebot und versprach zusätzlich, die von Saladin geschleiften Mauern von Jerusalem auf seine Kosten wieder aufzubauen. Doch wurde auch dieser Vorschlag von Pelagius und den Templern mit den gleichen Argumenten entschieden zurückgewiesen.

Aber auf Grund der bei allen länger andauernden Feldzügen üblicherweise auftretenden internen Zwistigkeiten, war das Kreuzheer nicht in der Lage, aus dem Erfolg von Damiette Kapital zu schlagen und die Schwäche des Gegners konsequent zu nützen. Um den schleppenden Vormarsch endlich voranzutreiben, bediente sich der Kardinallegat mit großem Aufwand der zu seiner Zeit selten ihre Wirkung verfehlenden Propagandamittel: Prophezeiungen und charismatische Prediger.
Zu diesem Zweck reiste sogar Franz von Assisi nach Ägypten und versuchte, die zuweil in recht irdischen Problemen verhafteten Kreuzfahrer durch sein Beispiel der jenseitsorientierten Selbstverleugnung auf den rechten Weg zu bringen. Einmal im Land am Nil, ließ es sich der schon zu Lebzeiten als Heiliger verehrte Begründer der monastischen Armutsbewegung der Minoritenbrüder nicht nehmen, selbst vor dem großen El-Kamil in dessen eigenem Lager zu predigen. Der staunende Sultan kam allerdings der Aufforderung des frommen Mannes, endlich zum christlichen Glauben überzutreten, nicht nach.
Da in der Zwischenzeit die Offensive der mit den Franken verbündeten Seldschuken im Norden Syriens gescheitert war, überrannten die nun freigewordenen Truppen Al-Mu'azzams, eines Bruders des Sultans, weite Teile des ungeschützten Königreichs. Mit großer Mühe gelang es König Johann von Brienne, mit einigen eilends von der ägyptischen »Front« abgezogenen Einheiten des Tempels unter der persönlichen Führung des Ordensmeisters, die Eindringlinge aus dem Land zu vertreiben.
Obwohl sich derart die militärische Situation für den Halbmond vorteilhaft zu gestalten begann, zögerte El-Kamil nicht, noch einmal seine großzügigen Friedensbedigungen zu wiederholen.
Tempel und Hospital waren nunmehr bereit, diesen letzten Vorschlag zu akzeptieren, denn nach realistischer Abwägung aller Möglichkeiten konnte ein erfolgreicher Abschluß des Unternehmens wegen der sich für die Christen zunehmend verschlechternden Kräfteverhältnisse nicht mehr erwartet werden.
Unverständlicherweise aber wies der Legat Pelagius in völliger Unkenntnis der strategischen Situation dieses letzte Friedensangebot auf ausdrückliche Weisung des Heiligen Stuhls erneut entschieden zurück. Denn Rom setzte seine nicht ganz unberechtigten Hoffnungen auf Kaiser Friedrich II., der bereits mehrmals verbindlich gelobt hatte, das Kreuz zu nehmen und das in Ägypten liegende Heer mit starken Kräften zu unterstützen.

Außerdem drang die Kunde von einem großen, siegreich gegen die Muslime in Mittelasien vorrückenden, christlichen König aus dem fernen Asien, dem sagenhaften »Erzpriester Johannes«, in den Westen.[7] Die hohen Erwartungen in den Kaiser und der dringend benötigten Verstärkungen erfüllten sich indessen nicht, da Friedrich durch die Auseinandersetzung mit dem Welfen Otto IV. im Reich gebunden war. Außerdem hatte Innozenz III. – als eigentlicher Initiator des Unternehmens – das 1215 erstmals geleistete Kreuzzugsgelübde Friedrichs gänzlich vernachlässigt, weil die Teilnahme eines so mächtigen weltlichen Potentaten nicht in sein neues Kreuzzugskonzept paßte. Zum Ausbleiben Friedrichs stellte der Tempelmeister in einem Brief an den Bischof von Elne nüchtern fest, daß »ohne die versprochene Hilfe des Kaisers weder der neue noch der alte Besitz der Christen im Orient« zu halten wäre.

Trotz Warnung der Ritterorden vor dem möglicherweise entscheidenden Kräftezuwachs beim Gegner gelang es Pelagius, das Heer im Sommer 1221 zum Aufbruch ins Landesinnere zu motivieren. Die Kreuzfahrer marschierten nilaufwärts und bezogen bei dem auf halbem Weg zwischen Damiette und Kairo gelegenen Mansura ein befestigtes Lager. Auf der anderen Seite konnte der Sultan nunmehr, vereinigt mit den syrischen Truppen seiner Brüder, eine den Christen zahlenmäßig weit überlegene Streitmacht aufbieten.

Mit einem geschickten Manöver wurde das Heer der Christen von seiner Versorgungsbasis Damiette abgeschnitten. Zur selben Zeit durchstachen die Ägypter die Nildeiche, wodurch weite Gebiete des Flußdeltas überflutet wurden. Durch diesem taktischen Schachzug befand sich das Kreuzheer in einer strategisch so gut wie aussichtslosen Position.

Das ganze Ausmaß des Unglücks wird vom Meister des Tempels Peter von Montaigue in einem Schreiben an seinen Präzeptor von England geschildert: »Unsere Vorräte gingen verloren, viele Männer ertranken (...) Das Wasser stieg unaufhörlich, wir verloren unsere Pferde, (...) unser Gepäck und alle Habe. Wir konnten weder vor noch zurück (...) Wir hatten nichts zu essen, und wie gefangene Fische im Netz, konnten wir nur um Frieden bitten.« Selbst der fanatische Legat mußte nun ebenfalls einsehen, daß er schließlich keine andere Wahl mehr hatte, als sich dem verhaßten Feind auf Gedeih und Verderb zu ergeben.

Es spricht für den Sultan El-Kamil, daß er seinem geschlagenen Gegner gegen die Räumung von Damiette freien Abzug gewährte und die Hungernden obendrein kostenlos mit Lebensmitteln ver-

sorgen ließ. Der Edelmut des Sohnes Saladins gegenüber einem unerbittlichen Feind, der ihn noch kurze Zeit vorher restlos zu vernichten gedachte, kann aus ethisch-moralischer Sicht in dem harten Ringen zwischen Kreuz und Halbmond nicht hoch genug bewertet werden. Bedauerlicherweise wissen die Chronisten beider Lager nämlich die gesamte Kreuzzugsepoche hindurch nichts von einem ähnlichen Verhalten auf christlicher Seite zu berichten.
Das Ergebnis dieses Kreuzzugs für die christliche Welt war niederschmetternd. Zwar versuchte Rom zunächst, Friedrich II. verantwortlich zu machen, doch ist die Niederlage zweifellos der militärischen Unfähigkeit des päpstlichen Kardinallegaten zuzuschreiben. Die öffentliche Meinung im Abendland beschreibt der normannische Troubadour Guillaume le Clerc: »Wir haben die Stadt [Jerusalem] durch Torheit und Sünde verloren wegen des Legaten, der die Christen führte (...) Der Geistliche sollte die Bibel (...) rezitieren, aber den Ritter auf das Schlachtfeld ziehen lassen.«
Wenn auch das erste der beiden ursprünglich angestrebten Ziele – die Vernichtung des ayubidischen Machtzentrums in Ägypten – wahrscheinlich nicht im Bereich des Machbaren lag, so hätte wenigstens das zweite Ziel; die Wiedergewinnung Jerusalems – zu guter Letzt realisiert werden können. Den Templerorden trifft an der Katastrophe bestimmt keine Schuld. Die Rittermönche brachten bei diesem unglücklichen Unternehmen hohe Blutopfer, um das Schlimmste zu vermeiden – ihr fast schon sprichwörtlich gewordenes vorbildhaftes Verhalten wurde von zahlreichen Chronisten gerühmt: »Die Templer«, so berichtet Jakob von Vitry, »waren erfüllt vom Geist Gideons, und ihr Beispiel wirkte anfeuernd auf die übrigen Christen.«
Die anfänglichen Bedenken des Tempels, die Bedingungen des Gegners im Hinblick auf die unsichere Zukunft rückhaltlos zu akzeptieren, scheinen zu jenem Zeitpunkt grundsätzlich berechtigt. Doch dokumentierten die Rittermönche durch ihre Akzeptanz des Friedensangebotes im alles entscheidenden Augenblick die richtige Einschätzung der sich zunehmend verschlechternden strategischen Position des Kreuzheeres.
Unbestritten ist – wegen des kriegsentscheidenen Engagements des Kardinallegaten – jedenfalls der bleibende Autoritätsverlust des Heiligen Stuhls als geistliche und weltliche Führungsmacht des lateinischen Abendlandes. Die mißlungene Expedition nach Ägypten war zugleich der letzte Versuch Roms, die Führungsrolle in einem Kreuzzug in den Orient zu übernehmen. Sinn und Zweck

des mit ungeheuren Mitteln betriebenen ägyptischen Abenteuers war die Erweiterung und Sicherstellung der lateinischen Herrschaft in *Outremer* sowie eine Manifestation pästlicher Machtvollkommenheit als der einzigen zur Vereinigung der Christenheit legitimierten Institution. Was zurückblieb, war ein durch die zahlreichen Raubzüge Al-Muazzams ausgebranntes und verarmtes lateinisches Königreich – gefährdeter als zuvor.

Friedrich II. und die Rückgewinnung Jerusalems

Obwohl sich Honorius III. nicht scheute, der Öffentlichkeit wider besseres Wissen Kaiser Friedrich II. als Sündenbock für den gescheiterten Kreuzzug zu präsentieren, war an die Durchführung zukünftiger Unternehmen in den Orient ohne den Staufer nicht zu denken. Zu einer gewissen Annäherung führte dann auch die Krönung Friedrichs zum römischen Kaiser 1220, wobei er als Gegenleistung sein Kreuzzugsversprechen formell erneuern mußte.
Friedrichs Umgestaltung seines Königreichs Sizilien zu einem stark zentralistisch gelenkten Staatsgebilde führte jedoch zu neuen Spannungen mit Rom. Der Heilige Stuhl sah sich nicht nur wegen der Umklammerung durch das Reich im Norden und Sizilien, dem normannischen Erbe des Staufers, im Süden, in seiner Vorherrschaft in Italien bedroht. Aus der Sicht Roms stellten die von Friedrich II. auf der Basis der justinianisch-imperialen Universalität revitalisierten staufischen Weltherrschaftspläne mit dem Versuch einer Fortsetzung der alten fränkischen heilsgeschichtlichen *translatio imperii* die *plenitudo potestatis* des Papstes in Frage. Mittels seiner sizilianischen Gesetzgebung – bekannt als Konstitutionen von Melfi – setzte sich der Kaiser über das Rechtsetzungsmonopol des Heiligen Stuhls hinweg, wodurch zugleich auch die Ausweitung kirchlicher Rechte dementsprechend beschränkt wurde. Unter geschickter Anwendung der das ganze Mittelalter hindurch virulenten Millenniumsidee auf das *sacrum imperium,* gelang es dem umfassend gebildeten Friedrich, nun als Endzeitkaiser in einem neuen, goldenen Zeitalter und somit als Erretter der Menschheit in Erscheinung zu treten.
Allerdings ist die von Friedrich beanspruchte Universalität des Imperiums keineswegs im Sinn einer wirklich angestrebte »Weltherrschaft« zu verstehen, obgleich dies der Thron Petri dem Kaiser mehrmals zu unterstellen versuchte. Das staufische *dominum mundi*

bestand nur hinsichtlich des einen der zwei Schwerter, dem »spiritualen«, der Kaiserwürde innerhalb der göttlichen Weltordnung. Das »temporale« Schwert blieb demnach auf die tatsächliche, im eigenen territorialen Machtbereich *(quantum ad proprietatem)* ausgeübte Herrschaft begrenzt.
Der sich derart abzeichnende Konflikt konnte vorläufig verhindert werden – zum einen dank der Intervention des Tempelherren Richard, der die kaiserliche Kanzlei leitete (und vormals päpstlicher Kämmerer war), zum anderen durch Hermann von Salza, den engsten Berater des Herrschers und Hochmeister der Deutschen Herren. Die zunächst noch engen Beziehungen des Staufers zu den Ritterorden hatten aber auch ganz andere Ursachen.

Hochzeit Kaiser Friedrichs II. mit Isabella 1225

Seit jeher bedeutete die Beherrschung des Orients die höchste Vollendung der Kosmokratie. Um den Voraussetzungen eines geistig-ideellen Universalherrschers der Christenheit gerecht werden zu können, mußte er seine Aufmerksamkeit zwangsläufig auf Jerusalem richten, wobei gute Kontakte zu den mit den Verhältnissen vor Ort bestens vertrauten Rittermönchen von besonderem Vorteil waren. Im Jahre 1225 ließ sich Friedrich daher die günstige Gelegenheit nicht entgehen, die Tochter Johanns von Brienne und Erbin des lateinischen Königreichs zu ehelichen sowie unmittelbar danach den Titel des Königs von Jerusalem anzunehmen. Der Adel von *Outremer* und die Ritterorden erhoben dagegen keine Einwände, denn sie setzten – trotz einiger Ressentiments wegen der unterlassenen Hilfestellung im gescheiterten Ägyptenfeldzug – hohe Erwartungen in den staufischen Kaiser.
In der Folge schlossen Kaiser und Papst den Vertrag von San Germano, in dem alle den nächsten Kreuzzug betreffenden Modalitäten geregelt werden sollten. Dabei konnte der Staufer erneut einen Erfolg verbuchen, da ihm Rom nun die alleinige Leitung zuerkannte. Jedoch verschärften sich die Spannungen durch die langwierigen Vorbereitungen zusehends.
Der dem 1227 verstorbenen Honorius III. auf dem apostolischen Stuhl nachfolgende Gregor IX. nutzte diese Verzögerungen zu seinem Vorteil, um dem hohen Ansehen des Staufers zu schaden und dessen Machtposition in der christlichen Welt zu erschüttern. Als Friedrich bereits kurz nach seinem Aufbruch ins Heilige Land wegen einer schweren Erkrankung gezwungen war, nach Sizilien zurückzukehren, lieferte er dem Papst damit den endgültigen Vorwand, ihn unter wüsten Anschuldigungen zu exkommunizieren. Allerdings beweisen die für eine allfällige Lösung des Bannes zu erfüllenden Bedingungen ganz eindeutig, daß der angeblich »unritterlich« verschleppte Kreuzzug für den Papst nur eine sekundäre Rolle spielte. So verlangte Gregor vor allem die Oberhoheit Roms über Sizilien, womit er nichts anderes als die Vorherrschaft in Italien anstrebte. Doch Friedrich ignorierte die für ihn unannehmbaren Forderungen und reiste, obwohl ihm durch den Bann die Führung des Kreuzzugs kirchenrechtlich eigentlich entzogen worden war, nach seiner Gesundung im Sommer 1228 zu seinem bereits nach Palästina vorausgeeilten Heer ab.
Auf diesen für ihn überraschenden Schritt reagierte der Papst mit der Androhung der Exkommunikation gegen all jene, die den »gottlosen Verräter« bei seinem Vorhaben unterstützten. Gregor IX. ließ

Papst Gregor IX.

mit sämtlichen ihm zur Verfügung stehenden propagandistischen Mitteln als erster Papst einen Kreuzzug bekämpfen. Auf der anderen Seite war sich Friedrich indessen wohl bewußt, daß er seine Machtposition im Abendland nur durch einen wahrhaft außergewöhnlichen Erfolg im Orient nachhaltig absichern konnte.

Der ungeliebte Sieg der Diplomatie

Kaiser Friedrich bedeutete für den Heiligen Stuhl tatsächlich eine ernstzunehmende Gefahr – vor dem Hintergrund einer ungeheuren Flut eschatologischer Prophezeiungen, die in dem Staufer den messianischen Endzeitkaiser zu erkennen glaubten, der nach der Eroberung Jerusalems endlich Orient und Okzident unter seiner Weltherrschaft vereinen könne. So wurde denn auch jener als Erfüller der Zeit gefeierte »Kaiser-Erlöser« trotz des über ihn verhängten Banns bei seiner Ankunft in *Outremer* vom einfachen Volk als »Heil für Israel« willkommen geheißen.
Doch beim Adel sowie dem Klerus und ganz besonders bei den Ritterorden des Tempels und des Hospitals verfehlte die massive Propaganda Roms nicht ihre Wirkung. Obwohl der Tempel jahre-

lang zwischen Kaiser und Papst zu vermitteln versuchte und den Kreuzzugsplänen Friedrichs anfangs grundsätzlich wohlwollend gegenüberstand, war der Orden in erster Linie dem Papst als dem geistigen Oberhaupt der Christenheit verantwortlich. Die Rittermönche waren daher angehalten, den Forderungen Roms Folge zu leisten und dem »gottlosen« Kaiser, wenngleich er auch König von Jerusalem war, den Gehorsam zu verweigern sowie jegliche Hilfeleistung zu untersagen.

Schon geraume Zeit vor seiner Ankunft im Orient pflegte Friedrich zu El-Kamils Sohn Fakhr ad-Din fast freundschaftliche Beziehungen, die durch zahlreiche wertvolle Geschenke bezeugt wurden. Bereits 1227 hatte der wieder einmal mit seinem Bruder Al-Muazzam im Streit liegende Sultan dem Kaiser gegenüber sein altes Angebot von 1219 erneuert, um einen drohenden Zweifrontenkrieg zu vermeiden. Doch erkannte auch der wohlinformierte Sultan sehr rasch die schwierige Situation seines Verhandlungspartners, dessen zuverlässige Streitmacht nur noch aus den kaisertreuen Deutschordensherren sowie einigen Rittern aus Sizilien und dem Reich bestand. Zudem trat eine grundlegende Veränderung der ursprünglichen Ausgangsbasis der Unterhandlungen ein, denn El-Kamils innerdynastische Probleme hatten sich plötzlich wegen des überraschenden Todes seines Bruders vorübergehend gelöst. Um seinen Forderungen den nötigen Nachdruck zu verleihen, sah sich der Kaiser veranlaßt, mit dem schwachen Heer gegen den Sultan vorzurücken.

Da der Tempel unter der Patronanz Roms stand, war an eine Eingliederung in den Truppenverband des Staufers unter dessen oberster Befehlsgewalt ohne weiteres nicht zu denken. Nachdem jedoch der Kreuzzugsgedanke in den Augen der christlichen Welt die einzige Existenzberechtigung der Ritterorden darstellte, fanden sie eine diplomatische, auch kirchenrechtlich vertretbare Lösung, um trotz der grotesken Situation am Vormarsch teilzunehmen: Tempel und Hospital beschlossen, gemeinsam einen Tagesmarsch hinter den kaiserlichen Truppen nachzurücken.

Den Rittermönchen bot sich tatsächlich keine andere Alternative. Wie hätten die stets wachsamen Kritiker des Tempels im Abendland wohl reagiert, hätten die zum Heidenkampf verpflichteten Orden das ortsunkundige Kreuzheer alleine losziehen lassen? Wie hätte sich die breite Öffentlichkeit gegenüber den Templern verhalten, wäre der trotz seiner Exkommunikation in weiten Teilen Europas als Erretter und Endkaiser verehrte Friedrich in der als

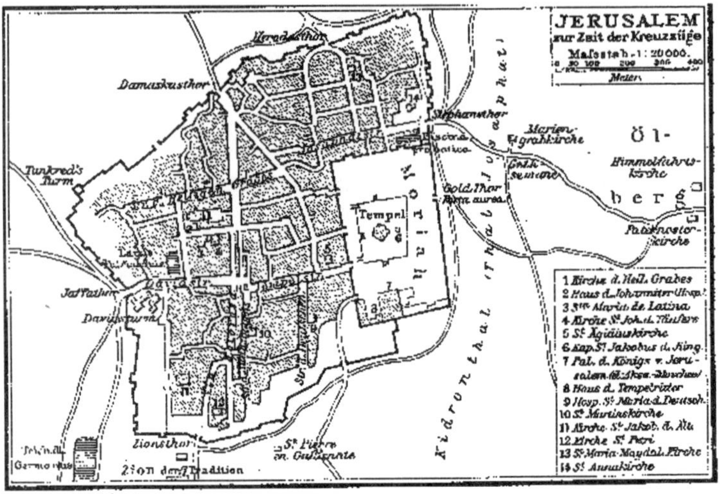

Rekonstruktion eines Planes von Jerusalem zur Zeit der Kreuzzüge

»Endkampf« um die Befriedung der Menschheit propagierten Auseinandersetzung mit den Ungläubigen vielleicht gerade wegen der »Untreue« des Tempels unterlegen?
Wie hätte andererseits die Zukunft der ehrwürdigen Verteidiger der heiligen Stätten ausgesehen, hätte der Staufer Jerusalem möglicherweise ohne die »Treuhänder der Kreuzzugsidee« in Besitz genommen? Mit größter Wahrscheinlichkeit hätte die völlige Verweigerung der Teilnahme an Friedrichs Vormarsch für den Orden im Abendland zu äußerst unangenehmen, wenn nicht überhaupt die Existenz des Tempels bedrohenden Konsequenzen geführt.
Nach monatelangen, von Al-Kamil ganz bewußt hinausgezögerten Verhandlungen erklärte sich der Sultan zu Beginn des Jahres 1229 in Jaffa schließlich doch bereit, die Heiligen Stätten, Jerusalem, Bethlehem und Nazareth, an die Lateiner abzutreten. Diesem plötzlichen Gesinnungswandel lag offensichtlich ein erneutes Zerwürfnis mit anderen Machthabern innerhalb des Ayubidenreichs zugrunde: Al-Kamil mußte sich für die Neuordnung seines Reichs den Rücken freihalten.
Mit der kampflosen Rückgewinnung der vierzig Jahre zuvor an Saladin verlorenen Gebiete hatte der gebannte Staufer mehr erreicht, als sämtliche militärischen Anstrengungen zuvor erbrach-

ten, den ersten Kreuzzug ausgenommen. Es überrascht daher nicht, daß dieser Friedensvertrag zahlreiche orthodox gesinnte Muslime zutiefst empörte.

Der Tempel zwischen Kaiser und Papst

Angesichts seines großartigen Erfolgs stieg Friedrichs Prestige vor der Christenheit natürlich ins Unermeßliche. Gleichzeitig schienen damit aber die Anstrengungen Roms, den Staufer im Machtkampf um das *dominum mundi* zu diskreditieren, vollends zunichte gemacht. Was Wunder, daß der Papst und seine Anhängerschaft jenes für den Höhenflug verantwortliche Vertragswerk nicht akzeptierten. Ebenso widersetzten sich die Nobilität des Königreichs sowie die Ordensmeister des Tempels und des Hospitals der Abmachung, da diese entgegen der bisher geübten Tradition, bei wichtigen politischen Entscheidungen den Rat der *haute cour* einzuholen, abgeschlossen worden war.
Doch begründete der kriegserfahrene Tempelmeister Peter von Montaigue seine ablehnende Haltung nicht ganz zu Unrecht mit denselben Argumenten wie bereits 1219 vor Damiette. Denn eine eventuelle Verteidigung der wiedergewonnenen Gebiete würde die Lateiner vor kaum lösbare Probleme stellen. Bei genauer Betrachtung war der Handel wirklich schlechter als das ausgeschlagene Angebot El-Kamils zehn Jahre früher – so sollte unter anderem Jerusalem dieses Mal ohne Befestigungen übergeben werden, wie der arabische Chronist Ibn Wasil zu berichten weiß: »Er [der Sultan] habe den Christen ja lediglich Kirchen (...) in Ruinen wiedergegeben...«
Die größte Entrüstung bei den Rittermönchen verursachte jedoch, daß der gesamte Tempelbezirk in den Händen der Muslime verbleiben sollte. Es ist verständlich, daß Friedrich in diesem Punkt keine Rücksicht auf die Einwände der Templer nehmen konnte, denn mit dem Besitz jener muslimischen Enklave wurde es auch El-Kamil wesentlich erleichtert, den umstrittenen Vertrag vor seinen Glaubensbrüdern zu rechtfertigen. Bekanntlich zählen der im Tempelbezirk gelegene Felsendom sowie die unmittelbar an das ehemalige Haupthaus des Ordens angrenzende El-Aqsa-Moschee seit jeher zu den wichtigsten Heiligtümern der islamischen Welt.
Kaiser Friedrich war allerdings nicht nur ins Heilige Land gekommen, um Jerusalem für die Christenheit zurückzugewinnen, son-

dern vor allem, um sich in der Grabeskirche von Jerusalem zum König krönen zu lassen. Nachdem der Patriarch von Jerusalem sich weigerte, die Krönung an dem Exkommunizierten zu vollziehen, belegte er, um den Einzug des Kaisers zu verhindern, auf Geheiß des Papstes die heiligste Stadt der Christenheit mit der schwersten Kirchenstrafe, dem Interdikt.

Von dieser Maßnahme unbeirrt, setzte sich der Staufer unter dem Schutz seiner ihm treu ergebenen Deutschen Herren in der Grabeskirche die Krone in Stellvertretung seines minderjährigen Sohnes kurzerhand selbst auf das Haupt und verkündete öffentlich seine Bereitschaft zur Versöhnung mit dem Papst.[8] Obwohl der Krönungsakt für ihn selbst staatsrechtlich ohne Bedeutung war, läßt sich der Staufer in seinem Krönungsmanifest an »alle Völker der Erde« mit keinen Geringeren als König David vergleichen und zu einer überirdischen, Gott nahen Position emporheben: »So sollen erkennen des rechten Glaubens Verehrer von nun an (...), daß jener gebenedeit ist für alle Zeiten, uns heimgesucht hat und Erlösung gebracht hat seinem Volke.«

Diese an Maßlosigkeit kaum noch zu überbietende Demonstration staufischer Weltgeltung war nicht geeignet, das ohnehin schwer belastete Verhältnis zwischen Kaiser und Papst zu verbessern. Es besteht kein Zweifel, daß der Staufer mit seinem in der Tat merkwürdigen Kreuzzug ausschließlich machtpolitische Interessen verfolgte, denn Chronistenberichten zufolge galt Friedrich II. nicht unbedingt als frommer Mensch – was die ihm zugeschriebene, häufig zitierte Aussage belegt: »Die Welt ist von drei Betrügern *(tres impostores)* getäuscht worden, wovon zwei in Ehren gestorben sind, der dritte aber am Galgen: Moses, Mohammed und Christus.« Gregor IX. sah nun keine andere Möglichkeit mehr, als einen »Kreuzzug« gegen seinen Kontrahenten auszurufen und die süditalienischen Besitzungen Friedrichs verwüsten zu lassen. Damit setzte sich der *Vicarius Christi* in beispielloser Weise über das kirchenrechtlich festgelegte Grundprinzip der absoluten Unverletzlichkeit des Eigentums eines Kreuzfahrers hinweg. Als eine besondere Pikanterie der Geschichte tauchen an der Spitze jener päpstlichen Truppen die Führer des mißglückten fünften Kreuzzugs nach Ägypten aus der Versenkung auf, nämlich der vormalige König von Jerusalem und Schwiegervater Friedrichs, Johann von Brienne, sowie der berüchtigte Kardinallegat Pelagius von Albano.

Der Historiker Campbell nimmt an, daß sich auch die italienischen Templerniederlassungen den Weisungen Roms nicht entzie-

Ruinen des Pilgerschlosses von Athlit

hen konnten und daher ebenfalls bewaffnete Kräfte abkommandierten. Diese – wissenschaftlich allerdings umstrittene – Vorgangsweise des Ordens stellte in den Augen Friedrichs logischerweise einen schweren Vertrauensbruch dar und könnte auch der Hintergrund für das nun folgende endgültige Zerwürfnis zwischen dem Kaiser und den Templern im Heiligen Land gewesen sein.
Wahrscheinlich um die Kontrolle über den Orden zu gewinnen, verlangte der Staufer indessen vergeblich die Übergabe der strategisch bedeutendsten Templerburgen, unter anderem die größte Festungsanlage des lateinischen Orients, das Pilgerschloß von Atlit *(castrum peregrinorum)*. Ebenso scheiterte daraufhin der Versuch, sich der Ordenshäuser der Templer, der Hospitaliter und des Palastes des Patriarchen in Akko im Handstreich zu bemächtigen.
In propagandistisch verzerrten – und von der Forschung nicht nachvollziehbaren – Schilderungen namhafter, wohl kaisertreuer Historiographen, wie beispielsweise Matthaeus Paris, wird die Reaktion des Tempels auf des Kaisers Forderungen als »Verrat« und »Racheakte« in Form zahlreicher mißglückter Mordanschläge und Hinterhalte beschrieben. Von der Forschung nachgewiesen wurde dagegen lediglich die Absicht der Rittermönche, gegen den Willen des Kaisers Truppen aus dessen Heer zur Sicherung der neu erworbenen Gebiete abzuwerben.
Ein zusätzlicher, nicht zu unterschätzender Streitpunkt war die Reservierung sämtlicher von Friedrich in *Outremer* zu vergebenden Benefizien an die Deutschen Herren, die ihn bekanntlich als einziger Ritterorden bei all seinen Aktionen bedingungslos unterstützt hatten. Mit der großzügigen Förderung des *Ordo Teutonicus* liefen die Templer wirklich Gefahr, ihre bisher unumstrittene Vormachtstellung an jenen Orden zu verlieren.

Zudem war der *Ordo Teutonicus* nichts anderes als ein Nebenprodukt staufischer Weltherrschaftspläne und deshalb auch stets treuer Parteigänger seines Herrn, des Kaisers. Der Tempel hingegen verstand sich ausdrücklich als übernationale, universale, keinem weltlichen Herrscher verpflichtete Organisation, die außer dem Papst keine irdische Autorität anerkannte. Es ist daher begreiflich, daß sich die beiden nach außen hin zwar sehr ähnlichen, in ihren Zielsetzungen jedoch so grundlegend verschiedenen Organisationen zuweilen als Gegner betrachteten, solange Friedrich die Krone des lateinischen Königreichs trug.

Im Heiligen Land betrieben die Kirche wie die Templer massiv antistaufische Propaganda. Außerdem wurde Friedrich durch Nachrichten aus Süditalien belastet, daß dort seine Interessen ernsthaft bedroht seien. Hinzu kamen noch »beispiellose Rüpelszenen« des Pöbels von Akko. Das alles zusammen veranlaßte schließlich den Kaiser, vorzeitig die Rückreise anzutreten. In Italien angekommen, hatte er nach der raschen Niederwerfung der vom Papst ausgesandten »Kreuzfahrer« nichts eiligeres zu tun, als sämtliche in seinem Machtbereich befindlichen Besitzungen des Tempels kurzerhand zu konfiszieren und – nach dem Bericht von Ernoul – »alle Brüder aus Sizilien zu verjagen«. Der Orden sollte sein rechtmäßiges Eigentum erst nach dem Tod Friedrichs im Jahre 1250 zurückerhalten.

Nach der sehnlichst erwarteten Abreise des Staufers konnte der Tempel jedoch dank der beständigen Rückendeckung Roms sehr bald wieder seine angestammte Position zurückgewinnen sowie seinen von Friedrich stark zurückgedrängten Einfluß auf die politischen Geschicke des Landes zur Geltung bringen.

Die außenpolitische Lage des Königreichs Jerusalem konnte trotz des Friedensabkommens mit dem Sultan keineswegs als stabil bezeichnet werden. An der Nordgrenze fügten die wechselseitigen Überfälle der weitgehend unabhängig operierenden Templer und einigen, den Friedensvertrag El-Kamils mißachtenden syrischen Potentaten aus der ayubidischen Dynastie der Infrastruktur des Reichs schweren Schaden zu. Wegen der zunehmenden Unsicherheit der Pilgerstraßen ermahnte Papst Gregor die Templer, sich wieder ihrer ursprünglichen Aufgabe zu besinnen und die Pilger zu beschützen.

Die den gesamten Friedensprozeß gefährdende sowie die eigenen Interessen bedrohende Ausuferung der Feindseligkeiten riefen schließlich El-Kamil selbst auf den Plan. Dank seiner bei Christen

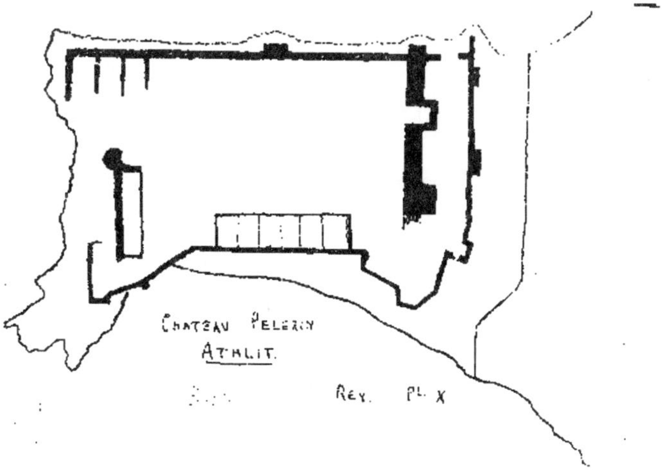

Handskitze des Castrum Peregrinorum von T. E. Lawrence

wie Muslimen gleicherweise unumstrittenen Autorität, gelang es dem Sultan, zwischen seinen unbotmäßigen Verwandten und den Rittermönchen den Frieden zu vermitteln. Diese ordnende Intervention eines muslimischen Herrschers dokumentiert deutlich die militärisch und politisch selbständige Position des Ritterordens, aber zugleich auch die fehlende zentrale Staatsgewalt in *Outremer.*
Letzten Endes einigte sich Gregor IX. 1230 im Frieden von San Germano dann doch mit dem Kaiser, der in diesem Konflikt eindeutig die Oberhand behalten hatte. Die Lösung des Bannes durch Rom sowie die damit verbundene späte Anerkennung seines Kreuzzugserfolgs bedeuteten den unbestrittenen Höhepunkt der Herrschaft Friedrichs. Eschatologische Visionäre sahen nunmehr ihre Prophetien erfüllt und selbst politische Gegner priesen den Staufer als himmlische Majestät. Das Papsttum erlitt jedoch in seinem Ansehen wiederum einen empfindlichen Rückschlag und erreichte seine für sich beanspruchte Weltgeltung niemals wieder.

Zwischen Sieg und Niederlage

Das Vorhaben des Kaisers, „sein" Königreich Jerusalem und Zypern in das zentralistisch regierte Imperium einzugliedern, brachte nur zusätzliche Unruhe in das von Krisen geschüttelte Land. Die folgenden Jahre sind gekennzeichnet von bürgerkriegsähnlichen Zuständen zwischen den Anhängern des Staufers und den Deutschen Herren auf der einen Seite sowie dem ortsansässigen Adel, Hospital und Tempel auf der anderen.

Angesichts dieses unhaltbaren, auf Dauer die Existenz der Lateiner im Orient neuerlich gefährdenden Zustands, war dem Tempel an einer Normalisierung der Beziehungen zu Friedrich gelegen. Es spricht für die Flexibilität und den politischen Weitblick der Rittermönche, daß nach dem Tod Peters von Montaigue ein dem Kaiser genehmer Mann, Hermann von Peragors, an die Spitze des Ordens gewählt wurde.

Ab diesem Zeitpunkt erscheint das Verhältnis zumindest in Italien vorübergehend etwas entspannter. Aber die baldige Neuauflage der Feindseligkeiten zwischen Kaiser und Papst 1239 war auch gleichzeitig das auslösende Moment für die Fortsetzung jenes alten Konflikts mit dem Orden, der für die Interessen des Heiligen Stuhls einzustehen hatte. Mit propagandistischen Mitteln der unterschiedlichsten Art warf Friedrich dem Tempel bemerkenswerterweise nun all jene »Verfehlungen« vor, deretwegen er selbst vom Papst ehedem mehrmals verdammt worden war: Hochmut, Eigenützigkeit sowie einen angeblich viel zu nahen Umgang mit den Ungläubigen.

Dieser neu entflammte Konflikt führte zwangsläufig auch jenseits des Mittelmeers zu ernsten Zusammenstößen zwischen den verfeindeten Parteien. Die Muslime zeigten sich jedoch außerstande, die Schwäche ihres Gegners zu nützen, denn das ungeregelte Erbe des 1238 verstorbenen El-Kamil stürzte das Reich der Ayubiden in einen langjährigen innerdynastischen Krieg. Auf der anderen Seite wiederum bot die unerwartete Aufsplitterung des muslimischen Kräftepotentials den Christen die seltene Gelegenheit, ihre eigene Machtposition auszubauen.

Die veränderte Lage weckte im Abendland sofort neue Kreuzzugsgelüste, wobei offenbar weniger sakral-ideologische Motive eine Rolle spielten, sondern vielmehr die Gier nach den nunmehr vermeintlich leicht zu gewinnenden, sagenhaften Schätzen des Orients. Rom versuchte jedoch – entgegen der bisher üblichen Förderung sämtlicher früherer Unternehmungen in das Heilige Land –, einen weiteren Kreuzzug zu verhindern. Dieser unvermuteten Reaktion lagen unterschiedliche Motive zugrunde:

Zum einen befürchtete Gregor IX. eine durch die Kreuzfahrer gegen die Interessen der Kirche gerichtete Stärkung der staufischen

Machtposition im Heiligen Land. Zum anderen benötigte der wegen seiner Kriege gegen Friedrich praktisch bankrotte Papst dringend neue Geldquellen. Er gelangte zu der trefflichen Idee, daß potentielle Kreuzfahrer der Kirche von größerem Nutzen wären, wenn sie mittels Bezahlung in die leeren Kassen Roms von ihrer Reise in den Orient Abstand nehmen würden.

Eigenartigerweise bestellte der Papst zur Durchführung jener sonderbaren Mission ausgerechnet Tempelritter, die zur Entbindung von bereits geleisteten Gelübden eigens mit Sondervollmachten ausgestattet wurden. Ob dieser päpstliche Auftrag allerdings mit den Vorstellungen der »Treuhänder der Kreuzzugsidee« im Einvernehmen stand, ist der Nachwelt leider nicht überliefert.

Der schließlich doch zustandegekommene, sogenannte »Kreuzzug der Barone« – ein kleines, vorwiegend aus dem Adel Frankreichs zusammengewürfeltes Heer – unter der Führung des Königs Theobald von Navarra, kam gerade im richtigen Augenblick ins Heilige Land. Etwa zur selben Zeit verlor die Christenheit nämlich durch einen kühnen Handstreich des muslimischen Fürsten von Transjordanien erneut das unbefestigte Jerusalem.

Die Heilige Stadt blieb nicht zuletzt deswegen ungeschützt, weil sich vor allem der Tempel angeblich hartnäckig weigerte, weder bei der Rekonstruktion der stellenweise abgetragenen Mauern mitzuwirken, noch die Verantwortung für die Sicherheit zu übernehmen. Jerusalem war ja seit dem Abkommen von 1229 eine nicht mehr allein von Christen, sondern auch von Muslimen bewohnte, »geteilte Stadt«. Diese von der Historikerin Bulst-Thiele den Rittermönchen zugeschriebene Begründung scheint vor dem Hintergrund ihrer Bestimmung – dem Schutz der Heiligen Stätten – völlig unverständlich, zumal der Orden gleichzeitig gigantische Beträge zum Ausbau seiner ordenseigenen Festungsanlagen aufwendete.

Die fehlende zentrale Autorität und das daraus resultierende innenpolitische Chaos in *Outremer* wie auch die Kriege im zerfallenden Ayubidenreich führten zu einer Reihe rasch wechselnder Bündnisse zwischen den verfeindeten Erben El-Kamils und den verschiedenen christlichen Interessensgruppen. Nutznießer dieser verworrenen Situation waren zunächst eindeutig die Lateiner, denen es zusammen mit der militärisch relativ unbedeutenden Streitmacht der Kreuzfahrer um Theobald von Navarra ohne große Probleme sogar gelang, Askalon zu erobern.

Als außerdem ein weiteres Heer aus England unter der Führung Richards von Cornwall eintraf, versuchten die einzelnen mus-

limischen Potentaten durch großzügige Versprechungen, die Christen für den Kampf gegen ihre internen Rivalen zu gewinnen. So bot etwa der Emir von Damaskus, As-Salih Ismail, den Lateinern für ihren militärischen Beistand gegen Ägypten ganz Galiläa.[9]
Dieses Abkommen war insbesondere für den Tempel – so die Worte des Ordensmeisters – »ein Geschenk des Himmels«. Der Orden konnte zum Beispiel endlich seine vormals von Saladin zerstörte Burg Safed – eine der strategisch bedeutendsten Festungen in der ganzen Region – wieder in Besitz nehmen und unter dem Einsatz ungeheurer Geldmittel neu aufbauen.
Angesichts der bevorstehenden bewaffneten Auseinandersetzung wandte sich nun der als unzuverlässiger Vertragspartner geschilderte ägyptische Sultan Ayub seinerseits an die Christen und bestätigte gleichfalls die Rückgabe von Galiläa. Richard von Cornwall, als Schwager Friedrichs II. zugleich auch dessen Bevollmächtigter, zögerte nicht, das Angebot anzunehmen. Nachdem bekanntlich der Kaiser selbst schon seit langem enge diplomatische Beziehungen zum Land am Nil pflegte, erhielt der schwelende Konflikt zwischen den Anhängern des Papstes und denen des Kaisers wieder neuen Zündstoff.
Allerdings wurde das Bündnis mit Ägypten auch vom Hospital befürwortet, da es sich dadurch jene Vorteile erwartete, die der Tempel bereits durch den Vertrag mit Damaskus erreicht hatte. Die Opposition gegen den Kaiser sowie seine fast schon traditionelle Rivalität zu den Johannitern, die in diesem konkreten Fall zu »objektiven« Verbündeten des Staufers wurden, lieferten begreiflicherweise dem Tempel genügend Vorwände, den Vertrag mit Ayub abzulehnen.
Trotz der Gegensätze bemühte sich der Schwager Friedrichs redlich, auf die untereinander verfeindeten Gruppierungen ausgleichend einzuwirken. Dem nach seiner Abreise dem Kaiser übermittelten dringlichen Ersuchen der *haute cour* nach einer von allen Parteien akzeptierten einheitlichen Führung kam der Staufer allerdings nicht nach.
Es verwundert nicht, daß in *Outremer* jeder, der über die nötigen Kräfte verfügte, nach Möglichkeit seinen eigenen Vorteil suchte. Bündnisse sowie Verträge mit den einzelnen muslimischen Potentaten, die nach Belieben gebrochen wurden, um anschließend wieder erneuert zu werden, waren keine Seltenheit. Im Schatten solcher anarchischen Verhältnisse versuchte der Statthalter Friedrichs 1243, Akko, die eigentliche Hauptstadt des Königreichs, mit Hilfe

der Anhänger des Staufers unter seine Kontrolle zu bringen. Der Handstreich scheiterte trotz der Unterstützung der Deutschen Herren sowie der Johanniter an der Wachsamkeit der Templer.
Als eine der Folgen jener Aktion verlor der in seinem Streben nach einer politisch den beiden etablierten Ritterorden ebenbürtigen Stellung tatkräftig von Friedrich geförderte *Ordo Teutonicus* viel an seiner Glaubwürdigkeit. Mit dem zunehmenden Verfall der kaiserlichen Macht im Königreich Jerusalem waren dessen ehrgeizige Orientpläne letzten Endes zum Scheitern verurteilt.
Der Ägypter Ayub hielt sich indessen nicht an die mit den Lateinern geschlossene Abmachung und verweigerte die vereinbarte Übergabe einiger Städte. Allem Anschein nach dürfte das Bündnis für Ayub lediglich dem Zweck der Abschreckung seiner ayubidischen Konkurrenten in Syrien gedient zu haben. Dem Tempelmeister Hermann von Peragors gelang es daraufhin, alle anderen Parteien des Königreichs von der Notwendigkeit eines neuerlichen diplomatischen Vorstoßes bei dem Fürsten von Damaskus zu überzeugen und dieses Mal gemeinsam *(communi consilio et unanimi voluntate)* die Gespräche aufzunehmen.
Die Verhandlungen gestalteten sich für die Lateiner überaus erfolgreich. As-Salih Ismail war als Gegenleistung für einen militärischen Beistandspakt bereit, den Christen fast alle 1187 von Saladin eroberten Gebiete einschließlich Jerusalem samt dem Tempelbezirk zu überlassen. Somit gewannen die Franken dank der Initiative des Tempels sogar noch einen weit größeren Teil des Heiligen Landes zurück als Friedrich II. sechzehn Jahre zuvor.
Unbegreiflicherweise wurde diese wohl herausragendste diplomatische Leistung der ganzen Kreuzzugsepoche weder von den Zeitgenossen noch von der Geschichtswissenschaft in angemessener Weise gewürdigt. Ebenso wird durch den ehrlichen Versuch des Ordensmeisters, die verschiedenen Interessensgruppen an einen Verhandlungstisch zu bringen, der Vorwurf der Kritiker, die Templer seien vor allen anderen für die Uneinigkeit in *Outremer* verantwortlich, eindeutig widerlegt.
Allerdings dürften die Beweggründe der erstaunlich großzügigen Zugeständnisse des Emirs wahrscheinlich nicht allein in den innerayubidischen Diadochenkämpfen, sondern vielmehr in einer neuen drohenden Gefahr aus den Steppen Innerasiens zu finden sein – den Choresmiern, einem unzivilisierten Reitervolk mongolisch-tatarischer Herkunft, das auf der Flucht vor den anstürmenden Horden der Erben Dschingis Khans nach Westen drängte.

Mit den Choresmiern trat erstmals in dem überwiegend sakral-ideologisch motivierten Ringen zwischen Kreuz und Halbmond eine »dritte Macht« auf den Plan, die wegen ihrer religiösen Indifferenz (»sie kannten weder Christus noch Mohammed«) das bisherige Kräfteverhältnis im vorderen Orient entscheidend beeinflussen konnten. Das Nomadenvolk der Choresmier war jedoch weit weniger an einer dauerhaften Landnahme als an Plünderung interessiert und verdingte sich deshalb gegen Bezahlung praktisch jedem Herren. Ägypten, das über die größten Geldmittel verfügte, bediente sich daher dieser Horden, um mit ihrer Hilfe seinen Erzrivalen in Syrien zu vernichten.
Nachdem die ruhelos umherziehenden Choresmier weite Landstriche Syriens verwüstet hatten, fielen sie 1243 von Norden her in das lateinische Königreich ein. Die Franken waren nicht in der Lage, sie zu vertreiben, da sie ihre Truppen – wohl wegen ihrer bitteren Erfahrungen von 1187– in den festen Plätzen konzentrierten. Als aber das unverteidigte Jerusalem geplündert und seine Einwohner niedergemetzelt wurden, sahen sich die Lateiner dann doch gezwungen, den Gegner zur Entscheidungsschlacht zu stellen.
Zur Mobilisierung aller verfügbaren Kräfte rief der Tempel in einem Rundschreiben alle Komtureien des Okzidents auf, jeden wehrfähigen Mann umgehend in den Orient zu entsenden, denn »aus dem Osten sind rohe, wilde Tiere (...) in das Land Jerusalem eingebrochen. Die Wut der Tataren erfüllen den ganzen Orient mit Entsetzen. Sie verfolgen alle und machen keinen Unterschied zwischen Christen und Ungläubigen«.
Da die Choresmier Verbündete der Ägypter waren, stellte auch Damaskus eine starke Streitmacht auf der Seite der Lateiner ins Feld. Das vereinigte Heer stieß nahe Gaza auf den zahlenmäßig weit überlegenen Gegner und wurde bei La Forbie in der wohl furchtbarsten Schlacht seit Anbeginn der Kreuzzüge fast zur Gänze aufgerieben. Die ungeheuren Verluste des Tempels sowie der anderen Ritterorden waren nur mit denen von Hattin 1187 vergleichbar.
Die unmittelbaren Folgen dieser Niederlage hielten sich jedoch in Grenzen, denn auch der Gegner hatte seine Kräfte erschöpft. Die Lateiner verloren zwar Jerusalem und ihre südlichen Gebiete an Ägypten, doch konnte der territoriale Bestand aus der Zeit vor dem Bündnis mit Damaskus dank des dichten Netzes der mächtigen Ordensburgen im wesentlichen erhalten werden.
Die Bedrohung durch die marodierenden Choresmier fand ebenfalls ein rasches Ende – sie wurden kurze Zeit später von ihrem

vormaligen Bündnispartner Ägypten besiegt und vertrieben. Bei weitem das größte Problem stellte jedoch die erneute Einigung des Ayubidenreiches unter der Vorherrschaft Ägyptens dar, deren Herrscher auch über den Konkurrenten Damaskus triumphierten. Ohne militärische Unterstützung aus dem Abendland hatte das geschwächte lateinische Königreich diesem gewaltigen Imperium nichts entgegenzusetzen. Doch der in der Auseinandersetzung mit dem Kaiser um die universale Macht vollauf beschäftigte Heilige Stuhl zeigte kein großes Interesse mehr am Schicksal des Heiligen Landes. Fast gleichzeitig rief er zu drei verschiedenen Kreuzzügen auf: zur Unterstützung der Lateiner in Konstantinopel, gegen Friedrich und zu guter Letzt auch für das Heilige Land.
Die Begeisterung für die dritte Alternative hielt sich in ganz Europa in Grenzen, zumal ja die Möglichkeit bestand, auf weit weniger gefährlichere Weise in den Genuß der so sehr begehrten Kreuzzugsprivilegien zu gelangen. Im Römischen Reich untersagte Friedrich überhaupt jegliche Art der Werbung für einen Kreuzzug, da er die Truppen für den Kampf gegen den Papst selbst dringend benötigte. Der Kaiser versuchte in Erinnerung an seine alte Feindschaft, den Templern die Schuld an der Niederlage zu geben, weil sie den Vertrag mit Damaskus veranlaßt und damit den Ägyptern Grund gegeben hätten, sich mit den Choresmiern zu verbünden. Der den Ansichten des Staufers nahestehende Chronist Matthaeus Paris beschuldigt die Templer gar, daß sie gegen Ayub »einen ungerechten Krieg führten«. Trotz seiner sonst eher tendenziösen Berichterstattung scheint er dabei im wesentlichen die öffentliche Meinung im Abendland wiederzugeben.
Nachdem der von den Christen kontrollierte Teil des Heiligen Landes im Lauf der Jahrzehnte kontinuierlich zusammenschrumpfte, traten zwangsläufig immer häufiger Zweifel an der Daseinsberechtigung des Templerordens in den Vordergrund. Man war lange Zeit geneigt, den Tempel mit großen Zuwendungen zu fördern, wohl in der Erwartung, daß die Rittermönche die Heiligen Stätten der Christenheit bewahren und zugleich die Ungläubigen vernichten würden. Gerade weil man den Tempel wie kaum eine andere Institution mit dem Kreuzzugsideal identifiziert hatte, wurde er als dessen herausragender Proponent in Europa für die zahlreichen Mißerfolge im Heiligen Land seit Ende des 12. Jahrhunderts vor allen anderen verantwortlich gemacht. Seine anläßlich der zahlreichen Kreuzzugsaufrufe stets wiederholten Forderungen nach mehr Geld und noch mehr Soldaten führten zwangsläufig zu berechtig-

ter Kritik an dem immensen Reichtum des Ordens. Ebenso kritisierte man, daß der Orden zahlreiche Mitglieder zur Verwaltung der Ordensbesitzungen in Europa benötigte und daß jene daher keinen Kriegsdienst leisten konnten.

Der Tempel verfügte in der Mitte des 13. Jahrhunderts in fast allen europäischen Ländern nachweislich über insgesamt etwa neuntausend ordenseigene Niederlassungen. Der – allerdings umstrittenen – Meinung Matthaeus Paris zufolge wäre demnach jedes dieser Ordenshäuser in der Lage gewesen, zumindest einen geeigneten sowie für den Kriegsdienst ausgerüsteten Ordensbruder zu rekrutieren, wodurch allein der Tempel neuntausend Mann für den Kampf gegen die Ungläubigen hätte aufstellen können.

Diese Auffassung, so der Chronist, sei auch die Ursache, warum man keinerlei Verständnis für all die Niederlagen zeigte obgleich der Tempel vor den Augen der Öffentlichkeit doch über »so viele hervorragende Ritter« verfüge. Derart realitätsfremde Vorstellungen bestätigen lediglich die völlige Unkenntnis der nur mangelhaft gebildeten Bevölkerung über die Logistik des Ordens sowie der tatsächlichen Verhältnisse im Orient. Nachdenklich stimmt bloß die seltsame Ansicht des gelehrten Theologen Matthaeus Paris, »der Tempel könne alleine den ganzen Islam überwinden, wenn [durch den Tempel] nicht immer Verrat und Betrug verübt würden«.

Der letzte große Kreuzzug

Als sich auch Heinrich III. von England wegen reichsinterner Probleme außerstande sah, einen Kreuzzug zu unterstützen, blieb nur noch Ludwig IX. von Frankreich übrig. Nachdem die für Frankreich unrühmlichen Albigenserkriege 1245 mit der Einnahme des letzten Bollwerks der Katharer, des berühmten Montsegur, ihr Ende gefunden hatten, wandte sich Ludwig nunmehr dem Heiligen Land zu.

Dem zutiefst religiösen König können im Gegensatz zu den meisten anderen kreuzfahrenden Monarchen und Fürsten keine machtpolitischen Zielsetzungen unterstellt werden. Trotz des allgemeinen Verfalls des ursprünglichen Kreuzzugsgedankens verkörperte Ludwig das Idealbild des uneigennützig ritterlich handelnden, christlichen Herrschers schlechthin.

Das rein französische Vorhaben erhielt weder von Rom, noch von anderen Ländern nennenswerte Unterstützungen. Die veranschlagten Gesamtkosten der erstaunlich detailliert geplanten Expedition wurden hauptsächlich mittels Steuererhöhungen aufgetrieben, die sich etwa auf das fünffache eines jährlichen Staatsbudgets in Frankreich beliefen.

Obwohl für dieses groß angelegte Unternehmen auch die Komtureien der Ritterorden in Europa aufgerufen waren, verlangte der Heilige Stuhl erneut eine Beteiligung des Tempels in Italien für seinen Kampf gegen den Kaiser *(in negotio totius generalis ecclesiae)*. Mit großer Wahrscheinlichkeit konnten sich die Rittermönche dieser gegen ihre Prinzipien verstoßenden Forderung entziehen, denn von einer aktiven Teilnahme an jener Auseinandersetzung ist nichts überliefert.

Das Heer Ludwigs sammelte sich Ende 1248 in Zypern. Auf Anraten des Tempels beschloß Ludwig wiederum, Ägypten, den Hauptgegner der Lateiner, nach dem Muster des fünften Kreuzzugs mit einer Landung im Nildelta anzugreifen. Ein Friedensangebot des todkranken Ayub wurde strikt abgelehnt. Vorschläge des Tempels, mit dem Gegner aus der Position der Stärke zu verhandeln, wurden vom König ebenfalls kompromißlos verworfen, da »man mit Ungläubigen nicht diskutiere«. Im Wissen um ihre fast schon traditionellen Kontakte zu den einzelnen muslimischen Machthabern untersagte Ludwig den Rittermönchen jeglichen Umgang mit den Muslimen.

Die Christen scheiterten trotz der raschen Eroberung Damiettes und anderer spektakulärer Anfangserfolge an ihren eigenen taktischen Fehlern. Sie stießen wie schon 1221 bis Mansurah vor, wobei sich die Templer besonders auszeichneten. Nach schweren, durch fortwährende Kämpfe und Seuchen bedingten Verlusten sah sich Ludwig schließlich veranlaßt, den Rückzug zur Küste anzutreten, mußte jedoch, selbst schwer erkrankt, auf halbem Weg vor den überlegenen Truppen des Sultans kapitulieren.

Erst im Austausch gegen Damiette und ein hohes Lösegeld, zu dem der Tempel eine erhebliche Geldsumme beisteuerte, erhielten der König und ein Teil seines Heeres ihre Freiheit zurück. Die Beziehungen der Rittermönche zu dem französischen König wurden insgesamt von gegenseitiger Hochachtung geprägt, die selbst durch gelegentliche, rein sachbezogene Differenzen nie ernsthaft beeinträchtigt wurden. Wie in den Zeiten der ersten Kreuzzüge gehörte der Ordensmeister zum engsten Kreis der Berater des Königs.

Im Vergleich dazu hatte der Tempel zwanzig Jahre zuvor dem gebannten Friedrich II. den Gehorsam verweigert, weil dieser augenscheinlich bloß auf den Vorteil des Kaisers bedachte Kreuzzug nicht im Einklang mit den sakral-ideologischen Zielsetzungen des Ordens stand. Ludwigs Autorität hingegen war zeit seines Aufenthalts im Orient unumstritten, denn er verfolgte mit seinem Unternehmen keinerlei machtpolitische Absichten. In diesem Zusammenhang dürfte auch der nationalen Komponente eine nicht unerhebliche Bedeutung zugemessen werden: denn bekanntlich stammte die Mehrheit der Ordensbrüder des Tempels zum überwiegenden Teil aus Frankreich.

Reitergefecht bei Damiette aus der Historia Major

Kurz nach der Freilassung des französischen Königs 1250 beendete ein erfolgreicher Putsch der Mamelukenleibgarde gegen den neuen Sultan Turan Schah die fast hundertjährige Herrschaft der Ayubiden im Reich am Nil. Wegen der darauf unmittelbar folgenden Weigerung der Ayubiden in Damaskus, weiterhin die Oberhoheit Ägyptens anzuerkennen, zerbrach die für die Lateiner tödliche Einheitsfront erneut – und eröffnete den Besiegten trotz ihrer Niederlage unverhoffte Möglichkeiten.
Angesichts dieser Entwicklung kehrte Ludwig nach dem Zusammenbruch seines Ägyptenfeldzugs nicht sofort nach Europa zurück, sondern übernahm für die Dauer von vier Jahren die Regierungsgeschäfte in *Outremer.* In der Folge bemühten sich Ägypter wie Syrer um ein Bündnis mit dem kleinen Königreich, das ihre beiden Herrschaftsbereiche trennte.
Erwartungsgemäß plädierte der Tempel wegen der Sicherung der Gebiete um seine Ordensfestung Safed für ein Bündnis mit Damaskus. Ludwig schloß jedoch einen Vertrag mit dem Mamelukensultan in Kairo, der aber außer der Freilassung der restlichen

Gefangenen aus dem Ägyptenfeldzug keine weiteren Vorteile einbrachte. Erstmals knüpfte man auch Kontakte zu den Mongolen, der damals wahrscheinlich einzigen Macht, die militärisch noch in der Lage war, den Islam im Orient zu vernichten.
Da sich in dem aus verschiedenen Stämmen zusammengesetzten Nomadenvolk eine erhebliche Zahl nestorianischer Christen befand, entsandte auch Rom im Verlauf des 13. Jahrhunderts mehrmals Missionare zu den Großkhanen, in der Hoffnung, zuverlässige Verbündete im Kampf gegen die Muslime zu gewinnen. Die Vorstellung eines Kriegs aus religiösen Motiven war den in Glaubensfragen toleranten Mongolen jedoch völlig unbekannt. Die Großkhane führten ausschließlich reine Eroberungskriege. Ludwig erzielte mit dem Khan Mönke keine Einigung, da dieser im Fall einer Allianz unannehmbare Bedingungen stellte – so zuallererst seine eigene Unterwerfung.
Für die Zukunft des Heiligen Landes nichts Gutes ahnend, ließ Ludwig vor seiner Abreise nach Frankreich auf den Rat der Ordensmeister hin die Befestigungen der wichtigsten, den Lateinern noch verbliebenen Städte verstärken. Doch war sein großartiges, selbstloses Engagement »zum Ruhme Gottes« bestenfalls nur dazu geeignet, den zunehmenden Verfall des lateinischen Königreichs hinauszuzögern.

Der endgültige Verlust des Heiligen Landes

König Ludwigs Abreise im Jahre 1254 hinterließ ein Machtvakuum und stürzte das lateinische Königreich in seine bisher schwerste innenpolitische Krise. Rechtlich war zwar immer noch ein Staufer König von Jerusalem – allerdings war der derzeitige Herrscher, der Enkel Friedrich II., Konradin, erst zwei Jahre alt. Dieser wurde zwar formell von der Kirche, den Ritterorden und dem Adel als Herrscher anerkannt, doch war auf Grund des Konflikts zwischen Kaiser und dem Heiligen Stuhl an eine tatsächliche Ausübung der Regierungsgewalt nicht mehr zu denken.
Der Staat war praktisch führerlos. Die Großen von *Outremer* bezeichneten sich selbst als »Schafe inmitten von Wölfen, ohne Hirten und Führer«. Wie schon in den Jahren vor dem letzten Kreuzzug wurde das, was man allgemein unter »Regierung« verstand, von denjenigen ausgeübt, die über die dazu nötigen Machtmittel verfügten.

In der Außenpolitik profitierte das Königreich zunächst noch von der Auseinandersetzung zwischen dem Mamelukenregime in Ägypten und den ayubidischen Legitimisten in Syrien. Solange diese beiden Reiche einander feindlich gegenüber standen, waren sie an der vorläufigen Erhaltung des christlichen Staatsgebildes interessiert. Unter diesen Umständen konnten sich die verschiedenen Fraktionen in *Outremer*, dem Rat des Tempelmeisters folgend, noch einmal gemeinsam zu einem Waffenstillstandsabkommen mit Damaskus auf zehn Jahre durchringen. Ein ähnlicher Vertrag wurde schließlich auch mit Ägypten zuwegegebracht.
Doch waren die Lateiner im Orient – wie schon so oft in ihrer Geschichte – nicht in der Lage, diese Frist eines relativen Friedens mit seinen muslimischen Nachbarn zu einer der inneren Stabilisierung dienenden konstruktiven Zusammenarbeit zu nützen. Im Jahre 1256 lösten Differenzen wegen ungeklärter Eigentumsverhältnisse bestimmter Liegenschaften in Akko den ersten großen Kolonialkrieg zwischen den beiden führenden europäischen Handelsrepubliken Venedig und Genua aus.
Während das Hospital Genua und seine Verbündeten unterstützte, stellte sich der Tempel zur Wahrung des Gleichgewichts der Kräfte auf die Seite Venedigs. Die Frage, ob die beiden Ritterorden dabei wirklich gegeneinander gekämpft haben, wird von den Historiographen allerdings widersprüchlich beantwortet.
So behauptet Matthaeus Paris, ohne dafür den Nachweis erbringen zu können, die Johanniter hätten »nachdem sie viele der eigenen Leute verloren hatten, die Templer erschlagen, so daß kaum ein Mann entkam...« Ebenso wird der von Matthaeus zitierte angebliche Befehl des Tempelmeisters »an die Ordensbrüder jedes Landes, alles beiseite zu legen und schnell ins Heilige Land zu kommen, um (...) die Lücken zu füllen und um mit Waffengewalt furchtbare Rache an den Hospitalitern zu nehmen...« durch andere Chronisten nicht bestätigt.
Hingegen hätten, so heißt es in der vielleicht etwas zu parteiischen Chronik des Gerhard von Montreal, des sogenannten »Templers von Tyrus«, die Orden zunächst ohne Erfolg versucht, zwischen den Streitparteien zu vermitteln und später noch die kämpfenden Parteien zu trennen.
In einem von feindlichen Nachbarn umgebenen Land wie dem Königreich Jerusalem, dem obendrein jahrzehntelang eine zentrale Führung fehlte, überrascht es nicht sonderlich, daß die zwei mächtigsten militärischen Organisationen gelegentlich unterschied-

liche Standpunkte vertraten. Doch daraus die Schlußfolgerung wie Matthaeus Paris zu ziehen, die Ritterorden hätten wegen ihrer fortwährenden Rivalitäten sämtliche Niederlagen verursacht und wären demnach für den Untergang der Lateiner im Orient verantwortlich, ist völlig absurd.

Nach Ansicht des Historikers Riley-Smith wird die Geschichte beider Orden – bedingt durch die im Kreuzzugsideal begründete gemeinsame Berufung und ihrer ähnlichen Struktur – überwiegend durch Zusammenarbeit und nicht durch Konflikte charakterisiert. Zudem beweisen die zahlreichen Abmachungen der Orden über den durch verschiedentliche Donationen ineinander verschachtelten Besitz den guten Willen zur Kooperation.

Richtig ist allerdings, daß beide Orden zeitweise gegensätzliche Auffassungen in außenpolitischen Fragen einnahmen. So favorisierte der Tempel wegen der zu erwartenden territorialen Zugewinne Bündnisse mit Damaskus, das Hospital dagegen mit Kairo. Grundsätzlich muß festgestellt werden, daß nicht nur die Ritterorden, sondern alle Fraktionen im lateinischen Königreich nach dem Ende des letzten Kreuzzugs Koalitionen eingingen, wie die jeweilige Situation es gerade erforderlich machte.

Aus dieser Perspektive betrachtet, hatten die Ritterorden mit Sicherheit ganz andere Sorgen, als sich gegenseitig mit ihren ohnehin geringen Kräften in derartigen Konflikten aufzureiben. Denn außenpolitische Umwälzungen mit unabsehbaren Folgen drohten die bisherigen Kräfteverhältnisse im vorderen Orient entscheidend zu verändern: Im Jahre 1256 berichtet das Schreiben eines hohen Würdenträgers des Tempels von einem unmittelbar bevorstehenden Einfall der Mongolen in das Heilige Land.

Bereits 1254 sah sich das christliche Königreich von Armenien veranlaßt, dem Großkhan Mönke seine Unterwerfung anzubieten, um Schlimmeres zu vermeiden. Da das armenische Herrscherhaus durch enge familiäre Beziehungen mit dem Fürsten des am nördlichsten gelegenen Kreuzfahrerstaats von Antiochia verbunden war, wurde auch dieser zwangsläufig in jene »Allianz« mit den Mongolen hineingezogen.

Dieses Bündnis gereichte den Christen zumindest am Anfang nicht sonderlich zum Nachteil, denn sie konnten im Einverständnis mit den Mongolen – gewissermaßen als Belohnung für ihre Teilnahme bei der Eroberung von Damaskus und Aleppo 1260 – ihre Territorien auf Kosten der muslimischen Nachbarn erheblich erweitern. Das nun im Norden von den Mongolen und im Süden von den Mameluken bedrohte lateinische Königreich zeigte sich zunächst unentschlossen, mit welcher Seite man verhandeln solle. Indessen entschieden die Machthaber in Kairo, der Bedrohung eines mongolischen Überfalls mit einem raschen Angriff ihrerseits zu begegnen. Auf Grund eines gültigen Waffenstillstands mit den Lateinern wurde ihren Truppen freier Durchmarsch durch das christliche Gebiet gewährt. Aus Mangel an Kräften lehnten die Christen jedoch eine aktive Waffenhilfe zugunsten der Muslime ab. In der Folge fügten die Ägypter bei Ain Jalud dem Heer der Mongolen eine vernichtende Niederlage zu.

Wohl noch immer unter dem Eindruck der eschatologisch-orientierten Legenden über den »Erzpriester Johannes« machte man im Abendland trotz der negativen Erfahrungen Ludwigs IX. und offenbar in völliger Verkennung der Lage den Verantwortlichen in *Outremer* – vor allem dem Tempel – zum Vorwurf, daß sie sich nicht mit den Mongolen gegen die Muslime verbündet hätten. Doch schon in den Monaten vor der Schlacht von Ain Jalut hatte der Tempelmeister die Monarchen des Abendlandes in mehreren gleichlautenden Briefen zur Hilfeleistung gegen die Mongolen aufgefordert, andernfalls jeglicher Widerstand sinnlos wäre. Nur war sein Appel vergeblich gewesen.

Wenngleich im Mongolenheer auch immer wieder vereinzelt nestorianische Christen sogar in führenden Positionen auftauchten, wurde von ihnen Religion im allgemeinen lediglich als machtpolitisches Mittel mißbraucht. Im übrigen war die Furcht vor dem in allen eroberten Gebieten verbreiteten Terror derart, daß niemand in der gesamten vorderasiatischen Region mehr daran dachte, mit jenen, wie Papst Alexander IV. meinte, »furchtbaren, den Abgründen der Hölle entstiegenen Tartaren« ein Bündnis einzugehen.

Dies mag verständlicherweise einer der Hauptgründe gewesen sein, warum man in den Muslimen – wenigstens zu jenem Zeitpunkt – das geringere Übel zu erkennen glaubte. Es wäre aber auch durchaus denkbar, daß die Lateiner als zweifellos schwächste der drei Mächte nicht ganz unrealistisch die Hoffnung hegten, die beiden »Großen« würden sich in einem nach Möglichkeit langdauernden, erbitterten Kampf gegenseitig selbst dezimieren.

Nachdem mit Ludwig erneut viele Adelige und Großgrundbesitzer wegen der unsicheren Lage für immer in den Westen zurückkehrten und auch die Zuwanderung deswegen praktisch zum Erliegen kam, nutzten die Ritterorden diese Möglichkeit, um ihre Territorien dementsprechend großzügig zu erweitern. Allein die Orden

Mongolische Krieger um 1300

verfügten noch über die zum Erwerb und zur Erhaltung dieser neuen Besitzungen notwendigen Mittel, die sie aus ihren abendländischen Niederlassungen in den Orient transferierten.
Unter der ohnedies vorhandenen Prämisse einer fehlenden Zentralgewalt hätte dieser erhebliche Zugewinn an Land – wie schon sechzig Jahre vorher auf Zypern – dem Tempel durchaus die Möglichkeit geboten, erneut die Basis für eine echte, auf eigenem Territorium begründete Souveränität zu schaffen. Es erübrigt sich fast, darauf hinzuweisen, daß die Ritterorden zudem die einzigen im christlichen Orient verbliebenen Institutionen repräsentierten, die auch weiterhin in der Lage waren, eine selbst für den übermächtigen Gegner einigermaßen respektable Streitmacht aufzubieten.

Die Offensive der Mameluken

Nach seinem überraschend deutlichen Sieg über die Mongolen blieb Ägypten nunmehr als einziger ernstzunehmender und zugleich übermächtiger Gegner des lateinischen Königreichs übrig. Außerdem wurde die außenpolitische Situation für die Christen zusätzlich verschärft, als der siegreiche Feldherr von Ain Jalut, Baybars, die Gunst der Stunde nutzte und seinen Herrn, den Sultan Quotuz,

beseitigte. Im Gegensatz zu seinem Vorgänger hielt sich der neue Herrscher nicht an das mit den Franken vereinbarte Waffenstillstandsabkommen. Denn kurze Zeit nach der Machtergreifung mobilisierte er seine Kräfte und gelobte feierlich, die Christen endgültig aus dem Heiligen Land zu vertreiben.
Baybars, ein fähiger Herrscher und wahrscheinlich einer der hervorragendsten Strategen seiner Zeit, verfolgte allerdings bei weitem nicht jene moralische Ideen wie etwa ein Saladin, mit dem er von manchen Historikern gerne verglichen wird. Er bediente sich zwar ebenfalls des *Jihad,* doch im Gegensatz zu Saladin nicht aus sakral-ideologischen Beweggründen, sondern lediglich als rein propagandistisches Mittel zur Mobilisierung der Massen.
Zeit seines Lebens Berufssoldat, erkannte Baybars sehr bald die Bedeutung der Ritterorden als einzige noch funktionierende Stabilisationsfaktoren der christlichen Herrschaft im Heiligen Land. Die Ritterorden allein bildeten mit zehn großen Festungen das Rückgrat der Verteidigung: sieben Burgen der Templer, zwei der Johanniter und eine der Deutschen Herren.
Folgerichtig konzentrierte sich deshalb Baybars fast zehn Jahre andauernde Offensive gegen die Franken in erster Linie auf die Zerschlagung dieser zu fast uneinnehmbaren Festungen ausgebauten Stützpunkten der Ritterorden. Die Frage, warum jene als »uneinnehmbar« bezeichneten Festungen eine nach der anderen – zum Teil schon nach erstaunlich kurzer Belagerungdauer – an die Mameluken verloren gingen, beschäftigte zahlreiche Forscher.
Vor allem mangelte es den Lateinern an einer einheitlichen Verteidigungsstrategie, denn jede Fraktion, ja sogar einzelne Adelige, hatten unterschiedliche eigene Verträge mit den Muslimen und konnten deswegen häufig eine gerade angegriffene christliche Fraktion nicht unterstützen. Auch dürften die extrem hohen finanziellen Belastungen der Orden durch den Grunderwerb und den kostspieligen Ausbau gerade jener nun verlorenen Burgen die Grenzen der wirtschaftlichen Belastbarkeit selbst solch vermögender Organisationen überschritten haben.
So sollen die meisten großen Anlagen wie beispielsweise das erst wenige Jahre vorher fertiggestellte Safed oder die Johanniterburg Krak de Chevaliers wegen Geldknappheit nicht über das für den Fall einer Belagerung notwendige Hilfspersonal verfügt haben. Zudem erhielten die Orden von Rom keinerlei Zuwendungen mehr aus dem Kreuzzugszehnten, der vom Heiligen Stuhl zur Gänze für seinen Krieg gegen die Staufer in Sizilien benötigt wurde.

Trotzdem hätten gerade jene beiden genannten Festungen vielleicht doch gehalten werden können, wenn nicht Hinterlist und falsche Versprechungen seitens Baybars gegenüber den Belagerten im Spiel gewesen wären. Im Gegensatz zu früheren Feldzügen wandten die muslimischen Truppen gegen alles Christliche eine bisher nur von den Mongolen bekannte Brutalität an. Eroberte Städte wurden systematisch zerstört, um eine in der Zukunft mögliche Ansiedlung zu erschweren. Schlachten im herkömmlichen Sinn fanden nicht mehr statt – Baybars Truppen verwüsteten ungehindert das ganze Restreich. Im Jahre 1268 fielen schließlich Stadt und Fürstentum Antiochia, dessen Einwohner nahezu zur Gänze niedergemacht wurden. Diese gezielte »Politik der verbrannten Erde« zwang auch die ohne ihre verlorenen Stützpunkte im Hinterland schutzlosen Ritterorden mit ihren zahlenmäßig unterlegenen Kräften, sich in die letzten, an der Küste gelegenen Stützpunkte zurückzuziehen.
Baybars gelang es indessen nicht, die für den Nachschub aus dem Abendland großen Hafenstädte einzunehmen, da das östliche Mittelmeer von den italienischen Seemächten kontrolliert wurde. Sein Versuch, diesen strategischen Vorteil der Franken auszugleichen, scheiterte 1270 bei einem Landungsversuch in Zypern, wobei die Ägypter ihre gesamte neu geschaffene Flotte einbüßten. Derart wurde das vorläufige Überleben der letzten christlichen Bastionen an der levantinischen Küste nur durch die Überlegenheit der Abendländer zur See garantiert.

Anzeichen des Niedergangs

Dennoch machte sich im Orient niemand mehr Illusionen über die Zukunftsaussichten von *Outremer.* Es war nur noch eine Frage der Zeit, wie lange die Verteidigung des schmalen, noch in christlichen Händen befindlichen Küstenstreifens zwischen der Templerfestung *Château Pélerin* bei Atlit im Süden und der Johanniterfestung Margat im Norden aufrecht erhalten werden konnte.
Es darf nicht verwundern, daß Auflösungserscheinungen selbst in den gelichteten Reihen des Tempels keine Seltenheit mehr darstellten. Verschiedene Spottgedichte, wie das des Tempelritters Ricaut Bonomel, dokumentieren die Verbitterung im Orden über die »Kreuzzüge« des Papstes gegen die Staufer in Italien und dem von der Kirche geförderten Rückkauf von Kreuzzugsgelübden: »...wer immer den Zug nach *Outremer* gegen den lombardischen Krieg

eintauschen will, unser Legat gibt ihm die Macht dazu, denn die Priester verkaufen Gott und die Indulgenzen für bare Münze.« Schließlich wandte sich die Kritik sogar gegen Gott selbst. Der provenzalische Dichter Austorc d'Orlac vermeinte, man solle doch zum Islam übertreten, »denn Gott und die Heilige Maria wollen, daß wir wider das Recht besiegt werden«. Ein anderer wiederum unterstellt Gott, er würde die Sarazenen unterstützen, »denn sie seien die Sieger«. Selbst der berühmte Matthaeus Paris erhob Zweifel an der Allmacht Gottes, indem er das »Gesetz Mahomets« über das Christi stellt: *Nunquid melior est lex Machometi lege Christi.* Solche mehr oder weniger »ketzerischen« Äußerungen finden sich auch in Templerkreisen wieder. In diesen für den Tempel so verhängnisvollen Jahren vermerkt Ricaut Bonomel in seinem *I're dolors,* einem Zeitdokument mit außerordentlicher Aussagekraft:

Zorn und Schmerz haben mein Herz derart erfüllt,
daß nur wenig fehlt, daß ich mich töte
oder das Kreuz aufgebe, das ich nahm
zu Ehren dessen, der ans Kreuz geschlagen wurde;
denn weder Kreuz noch Glaube ... schützen mich
gegen die eidbrüchigen Türken, die Gott verfluche;
im Gegenteil, es dünkt nach allem Augenschein,
daß Gott ihnen beistehen will zu unserem Verderben.
Ein rechter Tor ist, wer gegen die Türken kämpft,
denn Christus wendet sich keineswegs gegen sie,
denn sie besiegen und besiegen weiter,
und dies zu meinem großen Schmerz,
Franken und Tataren, Armenier und Perser,
und hier besiegen sie uns jeden Tag,
denn Gott schläft, der doch zu wachen pflegte,
und Mohammed wirkt mit aller Kraft
und läßt Melicadefer [Baybars] wirken.
Es scheint, daß er je auf den Kampf verzichtet,
im Gegenteil, er hat's geschworen und sagt es offen,
daß fürderhin, soweit es in seiner Kraft steht, in diesem Land
kein einziger Mann bleibt, der an Jesus Christus glaubt;
vielmehr mache er eine Moschee
aus der Kirche der Heiligen Maria,
und da ihr Sohn statt Gram und Weh
Gefallen daran findet und es will,
muß dies auch uns gefallen.[10]

Man braucht sich nicht zu wundern, daß diese aus der Not geborenen Äußerungen ein halbes Jahrhundert später beim Prozeß gegen den Templerorden als »untrüglicher Beweis« für die »Verleugnung Christi« herangezogen werden sollten.
Um ihre letzten Besitzungen zu bewahren, suchten die Ritterorden so wie alle anderen noch verbliebenen Kräfte in *Outremer* bei ihren Gegnern gezwungenermaßen um einen Waffenstillstand nach dem anderen an. Diese Vorgangsweise rief allerdings wieder die nimmermüden Kritiker auf den Plan, die wie immer auch dem Tempel Verrat und Feigheit vorwarfen.
Doch nicht selten stammten gerade diese Vorwürfe von schlecht informierten, aber – wie der Historiker Jules Michelet treffend beschreibt – um so kampfeslustigeren Kreuzfahrern: »...sie waren so sicher, daß gerade für sie ein Wunder geschehen werde, daß sie nicht verabsäumten, die Waffenruhen zu brechen; sie führten die Ritter in unnütze Gefahren, ließen sich schlagen und reisten ab, überließen ihnen die Last des Krieges und beschuldigten diese auch noch, sie schlecht unterstützt zu haben.«
Dazu muß mit aller Deutlichkeit eingewendet werden, daß der Tempel wie auch das Hospital sich mit allen ihnen zur Verfügung stehenden Mitteln bemühten, die restlichen Territorien im Orient zu halten. Wenngleich auch die Schaffung eines souveränen Ordensstaatsgebildes auf den etwa um 1260 erworbenen Besitzungen wohl endgültig gescheitert war, stellte die lateinische Präsenz im Heiligen Land – in welcher Form auch immer – den eigentlichen Daseinsgrund der Rittermönche dar.
Allerdings kann man beiden Orden nicht zur Gänze den Vorwurf ersparen, sie hätten der aggressiven Strategie Baybars kein vernünftiges Verteidigungskonzept entgegengestellt. Die Ursache dafür könnte in der immer noch strengen Auslegung der aus der Gründungszeit stammenden Ordensregel zu finden sein, die für den Fall eines ungerechtfertigten Verlusts jeglichen Ordenseigentums schwere Strafen vorsah.
Die Historikerin Bulst-Thiele glaubt jedoch in dieser starren Regel ein wesentliches Hemmnis in der Entwicklung des Tempels zu erkennen, der deshalb den Erhalt seiner Besitzungen über die Pflicht zur Verteidigung des Landes stellte. Das mag in Zeiten des Niedergangs vielleicht auf einzelne Fälle durchaus zutreffen, doch war dieses Verhalten mit Sicherheit nicht die Regel.
Außerdem steht diese Ansicht in krassem Widerspruch zu der von ihr selbst getroffenen Feststellung, »...die Ordensburgen seien die

letzten festen Plätze des Königreichs«. Erwiesenermaßen hatte das Restreich seine Existenz um weitere zwanzig Jahre nicht zuletzt jenen im Besitz der Orden befindlichen Festungen zu verdanken. Somit scheint der bedingungslose Erhalt der Ordensburgen zu diesem Zeitpunkt auch aus militärischer Sicht mangels anderer operativer Möglichkeiten – es fehlten dazu Truppen und Kriegsmaterial – nicht nur gerechtfertigt, sondern sogar lebensnotwendig gewesen zu sein.

Wenn schon wegen eines allfälligen Versagens Kritik am Templerorden geübt wird, so muß nochmals auf die völlig desolaten internen Verhältnisse in *Outremer* ab der Mitte des 13. Jahrhunderts hingewiesen werden, die praktisch jede einheitliche »aktive« Verteidigung im vornhinein zum Scheitern verurteilten. Die Rittermönche operierten in einem teilweise nicht mehr zusammenhängenden, mehr oder weniger führungslosen Staatsgebilde, in dem gleichzeitig eine ganze Reihe autokratischer Fraktionen ihre eigenständige Politik betrieben. Um so höher einzuschätzen ist die angesichts der wohl hoffnungslosen Lage ungebrochene Einsatzbereitschaft, dem unbezwingbaren Gegner weiterhin die Stirn zu bieten. Die von Baybars gegen die Christen geführte Offensive war ein regelrechter Vernichtungskrieg – ein »totaler Krieg«. Dieser Zustand der kompromißlosen Konfrontation hatte nichts mehr mit den früheren, von gegenseitiger Hochachtung geprägten »ritterlichen« Feldzügen aus der Zeit der Ayubidendynastie gemein und machte unter anderem auch jene jahrzehntelangen diplomatischen Anstrengungen des Tempels auf eine Annäherung zwischen Kreuz und Halbmond endgültig zunichte.

Ebenfalls zum Scheitern verurteilt waren daher die nicht seltenen Versuche der friedlich auftretenden Bettelorden, die als eine theologisch-humanistische Alternative zum militanten Kreuzzug verstärkt zur Bekehrung der Muslime zum Christentum aufriefen. Es geschah das Gegenteil – denn zahlreiche Christen sahen sich vor allem aus wirtschaftlichen Gründen veranlaßt, den Glauben der Sieger, den Islam, anzunehmen.

Obwohl die Lage durch ein rasches militärisches Eingreifen unter Umständen hätte bereinigt oder zumindest vorübergehend stabilisiert werden können, war das Abendland trotz der fast aussichtslosen Situation der Lateiner nicht mehr bereit, sich zu einem gemeinsamen Kreuzzug ins Heilige Land durchzuringen. Das als Triebfeder der christlichen Einheit vorgesehene Kreuzzugsideal hatte sich ein für allemal abgenützt.

Bekanntlich predigte Rom seit Innozenz III. Kreuzzüge nicht mehr allein gegen die Ungläubigen, sondern gegen all jene, die sich der universalen Hegemonie der Kirche in irgendeiner Art und Weise widersetzten. Mit diesem Mißbrauch büßte nicht nur Rom sehr viel von seinem Ansehen ein. Ungerechterweise verloren auch die Rittermönche an Prestige, die wegen ihrer exklusiven, eben von Rom verliehenen Privilegien beneidet wurden. Man setzte, wie der Historiker Demurger formuliert, »mit dem Papst die ganze Kirche auf die Anklagebank«.

Der einzige Monarch des Abendlandes, der noch Interesse am Schicksal der Lateiner im Orient zeigte, war einmal mehr Ludwig IX. von Frankreich. Das Ziel seiner Expedition war wiederum Ägypten. Der König beabsichtigte jedoch auf Grund der falschen Information, der Sultan von Tunis begehre die Taufe, diesen für einen Feldzug gegen Ägypten zu gewinnen. Die hohen Erwartungen erfüllten sich nicht – Ludwig und ein Großteil seines Heeres gingen bereits kurze Zeit nach ihrer Landung bei Tunis an der Pest zugrunde. Der Rest war glücklich, unbeschadet in ihre Heimatländer zurückkehren zu können.

Allein Prinz Edward von England setzte seine Reise mit lediglich einigen hundert Bewaffneten fort und erreichte Akko im Sommer 1271, gerade als Baybars die letzten großen Ordensfestungen im Landesinneren erobert hatte. Der einzige Erfolg des späteren Königs von England, der mit seinen wenigen Truppen keine nennenswerten Operationen durchführen konnte, war ein eher zweifelhafter Friedensvertrag mit Baybars auf zehn Jahre, den dieser zu Feldzügen gegen Seldschuken und Mongolen nützte.

Mit Gregor X., der als Archidiakon von Lüttich Edward ins Heilige Land begleitet hatte, bestieg noch einmal ein Mann den Stuhl Petri, der sich im Gegensatz zu seinen Vorgängern aufrichtig bemühte, den Christen im Orient zu helfen. Vor allen Dingen beklagte er den Ablaßhandel und den Mißbrauch der Kreuzzugssteuern für zweckentfremdete Unternehmungen der vorangegangenen Jahrzehnte.

Doch gelang es auch Gregor mit dem vornehmlich zu diesem Zweck 1274 einberufenen zweiten Konzil von Lyon nicht mehr, den Kreuzzugsgeist früherer Zeiten aufs neue zu entfachen. Seine Vorstellungen, Byzanz durch eine Allianz mit Rom in das Kreuzzugsprojekt miteinzubinden, führten ebenfalls zu keinem greifbaren Ergebnis. Das seit 1261 wieder in der Hand der Byzantiner befindliche Konstantinopel erkannte in Lyon – wohl aus sicherheits-

politischen Überlegungen – zwar den Papst rein formell als Oberhaupt der gesamten Christenheit an, doch zerbrach die »Union« bereits nach wenigen Jahren am standhaften Widerstand der griechischen Bevölkerung.
Kennzeichnend für die »Begeisterung« der Mehrheit der Konzilsteilnehmer ist die zynische Bemerkung des Gesandten des französischen Königs. Er verglich die ohnedies nicht vorhandene »Schar der Christen, die ins Heilige Land ziehen solle, wie groß sie auch sei«, mit »einem kleinen Hund, der einen großen anbellt«. Besonders bedeutsam erscheint allerdings der Gesinnungswandel gegenüber den Mongolen, deren Boten im Namen des Großkhans ein Bündnis gegen die Mameluken in Aussicht stellten. Doch setzte eine erfolgversprechende, gemeinsam mit den Mongolen durchgeführte Aktion in jedem Fall die Einigkeit der zerstrittenen Gruppierungen in *Outremer* voraus.
Um seine hochgesteckten Kreuzzugspläne rasch voranzutreiben, setzte Gregor X. – wie schon viele Päpste vor ihm – auf den Templerorden und sah besonders in der Person des neu gewählten Ordensmeister Wilhelm von Beaujeu einen Garanten für die Wiederherstellung der inneren Ordnung in *Outremer.* Beaujeu wurde wahrscheinlich wegen seiner Verwandtschaft zum französischen Königshaus und zu anderen Familien des Hochadels in der berechtigten Hoffnung gewählt, mit Hilfe seiner hervorragenden Beziehungen die Mächtigen des Abendlandes für einen Kreuzzug zu bewegen. Auf seiner zwei Jahre dauernden Reise an die Höfe Europas erhielt er zwar hohe Zuwendungen, aber nicht die erhofften Zusagen.
Nach seiner Ankunft in Akko fand Beaujeu einen von hohen Ausgaben belasteten und militärisch weitgehend inaktiven Orden vor. Die finanziellen Schwierigkeiten resultierten in erster Linie aus den hohen Tributzahlungen für die den Sarazenen abgerungenen Waffenruhen. Selbst der mit großen Erwartungen in den Orient gekommene Ordensmeister sah sich deswegen außerstande, diese triste Situation wesentlich zu verändern.
Ein Brief des Johanniter-Großmeisters Nikolaus Le Lorgne an König Edward I. von England schildert die prekäre Lage: »Ich mache Euch sehr gerne mit dem Zustand des Heiligen Landes bekannt. Das besagte Land ist nur zu einem kleinen Teil mit Kriegsleuten besetzt und leert sich immer mehr.(...) Die Trockenheit greift um sich, alles Getreide ist verdorben.« Le Lorgne fordert daraufhin vom Abendland Getreide, um »unsere kranken Herren und unsere Brüder zu erhalten«.

In einem anderen Bittschreiben an den König von England, dem der Tempel einst eine hohe Summe für seine frühere Orientexpedition geliehen hatte, beklagt Beaujeu, daß der Orden einen Großteil seiner Besitzungen verloren habe und deshalb die Einnahmen nicht mehr ausreichten, den notwendigsten Bedarf zu dekken. Die Andeutung, »damit dies nicht, wenn wegen jenes Mangels Unheil entstehen sollte, uns später angerechnet werden könnte«, sollte dreißig Jahre später Wirklichkeit werden.
Mit dem gewaltsamen Tod des letzten Staufers und – wenngleich nur formellen – lateinischen Königs Konradin im Jahre 1268 begann von neuem das unselige Ränkespiel um den machtpolitisch zwar bedeutungslosen, aber doch so begehrten Titel eines Königs von Jerusalem. Verschiedene Prätendanten mit ihrer sich gegenseitig »nach bewährtem Muster« bekämpfenden Klientel sorgten dafür, daß das zerrüttete Restreich selbst angesichts des drohenden Untergangs nicht zur Ruhe kam. Auf diese Weise verstrich aber auch gleichzeitig die allerletzte Chance der Lateiner, mittels einer Wiederherstellung des inneren Friedens ihre Position nach außen hin zu konsolidieren. Denn der Tod Baybars 1277 sowie der nachfolgende interne Machtkampf verschafften dem Heiligen Land eine Atempause von etwa drei Jahren.
Bei dem neuerlichen Einfall der Mongolen in Syrien im Jahre 1280 folgten die Lateiner erstmals dem dringenden Ersuchen des Khans Abaqa auf Entsendung von Truppen für eine gemeinsame Operation gegen das Mamelukenreich. Das Hauptheer der Franken ohne die Ritterorden – Tempel und Hospital hatten mit den Mameluken einen separaten Waffenstillstand geschlossen – wurde jedoch vom Heer des neuen Sultans Qalavun am Zusammenschluß mit den Mongolen gehindert. Die Schlacht bei Homs 1281 endete zwar mit einem taktischen Sieg der Mongolen, brachte aber den Lateinern keine Vorteile. Denn der Sultan konnte sich trotz der Niederlage mit einem Großteil seiner Truppen geordnet zurückziehen.
Um der für die Zukunft seines Reichs nicht ganz ungefährlichen Koalition entgegenzuwirken, war Qalavun zu Verhandlungen unter Vermittlung der Templer, die seit jeher einer Verbindung mit den Mongolen sehr skeptisch gegenüberstanden, bereit. Drei Jahrzehnte später wurde von einigen beim Templerprozeß angeklagten Ordensmitgliedern ausgesagt, nachdem sie nach der Ursache der vermeintlichen »engen Freundschaft« des damaligen Ordensmeister Beaujeu zu dem Sultan und den Muslimen gefragt wurden: »...weil sonst weder er [der Meister] noch der Orden jenseits des Meeres

hätten bestehen können.« Den Tatsachen entspricht allerdings, daß Beaujeu als Oberhaupt der militärisch stärksten sowie politisch einflußreichsten Institution im erheblich geschwächten lateinischen Königreich natürlich diplomatische Beziehungen zu den muslimischen Machthabern pflegte.
Auf Betreiben des Tempels gelang es in der Folge den einzelnen Gruppierungen – freilich unter großen Zugeständnissen – mit dem Sultan einen wenn auch sehr brüchigen Waffenstillstand auf zehn Jahre zu vereinbaren. Trotzdem fielen in der Zeit von 1186–1190 nahezu alle Städte und Festungen (bis auf Akko, Tyrus, Sidon und Beirut sowie den großen Templerbesitzungen Tortosa und *Chastel Pelerin*) in die Hand der Mameluken, die auf das bestehende Abkommen keinerlei Rücksicht nahmen. Nachdem angesichts der erdrückenden Übermacht der Sarazenen jeder Widerstand vollkommen sinnlos geworden war, versuchte der Meister des Tempels, wenigstens diese letzten Bastionen der Christen an der levantinischen Küste durch Verträge mit dem Gegner zu erhalten.
Die unhaltbare Lage der Lateiner berührte das Abendland indessen kaum noch. Mehrere Reisen hoher Würdenträge von beiden großen Orden zu den Höfen des Westens erzielten ebenfalls nicht den gewünschten Gesinnungswandel. Vielmehr hatten verschiedene Staaten und Monarchen, etwa Rudolf von Habsburg und die Handelsmetropole Genua, für sich vorteilhafte Abkommen mit den Mameluken geschlossen, weswegen sie an einer Auseinandersetzung nicht sonderlich interessiert waren. Gleichermaßen bloß auf Diplomatie bedacht waren die zwischen 1285 und 1289 nach Europa geschickten Gesandten des Mongolenkhans, der erneut eine militärische Allianz mit dem christlichen Abendland gegen die kleinasiatischen Muslime anstrebte.

Das Ende von *Outremer*

Allein der Heilige Stuhl versuchte gelegentlich mit Geldmitteln zu helfen. So etwa ließ Nikolaus IV. in Venedig zwanzig Schiffe mit Söldnern als Verstärkung für das Heilige Land bemannen. Diese Streitmacht stellte jedoch weniger eine Hilfe, als eher eine gefährliche Belastung dar, weil jene »Söldner« dem Bericht des »Templers von Tyrus« zufolge nichts anderes als schlecht ausgerüstete Abenteurer gewesen sein sollen. Wegen des bestehenden Waffenstillstands zur Untätigkeit gezwungen, beraubten und erschlugen sie

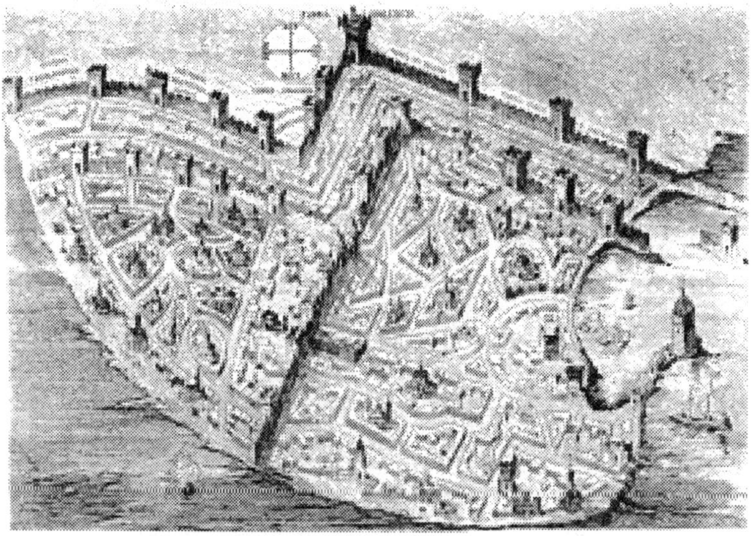

Rekonstruktion von Akko um 1290

als »Ersatz« für die vorenthaltene Beute kurzerhand friedliche muslimische und griechische Kaufleute in Akko.
Qalavun forderte die Lateiner ultimativ auf, ihm die Verbrecher auszuliefern. Dies wurde dem Sultan entgegen der Warnung des Tempelmeisters, der sich in der Angelegenheit nicht durchsetzen konnte, unklugerweise verweigert. Dies geschah unter dem fadenscheinigen Hinweis, es handle sich bei den Schuldigen um Kreuzfahrer, die in Akko nicht belangt werden könnten.
Beaujeu erfuhr über einen bestochenen Emir, daß der erzürnte Sultan nunmehr Akko einzunehmen gedenke. Der während der Vorbereitungen zu diesem Feldzug plötzlich eingetretene Tod Qaluvuns änderte für die Lateiner unglücklicherweise nichts, da sich sein Sohn Al-Aschraf – entgegen der bisher üblichen dynastischen Machtkämpfe – sofort behaupten konnte. Der neue Sultan setzte das von seinem Vater begonnene Unternehmen fort und stand mit einem bestausgerüsteten Heer am 5. April 1291 vor der größten levantinischen Hafenstadt.
Nach hartnäckigem Widerstand gegen eine vielfache Übermacht fiel das etwa 50.000 Einwohner zählende Akko schließlich nach einer fürchterlichen Belagerung von 43 Tagen. Bei den schweren Abwehrkämpfen zur Sicherung der Fluchtwege zum Hafen, wobei

man noch einem Teil der Einwohnerschaft die Flucht auf Schiffen nach Zypern ermöglichte, wurden die Meister des Tempels sowie des Hospitals getötet. Allein die letzten Verteidiger der am Meer gelegenen, stark befestigten Stadtburg, des Tempelmeisterpalastes, konnte sich noch weitere zehn Tage halten, bis das an mehreren Stellen unterminierte Gebäude in sich zusammenstürzte.

Da jegliche Unterstützung aus dem Abendland ausblieb, mußten die übrigen noch in christlicher Hand befindlichen Städte in den folgenden Monaten kampflos geräumt werden – im August 1291 setzten sich die restlichen Templer als letzte aus ihren beiden noch verbliebenen Festungen Tortosa und dem Pilgerschloß nach Zypern ab.

Damit fanden das Königreich und die fast zweihundertjährige christliche Herrschaft im Heiligen Land für alle Zeiten ihr Ende. Doch auch die Mission des Tempels und des Hospitals war gescheitert. Sie verloren mit dem Untergang des lateinischen Königreichs ihren Daseinsgrund – wie die späteren Ereignisse zeigen werden, war der Fall Akkos für einen der beiden Ritterorden gewissermaßen das vorweggenommene Todesurteil.

[1] Die politische Funktion eines *Atabeg* entspricht der eines Gouverneurs oder Statthalters.

[2] Einer der größten Kritiker der Templer war Johann von Würzburg.

[3] Der Großvezir wurde auch als »Sultan« bezeichnet.

[4] Der Kanon 24 des Laterankonzils von 1179 verbot ausdrücklich jegliche Unterstützung der Muslime.

[5] Innozenz berief sich dabei auf den Erfolg des ersten Kreuzzugs, an dem bekanntlich keine Könige teilgenommen hatten.

[6] Die Nachfolger Saladins werden nach dessen Vater Ayub »Ayubiden« genannt.

[7] Mit Erzpriester Johannes war wahrscheinlich niemand anderer als Dschingis Khan gemeint.

[8] Rechtlich war Friedrich nur der Vormund für seinen minderjährigen Sohn.

[9] Galiläa gehörte zum ägyptischen, also zum »gegnerischen« Machtbereich.

[10] Ricaut Bonomel, *I're dolors,* zitiert nach Hans Prutz, »Geheimlehre und Geheimstatuten des Tempelherrenordens«, Berlin 1879, und Alain Demurger, »Die Templer«, München 1991.

Die Funktion im Abendland

Die wirtschaftspolitische Aufgabe

Schon kurze Zeit nach der Bestätigung der ritterlichen Laiengemeinschaft als geistlicher Orden anläßlich des Konzils von Troyes im Jahre 1128 hatten die Rittermönche überall in Westeuropa zahlreiche Schenkungen in Form von Liegenschaften, Immunitäten, Renten und Privilegien aller Art erhalten. Ursache dieser Schenkungen waren wohl neben der Bewunderung des jungen Ordens bestimmt die für jene Epoche charakteristische überspitzte Frömmigkeit – die stete Angst um das persönliche Seelenheil sowie die damit verbundene Ablösung der Sünden.
Vor dem Hintergrund der allgemeinen Kreuzzugsbegeisterung dokumentieren jene Zuwendungen neben dem großen Vertrauensvorschuß aber auch ganz deutlich den Willen, dem noch jungen Orden die notwendigen Mittel zur Wahrnehmung seiner Missionen – dem Heidenkampf und dem Schutz der Heiligen Stätten – bereitzustellen. Den Forschungen des Historikers Alain Demurger zufolge strömten die Schenkungen indessen nicht gleichmäßig, sondern insbesondere vor oder während eines Kreuzzugs mit den Höhepunkten der Jahre 1130–1140, 1180–1190 sowie 1210–1220. Es versteht sich von selbst, daß gegen Ende des 13. Jahrhunderts die Zuwendungen angesichts des zunehmenden Desinteresses am Schicksal des Heiligen Landes entsprechend nachließen.
Die wegen der zum Teil weit verstreuten Ländereien nötige Rationalisierung der Verwaltung veranlaßte den Tempel schon sehr bald, seine erworbenen Besitzungen zusammenzulegen und gegen andere Liegenschaften auszutauschen. Das derart bereits innerhalb weniger Jahrzehnte nach der Ordensgründung angehäufte Vermögen bot – neben den großzügigen, vom Heiligen Stuhl verliehenen Privilegien – den zahlreichen Kritikern stets eine bevorzugte Zielscheibe. Es steht sicherlich außer Zweifel, daß der Orden für die Verhältnisse seiner Zeit als außerordentlich reich bezeichnet werden kann. Doch diente dieser Reichtum im Gegensatz zu dem vergleichbarer anderer weltlicher oder kirchlicher Grundherren einem ganz bestimmten Zweck: Kontinuierlich sollte die kämpfende Truppe in *Outremer* mit Waffen, Pferden und Lebensmitteln versorgt werden. Zwar verfügte der Orden im Heiligen Land ebenfalls über

eine stetig wachsende Zahl bewirtschafteter Güter mit beträchtlichen Erträgen, doch reichten diese bei weitem nicht aus, den hohen Aufwand zu bestreiten.
Auf der iberischen Halbinsel unterschieden sich die Verhältnisse hingegen vom übrigen Europa. Dort wurde der Tempel bereits sehr früh in die *reconquista* eingebunden, da man – ähnlich den Verhältnissen im Heiligen Land – dem Tempel vor allem Grenzfestungen und Ländereien überließ, die zum Teil erst von den Mauren zurückerobert werden mußten.
Die primäre Aufgabe jeder Komturei lag zunächst in ihrer Selbstversorgung. Der Ertrag des Überschusses – im Normalfall ein Drittel, in späterer Zeit ein Zehntel – aus der den jeweiligen lokalen Gegebenheiten entsprechenden, vorwiegend landwirtschaftlichen Produktion wurde für den Orden im Orient abgeliefert. Da sich das politische und militärische Betätigungsfeld des Ordens – die Iberische Halbinsel ausgenommen – eben auf das Heilige Land konzentrierte, spricht Demurger von »einer Art Kolonialpolitik« im umgekehrten Sinn.

Templer im Haushabit

Zahlreiche Zolldokumente aus den Archiven der für den Schiffsverkehr mit *Outremer* wichtigsten Mittelmeerhäfen bestätigen, daß der Templerorden in die Handelsströme seiner Zeit eingebunden war. Zumeist wurden die Transporte von den Ausfuhrzöllen befreit. Nachdem der Orden gegen Ende des 12. Jahrhunderts über eine eigene Flotte verfügte, baute er eigene Organisationen in den bedeutendsten Mittelmeerhäfen auf und stieg selbst in das lukrative Reedereigeschäft ein. Derart war der Tempel in der Lage, auch Pilger in den Orient zu befördern.
Neben der häufigsten Form der abendländischen Komtureien, dem direkt bewirtschafteten, oft an einem Bach oder Fluß gelegenen Eigenbetrieb, findet man wegen des gelegentlich auftretenden Mangels an Arbeitskräften auch den Pachtbetrieb. Das Dienstpersonal der Herrengüter bestand – wie im Feudalsystem allgemein üblich – zunächst zum überwiegenden Teil aus Fronpflichtigen, später vermehrt aus Lohnarbeitern. Natürlich unterschied sich der rechtliche Status der Arbeiter nach den Traditionen der jeweiligen Region, doch kamen selbst Leibeigene als »Männer des Tempels« in den Genuß der Privilegien und der Exemtionen des Ordens. Außerdem gewährte der Tempel seinen Bediensteten im allgemeinen eine ganze Reihe zusätzlicher Vergünstigungen.
Um eine möglichst reibungslose Finanzierung des im Orient finanziell äußerst aufwendigen Etats zu gewährleisten, war der Tempel in Europa gezwungen, dementsprechend hohe Profite zu erwirtschaften. Dies dürfte den Orden veranlaßt haben, zur Rationalisierung seiner Betriebe innovative Bewirtschaftungsmethoden zu fördern; er hat auf diese Weise – ähnlich den Zisterziensern – einen wesentlichen Beitrag zum ökonomischen Aufschwung des Abendlandes geleistet.
Da das Papsttum als führende geistige Autorität des Abendlandes zur Mitte des 13. Jahrhunderts zerfiel und gleichzeitig das Königtum erstarkte, entstanden schwere Konflikte mit allen grundherrlichen Institutionen der Kirche. Die Staatsgewalt versuchte vor allem die Neuerwerbungen sämtlicher geistlicher Orden einzuschränken. Grundsätzlich bestätigten die Landesherrn – meist bei ihrem Amtsantritt – den bisherigen Besitzstand, doch unterlag das Recht auf allfällige zukünftige Erwerbungen gewissen Bedingungen. Dies scheint nur allzu verständlich, denn insbesondere der exemte, dem Zugriff der weltlichen Verfügungsgewalten entzogene Grundbesitz des Templerordens verminderte nicht nur das Steueraufkommen, sondern stellte auch eine beträchtliche Ein-

schränkung der staatlichen Hoheitsrechte dar. So soll der Tempel zu Beginn des 14. Jahrhunderts allein in Frankreich mehr als zwei Millionen Hektar Land besessen haben.
Die weltlichen Fürsten gewährten den Ritterorden anfangs – ähnlich wie die Päpste – eine ganze Reihe unterschiedlicher Vorrechte, so die Befreiung von Wegzöllen und Steuern sowie die Freistellung vom Heeresdienst. Aber nach 1250 stellten die Herrscher diese Privilegien zunehmend in Frage – wenn sie diese nicht sogar teilweise aufhoben.
Für gewöhnlich konnten die daraus entstandenen Konflikte mit Hilfe eines vom Heiligen Stuhl bestellten Schiedsrichters *(prudhomme)* einvernehmlich beigelegt werden. Dennoch steht zweifelsfrei fest, daß die Vergünstigungen von den Obrigkeiten kontinuierlich eingeengt wurden. Dabei hatte gerade zu diesem Zeitpunkt der Orden mehr oder weniger die ganze Last der kostspieligen Verteidigung gegen Baybars Mamelukenheere zu tragen.

Die Templer als Financiers der Kreuzzüge

So wie der Templerorden in der Landwirtschaft neue Methoden einführte, brachte er auch im Finanz- und Kreditwesen Europas bisher weitgehend unbekannte Techniken ein. Obwohl dies auf den ersten Blick für einen Mönchsritterorden mit seiner sakral-ideologischen Berufung wohl einen eher befremdenden Eindruck erweckt, waren indes jene stark ausgeprägten Finanzaktivitäten ebenfalls eine zur Bewältigung der aufwendigen Mission im Orient unabdingbare Notwendigkeit.
Wie alle monastischen Institutionen im Mittelalter boten auch die Niederlassungen des Tempels jedem Verfolgten Asyl sowie den unantastbaren Schutz eines gottgeweihten Hauses. Deshalb wurden gerade die zum Teil befestigten Haupthäuser der großen abendländischen Ordensprovinzen, die von ihren zahlreichen Ritterbrüdern »bewacht« wurden, als ganz besonders geeignete Depots für Geldbeträge und Wertgegenstände angesehen. So bezeichnet der Forscher Baldwin die Londoner Zentrale des Ordens sogar als »mittelalterlichen Vorläufer der Bank von England«.
Auf diese Weise entwickelte sich der Orden wahrhaftig zur »Schatzkammer Europas«, denn selbst Könige machten sich in Krisenzeiten seine fast schon sprichwörtliche Sicherheit zu Nutzen und hinterlegten den Staatsschatz oder die Kronjuwelen. Trotz der vielfäl-

tigen Anfeindungen galt der Templerorden bei Geldangelegenheiten als erste Adresse – das Ordenssiegel genügte als Garantie. Doch blieb es nicht bei der einfachen Verwaltung der Einlagekonten. Bereits zu Lebzeiten seines Gründers Hugo von Payens ließ der Tempel das bei ihm deponierte Geld arbeiten, indem er es gegen Pfand und Zinsen weiterverlieh. Trotz der geistigen Nähe zu Bernhard von Clairvaux, der so wie die Amtskirche generell den Geldverleih auf das schärfste verurteilte, entwickelte sich gerade diese Tätigkeit sehr schnell zu einer der wichtigsten Einkommensquellen der Rittermönche.
Offenbar machte Rom bei den Templern eine Ausnahme, denn diese gaben zunächst hohe Kredite vor allem Pilgern und Kreuzfahrern zur Finanzierung ihrer mehrere Jahre dauernden, kostenintensiven Wallfahrten. An dieser Stelle darf nicht unerwähnt bleiben, daß Ludwig VII. den zweiten Kreuzzug erst mit einem »beträchtlichen«, bei den Templern aufgenommenen Kredit durchführen konnte – so wie 130 Jahre später auch Edward I. Der lateinische Kaiser von Konstantinopel, Balduin II., gab für einen hohen Kredit als Pfand sogar das »wahre Kreuz«. In Spanien avancierte der Orden überhaupt zu der einzigen geldverleihenden Institution im ganzen Land. Gegen Ende des 12. Jahrhunderts trat der Orden auch im Orient vermehrt als Geldverleiher in Erscheinung. Der Historiker Demurger weist in diesem Zusammenhang darauf hin, daß die Zunahme der Kredite des Tempels im Orient parallel zum Aufschwung des Fernhandels verlief. Den Forschungen D.Metcalfs zufolge liegt die Hauptursache für die Erweiterung des templerischen Bankenwesens in Profitstreben und der Möglichkeit, zusätzliche Einkommensquellen zu erschließen. Seiner Ansicht nach »muß der Reichtum der Templer im Heiligen Land gemäß ihrer sozialen und politischen Rolle im Orient eingeschätzt werden und im Okzident in Abhängigkeit von der Rolle, die sie dort spielten«.
Allerdings scheinen sich die finanziellen Verhältnisse des Ordens mit der rapiden Verschlechterung der christlichen Position in Palästina spätestens ab der Mitte des 13. Jahrhunderts dramatisch verändert zu haben. Einerseits verloren die Templer durch die Offensive der Mameluken eine ganze Reihe ihrer Besitztümer, andererseits mußten zur Erhaltung des brüchigen Friedens horrende Summen für Tributzahlungen an die Muslime aufgebracht werden. Da die ordenseigenen Mittel wahrscheinlich nicht mehr ausreichten, um damit größere Kredite gewähren zu können, treten die Rittermönche nun häufig als Bürge oder Kreditvermittler bei

italienischen Bankiers oder aber immer öfter auch selbst als Kreditnehmer in Erscheinung.

Nichts könnte den internationalen Charakter des Templerordens besser belegen als jene Finanzpraktiken. So übernahmen die beiden großen Ritterorden dank ihres ausgedehnten Verbindungsnetzes häufig Transporte von Geldern der Päpste und Monarchen wie auch privater Personen ins Heilige Land oder von dort nach Europa.

Durch die Kreuzzüge stieg auch die Frequenz der Handelsbeziehungen zwischen Orient und Okzident. Bei den nicht ungefährlichen Transfers für sich und seine Klientel bediente sich der Tempel zur Begrenzung des Risikos auf ein Minimum als erste Institution einer im mittelalterlichen Abendland bisher weitgehend unbekannten Alternative der Geldüberweisung in größerem Stil: des Kreditbriefs.

In der Tat war dieses System für kaufmännische Unternehmungen von größtem Vorteil gegenüber den herkömmlichen Transportmethoden, bot es doch den besten Schutz des Vermögens bei Überfällen oder Naturereignissen. Der Reisende hatte jetzt gegen Bezahlung einer Bearbeitungsgebühr *(interesse)* dieMöglichkeit, sich die bei einer Komturei eingelegte Summe unter Vorlage des mit dem heutigen Scheck vergleichbaren Kreditbriefs bei jeder beliebigen anderen der zahlreichen Komtureien im Orient wie im Okzident auszahlen zu lassen.

Zahlreichen Berichten zufolge soll es sich dabei um ein »ehrliches Bankwesen« gehandelt haben, da sich keinerlei Hinweise auf Wucher oder Veruntreuung finden – die Ordensbrüder selbst waren anspruchslos.

Allerdings ist die Herkunft der Kenntnisse über diese revolutionären Neuerungen von der Forschung noch nicht zur Gänze geklärt. Doch kann aus der intensiven Verwendung des Schecks durch die Templer noch lange nicht dessen »Erfindung« – wie so mancher Templerforscher vermeint – abgeleitet werden. Vielmehr dürfte der Orden im Orient auf dieses System gestoßen sein und rasch seine für die Zwecke des Ordens hervorragend geeigneten Eigenschaften erkannt haben.

Letzten Endes reichte aber selbst dieser daraus resultierende ungeheure Vermögenszuwachs, der fast zur Gänze der Verteidigung des Heiligen Landes zufloß, bestenfalls dazu, das unvermeidbare Schicksal von *Outremer* hinauszuzögern, doch nicht, es abzuwenden.

Der Tempel - Machtfaktor im Abendland ?

Bereits elf Jahre nach seinem ersten öffentlichen Auftreten anläßlich des Konzils von Troyes im Jahre 1128 wurde der Orden durch die Verleihung des Privilegs *omne datum optimum* praktisch jeder irdischen Gerichtsbarkeit – ausgenommen der des Heiligen Stuhls – entzogen. Der Tempel – er stand gleichsam über dem Gesetz – unterwarf sich keiner anderen Autorität und übte auf seinen Territorien die hohe und niedere Gerichtsbarkeit aus. Da er über einen eigenen Klerus verfügte, war er auch in religiösen Angelegenheiten von den jeweiligen Diözesen vollkommen unabhängig.

Somit bildeten die Rittermönche – wie der Historiker Campbell treffend vermerkt – »eine außerordentlich begünstigte Klasse, deren Mitglieder beides besaßen: die schuldige Ehrung des weltlichen Kriegers und die schuldige Achtung der geistlichen Autorität eines der Kirche angehörenden Mannes«. Es versteht sich daher von selbst, daß die Stimme einer derart bevorrechteten Organisation, die zudem beständig ihren Besitzstand vergrößerte, insbesondere in jenen Ländern, wo sie am stärksten vertreten war, zunehmend an Einfluß gewann. Vor allem in England und Spanien und nicht zuletzt in Frankreich *(Francien)*, der wohl wichtigsten aller abendländischen Provinzen, gelangten Tempelritter in politisch verantwortungsvolle Ämter und Positionen. So stellten in Frankreich die als Finanzexperten geschätzten Schatzmeister des Pariser *temple* seit der Herrschaft Philipp Augusts über hundert Jahre bis zur Auflösung des Ordens zugleich die Schatzkanzler des Königs. Zahlreiche Päpste bevorzugten Templer als oberste Kämmerer *(cubicularii)*. Ebenso bedienten sich viele Fürsten, Könige und Päpste der welterfahrenen Rittermönche als Ratgeber und Diplomaten.

Wegen der regen Kommunikation innerhalb des weitverzweigten Netzwerks ihrer Niederlassungen können die Templer zu den herausragenden Informanten des Abendlandes gezählt werden. Mit ihrer systematischen Informationspolitik gelang es, die Meinungsbildung über die negative Entwicklung der christlichen Position im Orient zu beeinflussen und dadurch wesentlich zur Aufrechterhaltung des Interessen an der Kreuzzugsbewegung beizutragen. Deshalb wurden die Ordensmeister auch stets in allen die Kreuzzüge betreffenden Belangen vom Papst sowie von den Monarchen konsultiert.

Im Gegensatz zum Orient war jedoch im Okzident eine einheitliche, zentral gesteuerte Politik des Ordens auf Grund der unterschiedlichen regionalen sowie nationalen Bedingungen nicht möglich. Trotz der laufend durchgeführten Arrondierungen seines Landbesitzes in allen Teilen des Abendlandes gelang es dem Tempel nirgends, sich ein Territorium anzueignen, das in seiner flächenmäßigen Ausdehnung oder seiner ökonomischen Struktur als Basis für eine eigenständige Machtpolitik geeignet gewesen wäre. Die Ausübung der Gerichtsbarkeit durch die Präzeptoren innerhalb der Ordensbesitzungen sowie die Befreiung der Komtureien von jeglichen Steuern und Abgaben garantierten dem Tempel lediglich eine relative Eigenständigkeit.

Die Privilegien hatten aber nicht überall den gleichen Stellenwert. Allein im Orient, wo jahrzehntelang die Zentralgewalt fehlte, war der Großmeister des Ordens ein wirklich souveräner Herr. Der Niedergang der von Rom zusammen mit der Kreuzzugsbewegung propagierten sakral-ideologischen »Einheit der Christenheit« führte in Europa zu einem Erstarken der nationalen Monarchien. Die zunehmende Schwäche des Heiligen Stuhls veranlaßte nun auch den Tempel mangels Rückendeckung immer häufiger, sich durch Kompromisse mit den jeweiligen Herrschern zu arrangieren. Im Gegensatz zur Auffassung einiger Forscher stellte der Orden in den jeweiligen Ländern mit Bestimmtheit keine militärische Bedrohung dar, obgleich er bis zu seiner Auflösung seinen Grundbesitz konsequent vermehren konnte.

Da der Besitz der Templer kein zusammenhängendes Territorium bildete, hätte eine reibungslose Mobilisierung kaum unbemerkt vor den Zentralgewalten durchgeführt werden können. Ebenso entbehrt die unter anderem von John Charpentier und Jacques de Mahieu kolportierte – ganz offensichtlich von Matthaeus Paris frei erfundene – militärische Stärke von »15.000 Lanzen« im Abendland jeglicher wissenschaftlichen Beweiskraft.

Bekanntlich waren die meisten der abendländischen Niederlassungen Wirtschaftsbetriebe, die ausschließlich von kriegsuntauglichen Ordensbrüdern sowie Bediensteten geführt wurden, da man die waffenfähigen Ritter umgehend in den Orient abkommandierte. Zum anderen war auf Grund der sakral-ideologischen Ausrichtung kein wie immer gearteter Anlaß zu einem militärischen Einschreiten gegen einen christlichen Herrscher geboten.

Deshalb kann Campbells Ansicht nicht zugestimmt werden, daß »die mächtigsten Fürsten zögerten, eine Genossenschaft anzugreifen, die über einen solchen Reichtum und so viele Männer verfügte wie der Tempel, und schwächere Fürsten seine Freundschaft

mit Geschenken zu erkaufen suchten«. So dokumentiert unter anderem ein von manchen Forschern zumeist als »Beweis« der Macht des Ordens geführter Ausspruch des Großpräzeptors von England genau genommen eher die Ohnmacht des Ordens gegenüber einem starken Monarchen: Als der Ordensmeister nach der vernichtenden Niederlage von La Forbie im Jahre 1244 alle noch in Europa verfügbaren Kräfte nach *Outremer* zitierte, verweigerte Heinrich III. den englischen Templern die Ausreise. Im folgenden denkwürdigen Disput mit dem Großpräzeptor machte der König den Ritterorden und der Kirche Vorwürfe wegen ihrer Vorrechte und Besitztümer, »daß sie sich vor Stolz und Hochmut aufblähen. Was man unvorsichtig gegeben hat, muß man vorsichtig zurücknehmen, und was man klug verliehen hat, muß man klug wieder aufkündigen«. Darauf entgegnete ihm der Präzeptor: »Solange Ihr Gerechtigkeit walten laßt, werdet Ihr herrschen, im anderen Fall werdet Ihr nicht allzu lange auf dem Throne sitzen.« Wohl blieb die Beleidigung ohne direkte Folgen, der König beharrte jedoch mit Nachdruck auf seiner ursprünglichen Weigerung.
Ein interessantes Beispiel über die wahre militärische Stärke der Ritterorden bietet auch die Besetzung der ägäischen Insel Rhodos durch das Hospital. Dieser um nicht vieles schwächere Ritterorden benötigte insgesamt vier lange Jahre (1306–1310), um die im Verhältnis zu europäischen Ländern vergleichsweise verschwindend kleine, hauptsächlich von Piraten, Fischern und Bauern besiedelte Insel zur Gänze in seine Gewalt zu bekommen.
Den deutlichsten Beweis für die Ohnmacht des im Abendland angeblich so mächtigen Templerordens liefert indessen die handstreichartige Festnahme der Templer in Frankreich durch die Schergen des französischen Königs im Jahre 1307. So befanden sich in Frankreich nicht nur die meisten europäischen Niederlassungen des Ordens, sondern war der *Temple* in Paris die wichtigste Schaltstelle für wirtschaftliche Transaktionen im Abendland und seit 1306 Sitz des Großmeisters. Ebenso kann man davon ausgehen, daß im Gefolge des Großmeisters obendrein zahlreiche »arbeitslos gewordene« Ritterbrüder nach Frankreich zurückkehrten. Aber selbst diese im jahrzehntelangen Kampf gegen die Sarazenen erprobten Veteranen konnten oder wollten in der schwersten Stunde des Ordens keinen Widerstand leisten.
In Spanien und Portugal lagen die Verhältnisse etwas anders als im übrigen Europa. Bereits seit 1146 war der Tempel in den Kampf gegen die Mauren eingebunden und nahm an fast allen Schlachten

der *reconquista* teil. Wie im Orient bildeten auch hier die wegen ihrer hervorragenden Disziplin und ihrer raschen Mobilisierbarkeit geschätzten Einheiten der Rittermönche das Rückgrat der christlichen Heere. Doch führte die eigentliche Bestimmung des Ordens – der Schutz der Heiligen Stätten in Palästina – gelegentlich zu erheblichen Differenzen mit verschiedenen spanischen Herrschern. Zunächst versuchten jene Könige mit Erfolg, die mittlerweile unentbehrlich gewordenen Templer durch großzügige Schenkungen und Konzessionen zu veranlassen, kriegstaugliche Brüder für den Dienst im Orient abzuziehen. Doch ließ das Engagement des Ordens insbesondere nach dem glänzenden, für den weiteren Verlauf der *reconquista* zugunsten der Christen vorentscheidenden Sieg von Las Navas de Tolosa im Jahre 1212 nach, zumal sich etwa zur selben Zeit die Lage im Orient zunehmend verschlechterte.
Durch die sich dort abzeichnende Katastrophe sah sich die Ordensführung veranlaßt, sämtliche Ressourcen in ganz Europa für den bevorstehenden Endkampf zu moblisieren. Diese Maßnahme machte es fast völlig unmöglich, sich weiterhin wie bisher an der *reconquista* zu beteiligen. Interventionen König Jakobs II. beim Heiligen Stuhl führten dazu, daß um 1250 dem Tempel trotz seiner materiellen Schwierigkeiten mittels einer päpstlichen Bulle der Befehl erteilt wurde, den Kampf gegen die Mauren trotzdem fortzusetzen.
Der Tempel in Portugal hingegen verpflichtete sich 1169 gegenüber dem König, all seine Kräfte im Land einzusetzen, solange die Mauren nicht endgültig vertrieben waren. Dies war eine Gegenleistung für das Angebot, ein Drittel des von den Mauren eroberten Landes südlich des Tejo in Besitz nehmen zu dürfen. Nach Ansicht des Forschers M.Cocheril »trennte sich so der Tempel Portugals vom Orden und widmete sich ausschließlich der Rückeroberung des Landes«.
Tatsächlich scheinen die Templer in Portugal im Vergleich zu anderen Ländern Westeuropas eine echte Sonderstellung eingenommen zu haben – ähnlich jener zahlreichen, im Rahmen der *reconquista* entstandenen nationalen ritterlichen Bruderschaften, wie beispielsweise die Ritter von St. Benoit d'Aviz. Dies wird insbesondere auch durch die Ereignisse nach der Auflösung des Templerordens im Jahre 1312 deutlich: In Portugal fanden nämlich keinerlei Verfolgungen statt, vielmehr nannte sich der alte Templerorden auf Initiative Königs Dionys 1317 kurzerhand nur noch mit seinem zweiten Namen *militia Christi* – »Christusritterorden« –

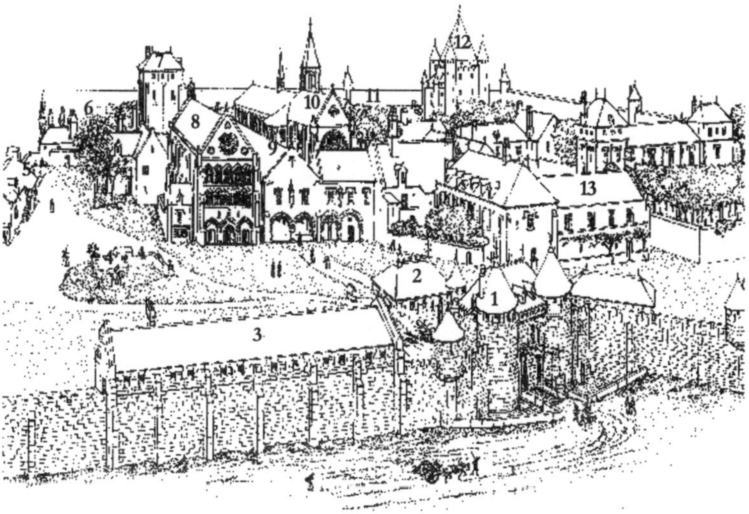

Der Temple in Paris

1. Befestigtes Tor
2. Turm des Temple
3. Pferdeställe
4. Tränke
5. Türschließer
6. Hospital
7. Taubenturm
8. Kapelle
9. Konventsaal
10. Kirche
11. Friedhof
12. Donjon
13. Palast des Großmeisters

und konnte ohne Schwierigkeiten seine Bestätigung von Papst Johannes XXII. erlangen. Als Zeichen der »Läuterung« führten die Ritter als sichtbares Unterscheidungsmerkmal zum »alten Orden« bloß ein kleines weißes Kreuz innerhalb des roten Templerkreuzes. In Spanien verschärften sich die Spannungen zwischen dem Orden und dem König von Aragon zusehends, nachdem der Regent von den Rittermönchen militärische Unterstützung auch in seinen Kriegen gegen christliche Nachbarreiche einforderte. Im Rahmen des Aufrufs zur allgemeinen Heerfolge drohte der König dem Präzeptor von Aragon: »Wenn Ihr anders handelt, werden wir gegen Euch und die Besitzungen des Ordens so vorgehen, wie es recht ist vorzugehen gegen diejenigen, die sich unmenschlicherweise weigern, für ihr (!) Land zu kämpfen.«
Dieses Ansinnen, verbunden mit der Drohung, stellte für eine universale Institution wie den Tempel, einen ungeheuerlichen Affront

dar; schließlich sah er seine vordringliche Tätigkeit nun einmal im Schutz des Heiligen Landes. In diesem Zusammenhang sei nochmals mit Nachdruck darauf verwiesen, daß die Ordensregel den Templern ausdrücklich untersagte, gegen Christen die Waffe zu erheben. Bis zur Auflösung hielten sich die Rittermönche mit ganz wenigen Ausnahmen an dieses Gebot.
Wohl mit dieser sehr plausiblen Argumentation gelang es dem Orden, seinen Standpunkt sogar gegenüber seinem obersten irdischen »Lehensherren«, dem Papst, mit Erfolg zu behaupten. Denn als der Heilige Stuhl in dem blutigen Ringen gegen Friedrich II. und seine Nachfolger das Kreuzzugsideal zu vordergründigen machtpolitischen Zwecken mißbrauchte, versuchten auch die Päpste des öfteren, sich der vielgerühmten militärischen Schlagkraft »ihrer« Rittermönche zu bedienen.
Tatsächlich wurden Tempelritter aber niemals in all jene innereuropäischen Kriege involviert. Die Forschung weiß lediglich von der Verwendung der Ritter »zwischen ihrem Gehorsam gegenüber dem Papst und der Treue zu ihrem Ideal hin- und hergerissenen« (Demurger) als Wachpersonal der päpstlichen Burgen zu berichten.
Der wohl einzige bekannte militärische Gefechtseinsatz in Europa außerhalb der iberischen Halbinsel fand 1241 bezeichnenderweise gegen »Nichtchristen« bei der Abwehr des »Mongolensturms« im Großraum des heutigen Polens und Ungarns statt. Dabei wurden die dort nicht zur Verteidigung geeigneten Ordensbesitzungen von den mongolischen Horden weitgehend verwüstet. Anläßlich der vernichtenden Niederlage des ungarisch-deutschen Heeres in der Schlacht von Liegnitz erlitt auch der Tempel erhebliche Verluste.

Die Sozialpolitik

Im Gegensatz zu den Hospitalitern oder den Deutschen Herren, die beide aus karitativen Bruderschaften hervorgingen, war die Bestimmung des Tempels von Anfang in erster Linie rein militärischer Natur und blieb stets auf den Schutz der Pilger und der Heiligen Stätten beschränkt. Deswegen hat die Forschung es auch weitgehend unterlassen, sich mit der sozialpolitischen Funktion des Ordens auseinanderzusetzen.
Aber deshalb braucht der Auffassung Demurgers nicht rückhaltlos zugestimmt zu werden: »Man muß zweifellos zugeben, daß die Templer den Almosen, der Armen- und Krankenpflege sowie der

Verpflegung von Bedürftigen

Beherbergung geringere Aufmerksamkeit schenkten.« Denn nach Ansicht von Louis Charpentier soll auch der Tempel nicht unerhebliche Beiträge zur Linderung menschlicher Notlagen beigetragen haben.

Die militärische Sicherung der großen Pilgerstraßen im Orient wie auch später im Okzident zu den großen Wallfahrtszentren des Hochmittelalters gewährleistete nicht nur den Schutz der Pilger vor Überfällen. Nach dem Vorbild der Zisterzienser bot der Orden vor al-

lem meist minderbemittelten Wallfahrern die nötige Verpflegung mit lebenswichtigen Gütern sowie die Möglichkeit eines menschenwürdigen Übernachtens in eigens zu diesem Zweck vorwiegend an Straßenknotenpunkten angelegten Hospizen *(hospitots)*.
Obwohl Mildtätigkeit oder Barmherzigkeit nicht gerade zu dem engeren Aufgabenbereich eines überwiegend militärischen Ordens zählten, waren die Templer gemäß ihrer Ordensregel – wie alle anderen monastischen Gemeinschaften – ebenfalls angehalten, die Armen regelmäßig mit Nahrung zu versorgen und dreimal wöchentlich Almosen zu geben. Wer die Nachfolge Christi zum Mittelpunkt seines Lebens auserwählt hatte, mußte sein Brot mit allen Notleidenden teilen.
Gemäß Kapitel XIV der Ordensregel sollte zusätzlich von dem Essen, das zwei Templer erhielten, soviel übrig bleiben, daß wenigstens ein Armer von den Resten gesättigt werden konnte. Kapitel XV besagt außerdem, daß »der zehnte Teil des Brotes immer dem Almosenpfleger gegeben werden soll« *(Ut decima pars totius panis semper elemosinario detur)*. Diese Praxis wurde unter anderem auch während des Prozesses gegen die Templer von fast allen Zeugen aus dem Orden bestätigt.
Da viele Komtureien aus ihren landwirtschaftlichen Erträgen offenbar große Überschüsse erzielten, wurden Speicher und Kornsilos angelegt. Wohl deshalb bezichtigte man den Orden des öfteren ungerechterweise der Getreidespekulation. Tatsächlich aber scheint festzustehen, daß ein solches Horten von Getreide »wesentlich dazu beitrug, Hungersnöte im 12. und 13. Jahrhundert zu vermeiden« oder zumindest deren Folgen zu lindern. So soll allein die Komturei Renneville während einer Hungersnot an einem einzigen Tag an elftausendeinhundertzwanzig (!) Hungernde kostenlose Mahlzeiten ausgegeben haben. Der Forscher Louis Charpentier macht in diesem Zusammenhang deutlich darauf aufmerksam, daß eigenartigerweise aus jener Zeit im Vergleich zu den folgenden Jahrhunderten über Hungersnöte kaum Chronistenberichte existieren. Diese setzen erst im ersten Drittel des 14. Jahrhunderts wieder ein – also erst nach Vernichtung des Templerordens.
Die wahrscheinlich aber wichtigste soziale Komponente der Templer reicht jedoch weit über das karitative Engagement im herkömmlichen Sinn hinaus. Es ist dies die tragende Rolle bei der Verbreitung der gotischen Baukunst, die letzten Endes genau wie der Templerorden auf denselben sakral-ideologischen Grundvorstellungen aufgebaut ist.

Der Verfall

Die politischen und ideellen Ursachen

Trotz des Verlustes sämtlicher Stützpunkte im Heiligen Land dokumentieren zahlreiche Aktionen bis 1302 den ungebrochenen Willen der Ordensführung, auch weiterhin an der ursprünglichen Mission festzuhalten – vielleicht schon mit der Vorahnung, daß nunmehr die Existenz des Ordens auf dem Spiel stand. Als provisorischer Hauptsitz und Operationsbasis für zukünftige Aktionen diente seit 1291 die für diese Zwecke bestens geeignete Insel Zypern.
Im Jahre 1293 wurde Jakob von Molay vom Generalkapitel auf Zypern zum dreiundzwanzigsten Großmeister des Tempels gewählt. Während der ersten Jahre seiner Amtszeit durchreiste er den Westen, um den Papst und die Könige von der Notwendigkeit eines neuerlichen Kreuzzugsunternehmens zu überzeugen. Doch diese waren mit angeblich dringlicheren Angelegenheiten beschäftigt. Ebenso vergebens waren seine Bemühungen um eine Reform des Ordens.
Molay tat anläßlich seiner Wahl einen markigen Ausspruch, er wolle einiges im Orden verändern, was ihm mißfiele, ausrotten, wovon er annähme, daß es dem Orden noch schlecht bekommen werde. Aber die Satzungen blieben unverändert. Es fehlte ihm ganz offensichtlich der für sein schweres Amt nötige Weitblick, um zu erkennen, daß der Orden nach dem Verlust des Heiligen Landes sich um seiner weiteren Existenzberechtigung wegen unbedingt neuen Aufgaben stellen müsse.
Als die Mongolen 1299 zum wiederholten Male in Syrien und Palästina einfielen, forderten sie den König von Zypern sowie die Ritterorden auf, sich ihrem Feldzug anzuschließen. Doch zeigten sich die Christen wohl hauptsächlich wegen ihrer Uneinigkeit über die Kriegsziele zunächst außerstande, von dieser günstigen Gelegenheit zu profitieren. Schließlich führten das Hospital und der Tempel zusammen mit einigen Kreuzfahrern verschiedene Angriffe auf ägyptische und levantinische Hafenstädte durch.
Im Zuge dieser Überfälle nahmen die Templer unter der Führung Molays die Tortosa vorgelagerte Insel Ruad (Antarados) in Besitz und legten aufwendige Befestigungen an. Die übrigen Kontingente der Christen zogen sich, nachdem sie vergebens auf die Mongolen

Die im 13. Jh. als christliche Kirche gebaute Basilika von Tortosa

gewartet hatten, wieder nach Zypern zurück. Da der Stützpunkt auf der Insel für den muslimischen Küstenschiffsverkehr eine erhebliche Bedrohung darstellte, wurde Ruad im Herbst 1302 von einem starken Mamelukenheer angegriffen.
Trotz anfänglicher Abwehrerfolge sah sich die zahlenmäßig weit unterlegene Garnison nach schweren Verlusten letzten Endes gezwungen, auf Treu und Glauben zu kapitulieren. Die Mameluken hielten jedoch nicht ihr Versprechen auf freien Abzug – wie Gerhard von Montreal, der »Templer von Tyrus« berichtet: »Die Templer vertrauten ihrer Hinterlist, ergaben sich (...) und verließen ihre Stellung. Die Sarazenen ließen alle syrischen Serjanz enthaupten [für sie wurde kein Lösegeld bezahlt], (...) und die Templerbrüder wurden in Schimpf und Schande nach Ägypten geführt.«
Aus strategischer Sicht war das Unternehmen für die Region relativ bedeutungslos. Jene Angelegenheit am Rande der Weltgeschichte ist eigentlich nur deshalb erwähnenswert, weil sie die letzte größere militärische Operation des Templerordens im Orient überhaupt darstellt. Die von Anfang an schlecht geplante Aktion verschlang vor allem Unsummen beim Bau der Befestigungen und stellte eine zusätzliche Belastung der ohnedies angespannten finanziellen Situation dar. Der Historiker Demurger sieht deswegen nicht zu

Unrecht die Verantwortung für das Desaster ausschließlich bei Molay, der allem Anschein nach mit der wenig durchdachten Besetzung der wasserlosen und felsigen Insel Ruad seinen Orden unbedingt wieder in Szene setzen wollte.
Das Vertrauen in die beiden großen Orden war endgültig dahin. In den Augen ihrer Kritiker im Abendland hatten sie bereits bei der Verteidigung der Hafenstädte im Jahre 1291 versagt und wurden deshalb für den Fall des lateinischen Königreichs verantwortlich gemacht. So unterstellt der wohl die Ansicht mancher Zeitgenossen wiedergebende steirische Chronist Ottokar den Templern, sie hätten die Städte aufgegeben, »weil es sinnlos sei, sich dort in die Gefahr zu begeben, da der Besitz in Syrien auf Dauer doch nicht gehalten werden könne. Der Orden hätte andere Aufgaben in Spanien und es sei sinnvoller, dafür die Kräfte zu schonen«.

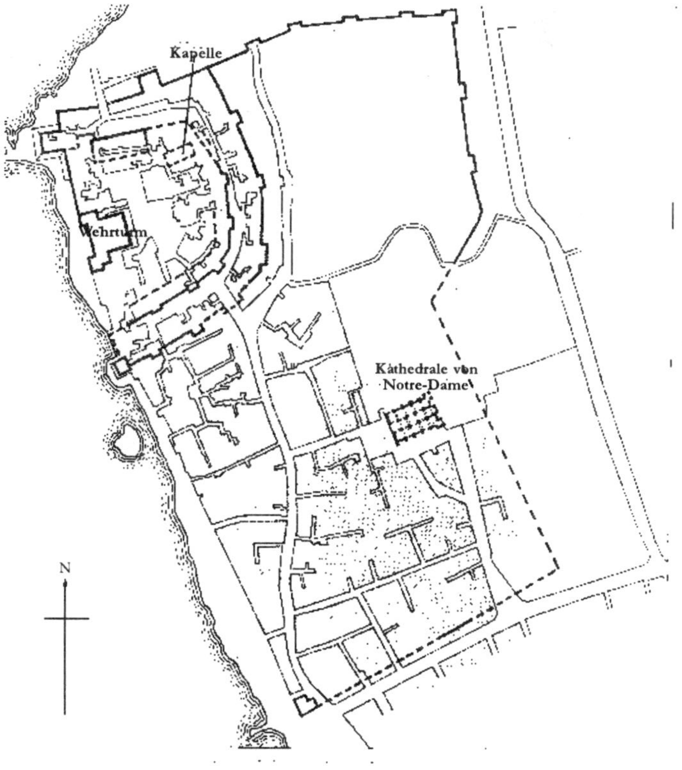

Plan der Stadt und Zitadelle von Tortosa um 1290

Interessanterweise äußern sich, so Ottokar, die Meister des Hospitals und des Deutschen Ordens ähnlich; der letztere berief sich auf seine vordringlichen Verpflichtungen in Osteuropa. Die Meinung Ottokars könnte jedoch – wenigstens zum Teil – die tatsächliche Situation widerspiegeln.
Vieles deutet darauf hin, daß sich auch im Tempel – wie in jeder gesellschaftlich etablierten Institution, ob säkular oder klerikal – gegen Ende seiner knapp zweihundertjährigen Geschichte eine sicherlich nicht unbedeutende Zahl von Männern befand, die nicht nur aus sakral-ideologischer Überzeugung in den Orden eintraten. Viele nachgeborene Söhne verarmter adeliger Häuser erwarteten vor allem eine standesgemäße Versorgung sowie ein möglichst unbeschwertes Leben in den abendländischen Niederlassungen. Nach dem *Book of Howth*, einem irischen Epos des ausgehenden 13. Jahrhunderts, wurde der Tempel durch Reichtum korrumpiert: »... dies ist der Weg, auf dem die Templer von der Tugend zum Laster geführt wurden.«
Solche bis in unsere heutige Zeit überlieferten Sprichwörter wie »Hütet euch vor dem Kuß der Templer«, »Fluchen und trinken wie ein Templer« *(boire e jurer comme un templier)* oder »Saufen nach Templerart« *(bibere templariter)* lassen bei so manchem Ordensmann nicht gerade auf einen recht beschaulichen Lebenswandel schließen. Es ist anzunehmen, daß der Heidenkampf jenseits des Meeres auf diesen Teil der Brüder keine allzu große Anziehungskraft auszuüben vermochte.
Nicht ganz ohne Grund prüfte daher Papst Nikolaus IV. noch einmal die bereits anläßlich des Konzils von Lyon erörterte Vereinigung von Hospital und Tempel zu einem einzigen Ritterorden. Die meisten regionalen Konzilien des Jahres 1292 unterstützten diese Initiative. Der Katalane Raimundus Lullus, einer der hervorragendsten Theologen seiner Zeit, ging bei seinen Überlegungen im *Liber de Fine* sogar noch weiter. Er gelangte in dem Kapitel *De modo bellandi* zu der Auffassung, daß sämtliche Ritterorden allmählich in einem neu zu gründenden »Heiliggeistorden« unter der Führung eines »Kriegerkönigs von königlichem Blute«, eines *dominus* oder *rex bellator*, vereinigt werden sollten.
Aus kirchenpolitischer Perspektive wäre dieser Schritt zu jenem Zeitpunkt wahrscheinlich sogar richtig gewesen. Denn der neue Orden hätte nunmehr für alle nationalen Monarchien mit Sicherheit eine in jeder Hinsicht unbezwingbare Macht dargestellt sowie dem Universalanspruch des in seinem Ansehen schwer angeschla-

genen Pontifikats Nachdruck verleihen können. Außerdem war mit dem Orden die Möglichkeit geboten, die Basis für ein zukünftiges theokratisches Reich Jerusalem ähnlich dem der Deutschen Herren in Ostpreußen zu schaffen.
Eine Neugründung in diesem Sinne scheiterte jedoch nicht nur an der mangelnden Begeisterung für einen Kreuzzug sowie am Widerstand der beiden Ritterorden – dies widersprach ebenfalls den politischen Interessen der Monarchen, wie die unmißverständlichen Reaktionen aus England, Spanien und Frankreich zeigten. Doch dieser Plan barg auch ein nicht kalkulierbares Risiko in sich. Den deutlichsten Beweis für einen möglichen Mißbrauch lieferte Philipp IV. *Le Bel,* der Überlegungen hegte, zugunsten seines Sohnes abzudanken, um selbst die Führung des »Heiliggeistordens« zu übernehmen.

Rhodos aus der Vogelperspektive

Offenbar wurde der französische König durch die Ideen über eine mögliche Rückgewinnung des Heiligen Lands aus dem Werk *Liber de Acquisitione Terrae Sanctae* von Lullus inspiriert, der mehrere Jahre am Hof Philipps verbrachte. Die Absichten dieses Machtpolitikers waren aber bestimmt ganz andere als sakral-ideologischer Natur.

Im Gegensatz zu Molay erkannte der dynamische Meister des Hospitals, Fulko von Villaret, gerade im rechten Augenblick die Zeichen der Zeit. Ihm gelang es, die Krise seines Ordens zu überwinden, indem er mit Hilfe der Seemacht Genuas in den Jahren 1306 bis 1310 die Insel Rhodos erobern ließ. In seinem Schreiben an Clemens V. versuchte der Meister Fulko von Villaret, die Besetzung der Insel durch ihre strategische Lage – vor allem wegen ihrer Nähe zur türkischen Küste – zu rechtfertigen.

In Wahrheit bedeutete aber der Besitz dieser kleinen ostägäischen Insel für das Hospital nichts anderes als ein weit ab von der Einflußsphäre Roms gelegenes und allfälligen Zugriffen der abendländischen Herrscher entzogenes Refugium. Solcherart entstand nach dem Deutschen Ordensstaat in Ostpreußen ein zweites theokratisches Staatsgebilde, das für die nächsten zweihundert Jahre unangefochten als Hauptsitz des Ordens fungieren sollte.

Fast wehmütig bemerkt dazu der »Templer von Tyrus«: »Auf diese Weise sandte Gott dem edlen Meister des Hospitals und den wakkeren Männern dieses Hauses seine Gnade. Denn sie sind an diesem Ort in großer Freiheit (...), in ihrer eigenen Herrschaft, und keiner anderen Herrschaft unterworfen.«

Wohl noch immer unter dem Eindruck der bei dem glücklosen Ruad-Unternehmen erlittenen schweren Schlappe war Molay zu keinem militärischen Abenteuer mehr bereit. Vielmehr unterstützten die Templer zusammen mit ihrem alten Bundesgenossen Venedig – etwa zur selben Zeit, als die Hospitaliter Rhodos eroberten – offen den Putsch Amalrichs mit Erfolg gegen seinen Bruder Heinrich, den wegen Krankheit angeblich unfähigen König von Zypern. Offenbar erwartete Molay eine Neuverteilung der Besitzverhältnisse auf der Insel zugunsten seines Ordens. Der Historiker Demurger ist der Auffassung, daß sich der Tempel durch die Revolte eine ähnliche Stellung wie im ehemaligen lateinischen Königreich sowie eine größere Einflußnahme auf politische Entscheidungen erhofft haben könnte. Ob und wie weit sich die Erwartungen erfüllten und der Orden seine Position auf Zypern tatsächlich verbessern konnte, ist allerdings ungewiß. Doch kann das (vielleicht)

Erreichte auf keinen Fall als erster Schritt in Richtung einer beabsichtigten Eigenstaatlichkeit gewertet werden.
Man gewinnt den Eindruck, daß die Ordensführung mit Molay an der Spitze selbst keine Antwort mehr auf die dringende Frage nach den künftigen Zielsetzungen anzubieten hatte. Diese offenkundige Unentschlossenheit war ein nur allzu deutliches Signal der Schwäche an die Gegner des Ordens. Doch solange die Rittermönche den erforderlichen Rückhalt noch in der Autorität des Heiligen Stuhls fanden, bestand keinerlei Gefahr. Wäre der apostolische Stuhl nicht ebenfalls im Niedergang begriffen gewesen, hätte auch die Geschichte des Templerordens einen anderen Verlauf genommen.

Das Ende des päpstlichen Universalismus

Das Papsttum triumphierte zwar im Ringen der beiden Universalmächte über die Staufer, doch büßte es dabei gleichzeitig seine eigene Machtstellung im Abendland ein. So hatte die langjährige Auseinandersetzung vor allem die päpstlichen Geldmittel vollständig erschöpft. Die übergeordnete Zentralgewalt im römischen Reich war in zahlreiche autonome Territorialgewalten zerfallen, die für den Heiligen Stuhl keine direkte Gefahr mehr bedeuteten. Aber der Papst verlor, weil er sich während des Konflikts mit den Staufern auf Frankreich gestützt hatte, immer mehr seine relative Unabhängigkeit.
Mit Bonifaz VIII. gelangte ein Mann an die Spitze der römischen Kirche, der noch einmal vergebens an die glanzvollen Zeiten eines Innozenz III. anzuknüpfen versuchte. Doch scheint ein Vergleich beider Persönlichkeiten nicht zielführend, denn Bonifaz war – so der Historiker Kühner – nichts anderes als »ein unbeherrschter Tyrann, ein gewalttätiger (...) Autokrat, der ein Extrem an schrankenlosem Hochmut und Maßlosigkeit zeigte«.
Bonifaz VIII. fühlte sich unter Berufung auf den *Dictatus Papae* Gregors VII. ermächtigt, sich *Ego Caesar, ego Imperator* zu nennen. Und es verwundert nicht, daß dieser Papst unvermeindlich mit Phlipp IV. von Frankreich zusammenstieß, dem wohl skrupellosesten Repräsentanten eines im Entstehen begriffenen nationalen Absolutismus. Der Konflikt entbrannte wegen finanzieller Probleme, da sich der stets bankrotte französische König seinen gegen England geführten Krieg mittels der Abgabenleistungen der Kirche in Frankreich finanzieren ließ. Einen daraufhin vom Papst ent-

sandten Legaten ließ Philipp wegen Majestätsbeleidigung kurzerhand verhaften.
Der scharfen Reaktion des Papstes begegnete Philipp mit einer Reichsversammlung der französischen Generalstände, die »in einer gewaltigen nationalen Aufwallung an die Seite ihres Königs traten«. Umgekehrt aber erkannte Bonifaz dem König jegliche Steuerhoheit in der auf Jahrhunderte umstrittenen Bulle *Unam Sanctam,* die unmittelbar gegen Philipp gerichtet war. Darin präsentiert sich der Papst – so Kühner – »in schroffster Weise und im Sinn einer Entmündigung allen außerkirchlichen Daseins« und drückt seine übersteigerten Vorstellungen von der unbegrenzten Gewalt über alle Monarchen und Völker aus.
In seiner völlig verzerrten Deutung der Zwei-Schwerter-Lehre »sind beide Schwerter in der Gewalt der Kirche, das geistliche und das irdische. Jenes ist von der Kirche zu führen, und dieses für die Kirche, jenes von des Priesters Hand, dieses von der Hand der Könige (...), aber nach dem Wink und Zulassung des Priesters *(ad nutum et patientiam Sacerdotis)* «.
Der skrupellos ehrgeizige König fühlte sich durch die nachfolgende Exkommunikation sowie weitere beleidigende Anklagen in seinem Herrscherstolz zutiefst verletzt. Er ließ nun seinerseits durch eine von ihm einberufene Versammlung französischer Kleriker und Juristen schwere Anklagen gegen Bonifaz ausarbeiten. Den Ausführungen Demurgers zufolge dürften interessanterweise auch die Templer Frankreichs – und nur diese – diese Kampagne mit dem Generalvisitator und Stellvertreter des Großmeisters im Okzident, Hugo von Pairaud, an der Spitze mitgetragen haben. Pairaud soll sogar geprahlt haben, »er würde Frankreich auch gegen den Papst verteidigen«.
Die für den Tempel eine sehr atypische Verhaltensweise – man erinnere sich nur an die Zeiten Kaiser Friedrichs II. Dies könnte aber auch als Hinweis verstanden werden, daß innerhalb des Ordens ein aufkeimendes Nationalbewußtsein in Konflikt trat mit der bisherigen Bereitschaft, die päpstliche Universalidee bedingungslos zu verteidigen. »Es waren die Franzosen (...)« – wie der deutsche Historiker Leopold von Ranke feststellte –, »die den Anmaßungen des Papstes den ersten Widerstand leisteten. In nationaler Einmütigkeit setzten sie sich den Bannbullen Bonifaz VIII. entgegen.«
Der Papst zeigte sich erwartungsgemäß über die Anschuldigungen erhaben und wies die französischen Beschlüsse als nichtig zurück.

Papst Bonifaz VIII.

Indessen zeugen die folgenden Ereignisse von der Kluft zwischen Weltherrschaftsanspruch und tatsächlich ausgeübter päpstlicher Macht. Während er in seiner Sommerresidenz in Agnani das Interdikt gegen ganz Frankreich vorbereitete, wurde Bonifaz völlig unerwartet vom ebenfalls exkommunizierten Kanzler Philipps, Wilhelm von Nogaret, und seinen Schergen verhaftet und handlungsunfähig gemacht. Wohl gelang ihm bereits nach wenigen Tagen die Flucht nach Rom, doch verstarb er zutiefst erschüttert drei Wochen später.

Diese Demütigung des geistlichen Oberhaupts der Christenheit durch die neue selbstbewußte Nationalstaatlichkeit erschütterte

Papst Clemens V.

nicht nur das Ansehen des Heiligen Stuhls – sie brachte auch den von Gregror VII. initiierten Papst-Universalismus endgültig zu Fall. Nach dem kurzem Pontifikat des unbedeutenden und kompromißbereiten Benedikt XI. gelang es der mittlerweile dominierenden Partei der französischen Kardinäle bei dem nächsten Konklave die Wahl ihres Kandidaten, des Erzbischofs von Bordeaux, Bertrand de Got, durchzusetzen. Dieser Kandidat Frankreichs wählte als Papst Clemens V. bezeichnenderweise nicht Rom zur Residenz, sondern Lyon, dann Poitiers und ab 1309 Avignon. Mit dem folgenschweren Schritt begann die bis 1377 andauernde Epoche der avignonesischen Päpste – die »babylonische Gefangenschaft der Kirche« – sowie die daraus resultierende Unterwerfung unter den Willen der französische Krone. Damit waren die zur Vernichtung des mächtigsten Ordens der Christenheit erforderlichen Voraussetzungen geschaffen.

Im Vorfeld des Untergangs

Die Situation des Tempels in Zypern blieb weiterhin ungeklärt. Schließlich wurden die beiden Großmeister Molay und Villaret zur Jahreswende 1306/07 von Clemens V. zwecks einer Konferenz über die Erfolgsaussichten eines neuen Kreuzzugs nach Frankreich zitiert. In diesem Zusammenhang ist immer wieder die Frage aufgeworfen worden, ob Molay – er residierte bekanntlich bis zur Verhaftung im Pariser *Temple* – den Hauptsitz des Ordens nach Frankreich zu verlegen beabsichtigte. Aus heutiger Sicht ist schwer nachvollziehbar, wie weit sich der Großmeister, als er zum Papst reiste, über die durch das neue Verhältnis zwischen dem Heiligen Stuhl und der Krone Frankreichs gänzlich veränderten Umstände überhaupt im Klaren war.

Auf den ersten Blick sprechen einige Fakten zweifellos für die »Verlegungstheorie«: Der Pariser *Temple* war die zentrale ökonomische und politische Schaltstelle des Ordens in Europa. Außerdem rekrutierte sich der Templerorden mehrheitlich aus Franzosen, und in Frankreich befand sich schließlich auch der weitaus größte Teil seines Grundbesitzes.

Eine Verlegung ins Abendland hätte allerdings mit Sicherheit vor den kritischen Augen der Ordensgegner als endgültige Abkehr von seiner an den Orient gebundenen Mission interpretiert werden können – zahlreiche Quellen beweisen eindeutig, daß die Führung des Tempels bis zuletzt an einem Kreuzzug interessiert war. Demnach empfahl Molay bei der 1307 stattfindenden Konferenz mit Clemens, zunächst den Handel der Italiener mit Alexandria zu unterbinden, um später mit starken Kräften Ägypten von Zypern aus anzugreifen.

Die erneute Erörterung des Planes, die beiden Orden zusammenzulegen, wurde von beiden Großmeistern als nicht zielführend erachtet. Gemessen an den Kenntnissen unserer Zeit wirken die Argumente Molays zum Teil eher naiv. Zahlreiche Forscher übersehen jedoch, daß Jakob von Molay in erster Linie Berufssoldat war und kein Politiker.

In seiner an Clemens gerichteten Denkschrift hielt der Großmeister den Vorteilen eines Einheitsordens – vor allem geringere Ausgaben und die Wahrscheinlichkeit, daß damit den Anfeindungen geistlicher und weltlicher Größen entschiedener begegnet werden könnte – die Gefahr des Streits über die zu verteilenden Ämter sowie geringere Schenkungen für nur einen Orden entgegen. Sein

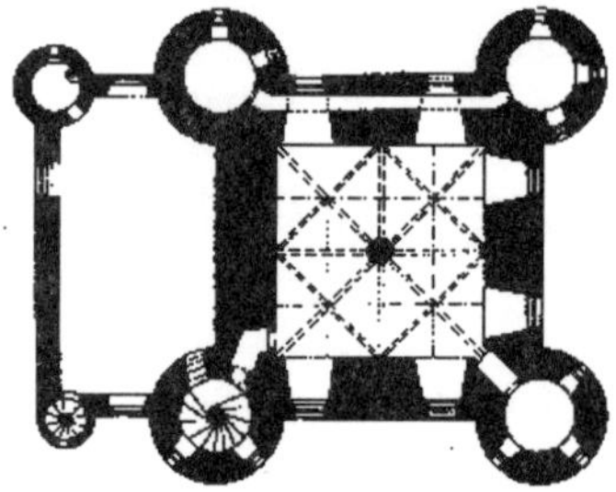

Ansicht und Skizze des Donjons im Temple von Paris

Vergleich mit Franziskanern und Dominikanern erscheint vernünftig: »die sich beide bemühen, die hervorragendsten Männer in ihren Reihen zu haben und die ihren um so mehr anspornen zum Gottesdienst wie zum Gebet und zum Predigen von Gottes Wort.« Vernünftig erscheint auch der Hinweis, daß die Rivalität zwischen Tempel und Hospital beide Orden in der Vergangenheit nie daran gehindert hatte, in Kriegszeiten gemeinsam vorzugehen.

Hingegen zeugt ein anderes Argument von einem eher mangelnden Organisationstalent: »Bei den Reiterangriffen gegen die Sarazenen wollte es der Brauch, daß ein Ritterorden die Vorhut, der andere die Nachhut bilde«; demnach fehlte seiner Meinung nach bei einem einzigen Orden entweder die Vor- oder Nachhut. Molay war eher ein Konservativer, wie aus seinen Worten zu Beginn seiner Denkschrift deutlich hervorgeht: »...denn man führt nie oder nur selten etwas Neues ein, ohne große Gefahren heraufzubeschwören.« Molays Position ist klar: In seiner Denkschrift führt er nur 19 Argumente für eine Union mit dem Hospital an, aber nicht weniger als 115, die dagegen sprechen.
Damit dokumentiert der Großmeister aber auch sehr deutlich, daß er in der Bewahrung der althergebrachten Ordenstradition nach wie vor seine wichtigste Aufgabe erkannte. Trotz der veränderten Verhältnisse war er in keiner Weise willens, die Aufgaben des Ordens den neuen Gegebenheiten in irgendeiner Weise anzupassen.

Die Hintergründe

Was dürfte Philipp veranlaßt haben, den Templerorden radikal auszulöschen? Nicht ganz grundlos wird von der Forschung als wohl häufigstes Motiv die permanente Geldknappheit des französischen Königs genannt. Hauptursache jenes akuten Geldmangels war weniger eine prunkvolle Hofhaltung, sondern vielmehr die zahlreichen Kriege, vor allem aber die kostspielige Besoldung der vielen Verwaltungsbeamten.
So ließ der König wegen des nach mehreren Geldabwertungen drohenden Staatsbankrotts bereits 1291 die italienischen Kaufleute, die »Lombarden,« verhaften, um für ihre Freilassung hohe Summen erpressen zu können. 1295 kamen die Juden an die Reihe – sie konnten sich zwar ebenfalls freikaufen, wurden jedoch 1306 aus Frankreich vertrieben.
Philipp, der wie alle absolutistischen Herrscher über einen ausgezeichneten Nachrichtendienst verfügte, hätte eigentlich über die wahren wirtschaftlichen Verhältnisse des Tempels bestens informiert sein müssen. Der Tempel fungierte zwar bis zu seinem Ende als Treuhänder von ordensfremden Vermögenseinlagen, doch dürften die eigenen Mittel im Jahre 1307 auf Grund der hohen Investitionen des Ordens während der letzten Jahrzehnte in *Outremer* eher gering, wenn nicht gar erschöpft gewesen sein.

Ebenso kann eine militärische Bedrohung durch den Orden mit Sicherheit ausgeschlossen werden, obwohl einige französische Autoren gelegentlich die Staatsraison in den Vordergrund schieben. Philipp könnte sich gezwungen gesehen haben – so der Historiker Beck –, die Templer als ein »nicht völlig auszuschließendes Gefahrenpotential« zu vernichten.
Es mag zutreffen, daß der französische König tatsächlich dem in Paris kursierenden Gerede glauben schenkte: Molay hätte den sinnlos gewordenen Kampf gegen die Sarazenen aufgegeben und den gesamten Ordensschatz von Zypern in den *Temple* gebracht, Molay wollte damit im Herzen Frankreichs einen theokratischen Ordensstaat nach dem Vorbild der Deutschen Herren errichten. Ferner könnte das durch den Konflikt mit Bonifaz VIII. eher gespannte Verhältnis zum Heiligen Stuhl ebenfalls ein Grund des Argwohns gegenüber den Templern gewesen sein. Denn die Rittermönche standen im Fall einer militärischen Auseianandersetzung gewissermaßen als bewaffneter Arm des Papstes unbestritten auf dessen Seite.
Am ehesten könnten im Verhalten des französischen Königs noch seine zweifellos vorhandenen, den Stauferkaisern ähnlichen, universalen Machtvorstellungen eine nicht unwesentliche Rolle gespielt haben. So bewarb sich Philipp 1298 vergeblich um die Kaiserkrone. Dieses Streben nach einer gewissen Oberhoheit über das Abendland wurde auch durch die Vorgänge um das Attentat von Agnani sowie die Kontrolle als *rex bellator* über den propagierten »Heiliggeistorden« bereits deutlich aufgezeigt.
Die wirklichen Hintergründe von Philipps Zugriff auf den Templerorden scheinen aber bis zum heutigen Tag nicht vollständig geklärt zu sein. Die Forschung ist sich indessen einig, daß spätestens seit 1305 plötzlich in Frankreich auftauchende Gerüchte die Runde machten, die weitaus besorgniserregender waren als jene fast schon sprichwörtliche Kritik am Hochmut und Geiz der Rittermönche.
Die sonderbaren Gerüchte stammten nachweislich von einem aus dem Orden ausgeschlossenen Ritter namens Esquieu de Floyran, vormals Präzeptor des Hauses von Montfaucon. Dieser Abtrünnige wandte sich zunächst an den König von Aragon, Jakob II., um – offenbar gegen entsprechendes Entgelt – über »unerhörte Greuel«, Ketzerei, Götzenkult und Sodomie in den Reihen des Ordens zu berichten. Der Spanier scheute jedoch vor Maßnahmen gegen die in seinem Reich wegen ihrer Verdienste hochangesehenen

König Philipp IV., »Der Schöne«

Rittermönche zurück und verwies den Renegaten an Philipp mit der Begründung, »jener habe bereits beste Erfahrung im Kampf gegen die Kirche gesammelt«.

Philipps einflußreiche, aber skrupellosen Räte, Wilhelm von Plaisians und vor allem sein Intimus Wilhelm von Nogaret, der seit dem Attentat von Agnani allgemein im Ruf eines konsequenten Kirchenhassers stand, erkannten sofort die ungeahnten Möglichkeiten. Mit ähnlichem Belastungsmaterial war es Nogaret schon einige Jahre vorher gelungen, die der Anklage gegen Bonifaz zugrundeliegenden Anschuldigungen *(gravamina)* der Reichsversammlung der französischen Stände zu präsentieren. Um weitere »stichhaltige Beweise« zu sammeln, ließ Nogaret den Tempel mit bezahlten Spionen – vorwiegend ehemaligen, aus dem Orden ausgetretenen Brüdern – unterwandern.

Dem in Poitiers residierenden Papst Clemens kamen die merkwürdigen Gerüchte ebenfalls zu Ohren – er maß ihnen allerdings keine besondere Bedeutung bei. Als er Molay über jene Verleumdungen unterrichtete, zeigte sich dieser ehrlich entrüstet und verlangte eine umgehende strenge Untersuchung. Grundsätzlich schloß der Ordensmeister zwar die Möglichkeit von Verfehlungen innerhalb des Ordens nicht aus, doch betonte er, daß es sich dabei – wie in anderen monastischen Institutionen – schlimmstenfalls nur um harmlose Vergehen einzelner Ordensbrüder handeln könne.
Die Frage, warum Nogaret seine Ermittlungen trotz der vom Papst zur Aufklärung der Anschuldigungen am 24. Juli 1307 einberufenen Untersuchungskommission unbeirrt fortsetzte, läßt sich aus heutiger Sicht nicht einfach beantworten. Handelte der königliche Beamte, der während der gesamten Affäre als die treibende Kraft agierte, zunächst aus persönlicher Rache? Vielleicht hatte er dazu gute Gründe, denn sein Großvater war während der Albigenserverfolgung von Templern bei der Inquisition denunziert und als Ketzer verbrannt worden. Oder versuchte vielleicht der ehrgeizige Enkel eines Häretikers, den Papst mit einer eigenen Untersuchung zu einer Aufhebung der wegen seiner maßgeblichen Rolle bei der Verhaftung von Bonifaz VIII. noch immer aufrechten Exkommunikation zu bewirken?
Wohl keine dieser Vermutungen kann als zufriedenstellend angesehen werden. Wahrscheinlich ist vielmehr die Überlegung, daß Nogaret – und hinter ihm der König – aus gutem Grund hätten befürchten müssen, eine Kommission könnte angesichts der juristisch unhaltbaren Vorwürfe den Tempel von jeglicher Schuld freisprechen. Daher dürfte die Initiative des Papstes in keiner Weise im Interesse der Staatsmacht gestanden haben und den weiteren Verlauf der Dinge sogar im negativen Sinn beschleunigt haben. Es kann somit als eindeutig erwiesen betrachtet werden, daß nicht die Amtskirche an einer strafrechtlichen Verfolgung der angeblich ketzerischen Templer interessiert war, sondern der durch Philipps Räte vertretene Staat.
König Philipp galt in den Augen seiner Zeitgenossen als fähiger, wenn auch rücksichtsloser Herrscher, aber auch als übertrieben religiöser Mensch. Es ist daher nicht auszuschließen, daß er in der Angelegenheit der Templer einen Idealfall vorfand: Einerseits konnte er vor dem Abendland den wahren Glauben verteidigen, andererseits bestand die Möglichkeit, dem Staat zu nützen, indem er das Ordensvermögen zugunsten seiner leeren Staatskasse

konfiszierte und obendrein eine exterritoriale Macht in seinem Reich beseitigte.
Nachdem Nogaret für eine Anklage offensichtlich über genügend »Beweismaterial« verfügte, zögerte der König noch immer. Schließlich zerstreute der Großinquisitor von Frankreich und Beichtvater Philipps, Wilhelm Imbert, die letzten Bedenken, gegen den »verketzerten Orden« einzuschreiten. Der in kirchenrechtlichen Fragen außerordentlich bewanderte Dominikaner vertrat die Ansicht, die für Glaube und Sitte verantwortliche Staatsmacht sei sogar verpflichtet, gegen Ketzer vorzugehen, selbst wenn sie einer unter apostolischer Jurisdiktion stehenden Ordensgemeinschaft angehörten. Da er den Großmeister sowie die gesamte Ordensregierung in die Angelegenheit verstrickt glaubte, lag nach der Auffassung Imberts ein vom Gesetzgeber nicht vorgesehener Rechtsfall vor.[1] Er und Philipp »übersahen« jedoch wissentlich, daß der allein zuständige Gesetzgeber, nämlich der Papst, sich zum gegebenen Zeitpunkt ohnehin in Poitiers aufhielt und über die anstehende Causa problemlos hätte konsultiert werden können.
Doch vermeinte die königliche Gerichtsbarkeit bestimmt nicht ohne Grund, in der Mitwisserschaft des Papstes eine Gefährdung des geplanten Vorhabens zu erkennen. Um dieses Risiko hintanzuhalten, war man bereit, die Vorrechte der Kirche zu übergehen und Clemens mit vollendeten Tatsachen zu konfrontieren. Die Betreiber am Hof übersahen jedoch, daß der Papst persönlich als der zuständige oberste Richter bereits die Untersuchung eingeleitet hatte. Keine irdische Instanz – weder weltlich noch geistlich – hatte ab diesem Zeitpunkt mehr das Recht, in das anhängige Verfahren einzugreifen.

Der schwarze Freitag

Am 14.September 1307 erging ein hochbrisantes Schreiben an sämtliche Baillis und Seneschalle der *Gens du Roi,* der königlichen Polizei, mit dem streng geheimen Befehl, im Morgengrauen des 13. Oktober alle Mitglieder des Tempels wegen des dringenden Tatverdachts der Ketzerei *(suspicio vehemens)* zu verhaften.
Der generalstabsmäßig vorbereiteten und exakt zur selben Stunde in ganz Frankreich durchgeführten Polizeiaktion war ein durchschlagender Erfolg beschert. So wurden angeblich allein in Paris

unter der persönlichen Aufsicht Nogarets 138 Ordensangehörige – Ritter wie dienende Brüder – arretiert. Die Templer wurden überall im Reich vollständig überrumpelt und leisteten keinerlei Widerstand.

Erstaunlich ist, daß die Templer trotz ihrer bis zuletzt hervorragenden Kontakte zum Hof des Königs und ihrer so oft von vielen Historiographen gerühmten verwandtschaftlichen Beziehungen zu den einflußreichsten Adelshäusern über die Absichten Philipps ganz offenkundig nicht die geringste Ahnung hatten. Die Nacht- und Nebelaktion gegen die Templer lief nämlich nach dem gleichen Schema ab, wie schon einige Jahre zuvor gegen Juden und Lombarden.

Es ist aber durchaus vorstellbar, daß Molay irrigerweise die Ansicht vertrat, er stünde – wie viele seiner Amtsvorgänger – in der besonderen Gunst des Kapetinger. So hatte er unter anderem die Patenschaft eines Sohnes des Königs übernommen und war noch am Tag vor seiner Verhaftung beim Begräbnis von Cathérine, der Schwägerin Philipps, einer der Träger ihrer Totenbahre.

Auch der in keiner Weise informierte Clemens zeigte sich über die eigenmächtige Vorgangsweise des Königs völlig überrascht und unfähig, sofort zu reagieren. Die eigenmächtige Festnahme aller Mitglieder eines Ordens, der doch unter der Oberhoheit des Papstes stand, stellten für den Heiligen Stuhl einen ungeheuren Affront dar. Erst zwei Wochen nach der Verhaftungswelle rang sich der Papst zu einem Protestschreiben an den König durch und weist ihn mit scharfen Worten zurecht:

»...Wir wollten selber die Wahrheit erkunden (...), trotzdem habt Ihr dieses Attentat gegen die Personen und Güter von Männern begangen, die Uns selbst unterstellt sind. In diesem überstürzten Vorgehen kann jedermann ein verwerfliches Verachten von Uns und der Kirche erkennen. Wir können nicht daran zweifeln, daß Ihr besser heute als morgen Güter und Personen der Templer Unseren Gesandten übergeben werdet.«

Der selbstherrliche Philipp zeigte sich erwartungsgemäß nicht allzu sehr beeindruckt, denn er ließ die Emissäre des Papstes zwei Monate auf seine Antwort warten. Allem Anschein findet diese weitere Beleidigung durch den Kapetinger im gerade erst angelaufenen Ermittlungsverfahren ihre Ursache. Er benötigte diesen Zeitraum offensichtlich für eine Anzahl von »Geständnissen« der Inhaftierten, um den Papst sowie die ganze christliche Welt von der Verworfenheit des Templerordens überzeugen zu können.

Die Chronologie eines politischen Schauprozesses

Bereits unmittelbar nach ihrer Verhaftung konfrontierten die königlichen Schergen alle festgenommenen Ordensbrüder mit der langen Liste sämtlicher dem Orden vorgeworfener »Verbrechen«. Die wichtigsten Anklagepunkte waren: »die Verleugnung Jesu, den sie einen falschen Propheten nannten und der für seine Verfehlungen, aber nicht für die Erlösung der Menschen gestorben sei«, – »sie glauben nicht an die Sakramente, und die Priester lassen die Weiheformeln bei der Messe aus«, – »sie versammeln sich nachts im geheimen und verehren ein magisches Haupt; jede Enthüllung über das Kapitel wird streng bestraft«. Mit derartiger Anklage zielten die Rechtsgelehrten der französischen Krone in erster Linie darauf ab, die bis dahin hochangesehenen Rittermönche als deklarierte Feinde des christlichen Glaubens vor der breiten Öffentlichkeit zu diskreditieren.
Außerdem mußten sämtliche Beschuldigungen im damaligen Volksaberglauben auf fruchtbaren Boden fallen. Mit dem Vorwurf der Verehrung des »magischen Hauptes«, der sogenannten Idolatrie, sollte ganz bewußt ein Naheverhältnis zum Islam konstruiert werden, denn die breite Masse betrachtete die Muslime noch immer irrigerweise als Götzenanbeter. Hingegen führen die Verleugnung des Erlösungsopfers Christi ebenso wie das Fehlen der Weiheformel deutlich zu den gleichfalls allgemein bekannten Praktiken der Katharer.
In allen Anklagepunkten ist wohl die »Handschrift« Nogarets zu erkennen, dessen Methode darin bestand, jeden Gegner, und sei es selbst Papst Bonifaz VIII., in einen Ketzer zu verwandeln. Philipps Berater verstand es vortrefflich, die unermeßliche Wirkung, die der bloße Begriff »Ketzerei« auf die größtenteils phantastische Vorstellungswelt der einfachen Bevölkerung ausübte, propagandistisch optimal auszuschlachten.
Grundsätzlich stellte jedoch nach dem Inquisitionsprinzip das Geständnis des Beschuldigten den einzig gültigen Beweis zur Ermittlung der Wahrheit dar. Aus juristischer Sicht reichten weder die unglaubwürdigen Zeugen noch die eher zweifelhaften Untersuchungsergebnisse aus, die Ordensmitglieder der ihnen zur Last gelegten Delikte überführen zu können. Unter Anwendung der Folter – oder zumindest unter Androhung derselben – erhielten die Ankläger schließlich die gewünschten Bekenntnisse. Ein englischer Templer bemerkt zu Beginn des Jahres 1308 dazu treffend: »Die

Folter war dazu bestimmt, nicht die Wahrheit ans Licht zu bringen, sondern aus einem Verdächtigen einen Schuldigen zu machen.« Auf diese Weise »befragt«, gestand ein Großteil – vom einfachen Bediensteten bis hin zu den höchsten Würdenträgern – mehr oder weniger alles, was man von ihnen verlangte. In einer der bemerkenswertesten Phasen des gesamten Prozesses machte selbst der von Nogaret persönlich vernommene Ordensmeister Molay darin keine Ausnahme und bestätigte die Schuld seines Ordens – offenbar in der irrigen Annahme, er könne damit Zeit gewinnen und seine Mitbrüder retten. Vor Vertretern der Pariser Universität wiederholte er die Aussage über seine »verabscheuungswürdigen Verfehlungen«. Mit angeblich »Mitleid erregenden Worten und reuigem Herzen« bat er für den Orden um Gnade und rief gleichzeitig alle Templer auf, seinem Beispiel zu folgen.
Man hat seit der Vernichtung des Templerordens oft die Frage aufgeworfen, warum die Rittermönche, »die nicht leicht der Angst anheim fallen«, bei jenen »peinlichen« Verhören eine derart klägliche Figur machten. Eine Antwort darauf liegt wiederum in ihrer eigentlichen Bestimmung. Der Tempelritter war ein Berufssoldat, der, ausschließlich für den Kampf zu Pferd gegen die Ungläubigen ausgebildet, sich gewissermaßen für den Opfertod im Glaubenskampf (»...glückselig sind, die im Herrn sterben [Offenbarung 14,13]...«) auserwählt betrachtete. Aber die meisten der Verhafteten waren für den militärischen Einsatz ungeeignete Leute aus der Etappe, für die Bewirtschaftung der Komtureien zuständig. Die wenigen in Frankreich anwesenden Krieger, die noch selbst im Heiligen Land gekämpft hatten, sowie die höheren Würdenträger des Ordens waren meist schon im fortgeschrittenen Lebensalter. All diese Brüder können daher wohl kaum mit jenen verglichen werden, die einst in unzähligen Schlachten bis zum letzten Mann gegen die Sarazenen kämpfend, den Tod einer ehrlosen Gefangenschaft vorgezogen hatten.
Dem neuen Feind, der unvermutet mit einem an totalitäre Regime des 20. Jahrhunderts erinnernden Mechanismus gegen sie vorging, waren die gefangenen Templer ganz einfach nicht gewachsen. Bis vor kurzem noch als Verteidiger des »Erbgutes Christi« in der christlichen Welt hochgeehrt, wurden sie plötzlich als gemeine Ketzer und »objektive« Verbündete der Sarazenen hingestellt und wegen ihrer Sünden für den Verlust des Heiligen Landes verantwortlich gemacht. Gerade dieser wahrscheinlich gefährlichste Vorwurf ist aber absolut unhaltbar. Denn es war doch hinlänglich bekannt,

daß die Templer »als harter Kern der christlichen Offensive« von Saladin, Baybars, Qualawun und vielen anderen muslimischen Machthabern im Fall ihrer Gefangennahme normalerweise enthauptet wurden.

Man braucht sich daher wirklich nicht wundern, daß die Masse der Festgenommenen, zusätzlich irritiert durch den für sie unverständlichen Aufruf ihres Ordensmeisters, irgendwelche absurde Verbrechen zu gestehen, die sie niemals begangen hatten, die Welt nicht mehr verstanden. Die zum Teil katastrophalen Haftbedingungen und der Schrecken der Folter taten ein Übriges, um selbst den letzten Widerstandsgeist zu brechen.

Es ist nicht auszuschließen, daß Papst Clemens V. anfangs noch von der Unschuld des Ordens überzeugt war. Doch zwangen ihn die mittlerweile mehr als fünfhundert, wenn auch erpreßten Geständnisse nun seinerseits, die Initiative zu ergreifen. Clemens wollte dem selbstständigen Vorgehen der weltlichen Mächte zuvorkommen, zumal der französische König in der Zwischenzeit alle Monarchen Europas aufgefordert hatte, gegen den Orden vorzugehen. Der Papst ließ mit der Bulle *Pastoralis praeeminentiae* die Untersuchungen der Inquisitoren aussetzen und rief alle Fürsten der Christenheit auf, unverzüglich sämtliche Mitglieder des Tempels in Haft zu nehmen und mit ihren Besitzungen der Gerichtsbarkeit der Kirche zu übergeben. Obwohl Molay sowie die anderen Großwürdenträger bis zuletzt die tatsächlichen Hintergründe ihres und des Ordens Unglücks nicht erkennen konnten, widerriefen sie nun, wenn auch viel zu spät, in Anwesenheit der Gesandten des Papstes ihre Geständnisse – in der trügerischen Hoffnung auf eine gerechte Untersuchung vor der Kurie.

Philipp sah sich nun gezwungen, das Verfahren, wenigstens vorübergehend, an den Heiligen Stuhl abzutreten. Doch mobilisierte er im Gegenzug die öffentliche Meinung, um damit Clemens gefügiger zu machen. Zur Rechtfertigung seiner bisherigen umstrittenen Vorgangsweise beauftragte der König im November 1307 Theologen an der Universität Paris mit einem Gutachten, diese aber lehnten die Initiative Philipps zu seiner Überraschung als nicht gerechtfertigt ab. Sie bestätigten zwar wegen der erfolgten Geständnisse einen »gewissen Verdacht«, stellten aber dennoch einschränkend fest, daß der Templerorden als geistlicher Orden nur der kirchlichen Gerichtsbarkeit unterstellt sei.

Der König versuchte den Papst daraufhin mittels lancierter Gerüchte zu verunglimpfen, denen zufolge er Ketzerei begünstigen und in großem Stil einen – fast auf alle Päpste zutreffenden – Nepotismus betreiben würde. So ließ der Kapetinger durch seinen treuen Diener Nogaret neuerlich die Generalstände Frankreichs in Tours einberufen, um mit deren Unterstützung auf Clemens den entsprechenden Druck auszuüben, »denn alle von der Affäre Betroffenen sind aufgerufen, den Glauben zu verteidigen«. Damit wird deutlich sichtbar, daß der Angriff auf den Tempel eigentlich nur vorgeschoben war und in Wirklichkeit dazu dienen sollte, den Heiligen Stuhl in die Schranken zu weisen.

Um die Angelegenheit zu beschleunigen und wieder in die Hände des Staates zu bekommen, führte Nogaret dem Papst 72 »präparierte« Templer vor, die ihre Geständnisse wiederholten. Die Würdenträger des Ordens brachte man wohlweislich nicht zu Clemens – sie waren angeblich wegen Krankheit verhindert. Letzten Endes blieb dem bedrängten Papst keine andere Wahl als nachzugeben. Mit der Bulle *Faciens misericordiam* übertrug er im Sommer 1308 den Provinzialkonzilien die Gerichtsbarkeit über die Templer als Individuen sowie päpstlichen Kommissaren über den Orden als Institution. Schließlich sollte durch die Bulle *Regnans in coelis* nach Abschluß des Verfahrens in Vienne ein Konzil einberufen werden, das schlußendlich über eine allfällige Auflösung des Tempels zu befinden hätte.

Der Prozeß außerhalb Frankreichs

Zunächst stieß Philipps Aufruf vom Oktober 1307 sowie sein eigenmächtiges Handeln bei den europäischen Monarchen auf Ablehnung. So protestierte Eduard II. von England bei ihm befreundeten Fürsten auf das schärfste und ließ seinen Schwiegervater Philipp wissen, daß »Euer überstürztes Vorgehen eine Beleidigung gegen uns und die römische Kirche« sei. Er glaubte von den Anschuldigungen »kein Wort« und forderte den Papst auf, »zum Schutze der Templer einzuschreiten, die so schändlich verleumdet werden«. Doch unterwarf auch er sich schließlich der Bulle *Pastoralis praeeminentiae*. Bevor der päpstliche Beschluß jedoch in die Tat umgesetzt werden konnte, gelang es offenbar zahlreichen Templern, die Flucht zu ergreifen. In der Folge wurden auf den britischen Inseln nur insgesamt 135 Templer verhaftet.

Auf der iberischen Halbinsel führte die Weisung des Papstes zu unterschiedlichen Reaktionen. In Aragon versuchte Jakob II. be-

Jacques de Molay

reits vor Einlangen des Papstdekrets der Templer sowie derer umfangreicher Besitzungen habhaft zu werden. Doch stieß der König auf unerwartet hartnäckigen Widerstand der sich in ihren Burgen verschanzten Rittermönche. Die Belagerung der ursprünglich gegen die Mauren errichteten Festungen dauerte bis zum Sommer des Jahres 1309. Dies ist der einzige bekannte Fall, bei dem sich der Orden der Festnahme mit Waffengewalt widersetzte, und das war kein Zufall, denn auf der iberischen Halbinsel fand der Orden die dazu nötigen militärischen Voraussetzungen vor. Seit fast zwei Jahrhunderten in die *reconquista* eingebunden, unterhielt der Tempel dort stets eine große Anzahl wehrhafter Ordensbrüder und verfügte im Gegensatz zu anderen europäischen Regionen außerdem über mehrere große Festungen. Somit fand der Orden in dieser Region eine Situation vor, die der im Heiligen Land sehr ähnlich war.

Mit dem entschlossenen Widerstand der Templer von Aragon wird aber auch einmal mehr die von vielen Forschern immer wieder propagierte These einer »militärischen Macht im Abendland« widerlegt. Während die Länder auf der iberischen Halbinsel auf Grund ihrer jahrhundertelangen Auseinandersetzungen mit den Muslimen als »Frontstaaten« bezeichnet werden können, dienten die Niederlassungen im restlichen Europa dem Tempel fast ausschließlich als Rekrutierungs- und Versorgungsstützpunkte, die verständlicherweise nicht von waffenfähigen Ordensbrüdern betreut wurden.

In Kastilien und Portugal verteidigten die Herrscher den Orden ob seiner großen Verdienste im Kampf gegen die Mauren. Erst nach dem Erlaß der Bulle *Faciens misericordiam* im Sommer 1308 schritt man widerwillig gegen die Templer ein, doch wurden sie nicht eingekerkert. In Italien gelang den meisten Ordensbrüdern die Flucht. Venedig, das dem Tempel in seinem Handelskrieg gegen Genua in der Levante viel zu verdanken hatte, ließ die Rittermönche überhaupt unbehelligt. In Norditalien befand ein Ausschuß unter Leitung des Erzbischofs von Ravenna, Rinaldo da Concorezzo, der die Erhebungen in mehreren Diözesen leitete, die Templer in seinem Machtbereich seien allesamt unschuldig.

In Deutschland führte die Templeraffäre zu sonderbaren Ereignissen. Der Bischof von Magdeburg inhaftierte die Ritter gemäß den Anweisungen des Heiligen Stuhls, wurde aber daraufhin er vom Bischof von Halberstadt exkommuniziert, mit dem er im Streit lag. Vor das ermittelnde Provinzialkonzil in Mainz traten schließlich zwanzig in voller Rüstung gewappnete Ritter unter der Führung ihres Komturs und verteidigten zusammen mit ihren festgenommenen Brüdern in überzeugender Weise die Unschuld ihres Ordens. Das weitere Schicksal des Tempels wurde jedoch in Frankreich entschieden.

Das Konzil von Vienne

Nachdem es dem französischen König zusammen mit den Delegierten der Generalstände unter eindeutigen Drohungen – »...denn einige glauben, Ihr [Clemens] wolltet die Templer begünstigen...« – gelang, den sich immer noch sträubenden Papst von der Schuld der Ordens zu »überzeugen«, schien der Triumph der Krone über den Heiligen Stuhl vollkommen. Außerdem hatten Philipp und seine Räte die vom Papst in den Bistümern veranlaßten Untersuchungsausschüsse in der Hand.

Als Molay im November 1309 vor der apostolischen Kommission erschien, die über die Schuld des Ordens in seiner Gesamtheit ermittelte, erklärte er, er werde sich nur im Angesicht des Papstes rechtfertigen, da dieser sich vorbehalten habe, ihn zu richten. Molay behielt diesen Standpunkt konsequent bis zu seinem Tode bei.

Die Forschung hat dem Großmeister des öfteren sein der Sache des Tempels nicht gerade zweckdienliches Verhalten vorgeworfen. Aber Molay war – und dies wird meistens außer Acht gelassen – ein Mann, der bereits zu Beginn der Aktion über sechzig Jahre alt war und 24 Jahre lang an der Spitze des Ordens stand. Man kann der Ansicht folgen, daß er als ein verbrauchter Mann im letzten Abschnitt seines Lebens den raffinierten Verhörmethoden der sämtlich aus Juristen bestehenden Kommissionen nicht mehr gewachsen sein konnte.

Die ganze Tragik seiner Person offenbart sich in einem für den Führer des einst vielleicht mächtigsten Ordens der Christenheit eher hilflos anmutenden Rechtfertigungskonzept. Allem Anschein nach der lateinischen Gerichtsprache nur beschränkt mächtig, verlangte Molay, der sich selbst bezeichnenderweise einen *miles illiteratus* nannte, schlicht um Hilfestellung. In der Folge ließ ihm daher das Gericht die wichtigsten Dokumente ins Französische übersetzen.

Die einzige wirklich erkennbare Verteidigungsstrategie des Ordensmeisters bestand in der ausschließlichen Verantwortung vor dem Heiligen Stuhl. Unter normalen Umständen wäre diese Reaktion die einzig richtige gewesen, da ja der Tempel bekanntlich nur der Jurisdiktion des Papstes unterstand. Es ist aber anzunehmen, daß Molay bis zuletzt von der Kraftprobe zwischen Krone und Tiara, deren Vorwand der Templerorden war, nicht die geringste Ahnung hatte.

Dennoch wurde mit Beginn des Jahres 1310 die Anklage plötzlich schwer erschüttert. Mehr als 600 Templer widerriefen ihre von der Inquisition erpreßten Geständnisse. Wohl in dem Glauben auf ein ordentliches Verfahren vor der Kommission, beauftragten diese einige rechtskundige Brüder, den Orden mit aller Entschlossenheit zu verteidigen. Der König aber reagierte daraufhin rasch. Der von ihm nun eingeholten, äußerst merkwürdigen »Rechtsmeinung« eines Theologen der Pariser Universität zufolge würde eine Verteidigung nämlich bedeuten, daß der Orden unschuldig wäre. Denn wenn er schuldig sei, brauchte er überhaupt nicht verteidigt werden: »Warum also gibt man ihnen einen Verteidiger, wenn nicht – was Gott nicht gefällig ist –, um die Irrtümer der Templer zu verteidigen, da die unmittelbar greifbaren Tatsachen das Verbrechen zum Himmel schreien lassen.«

Der Erzbischof von Sens, Bruder des Finanzministers und enger Vertrauter des Königs, Philipp von Marigny, verurteilte schließlich 59 Templer als rückfällige Ketzer zum Tod auf dem Scheiterhaufen, da sie ihre Aussagen widerrufen hatten und durch ihre Verteidigung dem „Irrtum“ verfallen waren. Bis zuletzt beteuerten die Delinquenten ihre Unschuld: »Kein einziger bekannte sich zu irgendeinem der Verbrechen, die ihnen zur Last gelegt wurden. Im Gegenteil, sie stritten alles beharrlich ab und sagten weiterhin, sie würden ohne Grund und unrechtmäßig hingerichtet.«

Angesichts weiterer Verbrennungen in anderen Teilen Frankreichs brach der Wille zu einem weiteren einheitlichen Widerstand endgültig zusammen. Jene zunächst zur Verteidigung bereiten Templer verweigerten nun – offenbar aus Angst vor neuen Repressalien – ihre Aussage vor der päpstlichen Kommission. Obwohl die Untersuchungen im übrigen Europa keinerlei Beweise über die Schuld des Ordens erbrachten, schloß die Kommission mit Einverständnis von Papst und König ihre Arbeit ab.

Dem bereits tagenden Konzil wurden die juristisch keinesfalls stichhaltigen Ergebnisse unter Einbeziehung sämtlicher im Volk kursierender Gerüchte vorgelegt. Die Kommission vermied aber tunlichst, die zahlreichen Zurückweisungen der Angeklagten besonders hervorzuheben. Die Konzilsväter waren jedoch wider Erwarten mehrheitlich – selbst die meisten Vertreter Frankreichs – nicht von der Schuld des Ordens überzeugt und forderten, die Verteidigung zu hören.

Die für Philipp unangenehme Situation wurde noch verschärft durch das unerwartete Erscheinen von neun Templern, die plötzlich vor das Konzil traten, um erneut die Unschuld des Ordens zu beteuern. Es bestand die Gefahr, daß die Berichte über Folter, erpreßte Geständnisse und falsche Zeugenaussagen einer objektiven Prüfung durch das Konzil nicht standgehalten hätten. Doch lag die Verurteilung eines kirchlichen Ordens ausschließlich in der Kompetenz eben jenes Konzils. Nachdem der König sich erneut der Zustimmung der Generalstände in Lyon versichert hatte, reiste er, um die Angelegenheit endlich zu einem ihm genehmen Ende zu bringen, selbst im März nach Vienne und setzte den völlig überforderten Clemens massiv unter Druck.

Nach einem Geheimtreffen mit Philipp erließ der Papst – wohl aus Angst vor einem ähnlichen Schicksal wie sein Vorgänger – schließlich am 22. März 1312 die Bulle *Vox in excelso*, womit der Templerorden formell aufgehoben wurde:

»Da Wir nach kanonischem Recht den Templerorden nicht verurteilen können, so haben Wir nicht ohne Bitterkeit und Trauer im Herzen auf dem Wege der Provision vorzugehen mit Billigung des Konzils und kraft Unserer apostolischen Entscheidung. Wir haben den Orden und seine Besitzungen auf ewig aufgehoben und verbieten einem jeden, in den Orden einzutreten oder das Ordensgewand zu tragen oder sich als Templer auszugeben.«

Am 3. April verkündete Clemens im Beisein des Königs seine Entscheidung vor dem Konzil, das er sicherheitshalber mundtot machen ließ, indem »ein Geistlicher sich erhoben und bei Strafe der Exkommunikation jedem beim Konzil Anwesenden verboten hatte, ein Wort zu sagen, außer mit Erlaubnis (...) des Papstes«. Der Templerorden hatte ein für alle Mal aufgehört, als Institution zu bestehen.

Da das Konzil den Orden jedoch nicht als häretisch verurteilt hatte, verblieb das Vermögen des Tempels im Eigentum der Kirche. Mit der Bulle *Ad providam* sprach Clemens den Ordensbesitz zum Ärger Philipps – der vielleicht noch immer an einen neuen Orden dachte – und anderer Herrscher dem Hospital zu. Die iberischen Niederlassungen übernahmen zum Teil andere bereits bestehende Ritterorden oder Neugründungen, wie die Christusritter und der Orden von Montesa.

Mit der Aufhebung wurde auch über die Zukunft der vormaligen Ordensmitglieder befunden. Die Bulle *Considerantes dudum* unterschied drei Gruppen: die Unschuldigen und diejenigen, die ihre »Irrtümer« gestanden hatten und so »mit der Kirche versöhnt« waren, und die Verurteilten, die »starrsinnig« geleugnet hatten oder rückfällig geworden waren. Die ersten beiden Gruppen erhielten Pensionen und konnten, da ihre Mönchsgelübde weiterhin gültig blieben, unbehelligt in einem Kloster ihrer Wahl leben. Die dritte Gruppe aber – mit Sicherheit die Mehrheit – endete im Kerker.
Das Urteil über vier der höchsten Würdenträger des Ordens behielt sich bekanntlich der Papst persönlich vor. Doch sollte der Großmeister keine Gelegenheit mehr finden, sich vor dem Heiligen Stuhl rechtfertigen zu können, denn Clemens installierte eine aus drei Kardinälen bestehende Kommission, welche die Schuldfrage endgültig klären sollte. Molay und die anderen wurden für schuldig befunden und am 18. März 1314 zu »ewigem Kerker« verurteilt.
Bei der Urteilsverkündung »erhoben sich ganz unversehens Jakob von Molay und Gottfried von Charney, der Präzeptor der Normandie, die sich starrsinnig dem Kardinal (...), der den Beschluß vorgetragen hatte, widersetzten und alles, was sie bisher gesagt hatten, widerriefen...«.
Die überraschten Kardinäle informierten den König, der, ohne den Papst zu befragen, kurzerhand beide, da sie wegen Rückfälligkeit dem weltlichen Gericht verfallen waren, noch am selben Tag auf der Ile de la Cité verbrennen ließ. Die beiden anderen, der Visitator Hugo von Pairaud und Gottfried von Gonneville, der Präzeptor von Aquitanien, zogen es vor, zu schweigen und beschlossen ihr Leben im Kerker.

Anmerkungen zur Schuldfrage

Der sogenannte Prozeß gegen den Templerorden hat wie kaum ein anderer der Weltgeschichte die Gemüter der Historiker erhitzt. Ströme von Tinte wurden auf der Suche nach Beweisen für Schuld oder Unschuld des ersten monastischen Ritterordens vergossen. Einer der namhaftesten Templerforscher, Victor Carriere, war von der Unschuld des Tempels überzeugt: »Heute steht ein für allemal fest: der Templerorden als Institution hat die Verbrechen nicht begangen, derer man ihn so lange angeklagt hat.«

Die Vorgangsweise bei der »Wahrheitsfindung« führt uns deutlich vor Augen, daß den Templern von Anfang an keine Gelegenheit gegeben wurde, ihre Unschuld unter Beweis zu stellen. Die Anweisungen Königs Philipp vom 14. September 1307 sprechen für sich: Seine Organe sollten die Festgenommenen »durch allgemeine Worte solange verhören, bis man ihnen (notfalls durch Folter) die Wahrheit entreißt und sie nur noch diese Wahrheit sagen«. Außerdem standen die Beschuldigten – so der Historiker Alain Demurger – vor folgendem Dilemma: »Die Kommissare versprachen ihnen den Pardon, wenn sie die Wahrheit bekannten und zum Glauben der Heiligen Kirche zurückkehrten, andernfalls aber würden sie zum Tode verurteilt.«
Vor römischem Recht waren mittels Gewalt oder Furcht erzwungene Geständnisse ungültig. Die gezielte Anwendung der Folter fand erst als Begleitmaßnahme der von Innozenz IV. zur Ketzerbekämpfung eingeführten Inquisition Einzug in das abendländische Rechtswesen. Im Templerprozeß spielte die Folter eine alles überragende Rolle, wie in dem Vernehmungsprotokoll des Komturs Raimund Sa Guardia aus dem Roussillon belegt ist: »Da sie kein einziges der Verbrechen, die sie uns zur Last legen, beweisen konnten, griffen diese Verderbten zur Folter, denn nur durch sie haben sie einigen unserer Brüder Geständnisse abgepreßt...«
In Barcelona machten die Templer den Inquisitoren von Anfang an klar, daß allfällige unter der Folter oder unter deren Eindruck abgegebenen Geständnisse wertlos seien. Dort, wo die Folter angewendet wurde – in Frankreich und den von ihm abhängigen Kleinstaaten, in Neapel, Navarra und der Provence – gestanden die Templer die phantastischsten Dinge. In Deutschland, England, Norditalien und auf der iberischen Halbinsel, wo sie nicht der Folter unterzogen wurden, gestanden sie gar nichts.
Die Aktion gegen den Orden fand in Frankreich und nur dort seinen Anfang und letztlich auch ihr vorprogrammiertes Ende. Die zur Verteidigung erwählten Ordensbrüder erklärten vor der apostolischen Kommission zu Recht, »man habe außerhalb des französischen Königreichs, auf der ganzen Welt, keinen einzigen Templerbruder gefunden, der diese Lügen sagt oder gesagt hatte, woraus man recht deutlich den Grund ersieht, weshalb diese Lügen in Frankreich ausgesprochen wurden: weil diejenigen, die sie gesagt hatten, durch Furcht, Gebete oder Geld korrumpiert wurden«.
Sämtliche Umstände deuten darauf hin, daß die ganze Angelegenheit ausschließlich im Interesse der französischen Krone lag. Be-

sonders auffällig ist nämlich die für jene Zeit völlig atypische Vorgangsweise bei den Ermittlungen. Denn zu Beginn führten die königlichen Kommissare die Untersuchung bis zur Wahrheitsfindung. Erst danach wurde die Inquisition hinzugezogen. Gemäß dem damals geltenden Recht hätte jedoch alleine die Inquisition über eine allfällige Schuld in Glaubensfragen zu entscheiden gehabt. Normalerweise wurde der Delinquent am Ende des Verfahrens der weltlichen Gerichtsbarkeit zum Strafvollzug übergeben.
In der Causa des Templerordens war das Procedere genau umgekehrt: Die Staatsgewalt übergab nach Feststellung der angeblichen Schuld den Fall der Inquisition. Somit »untersuchte die Staatsgewalt zuerst alleine, sie spielte die Herrin, die Inquisition erscheint als Dienerin des Staates«, wie der Forscher Heinrich Finke meint.
Es sollte abschließend noch ein weiterer, für den »erfolgreichen« Fortgang des Prozesses vielleicht sogar entscheidender Aspekt berücksichtigt werden: Dem König und seinen Helfern war das besonders ausgeprägte, in der Ordensregel begründete Abhängigkeitsverhältnis des einzelnen von der Ordensführung und seinen Oberen bekannt. Deswegen veranlaßten die Ankläger bereits unmittelbar nach der Verhaftung die Trennung der einfachen Brüder von den höheren, an der Spitze des Ordens stehenden Würdenträgern. Mittels dieser Maßnahme wurde von Anfang an eine koordinierte Verteidigung der an bedingungslosen Gehorsam gegenüber den Anordnungen und Geboten ihres Ordensmeisters gewohnten Templer rigoros verhindert.
Nach der strengen Ordensregel (Kapitel XXXIII) bedeutete die Eingliederung in die auf das althergebrachte hierarchische System aufbauende Gemeinschaft für alle Brüder gleichzeitig die Aufgabe jeglicher persönlicher Selbständigkeit: »... daß (...) keiner nach seinem eigenen Willen kämpfe oder ruhe, vielmehr sich ganz dem Willen des Meisters unterwerfe, um imstande zu sein, jenem Wort des Herrn nachzueifern, das sagt: Ich bin nicht gekommen, meinen Willen zu tun, sondern dessen, der mich gesandt hat. *(Johannes 6,38).*« Getreu den Worten des Heiligen Bernhard: »Der Wille des Meisters und die Bedürfnisse der Gemeinschaft leiten sie ...«[2], war diese Ordensgemeinschaft alles – der einzelne war nichts. Nur auf der Basis dieses eigentlich auf alle monastischen Institutionen zutreffenden Prinzips konnten die außerordentlichen Erfolge des Tempels über nahezu zwei Jahrhunderte gewährleistet werden.
Die Einheit seiner Gemeinschaft verkörperte somit Stärke und Schwäche zugleich. Denn für die Inquisitoren war es ein leichtes,

den ausgeprägten Gemeinschaftsgeist der Templer zu brechen, indem sie ganz bewußt jeden einzeln verhörten und über sonderbare Dinge befragten, von deren angeblicher Existenz er vor dem Prozeß nicht die geringste Ahnung hatte.

Die »Geheimlehre«

Es ist ganz klar zu erkennen, daß sämtliche Anschuldigungen – insbesondere die Gleichsetzung mit den Muslimen und Katharern – ganz gezielt auf eine breitflächige Diskreditierung des Ordens vor der Öffentlichkeit hinausliefen. Die propagandistisch großangelegte Diffamierungskampagne vor und während der Zeit des Prozesses wirkt bis in unsere Zeit nach, bot sie doch unzähligen Autoren die Grundlage für eine ganze Reihe von populär- und sensationswissenschaftlichen Arbeiten, die relativ wenig dazu beitragen, das angesichts der ungerechtfertigten Anklagen ohnedies schon genug verzerrte Bild derTempler zu korrigieren.

Die seriösen Forscher sind sich weitgehend darin einig, daß die vorgeworfenen Verfehlungen einzeln wie auch als zusammenhängender Komplex analysiert werden müssen. Im wesentlichen konzentrierte sich die Anklage auf die Verleugnung Christi bei der Aufnahme in den Orden. Nahezu sämtliche in Frankreich zu diesem Punkt vernommenen Ordensbrüder erklärten, daß sie von ihren Oberen dazu gezwungen worden waren.

Die meisten Tempelforscher sind der Auffassung, eine solche in der Tat merkwürdige Praxis wäre nichts anderes als ein ziemlich derber Scherz unter Berufssoldaten gewesen. Abbé Petel glaubte darin lediglich eine »Lehrlingsprobe« für die Postulanten zu erkennen; er berichtet auch, die Ordensbrüder hätten dem entsetzten »Neuen« nach der Rezipierung zugerufen: »Geh beichten, du Dummkopf.« Einigen Aussagen zufolge wurden die Kandidaten deshalb zur Blasphemie aufgefordert, um ihre Standhaftigkeit für den Fall einer Gefangennahme durch die Sarazenen zu prüfen, wenn diese versuchen sollten, sie zum Abfall vom Christentum zu bewegen. Demurger vertritt hingegen durchaus glaubhaft die Ansicht, daß es sich bei jener Aufnahmszeremonie um ein bestimmtes Initiationsritual gehandelt haben könnte, das symbolisch an die Verleugnung Christi durch Petrus erinnern sollte. Dafür spricht ebenfalls, daß die Aufnahme von neuen Ordensbrüdern im Morgengrauen stattfand.

Doch läßt sich nicht zur Gänze ausschließen, daß diese aus christlicher Perspektive zweifelhafte »Probe« alles andere als bloß ein Scherz war und seine Ursachen möglicherweise auf Kontakte zu den zahlreichen im Orient verbreiteten gnostischen Sekten zurückzuführen sind. Mit Sicherheit kann man davon ausgehen, daß die Templer in Palästina zwangsläufig auf arabische, persische und ägyptische Mysterienströmungen stießen – zumal Jerusalem sich nicht zuletzt durch die unmittelbare Konfrontation der christlichen, abendländischen Philosophie mit jener des Islam zu einem »Alexandria« des Hochmittelalters entwickelte.
Die Verleugnung des leidenden Christus kann daher auch als Hinweis auf orientalisch-gnostische Praktiken verstanden werden. Die im mittelalterlichen Orient nie völlig verschwundenen Manichäer und die Anhänger verwandter Sekten hielten das Kreuz für ein Zeichen Satans. Ebenso könnte das umstrittene Ritual der synkretischen Lehre des Basilides entlehnt worden sein, nach welcher anstelle von Jesus Simon von Cyrene gekreuzigt wurde.
Ein eventuelles Eindringen gnostisch-häretischen Gedankenguts ließe sich bisweilen auch durch die zahlreichen des Katharertums verdächtigten und »zur Sühne« ins Heilige Land Verbannten erklären. Ebenfalls ist bekannt, daß in den Kerngebieten dieser Sekte der niedere Adel sowie das vermögende Bürgertum die tragende Säule der katharischen Bewegung darstellte. Genau aus diesen Bevölkerungsschichten rekrutierte aber auch der Tempel die Mehrheit seiner Ordensbrüder.
Nachdem diese Irrlehre offenbar selbst siebzig Jahre nach den »Albigenserkreuzzügen« sowie anschließender schärfster Verfolgung durch die Inquisition noch nicht zur Gänze ausgerottet worden zu sein scheint, können sehr wohl einzelne Fälle von Häresie aufgetreten sein. Doch der Orden in seiner Gesamtheit war mit Sicherheit nicht häretisch. Die besagte Verleugnung betraf wohl lediglich das konkrete Verhalten in einem symbolischen Ritual, dessen eigentlicher Sinn bei der Auflösung des Tempels bestimmt längst verloren gegangen war, in keinem Fall aber die elementaren Glaubensinhalte. Diese Ansicht wird durch die Ausführungen des Visitators und zweithöchsten Würdenträgers Hugo von Pairaud bestätigt, er habe jenes Ritual lediglich deshalb befolgt, »weil es nach den Ordenssatzungen Brauch war«.
Unabhängig von all diesen Überlegungen ist es eigentlich kaum vorstellbar, daß die Kirche von dieser über einen längeren Zeitraum praktizierten zweifelhaften Zeremonie augenscheinlich kei-

nerlei Kenntnis besessen haben sollte. Zahlreiche Zeugen bekunden unabhängig voneinander, daß dieses Ritual in verschiedenen Häusern, in denen hunderte Rezeptionen stattfanden, zumindest einige Jahrzehnte hindurch unangefochten angewendet wurde. Wäre diese kaum geheimzuhaltende Praxis von den zahlreichen Gegnern des Tempels aus den Reihen des weltlichen Klerus tatsächlich als häretisch eingestuft worden, hätte es mit Sicherheit keines Königs Philipp bedurft, den Orden wegen Ketzerei anzuklagen.
Der Anklagepunkt der Idolatrie, der angeblichen Verehrung des »magischen Hauptes« mit dem Namen Baphomet, ist juristisch betrachtet ebenfalls völlig unhaltbar. Bei den Vernehmungen wurde dieses »Idol« von den meisten Templern als die Büste eines bärtigen Mannes aus Holz oder Metall mit zwei Gesichtern beschrieben. Nach der Aussage Pairauds soll das Idol »ein Kopf mit vier Füßen, zwei vorne und zwei hinten«, gewesen sein. Einer genauen Schilderung des Hauptes durch den Bruder Wilhelm von Arably zufolge fand man im Pariser *Temple* schließlich eines jener sogenannten Idole. Es war jedoch nichts anderes als ein silbernes Reliquiar in Gestalt eines menschlichen Kopfes mit der bis heute ungeklärten Bezeichnung *Caput LVIII.*

In Stein gehauenes Gesicht Christi in der Komturei Plomodiern

Im Lauf der Jahrhunderte haben sich unzählige Autoren, Wissenschaftler und nicht zuletzt leider auch Okkultisten über die Herkunft des Namens »Baphomet« den Kopf zerbrochen. Zum ersten Mal tauchte jener ominöse Name beim Verhör des aus Mont Pezat stammenden Servientenbruders Gaucerant auf, der von dem besagten bärtigen Männerkopf *in figuram Baffometi*, in der Gestalt des Baphomet, berichtet. Nun gibt es für dieses Wort »Baphomet« eine ganze Reihe unterschiedlicher Deutungen

Die am häufigsten vertretene, wenngleich wohl unwahrscheinlichste Ansicht findet sich in der möglichen Verballhornung des südfranzösischen Ausdruckes »Mahomet« anstelle von Mohammed. Diese erwiesenerweise falsche These scheint offensichtlich der Einfachheit halber bei der unsinnigen, aber für den »erfolgreichen« Verlauf eines Prozesses mit politischem Hintergrund durchaus zweckdienlichen Unterstellung anzuknüpfen, die Templer wären insgeheim Muslime gewesen. Nach der Auffassung des Historikers John Charpentier soll der Name Baphomet eine Zusammensetzung aus »Baptiste« (Johannes der Täufer) und »Mahomet« sein. Diese Interpretation beruht allerdings nur auf einem Wortspiel und entbehrt daher ebenfalls jeder Logik.

Am ehesten noch scheint der Orientalist Hammer-Purgstall eine einigermaßen schlüssige sowie wissenschaftlich vertretbare Antwort auf die Frage nach der Herkunft anzubieten. Nach seiner Theorie kann Baphomet von dem altgriechischen Wörtern *Bafh* für Taufe und *Meteos* für Weihe abgeleitet werden. Denn diese beiden Begriffe könnten zu Johannes dem Täufer, dem endzeitlichen Wegbereiter Christi, führen, war er doch der höchste Schutzpatron der Rittermönche.

Auf diese Weise wird möglicherweise auch gleichzeitig das »Geheimnis« des bärtigen Hauptes gelüftet. Die in den einzelnen Komtureien entdeckten Köpfe waren demnach kleine, der Mode jener Zeit entsprechende Reliquienschreine, die vielleicht nichts anderes als den Kopf des enthaupteten Täufers darstellen sollten.

Nach der unter anderen von Gruber und Kersten aufgestellten Theorie über die Geschichte des Turiner Grabtuches handelte es sich bei jenem rätselhaftem bärtigen Idol hingegen um das Antlitz Christi. Besagte Reliquie taucht erstmals Mitte des 14. Jahrhunderts in Frankreich auf, als Eigentümer ist ein gewisser Gottfried von Charnay historisch belegt. Wie bereits dargestellt, wurde aber auch ein Mann gleichen Namens als Präzeptor des Tempels der Normandie zusammen mit Jakob von Molay 1314 verbrannt. Ein enges verwandtschaftliches Naheverhältnis zwischen beiden gleichnamigen Personen kann daher aller Wahrscheinlichkeit nach angenommen werden. Es besteht durchaus die Möglichkeit, daß der zum Führungsgremium des Ordens zu zählende Präzeptor das Grabtuch in seiner Verwahrung hatte und noch rechtzeitig seiner Familie überlassen hatte.

Fries über dem ehemaligen Templerhaus von Saint-Bries-le-Vineux

Der »Baphomet« an der Saint-Merry Kirche

Dieser Theorie zufolge gelangte das Grabtuch nach der Eroberung Konstantinopels im Jahre 1204 auf recht abenteuerliche Weise in den Besitz des Templerordens. Ursprünglich sei es ein Geschenk des ersten »lateinischen« Ostkaisers Balduin an den erzürnten Papst Innozenz III. gewesen, um ihn wegen der Einnahme dieser christlichen Metropole zu besänftigen. Aber die Templer, die mit der Überführung der wertvollen Reliquie beauftragt gewesen seien, hätten ihr Schiff zum Schein von »Piraten« überfallen lassen, um derart das Grabtuch selbst behalten zu können.

Nun versuchen die beiden Autoren sowie der katholische Theologe Herbst an Hand verschiedener wissenschaftlicher Methoden ausführlich nachzuweisen, der auf dem Grabtuch abgebildete Jesus wäre die Darstellung eines zwar gekreuzigten, jedoch zum Zeitpunkt der Grablegung noch lebenden Mannes.

Wenn nun die Templer tatsächlich das Grabtuch besaßen und sein angebliches »Geheimnis« kannten, verehrten sie zwangsläufig einen anderen Christus als die orthodoxe Amtskirche. Aus dieser Perspektive würde auch der die Verleugnung des gekreuzigten Heilands betreffende Anklagepunkt in ein völlig anderes Licht gerückt. Es wäre grundsätzlich vorstellbar, daß das Antlitz jenes lebenden Christus auf dem Grabtuch für die von der Bernhardinischen Weltverachtung geprägten Templer eine zentrale Rolle in ihrer kontemplativen Mystik spielte. Die Templer sahen in Jesus doch vor allem den über seine Feinde triumphierenden Himmelsfürsten, den apokalyptischen Christus Pantokrator.

In der alten Komtureikirche von Templecombe im südenglischen Somerset befindet sich eines von wenigen in Westeuropa aus dem 13. Jahrhundert stammenden, auf Holz gemalten Bildnisse des Erlösers, das unbestritten eine verblüffende Ähnlichkeit mit dem sogenannten *Mandylion,* dem auf dem Turiner Grabtuch abgebildeten Gesicht Jesu, aufweist. Ein Templer berichtete bei seiner Einvernahme in Carcassone »von einem Stück Holz, auf dem das Bild des Baphomet aufgemalt war«. Wieder andere, dem *Mandylion* ebenfalls sehr ähnliche Darstellungen finden sich auf zahlreichen erhaltenen und heute im Archiv National in Paris aufbewahrten Siegeln von verschiedenen Provinzialpräzeptoren.

Doch der mit Sicherheit wohl bedeutendste Hinweis auf das Grabtuch findet sich in den auf den ersten Blick absurd anmutenden Aussagen Hugo von Pairauds und anderer Brüder, wonach das Idol »ein Kopf mit zwei Gesichtern und vier Füßen, zwei vorne und zwei hinten«, gewesen sein soll. Nun besteht das Grabtuch in der

Verschiedene Darstellungen des Gesichtes Christi nach dem Vorbild des Mandylions

Tat aus zwei Hälften, die jeweils die Vorder- und die Rückseite eines liegenden Mannes darstellen. Da aber die physiognomischen Details mit dem freien Auge zum Teil nur sehr schwer zu erkennen sind, könnten die Aussagen der Templer aus deren Perspektive durchaus einen Sinn ergeben.
Ferner wird der Besitz des Grabtuchs gewissermaßen durch die Aussage des Apostaten und ehemaligen Servienten Etienne de Troyes bestätigt, der das Idol als »ein menschliches Haupt ohne jedes Silber und Gold, sehr blaß und farblos, mit einem geteilten Bart, wie die Templer ihn tragen« schildert. Obwohl er den Kopf fälschlicherweise für den von Hugo von Payens, des ersten Großmeisters, hielt, entspricht seine Beschreibung vielmehr exakt dem *Mandylion*.
Die eigenartige Barttracht der Templer fände somit ihre Begründung, denn sie könnte die äußere Erscheinungsform der *imitatio Christi* symbolisieren, gemäß den Worten des Paulus *(2 Korinther 3,18)*: »Nun aber spiegelt sich bei uns allen die Herrlichkeit des Herrn in unserem aufgedeckten Angesicht, und wir werden verklärt in sein Bild von einer Herrlichkeit zur anderen von dem Herrn, welcher der Geist ist.«
Falls aber die Templer um jenes »Mysterium« des Grabtuches des angeblich nicht am Kreuz verstorbenen Jesus gewußt hätten, stellt sich naturgemäß die Frage: Warum liefern die Akten der mit der Untersuchung beauftragten Inquisitoren keinerlei Anhaltspunkte über diese sakral-ideologisch tiefgreifende Erkenntnis? Man kann hier der These von Kersten und Gruber nicht folgen, die Betreiber des Prozesses hätten sehr wohl das »Geheimnis« des Grabtuches gekannt, wegen der revolutionären Konsequenzen auf die christ-

liche Lehre jedoch von gezielten Befragungen Abstand genommen oder allfällige Hinweise bewußt verschwiegen.
Wäre mittels der das Erlösungsdogma in Zweifel ziehenden Entdeckung nicht der deutlichste Beweis für eine synkretische Vermischung des christlichen Glaubens mit häretischen oder gar muslimischen Glaubensinhalten erbracht worden? Man denke dabei an den Koran (Sure 4,Vers 156-158): » Der Messias Jesus (...) Sie (...) haben ihn weder getötet noch gekreuzigt, aber sie waren bereit, es zu tun (...) Sie haben ihn nicht getötet, sondern Gott hat ihn zu sich empor geholt.«
Ebenso unwahrscheinlich ist auch die Annahme der Autoren, den Templern wäre es durch ihre zum Teil ganz bewußt irreführenden Schilderungen des Idols gelungen, die »wahre Identität« jener Reliquie zu verschleiern. So dürften völlig unsinnige Aussagen auf die geisttötende Wirkung der Folter zurückzuführen sein – so zum Beispiel, das Idol sei »ein kleines Löwenbild, wohl aus Gold, welches das Aussehen einer Frau hat...« gewesen.
Zu guter Letzt stützt sich Kerstens und Grubers Theorie im wesentlichen auf ziemlich umstrittene Forschungsergebnisse, die obendrein erst mit Hilfe der technischen und wissenschaftlichen Errungenschaften unserer Zeit erzielt werden konnten. Es ist aber gänzlich undenkbar, jene Rittermönche hätten mit der Bildung und den beschränkten technischen Methoden des 13. Jahrhunderts zur gleichen Feststellung gelangen können.
Eine andere weitverbreitete, wenn auch irrige Ansicht taucht immer wieder in vielen, zumeist pseudowissenschaftlichen Werken auf: Die Gleichsetzung des Baphomet mit einem schrecklichen Dämon oder gar mit dem Teufel selbst. Diese These stützt sich im wesentlichen auf verschiedene phantasievolle Geständnisse, die einige Ordensbrüder im Rahmen des Prozesses – unter welchen Umständen auch immer – getätigt haben. So beschreibt der Schatzmeister der Ordensprovinz Champagne jenes Idol: »Schrecklich. Sie erschien mir wie die Figur eines Dämons, eines *mauffe* (Teufel).«
Aussagen dieser Art waren natürlich hervorragend geeignet, die Templer vor der breiten Öffentlichkeit noch zusätzlich als Satansdiener bloßzustellen. Auf diese Weise inspiriert, begannen die Menschen in ihrem Aberglauben die an den Fassaden vieler ehemaliger Ordenshäuser applizierten Teufelchen, Basilisken oder sonstigen dämonischen Ungeheuer schlichtweg als Darstellungen des Baphomet zu bezeichnen. Vor dem Hintergrund solcher wissenschaftlich

nicht verwertbaren Legenden machte sich der Forscher Louis Charpentier tatsächlich die Mühe, die französischen Lande zu bereisen und die Bildnisse der einzelnen Häuser akribisch miteinander zu vergleichen. Immerhin gelangte er schließlich zu der wenig revolutionären Erkenntnis, diese Figuren würden auffallend ähnliche, wenn nicht sogar übereinstimmende Merkmale aufweisen. Eigenartigerweise »vergißt« ausgerechnet der Franzose Louis Charpentier, daß es gerade in Frankreich kaum sakrale Bauten aus der gotischen Stilepoche gibt, auf denen nicht mindestens eine jener phantastischen Geschöpfe auf Fensterfriesen, in Torbögen oder in der Funktion von Wasserspeiern auf den Dächern und Türmen jeden Betrachter in ihren Bann zieht. All diese grotesken Fabelwesen, nach einer Karikatur von Plinius dem Älteren »Gryllen« (altgriechisch: *γρυλλος* = Ferkel) genannt, stammen ursprünglich aus der griechisch-römischen Glyptik und gelangten im Rahmen der Gotik des 12. und im 13. Jahrhundert zu einer neuen Blüte. Über ihre symbolische Bedeutung wird anschließend noch ausführlich die Rede sein.

Im übrigen widerspricht die These Louis Charpentiers und anderer Autoren jeder Vernunft, denn die Templer würden wohl kaum so naiv gewesen sein, ihre vermeintlich satanischen Götzen in aller Öffentlichkeit an den Außenwänden ihrer Häuser zur Schau zu stellen, wären sie tatsächlich jene Ketzer oder okkulten Teufelsanbeter gewesen, wie es so manche Sensations- und Bestsellerautoren heute immer noch propagieren.

Einen weiteren Ansatz zu einer Geheimlehre glaubten die Inquisitoren in der angeblichen häretischen Beichtpraxis innerhalb des Ordens entdeckt zu haben. Gemäß Kapitel 389 der französischen Regel waren die Ordensbrüder angehalten, all ihre Verfehlungen vor dem Konvent einzugestehen, nichts wegzulassen und nicht zu lügen *(ne por honte de la char, ne por paor de la justice de la maison),* denn die strengen, an dem monastischen Vorbild der Zisterzienser angelehnten Statuten verlangten das Aufgehen des einzelnen in der Gemeinschaft. Doch beschränken sich derart einzugestehende Verfehlungen lediglich auf Verstöße gegen die Ordensregel – im Fall einer normalen Beichte hatte aber nur der Kaplan die Befugnis, die Absolution zu erteilen.

Während der Untersuchungen führten die »peinlichen Befragungen« besonders bei den Servienten zwangsläufig zu Verwechslungen, da jene mangels Bildung nicht zwischen den von der kirchlichen Beichtdisziplin verstandenen Sünden und den Verfehlungen

gegen die Ordensregel unterscheiden konnten. Diese Tatsache wird durch die Aussage des offenbar gelehrten Ordensritters Gerardus de Causso zuverlässig dokumentiert: Die Absolutionsformeln wären gerade von den *fratres ydiote et simplices* falsch verstanden worden.
In diesem Zusammenhang sei nochmals auf die bemerkenswerte Aussage des Ordensmeisters Molay verwiesen, »er sei selbst lediglich ein *miles illiteratus*. Es überrascht daher nicht, daß die geschickten Ankläger sich der Unkenntnis vieler Beschuldigten über den tatsächlichen Sinn der *confession sacramentale* und *confession disciplinaire* bedienten und diesen offenkundigen Schwachpunkt konsequent zu nutzen verstanden.
Zusammenfassend kann eindeutig festgestellt werden, daß aus juristischer Sicht keine einzige von den Anklägern vorgebrachte Beschuldigung in Bezug auf irgendeine Geheimlehre nachgewiesen werden konnte. Die meisten zeitgenössischen Quellen, die sich mit dem Vorwurf der Häresie auseinandersetzen, stammen aus der voreingenommenen Umgebung des französischen Königs oder der des von ihm abhängigen Papstes. Es versteht sich von selbst, daß alle diese dokumentierten, vermeintlich rechtsgültigen Geständnisse ausschließlich dazu dienen sollten, die Schuld des Ordens zu bekunden – und erst recht das Einschreiten gegen den Orden vor der Nachwelt möglichst glaubhaft zu verantworten. Erwiesenermaßen existieren aus der gesamten Phase des Prozesses keine wie immer gearteten urkundlich beglaubigten Zeugenaussagen gegen den Tempel. Mit Sicherheit würde jenes zusammengestellte »Beweismaterial« über Häresie sowie über all die anderen von der Anklage konstruierten Vorwürfe nach den Gesichtspunkten der heutigen Rechtsprechung niemals einer objektiven Überprüfung standhalten.
Desgleichen finden die meisten seriösen Forscher unserer Zeit unter Berufung auf die wirklich belegbaren Fakten keine hinreichenden Gründe für eine angeblich »erwiesene« Schuld des Ordens in seiner Gesamtheit. Man ist sich weitgehend einig, daß die Templer – so Campbell – »von einem feigen Papst geopfert wurden, um den Ehrgeiz eines habgierigen Monarchen zu befriedigen«.

[1] Interpretationsprinzip zur Nichtbeachtung eines Gesetzes, das dann in Kraft tritt, wenn die Gesetzeserfüllung im Einzelfall unsittlich würde.

[2] Bernhard in *De laude novae militiae*

Dritter Teil

Der Templerorden und die Kunst seiner Zeit

»...denn was uns durch Sinnbilder nahegelegt
wird, bewegt uns stärker und weckt unsere
Liebe mehr, als was uns unverhüllt,
ohne geheimnisvolle Bilder
vorgehalten wird ....«

Aurelius Augustinus
(ad Ianuarium 11; 21)

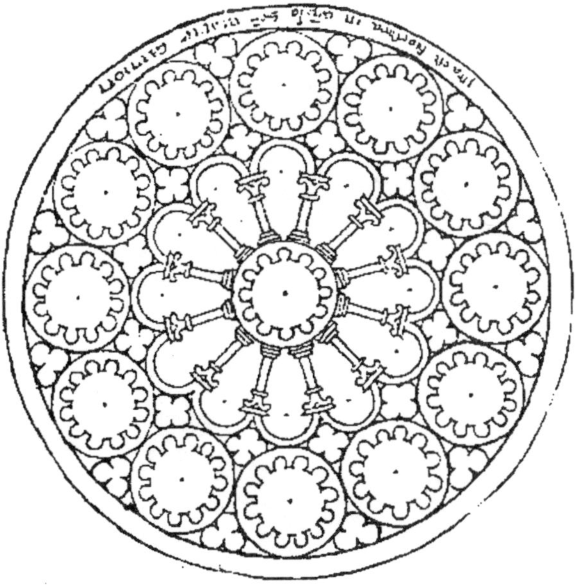

Grundriß und Skitze der Templerkirche von Laon

Die Gotik und ihre Entstehungsgeschichte

Die neue Stilrichtung

Seit Generationen unbewegt und fast ausnahmslos von der Kirche dominiert, begann für die abendländische Kunst in der Mitte des 12. Jahrhunderts ein neuer Abschnitt. In ihren Auswirkungen ist diese Kunst die wohl bemerkenswerteste Begleiterscheinung der frühen Kreuzzüge. Der neue Stil revolutionierte die Architektur, Skulptur, Ornamentik und Malerei gleichermaßen. Seine Anfänge fand er in der Isle de France, der näheren Umgebung von Paris, wo seit dem 12. Jahrhundert eines der wichtigsten Zentren abendländischen Denkens entstand. Hier versuchten Gelehrte wie Pierre Abaelard aus der Synthese von antiker Philosophie und christlichem Glauben ein neues Weltbild auf der Basis des Ideenrealismus zu konzipieren, dessen Kernaussage lautet: »Kein Objekt ist das, was es nach außen hin zu sein scheint, sondern Zeichen und Symbol einer höheren Wirklichkeit.« Gerade diese Betrachtungsweise charakterisiert wie keine andere fast sämtliche kulturelle Erscheinungsformen dieser Epoche. In keinem anderen Kunststil wird dieser für die Nachwelt meist falsch verstandene Symbolismus zu einem derart tragenden Element.

Von den nordfranzösischen Landschaften der Ile de France, Champagne und Normandie, zwischen 1130 und 1140 ausgehend, breitet sich die neue Stilrichtung, begleitet von einem lebhaften wirtschaftlichen Aufschwung, innerhalb weniger Jahrzehnte über ganz Westeuropa aus. Es ist die Gotik. In einer wesentlichen Hinsicht scheint sie sich von anderen Kunststilen zu unterscheiden – wie beispielsweise der Romanik oder der Rennaissance, die sich beide an byzantinischen oder an antiken Vorbildern orientierten, jedoch vielfacher Verbesserungen bedurften, um ihre eigentümliche reife Gestalt zu erreichen. Dagegen wirkt, so der Historiker Louis Charpentier, »die Gotik auf einen Schlag fertig und vollkommen, und dies im ganzen Abendland«, ohne sich an vorhergehende Stile wesentlich anzulehnen.

Für die Entstehungsgeschichte der gotischen Kunst und ihre rasche Verbreitung gibt es in der Wissenschaft zahlreiche Annahmen und

Vermutungen. Zwei sich gegenseitig ergänzende Faktoren scheinen dabei in jedem Fall eine besonders herausragende Rolle übernommen zu haben: Der eine Faktor findet sich in jener nach Erkenntnis suchenden, bis zur Mystik hinführenden Zuwendung zu Gott, außerdem in einer besonderen Betonung des Lichts, dessen Bedeutung mit Gott gleichzusetzen ist (und somit eine Eigenschaft Gottes und den Beweis seines Wirkens darstellt). Der andere Faktor ist die zwingende Voraussetzung eines bis zu diesem Zeitpunkt in Europa unbekannten Wissens über die Art der Technik und der Geometrie, dazu die zur Vollendung derartiger Bauwerke notwendige Beherrschung der Materialien.

Die gotische Kathedrale versuchte, das gesamte theologische, moralische, naturwissenschaftliche und historische christliche Wissen darzustellen, sie verkörpert eine Synthese der Vorstellungen des Menschen, seiner Geschichte und seiner Beziehung zum Ganzen. Wenn daher die frühgotischen Kathedralen dieses Wissen symbolisieren, dann stellt dieses bauliche Erscheinungsbild gleichsam den überwältigenden Triumph der neuen Ideen in der Kirche und ihrem geistigen Umfeld dar.

Die romanische Architektur, die der Gotik vorausging, ist gekennzeichnet durch ein fast burgartiges, festes Mauergefüge, dem Prinzip der Raumaddition, das sich auch durch die im Außenbau aneinandergefügten geschlossenen Baukörper wiederfindet. Der wesentliche Unterschied zwischen Romanik und Gotik liegt in der Raumdisposition. Die Auffassung einer einheitlich versammelten Kirchengemeinde führt in der gotischen Kathedrale zu einer Vereinheitlichung des Raums und der zuvor abgetrennten Raumteile. Damit knüpft dieser neue Stil an frühchristliche Vorbilder an.

Kunst – und insbesondere die Architektur als ein wesentlicher Bestandteil derselben – ist stets ein Spiegelbild der jeweiligen gesellschaftspolitischen Verhältnisse. Auf das Mittelalter bezogen heißt das: Die dem Glauben dienenden Bauten wurden als Abbild des Kosmos oder des Himmels verstanden. Wirkt die romanische Kirche wie eine unbezwingbare Zitadelle des Guten, gleich einer Himmelsburg, offenbart sich der Architektursymbolismus der gotischen Kathedrale mit seinen unzähligen Türmchen, den »Fialen« und Zinnen, als himmlische Stadt in Gestalt des »neuen, ewigen Jerusalem, das vom Himmel herniederkommt« *(Johannes 3,12, Geheime Offenbarung).*

Die großen, das Mittelalter beherrschenden Kunststile waren jeweils Begleiterscheinungen der beiden vom Benediktinerorden aus-

gehenden Reformbewegungen von Cluny und Citeaux. War Cluny der Ausgangspunkt der Romanik, gilt die geistige Erneuerungsbewegung der Zisterzienser um Bernhard von Clairvaux allgemein als die eigentlich treibende Kraft der frühgotischen Baukunst. Die Forscherin Anne Marie Armand sieht in Bernhard sogar den »Schöpfer der Idee der Kathedrale«, und Pierre du Columbin nennt die Zisterzienser nicht ohne Grund »die Missionare der Gotik«.
Grundsätzlich zielte jedoch die Zisterzienserreform keinesfalls auf eine Veränderung der baulichen Strukturen, ebensowenig wie auf Neuordnung des bestehenden sozialen Gefüges. Denn die Verinnerlichung sowie die Hinwendung zu Gott schließt jegliche Neuorientierung in weltlichen Dingen aus. Bernhard von Clairvaux selbst befaßte sich weder mit Bauwerken und deren Ornamenten, noch findet man in seinen Werken irgendwelche Anhaltspunkte, die ihn als Initiator einer neuen Kunstrichtung ausweisen.
Seine Kunst ist die Kunst des Wortes, mit dessen weit über seinen Tod hinaus wirkenden Überzeugungskraft Bernhard wie kein anderer seiner Zeitgenossen die gesamte christliche Welt bewegte. Gerade mit seiner wortgewaltigen Forderung nach Entsagung, Hingabe und Demut steuerte er – vielleicht unbewußt – den Richtungswandel in der abendländischen Kunst. Die von Bernhard propagierte Ethik ist daher nicht nur untrennbar mit dem neuen Stil verbunden, sie wird vielmehr durch ihn sichtbar gemacht. So betrachtet, war Bernhard auch Baumeister, denn »er beschreibt mit seinem Wort das Modell, dem das Bauwerk gleichen sollte: Es ist die Projektion eines Traumes von moralischer Vollkommenheit...«
Am deutlichsten zeigt sich der tiefgreifende Einfluß der Lehre Bernhards auf die von ihm so verachtete weltliche Kunst, die in der Folge fast vollständig in der sakralen Kunst aufgeht. Tatsächlich gingen die meisten weltlichen Kunstwerke aus jener Epoche der Nachwelt verloren. Denn weltlich ist irdisch, und alles Irdische ist vergänglich. Lediglich die Bildwerke sowie die prachtvollen Bauten zu Ehren Gottes wurden für die Ewigkeit errichtet – sie scheinen selbst heute noch der Zeit zu trotzen.
Die wichtigste Funktion dieser sakralen Kunst liegt in der Anregung der Imagination des Gott zugewandten Menschen. Was ihm die mythischen Erzählungen in Worten mitteilten, das offenbarte ihm das Kunstwerk »ununterbrochen durch ein Ineinandergreifen sichtbarerZeichen«. Als »Spiegelbild des Dieseits und Ahnung des Jenseits« half es dem gläubigen Menschen, sich von aller Mühsal

seiner Gegenwart zu lösen, und wies ihm den direkten Weg zur künftigen Vollendung, dem wiedergefundenen Paradies.
Der unverkennbar eschatologische Charakter der neuen Kunst kann nur im Zusammenhang mit der wenige Jahre zuvor erfolgten Rückgewinnung von Jerusalem und mit dem vermeintlichen Endsieg des Christentums über den Islam verstanden werden. Noch glaubte das Abendland in Erwartung des bevorstehenden Weltenendes, mit der um das befreite Heilige Grab versammelten Schar der ersten Kreuzfahrer den lang ersehnten Traum des Gottesstaates endlich verwirklichen zu können. In der Kathedrale – sie ist ja ein Abbild des »himmlischen« Jerusalem – fließen Mythos und Wirklichkeit ineinander.
Als ein Produkt jener endzeitlichen Denkweise avanciert der neu gegründete, monastische und ritterliche Lebensformen vereinigende Orden der Templer zu einer tragenden Säule der neuen sakral-ideologischen Bewegung. Versprach Bernhard in seinem *De laude novae militiae* den von irdischen Lastern geläuterten Templern als höchsten Lohn nicht »...ja, ihr sollt an Jerusalem getröstet werden«? Spricht nicht auch der große Abt von Cluny, Petrus Venerabilis: »Wer sollte sich nicht mit der ganzen Macht seines Geistes freuen in Gott, seinem Retter, daß die Ritterschaft des ewigen Königs, das Heer des Herrn Zebaoth, zu neuen Kämpfen gleichsam von himmlischen Heerlagern herabgestiegen ist, um die Feinde des Kreuzes Christi zu besiegen?« In einer Urkunde des Papstes Clemens III. aus dem Jahre 1191 wird ebenfalls vermerkt, daß die Templer »dem Dienst des allmächtigen Gottes geweiht, der himmlischen Ritterschaft zuzurechnen sind«.
Eines der markantesten Elemente der gotischen Baukunst, der Rippenbogen, taucht zwischen 1130 und 1140 im christlichen Abendland auf. Dies geschieht interessanterweise exakt in jener Gegend, aus der sämtliche Gründungsmitglieder des Templerordens kamen und ihre ersten Ordensniederlassungen in Europa gründeten, nämlich in der Ile de France und in der Champagne. Die aus der Antike stammende und im Abendland in Vergessenheit geratene Bautechnik findet man bereits vor diesem Zeitpunkt in den arabischen Bauten von Toledo und Córdoba – und nicht zuletzt in vielen frühchristlichen und byzantinischen Kirchen in Syrien und Palästina.
Es ist demnach nicht auszuschließen, daß die von den Idealen Bernhards beseelten Rittermönche das Wissen über die neue Kunst aus dem Orient mit in den Okzident brachten, um es der »neuen Zeit«,

Spätere Darstellung eines Ordensgroßmeisters mit Abakusstab.

der von den Reformern angestrebten Verchristlichung des Abendlandes, dienstbar zu machen und damit aktiv am Aufbau des Reiches Gottes auf Erden mitzuwirken. Wohl aus diesem Grunde führt der Großmeister des Templerordens als äußeres Zeichen seiner Würde den Abakusstab, den Stab der Meister aller Baumeister.[1] Dieses der Antike entlehnte Symbol weist neben seiner geistig-ideellen Bedeutung auch direkt auf die Kathedralen, denn die notwendigen Voraussetzungen für die größten Baustellen des Mittelalters konnten nicht zuletzt erst mit Hilfe jenes ungeheuren, durch Schenkungen an Templer und Zisterzienser entstandenen Vermögens geschaffen werden.

Die Bauhütten

Die Führung des Tempels sah sich schon wenige Jahre nach der Bestätigung des Ordens in Troyes angesichts des großen Interesses bei allen Bevölkerungsschichten veranlaßt, den rasch wachsenden Orden in drei Klassen zu gliedern: Ritterbrüder, Kleriker und dienende Brüder. Letztere wurden in die *frères servants d'armes* (»Sarjanz« oder Sergeanten) und *Frères servants mestiers* (Handwerker) eingeteilt.

Die großen Kathedralen wurden von Handwerkern errichtet, die für die damalige Zeit über eine Ausbildung ganz besonderer Art verfügten. Ohne Plan, Lineal oder Zirkel entstanden innerhalb weniger Jahrzehnte die eindrucksvollsten Bauwerke der ganzen Epoche. Die Handwerker des Hochmittelalters – Steinmetze, Maurer, Zimmerleute – waren in Bruderschaften, den sogenannten *Compagnons,* organisiert.

Mönch, Baumeister und Ritter

Die Forscher De Mahieu und Louis Charpentier unterscheiden insgesamt drei solcher vermutlich aus Klosterbruderschaften hervorgegangener *Compagnons*: *Les Enfants de Père Soubise* waren demnach eine von den Benediktinerklöstern ausgehende Bruderschaft, die, als Laien von Mönchen ausgebildet, vorwiegend in romanischen Bauten ihr Wirkungsfeld fanden. *Les Enfants de Maitre Jacques* sind legendären Ursprungs und sollen vornehmlich im Süden Frankreichs beim Bau von Brücken und Pilgerstraßen nach Santiago de Compostela tätig gewesen sein. Für den Bau der großen Kathedralen kommt schließlich nur noch die dritte Gruppe, *Les Enfants de Salomon,* in Frage. Louis Charpentier und De Mahieu nehmen an, daß zwischen den »Söhnen Salomons« und dem Orden der Zisterzienser ein ebensolches Naheverhältnis bestand wie zu jenem von Bernhard propagierten Orden der »Armen Brüder vom Tempel Salomons zu Jerusalem«, der im Jahre 1128 auf der Bühne der Weltgeschichte seinen ersten großen Auftritt hatte.

Einige Forscher vermuten, daß die »Söhne Salomons« jenen »Brüdern vom Handwerk« – gleichsam als Nebenorden – affiliert waren. Diese interessante Hypothese wird unter anderem durch spätere großzügige Privilegien untermauert, die der französische König Ludwig IX. auf Ersuchen des Priors des Templerordens von Frankreich, Amaury, den »Söhnen Salomons« gewährte. Besonders bemerkenswert aber ist die Tatsache, daß eben diese Privilegien nach Beginn des Prozesses gegen die Templer auf Veranlassung Philipps IV. im Schicksalsjahr 1307 aufgehoben wurden und die Bruderschaft wegen der anschließenden Verfolgung im Untergrund verschwand.
In diesem Zusammenhang soll nicht unerwähnt bleiben, daß die Epoche der großen Kathedralen des früh- und hochgotischen Klassizismus nicht nur etwa zur selben Zeit beginnt, in der der Templerorden erstmals in Europa in Erscheinung tritt, sondern zusammen mit ihm zu Beginn des 14. Jahrhunderts ihr jähes Ende findet.

Das kosmische Spiegelbild

Wie bereits erwähnt, versuchte vor allem die sakrale Architektur der frühen Gotik das für jene Zeit typische Endzeitdenken bildhaft zu repräsentieren. In der vom ästhetischen Prinzip der Konkordanz beider Testamente dominierten Kathedrale ist jede Allegorie des Alten Testaments gleichzeitig ein Symbol des Neuen Testaments. Dementsprechend haben die im Tympanon über dem Portal jeder Kathedrale aufgebrachten Skulpturen zumeist die Wiederkunft Christi, die Parusie, zum Thema.
Die zentrale Figur ist jedoch nicht der leidende Jesus, der Schmerzensmann, sondern der thronende, von Engeln umgebene, siegreiche Christus Pantokrator, der Weltenrichter aus der Offenbarung des Johannes. Ganz im Sinn Bernhards wird der Eingang der Kathedrale auf diese Weise gleichsam zum Sieb, in dem das »alte« Schlechte – das Materielle, die Gewalt, die Habgier, der Hochmut – zurückbleiben und nur das »neue« Gute durchgelassen wird. Die zumeist etwas versteckten dämonischen Monster am Rande jener Gruppen von Plastiken erinnern den Eintretenden an den Kampf zwischen Gut und Böse. So wie die Plastiken ihm aber auch die drohenden Qualen der Verdammnis vor Augen führen, mahnen sie gleichzeitig den reuigen Sünder zur Buße und innerlichen Läuterung.

Christus als Summus Artifex

Nicht nur in den Kathedralen, sondern auch in vielen Bilderschriften der frühgotischen Periode gibt es verschiedentlich auch Darstellungen von Christus als Weltenschöpfer und himmlischem Baumeister, den *Summus Artifex,* der mit einem Zirkel die Grenzen des Universums absteckt und dieses in Himmel und Erde sowie in Licht und Finsternis teilt. An dieser Stelle sei nochmals an die allegorische Bedeutung des Abakusstabes des Tempelmeisters erinnert, denn dieses Universum, der »Makrokosmos«, spiegelt sich wiederum in der Kathedrale, dem »Mikrokosmos«, als dem irdischen Himmel.

Dieser in der Mystik begründete kosmische Dualismus ist nicht nur eine der Grundlagen der augustinischen Staatentheorie sowie des auf der Lehre Platos aufbauenden scholastischen Denkens, sondern auch ein wesentlicher Bestandteil der aus der gregorianischen Universalidee geborenen päpstlichen Machtvollkommenheit.[2] Roms sakral-ideologische Strategie zielte darauf ab, die Kirche als das Reich Gottes in der Welt mit Hilfe seiner Gnade völlig zur Herrschaft zu führen, um auf diese Weise die Schöpfung durch den Übertritt von der Zeit in die Ewigkeit und somit die Umgestaltung des irdischen Kosmos zu vollenden.

Bernhard von Clairvaux, der den neuen Strömungen der scholastischen Lehre eher kritisch gegenüberstand, spricht ebenfalls von einem »Spiegel«, durch den Gott sich unaufhörlich offenbart und mitteilt. Es wurde im Rahmen dieser Arbeit bereits mehrfach darauf hingewiesen, daß die Lehren des Augustinus die Grundlage allen sakral-ideologischen Reformdenkens jener Zeit bildete. Hat denn nicht gerade der Kirchenvater sein Hauptwerk *De civitate Dei,* das alles entscheidende Ringen der unsichtbaren jenseitigen mit der sichtbaren diesseitigen Welt, in 22 Kapitel eingeteilt, welche den 22 Buchstaben des hebräischen Alphabets entsprechen, die in der Kabbalistik wiederum als Spiegelbild des Kosmos galten?

Bei Bernhard finden sich die gleichen dualistischen Merkmale der von Augustinus beschriebenen Welten: Durch das Sichtbare will der große Abt zeigen, was der Mensch vom Unsichtbaren wahrnehmen kann. Bernhard zufolge ist die Schönheit der Kreatur nur ein Spiegelbild, eine Teilhabe an der Schönheit Gottes. Er verbindet Mikrokosmos und Makrokosmos mit der Feststellung: »Gott will angebetet werden als Mensch unter Menschen und nicht als Gott unter Engeln.« Gott wurde Mensch, damit der Mensch vergöttlicht wurde; daß Gott auf die Erde herabstieg, damit der Mensch zum Himmel aufstieg. Christus, der Erlöser, kommt bei seinem zweiten Advent deshalb nicht von »außen«, sondern aus der Mitte seiner von ihm begründeten kirchlichen Gemeinschaft.

Die Symbolik der Templerkirchen

Obgleich die Rittermönche zusammen mit den Zisterziensern als Protagonisten der »neuen Zeit« und der mit ihr verbundenen Ausdrucksform der Kunst in Erscheinung treten, entbehren die ordenseigenen Sakralbauten – den Vorstellungen Bernhards getreu – größtenteils jeglichen Schmucks: »Wir haben um Jesu willen allem Kostbaren und Schönen entsagt. Um diesen Jesus zu gewinnen, halten wir alles für Unrat, was durch seinen Glanz bezaubert, durch seine Harmonie verführt, (...) denn wir wollen das Fleisch zur Frömmigkeit erziehen.«

Der Historiker Demurger unterscheidet unter Bedachtnahme auf die heute noch vorhandenen Templerkirchen drei verschiedene Bautypen. Die viereckige, einschiffige, mit einem Tonnengewölbe überdachte Kirche oder Kapelle ist am häufigsten in Mittel- und Westfrankreich anzutreffen und entspricht der lokalen Bautradition. Der zweite Typ unterscheidet sich vom ersten lediglich durch eine halbkreisförmige Apsis mit einer Halbkugel. Diese Bauten scheinen nach neuesten Erkenntnissen am häufigsten verbreitet gewesen zu sein.

Für die Forschung aber ist der dritte Bautyp, obwohl er eine Ausnahme unter den Templerkirchen darstellte, zweifellos der interessanteste: der Zentralbau. Die runde oder polygonale Bauform fand allerdings eine eher begrenzte Verbreitung und kann nur in wenigen bedeutenden Komtureien nachgewiesen werden. Man muß dabei aber auch berücksichtigen, daß etwa die prachtvollen wie architektonisch herausragenden Kirchen von Tomar in Portugal oder in London am Hauptsitz der jeweiligen Landespräzeptoren unter anderem Repräsentationszwecken zu dienen hatten. Allzuviele Bauwerke dieser Art in jeder Niederlassung konnte sich wahrscheinlich nicht einmal ein so reicher Orden wie der Tempel leisten. Ebenso stand das Zurschaustellen jeglicher Prunkentfaltung im krassen Gegensatz zu den monastischen Regeln.

Der These des Forschers Violet-le-Ducs zufolge sollen die Templer ihre Rundkirchen mit Hilfe der geheimnisvollen Kabbalistik, der Zahlen nach dem Vorbild des Heiligen Grabes oder des Tempels des Herrn, errichtet haben. Rundbauten gehörten seit alters her zu

den eindruckvollsten sakralen Stätten – so das Pantheon und das Grabmal Hadrians in Rom oder die Grabeskirche und der ältest erhaltene islamische Sakralbau, der Felsendom in Jerusalem.
Bereits im antiken Zeitdenken ist der Kreis von mystischer Bedeutung. Mit jedem Kreislauf wiederholt sich Vergangenes, der Kreis der Zeit fließt in sich zurück. Bei Pythagoras und Plato läuft das kosmische Geschehen kreisförmig oder in einer unbegrenzten Folge von Zyklen ab.
Obgleich sich die Zentralbauten in ihrer Grundform unterscheiden, sind sie doch sämtlich in ihrer Anlage symbolhaft nach Osten zur »Geburt des Lichtes hin« orientiert. Bei zwei Arten von Kultstätten hat das abendländische Mittelalter den Zentralbau beibehalten, und zwar dort, wo der Mensch ins Leben tritt und wo er es verläßt: bei den Baptisterien und den Grabeskirchen. Ein interessantes Beispiel dafür bietet die kleine oktogonale Templerkirche von Laon, die offenbar nach dem Modell einer in der Nähe befindlichen, aus älterer Zeit stammenden Friedhofskapelle errichtet wurde.
Trotz ihrer Exklusivität und der relativ geringen Zahl weisen diese Zentralbauten auf den Erneuerungsgedanken des Templerordens. In diesem Zusammenhang sei auf die eschatologische Bedeutung des Oktogons hingewiesen: Wie bereits ausgeführt, entspricht in der jüdischen Kabbalistik die Zahl Acht den Begriffen »Erneuerung« und »Wiedergeburt«.[3] In der Folge übernahm auch das Christentum jene Zahlenmystik, wie uns durch die beiden Kirchenväter Ambrosius und Augustinus eindrucksvoll bestätigt wird. So hebt Augustinus in *Civ. XXII, 30* den auf den Sabbat folgenden »ewigen achten Tag der Schöpfung« hervor, der, durch Christi Auferstehung geheiligt, als der Beginn seiner himmlischen Herrschaft zu verstehen ist. Eines der bedeutendsten achteckigen Bauwerke finden wir in der von dem Stauferkaiser Friedrich II. in Apulien erbauten Festung *Castel del Monte,* eine mystisch-symbolisch eindrucksvolle Manifestation ghibellinischer Weltherrschaftsansprüche.
Mit dem Kreis wird nicht nur die Erde *(orbis terrarum)* und der Kosmos versinnbildlicht, sondern auch das Paradies als Ort des Ursprungs und der Nähe zu Gott, zumal der ganze Kosmos vor dem Sündenfall als das Paradies galt. Der Kosmos ist nach der abendländischen Philosophie nichts anderes als der Kreis göttlichen Wirkens, woraus sich die logische Schlußfolgerung ergibt: Gott ist die Welt. Der Philosoph Marsiglio Ficino bezeichnet die menschli-

che Seele als *centrum naturae, (...) nodus est copulae mundi* und gleichsam als Band, welches das gesamte Universum umschließt – als solches ist der Mensch ein irdisches Bild Gottes. Die Vereinigung seines Lebenskreises *(unio mystica)* mit dem göttlichen Zentrum war auch das erklärte Ziel der Mystik Bernhards.
Daher ist der in sich geschlossene Kreis ein Sinnbild für das Streben des Menschen, das Chaos zu bezwingen, um derart mit der göttlichen Ordnung in Übereinstimmung zu gelangen.
Gegen Ende des 12. Jahrhunderts eröffnete das Templerpriorat von England in seiner heute noch erhaltenen Rundkirche, dem »Temple of London«, die Serie der liegenden Grabsteineffigien in Europa. Nach Ansicht des Kunsthistorikers Georges Duby »kennzeichnet der Tod die Rückkehr des Lichtes zu seinem ursprünglichen Prinzip, die Rückkehr des Geschöpfes zu seinem göttlichen Vorbild. Deswegen sind diese liegenden Gestalten dieser Zeit auch ohne Alter und Physiognomie, sie sind zum Typus der Art zurückgekehrt, das heißt zum Mensch gewordenen Gott.«

Die äußeren Symbole des Templerordens

Eine umfassende Analyse all jener für die Wissenschaft zumeist völlig unbrauchbaren »Thesen« würde wahrscheinlich den Rahmen dieser Arbeit sprengen. Denn so wie die angeblichen Geständnisse über Geheimlehren und Ketzerei aus dem unseligen Prozeß, stehen auch die wenigen bekannten Symbole des Tempels im Mittelpunkt unzähliger, zum Teil grotesker Spekulationen. Wir wollen uns daher im Folgenden auf das Wesentliche beschränken.
Zu den wichtigsten Symbolen zählt neben dem weißen Mantel mit dem roten Kreuz *a sinistra* die schwarz-weiß geteilte Standarte, der *baucent* oder *beausseant:* weiß, »weil sie gegen die Freunde Christi freundlich und gut sind«, und schwarz, »weil sie seinen Feinden düster und schrecklich sind«.
Seine Bedeutung ist unter Berufung auf die Hinweise Bernhards von Clairvaux in seinem *De laude novae militiae* relativ leicht zu verstehen. Er erkennt in der *nova militia* »ein neues, der Welt noch unbekanntes Rittertum, das einen zweifachen Kampf zugleich unermüdlich kämpft, nämlich den gegen Fleisch und Blut und den gegen die bösen Geister des himmlischen Bereiches ...« »Der Soldat Christi (...) steht im Dienst Gottes, um den zu bestrafen, der Böses tut, und den auszuzeichnen, der Gutes tut.«

Skizze einer Ansicht der Templerkirche von Laon

In ähnlicher Weise äußert sich auch Jakob von Vitry: »Sie sind offen und wachsam für ihre Freunde, dunkel und schrecklich für ihre Feinde.« Selbst der den Templern gegenüber eher kritische Johann von Salisbury stellt wohl in Anlehnung an den Abt von Clairveaux in Buch VI seines *Polycraticus* fest, daß sie »doppelt eingesetzt sind, körperlich und geistig – durch eine (körperliche) Auswahl und durch ein Sakrament«.
Im *baucent,* dem *vexillum Templi,* spiegelt sich somit das scharf dualistisch orientierte Weltbild der sakral-ideologischen Reformbewegung wider. Einmal mehr unterstreicht die auf jene Fahne geschriebene, dem Psalm 115, 1 entliehene Devise des Ordens *Non nobis Domine! non nobis, sed nomini tuo da gloriam!* die Vorstellung der Templer, sie seien als Wegbereiter der »neuen Zeit«, dem künftigen Reich Christi, auserwählt.
Das älteste und zugleich am häufigsten verwendete Siegel des Ordens zeigt zwei gepanzerte, auf einem Pferd sitzende Ritter mit der Umschrift *SIGILLUM MILITUM XPISTI* am Rande. Manche Autoren glauben darin einen Hinweis auf die Armut des frühen Ordens der *Pauperes commilitones Christi templique Salomonici* zu erkennen. Diese häufig vorgebrachte These der »zwei armen

Matthaeus Paris: Die zwei Ritter auf einem Pferd. Rechts der »Beausseant«, die Ordensstandarte der Templer

Ritter auf einen Pferd« hält jedoch keiner ernsthaften wissenschaftlichen Prüfung stand, denn der Begriff »arm« hatte in diesem Zusammenhang bekanntlich eine gänzlich andere Bedeutung. Zudem gestattete bereits die frühe lateinische Regel (Kapitel XXX) den Rittermönchen den Gebrauch von zwei Pferden, die spätere Regel sogar drei, ein in der damaligen Zeit für viele weltliche Ritter ein schier unerschwinglicher Luxus.

Dieses Motiv entspricht ganz offensichtlich einem Grundgedanken des klösterlichen Zusammenlebens und scheint nichts anderes als die besonders ausgeprägte Brüderlichkeit sowie die Einheit und die Hingabe zu versinnbildlichen. Nicht nur die Regel betont mehrfach das *convivere,* jenes Leben in der monastischen Gemeinschaft, sondern nicht zuletzt auch der geistige Vater des Templerordens,

Bernhard von Clairvaux: »Damit nichts an himmlischer Vollkommenheit fehle, leben alle in einem Haus, ohne Eigentum und eines Sinnes. Wachsam bewahren sie die geistige Einheit, die der Friede verbindet. Diese Schar hat sozusagen nur ein Herz und eine Seele... .«[4] Die Symbolik des Siegels wird insbesondere durch die Kapitel 15 und 33 verdeutlicht, wonach die Ordensbrüder angehalten waren, nach Möglichkeit nur zu zweit aus einer Schüssel zu essen sowie paarweise das Ordenshaus zu verlassen.

Nicht weniger berühmt ist das offizielle Siegel des Großmeisters. Es zeigt eine Kuppel über einem auf Säulen ruhenden Rundbau. Allerdings ist sich die Forschung nicht einig, ob damit der *templum Domini* oder die Grabeskirche – beides sind Zentralbauten – dargestellt wird. In jeden Fall wurde damit auf die Anfänge des Ordens Bezug genommen. Der Tempelbezirk war die erste Niederlassung und bis 1187 der Hauptsitz der Großmeister. Sollte hingegen auf dem Siegel das Heilige Grab abgebildet sein, wird damit die ursprüngliche Aufgabe – der Schutz der Heiligen Stätten – symbolisch wiedergegeben.

Ein bestimmtes Siegel aber hat die Phantasie so mancher Autoren am meisten beflügelt. Auf diesem ist innerhalb der auf den ersten Blick geheimnisvollen Umschrift *SECRETUM TEMPLI* eine merkwürdige, auf Schlangenfüßen stehende Gestalt mit dem Kopf eines Hahnes abgebildet. Bei jenem eigenartigen Geschöpf handelt es sich ohne jeden Zweifel um den aus der Spätantike bekannten Abraxas oder Abrasax (altgr. Αβραξας oder Αβρασαξ). Dieses mit Schild und Peitsche bewährte polymorphe Monstrum ist in der griechisch-orientalischen Gnosis eines der Symbole für den »Herrn der Zeiten«, Weltenschöpfer und Erlöser, der »stets verschiedene Namen annimmt und doch immer seltsam unbestimmt bleibt ...« Er wird im allgemeinen als »Aion des Jahres«, als Gott des Weltenjahres, bezeichnet, denn die seinen Buchstaben entsprechenden Zahlen ergeben nach dem System des Basilides in ihrer Addition die Zahl 365. Der Zahlenwert seines Namens umfaßt somit im übertragenen Sinn das ganze Universum. Des weiteren galt Abraxas bei den Gnostikern der Spätantike als Lichtgott des Guten Agathos Daimon (altgr. Αγαθος Δαιμον) und war der Geheimname Gottes schlechthin.

Dieses zusammen mit einer ganzen Reihe anderer im französischen Nationalarchiv aufbewahrte Siegel eines Ordensoberen lieferte Jaques de Mahieu die Grundlage für die auf dem Gebiet der Templerforschung wohl abenteuerlichste Theorie in seinem 1979 erschienenen Werk »Die Templer in Amerika oder das Silber der Kathedralen«. Unbeschadet der nicht völlig auszuschließenden Möglichkeit, ob die Templer aus alten Karten der Wikinger nun den Seeweg nach Amerika kannten oder nicht, stützt sich besagtes Buch im Wesentlichen auf jenes Motiv, denn – so Mahieu – »... wurde unlängst im französischen Nationalarchiv ein alarmierender (!) Fund

Siegel eines Präzeptors

Spätantike Abraxasgemme

gemacht: ein Ordenssiegel (...), das in der Mitte in aller unverwechselbaren Deutlichkeit einen federgeschmückten südamerikanischen Indianer zeigt!« Hätte sich Mahieu jedoch die Mühe gemacht, sich über die Richtigkeit seiner gewagten Behauptung in einem der zahlreichen, jedermann zugängigen Lexika über Symbolik zu vergewissern, hätte er das oben genannte Buch aller Wahrscheinlichkeit nach in dieser Form nicht geschrieben.

Doch soll die Frage, was denn eigentlich ein christlicher Ritterorden mit jenem Symbol aus einer orientalisch-synkretischen Heilslehre zu schaffen hatte, nicht unbeantwortet bleiben. Denn zu groß ist die Gefahr einer Fehlinterpretation, zumal zahlreiche »Forscher« immer noch hartnäckig nach schlüssigen Indizien für eine bisher nicht beweisbare Geheimlehre suchen. Des vermeintlichen Rätsels Lösung scheint Baltrusaitis entdeckt zu haben.

Das christliche Abendland zeigte eine außerordentliche Vorliebe für aus der Antike stammende geschnittene Edelsteine, denen wundersame Kräfte zugeschrieben wurden. Bereits im frühen Mittelalter schmückte man Reliquiare bevorzugt mit Gemmen, in denen exotische Tiere oder antike Gottheiten eingeschnitten waren. Diese sonderbare Praxis läßt sich dadurch erklären, daß solche eingeschnittenen Figuren aus der griechischen Mythologie fälschlicherweise für Gestalten der Bibel gehalten wurden. Dementsprechend bezeichnete man die Gemmen als »Steine Israels« – sie galten nicht als Menschenwerk, sondern als eine Art Naturwunder, wie selbst Albertus Magnus von einer Kamee berichtet, die den weltberühmten Dreikönigsschrein im Kölner Dom zierte: *Est a natura, non ab arte.* Sogar ein Matthaeus Parisiensis zeigte sich von gravierten Gemmen fasziniert - er legte persönlich ein umfassendes Verzeichnis aller im Besitz seines Klosters St. Albans befindlicher Steine an. Könige und Fürsten verwendeten diese Steine mit dem Abbild heidnischer Götter des öfteren als Privatsiegel, wie etwa Karl der Große das Bildnis des Jupiter Serapis. Mit den Bewegungen der Kreuzzüge und ganz besonders nach der gründlichen Plünderung Konstantinopels im Jahre 1204 gelangten große Mengen von diesen Gemmen nach Europa. In Form von Schenkungen oder Stiftungen »frommer« Kreuzfahrer fanden viele davon den Weg in Klöster und Kathedralen, doch wurde auch das Siegeln mit antiken Steinen im 13. Jahrhundert viel populärer als früher. Man benutzte sie vor allem als Gegen- oder Beisiegel, *contrasigillum secreti*, und es haben sich aus dieser Zeit so zahlreiche Abdrücke verschollener Gemmen erhalten, daß die damit versehenen Briefe auch für Kunsthistoriker von großem Interesse sind. Diesen Feststellungen ist auch in dem konkreten Fall des templerischen »Abraxassiegel« nichts hinzuzufügen und dürfte solcherart das in diesem Zusammenhang aufgetauchte Scheinproblem jenes Abbildes geklärt haben.

Mittelalterliche Darstellungen von »Gryllen«

Schließlich sollte nicht auf die symbolische Bedeutung der sogenannten Baphometplastiken verzichtet werden. Dabei handelt es sich – wie bereits erwähnt – nicht unbedingt um ein für den Tempel spezifisches, sondern um ein für die sakrale Kunst der Gotik typisches Charakteristikum. Gerade bei den beliebten Darstellungen der Apokalypse finden sich unzählige phantastische Kreaturen (»Gryllen«) in allen Variationen, deren häufigste, ein nur aus einem überdimensionalen Gesicht mit Beinen bestehenden Wesen, allgemein als der berühmte »Arsch mit Ohren« bezeichnet wird.
Die über Toren und Fenstern zumeist in zweiköpfiger oder zweigesichtiger Gestalt angebrachten Bildnisse des angeblichen Baphomet waren gleichfalls nicht allein auf den Templerorden beschränkt. In der Vorstellungswelt jener Zeit versinnbildlichen sie den antiken Gott Janus als die Personifizierung des Monats Januar. Damit wird aber nicht, wie schon Isidor von Sevilla beschreibt, *Bifrons idem Janus pingitur, ut introitus anni et exitus demonstratur,* nur auf den Anfang und das Ende des Jahres hingewiesen, sondern Janus verkörpert im übertragenen Sinn mit seinen beiden Gesichtern vielmehr Vergangenheit und Zukunft.
Ganz besonders interessant scheint indessen, daß man in dem nach vorne und hinten zugleich blickenden Gott auch den Alten und den Neuen Bund oder Laster und Tugenden zu erkennen glaubte. Solcherart symbolisieren die so oft fehlinterpretierten Janus-Baphometplastiken ebenfalls die bekannten augustinischen Gegensätze zwischen Licht und Finsternis sowie der verachtungswürdigen sichtbaren alten und der erstrebenswerten unsichtbaren neuen Welt und dokumentieren den auf der Weltverachtungsideologie aufbauenden Willen zur Reform und geistigen Erneuerung.

[1] Als Abakus wird einerseits die obere Abschlußplatte des Säulenkapitels bezeichnet, andererseits ein Rechenbrett, ähnlich unserer heutigen Kinderrechenmaschine, mit dem bestimmte Maße und Gewichtseinheiten berechnet wurden. Dieses Brett ist auch als Tafel des Pythagoras bekannt.

[2] So betitelt der Frühscholastiker Bernhard von Chartres, Mitbegründer der Schule von Chartres, und Verfechter der platonischen Tradition, sein Hauptwerk *De mundi universitate* auch »Megakosmos und Mikrokosmos«.

[3] Nach dem Kirchenvater Ambrosius ist die Acht die Zahl der Wiederauferstehung.

[4] Bernhard in *De laude novae militiae.*

Der Templerorden im Spiegel der Literatur seiner Zeit

Die Botschaft der Gralsepen

Im letzten Drittel des 12. Jahrhunderts entstand – nicht zuletzt unter dem Eindruck der politischen und philosophischen Umwälzungen – eine Reihe sogenannter Ritterepen, die bis in unsere Zeit zu den bedeutendsten Werken der abendländischen Literatur gezählt werden können. Sie gehören zu jenen seltenen Kunstwerken, die den Geist einer ganzen Epoche widerspiegeln.

Die Mehrzahl dieser von verschiedenen Autoren an verschiedenen Orten verfaßten Erzählungen beschreiben im wesentlichen die mystisch geprägte Suche des Ritters Parzival nach dem Schloß mit dem geheimnisvollen Gral. Zu den bekanntesten Gralsdichtungen werden allgemein die Werke von Chrétien de Troyes, Robert de Boron, Albrecht von Scharffenberg und insbesondere Wolfram von Eschenbach gezählt.

Der Legende um Parzival und dem Gral liegen eine Vielzahl von Quellen zugrunde, die zum Teil aus dem keltischen Sagenkreis stammen, vorwiegend jedoch ihren Ursprung in antiken und orientalischen Mythen finden. So bezog Robert de Boron seine Quellen aus einem geheimnisvollen »großen Buch«, das »die erhabenen Mysterien beschreibt, die nach dem Gral benannt sind«. Auch Chrétien de Troyes erwähnt in der Einführung zu seinem dem Grafen Philipp von Flandern gewidmeten *Conte Saint Graal* ein »Buch«, das die Gralserzählung zum Inhalt hat. Den wichtigsten Hinweis aber liefert Wolfram von Eschenbach durch seinen Bericht über Herkunft, Inhalt und Entdecker dieses der Literaturwissenschaft sonst unbekannten Werks.

Demnach soll ein gewisser Provenzale namens Kyot, eine der Parzival-Forschung zwar ebenfalls nicht bekannte Persönlichkeit, für Wolfram hingegen ein »wohlbekannter Meister«, in Toledo die Urfassung der Aventiure, in »heidnischer Schrift« verfaßt, gefunden haben.

In den Versen 453, 23 – 30, und 454,1 – 30, finden wir bei Wolfram einen weiteren wichtigen Anhaltspunkt: Kyot führt als eigentlichen Autor jenes Buches einen »Heiden« mit Namen Flegetanis an. Dieser soll ein Weiser und Sternenkundiger, der mütterlicherseits jüdischer, väterlicherseits heidnischer Abstammung war,

Symbolische Darstellung eines Kampfes zwischen Gut und Böse

gewesen sein. Es sei darauf verwiesen, daß der von dem Frankendichter genannte Fundort des Buches, nämlich Toledo, erst im Jahre 1058 durch die Christen von den Arabern zurückerobert wurde und über mehrere Jahrhunderte zu den wichtigsten Zentren der arabischen Geisteswissenschaften zählte. Unter anderem wurden dort von jüdischen und lateinischen Gelehrten gegen Ende des 12. Jahrhunderts die Werke der großen muslimischen Philosophen übersetzt. Das Wort Flegetanis stammt nach Ansicht zahlreicher, mit der Thematik befaßter Philologen wahrscheinlich von dem arabischen Begriff *felek thani* und war der Titel eines kosmographisch-astronomischen Werkes. Als Autor des *felek thani* gilt der berühmte, allgemein als Thebit bekannte arabische Mystiker und Astrologe Thaben ben Quirah (826–901). Da das philosophische Erbe der Antike von den muslimischen Arabern bewahrt wurde, sind vielleicht auf diese Weise auch Teile der Gralsgeschichte in ihrer Urform überliefert worden, die in der Folge Meister Kyot im christlich-abendländischen Sinn zu interpretieren versuchte. Gemäß Wolframs Erzählung stellte Kyot weitere Nachforschungen an, um das Geheimnis des Grals aufzuklären, und bereiste zu diesem Zweck halb Europa, wobei er schließlich in Anjou auf die Parzivalsgeschichte gestoßen zu sein scheint. Wie man weiß, befand sich in Anjou auch jenes Kloster von Cluny, das Zentrum und die Keimzelle der für die Geschicke des Abendlandes so bedeutenden Reformbewegung gleichen Namens.

Es ist wohl anzunehmen, daß besagter Kyot im Zuge seiner Reisen auf der Suche nach dem »dazu geborenen (Grals-)Volk« zwangsläufig auf den Templerorden stoßen mußte, wenn er nicht – wie die Forscher Kolb und Fiebag vermuten – sogar selbst ein führendes Mitglied dieser Bruderschaft war. Nach neuesten Erkenntnis-

sen soll es sich bei Wolframs Gewährsmann – so Kolb – um einen gewissen Guido, den aus der Provence stammenden Präzeptor der Ordensprovinz von Leon gehandelt haben.
Bei Wolfram werden jene, die den Gral behüteten und bewahrten, bekanntermaßen »Templeisen« genannt. Die absolut unverwechselbare Charakterisierung dieser geheimnisvollen Bruderschaft durch den Frankendichter läßt keinen Zweifel entstehen, es könne mit der Gemeinschaft der Gralsritter irgendeine andere Institution gemeint sein als der Orden der Tempelritter.[1]

Die Bedeutung des Grals

Weite Teile des Gralsepos beinhalten in Sinnbildern eine Fülle von verschlüsselten Hinweisen auf die Innovationsideen des Templerordens. Der folgende Versuch einer Interpretation setzt allerdings zum besseren Verständnis eine gewisse Grundkenntnis der Gralsgeschichte und seiner Hauptfiguren voraus; auf eine vollinhaltliche Wiedergabe muß verzichtet werden.
Ungeachtet der Herkunft und Bedeutung des Begriffes *graal* bei Chrétien oder *gral* bei Wolfram, scheint zunächst einmal die Funktion und der Sinn dieses Gegenstandes für die weitere Arbeit von Interesse zu sein. So nennt der Frankendichter den Gral alternativ an einigen Stellen auch *lapsit exillis*. Diese sonderbare Bezeichnung war und ist natürlich Gegenstand verschiedener Spekulationen. Die mit der Thematik befaßten Wissenschaftler beschränken sich mehrheitlich auf folgende zwei Theorien:
Einerseits wäre der Name *lapsit exillis* eine durch den der lateinischen Sprache wahrscheinlich unkundigen Wolfram hervorgerufene Verdrehung von *lapis ex coelis*, was soviel wie »Stein vom Himmel« bedeutet. Dazu wäre zu bemerken, daß noch heute ein »Stein vom Himmel«, mit dem Namen *Maqâam* in der Kaaba zu Mekka – nachweislich ein Meteorit – im Islam als höchstes Heiligtum und als Mittelpunkt der Welt verehrt wird.
Andererseits bietet sich eine ebenfalls plausible Interpretation aus alchimisch-astrologischer Sicht mit *lapis elixir*, dem »Stein der Weisen«. Nach Emma Jung stellt dieser *lapis* der Alchimie eine »helldunkle Einheit der göttlichen Gegensätze dar«.[2]
Ethymologisch kann Gral von dem altprovenzalischen Wort *grazal* sowie von dem lateinischen *gradale*, also »das, was sich erst stufenweise zu enthüllen vermag«, abgeleitet werden. Demzufolge ist

die Erlangung des Grals nur möglich durch die *via gradalis*, den Weg der Einweihung durch die »sieben planetarischen Sphären«.[3] Dieser wurde mit Sicherheit ursprünglich den Mysterienreligionen der Antike entlehnt und drang über die geheime Offenbarung des Johannes in die christliche Lehre ein. Der Einweihungsweg symbolisiert im astrologischen Sinn den Lebensweg des Menschen, dessen Lebensalter den verschiedenen Planetensphären zugeordnet werden können.

Mit den sieben Planeten – auch »Lichter« genannt – soll, so Rudolf Steiner, ausgedrückt werden, daß diese Lichter »sieben verschiedene Wege sind, um zum Göttlichen zu gelangen«. Auch Augustinus gibt in *Vera rel. XXVI. 48* die sieben Altersstufen des menschlichen Lebens betreffend zu verstehen, daß das irdische Dasein nichts anderes ist als eine stete Wanderung – eine Pilgerschaft – nach einem besseren Zustand.

Auf diese Weise umschließt der heilige Gral im übertragenen Sinn das ganze Leben und bewirkt derart die allumfassende Harmonie von Himmel und Erde, das heißt von Makro- und Mikrokosmos. Gleichzeitig ist der Gral ein Sinnbild der gleichfalls allumfassenden kosmischen Speisung und damit die Fleischwerdung des Gottesgeistes im Menschen.

Munsalvaesche – Fiktion oder Wirklichkeit?

So wie der Gral ist auch die Gralsburg Munsalvaesche ein zentrales Thema zahlreicher Theorien. Entsprechend den Beschreibungen in den diversen Gralsromanen ist die Gralsburg auf einem Berg an einem See oder Fluß gelegen. Albrecht von Scharffenberg, der letzte Gralsepiker von nennenswerter Bedeutung, befaßt sich in seinem Werk, dem sogenannten »Jüngeren Titurel«, entstanden um 1270, besonders ausführlich mit der Beschaffenheit und dem Standort von Munsalvaesche. Albrecht schildert das prächtige Schloß als »rund, mit 72 Chören«, jeder von acht Ecken: »... innerhalb und außen glänzt jeder Edelstein nach seiner Farbe. Je auf zwei Chören ruht ein hohes Glockenhaus. Rundum zu einem Kranze stehen 36 Türme, achteckig mit vielen Fenstern (....). Die Turmköpfe brennende Rubine, darauf kristallene Kreuze, auf jedem Kreuz ein Aar, von Gold funkelnd (...). Drei sind der Pforten, von Mittag, Abend und Mitternacht (...). Im Inneren des Tempels ist das Gewölbe ein blauer Himmel von Saphiren, die selbst in dunkler

Nacht erglänzen (...). In der Mitte des Tempels aber steht ein überreiches Werk, diesen im kleinen darstellend, jedoch nur mit einem Altar...«

Besonders auffällig ist hier Albrechts Verwendung des Ausdrucks »Tempel« anstelle von Gralsburg. Bekanntlich waren auch die bedeutendsten Templerkirchen mehrheitlich Zentralbauten, die bezeichnenderweise nicht Kirche, sondern allgemein »Tempel« genannt wurden. Die Zahl 72 wurde für die Chöre des Tempels offenbar deshalb gewählt, weil sie in der Kabbalistik bekanntlich als Symbolzahl für alle Völker der Erde gilt. Die Zahl 36 steht für die Türme, weil sie in der pythagoreischen Zahlensymbolik dem Synonym »Weltseele« entspricht. Der beschriebene Tempel verfügt über drei Tore, die im Sinn der Dreiteilung Mensch, Kosmos und Gott interpretiert werden können.

Auch Albrechts umfassende Beschreibung der Turmspitzen lassen bemerkenswerte Schlußfolgerungen zu: Die Großmeister des Templerordens führten in ihrem privaten Siegelwappen ebenfalls den Adler und das Kreuz. Dies kann zwar als die Vereinigung von Mönchstum und Rittertum, geistlicher und weltlicher Macht ausgelegt werden, doch versinnbildlicht der Adler ebenso Weisheit und Erkenntnis.[4]

Im Christentum wird der Adler gemäß dem *Physiologus*, einem aus dem 2./3. Jahrhundert stammenden und antike naturwissenschaftliche Erkenntnisse mit christlicher Exegese verbindenden Traktat, zum Sinnbild des Heils, in dem die ganze Weite des Christusgeschehens sichtbar wird: Leiden, Tod und Wiederauferstehung. Die christliche Tradition ordnet ihn als Symboltier bekanntlich auch dem Evangelisten Johannes zu, der in seiner Botschaft des weltumfassenden Logos die Dualität von Raum und Zeit überwindet, womit im Christentum eine neue spirituelle Dimension geschaffen wurde.

Zu guter Letzt sollte an dieser Stelle nicht unerwähnt werden, daß die Beschreibung der Gralsburg in verblüffender Weise an die Beschreibung des »neuen Jerusalem« aus der Apokalypse des Johannes erinnert. Dies wird unter anderem mit der Länge des Umfangs des gesamten Gralsbezirks verdeutlicht, der etwa dem seines idealen Vorbildes entspricht. Dieser Umfang wiederum entspricht in der Relation der von Plinius für den Erdumfang errechneten und noch im Mittelalter gültigen Länge von 31,680.000 römischen Meilen. Diese Zahl stammt offenbar aus den *nomoi* Platons, dessen »ideale Stadt« aus ebenso 31,680.000 Einheiten besteht. In den Schriften des Irenäus von Lyon gegen Ketzer und Gnostiker aus dem 2. Jahrhundert wird uns die Zahl 3168 sogar für den Ausdruck »Kyrios Jesus Christus« *(Κυριος Ιησους Χριστος)* überliefert. Gleich der gotischen Kathedrale hat auch Albrechts Gralsburg somit nicht nur die Funktion eines kosmischen Modells, sondern repräsentiert sinnbildhaft die sakral-ideologischen Zielsetzungen seiner Zeit.

Im Hinblick auf den Standort von Munsalvaesche machten Wissenschaftler des American Institute of Persian Art and Archaeology 1937 im Iran möglicherweise eine Entdeckung, deren Folgen weit über den Umfang der Gralsforschung hinausreichen: Zu Beginn des 7. Jahrhunderts ließ der persische König Chosroes II. einen als *Takt-i-Taqdis* (»Thron der Arkaden«) benannten Palast auf dem Berg Shiz, dem sagenhaften Geburtsort Zarathustras und somit höchsten Heiligtum des Sassanidenreiches, erbauen. Die Araber gaben dem Bauwerk später den Namen *Takht-i - Suleiman* (»Thron des Salomon«).

Im Jahre 614 eroberte Chosroes II. Jerusalem, raubte das »wahre Kreuz«, die bedeutendste Reliquie der Christenheit, und ließ es in jenen neu erbauten Palast schaffen. 629 wurde Chosroes vom byzantinischen Kaiser Heraklius besiegt, der Palast zerstört und das Kreuz im Triumph wieder nach Jerusalem zurückgebracht.

Den Forschungsergebnissen der amerikanischen Archäologen zufolge entsprechen die Merkmale des *Takt-i-Taqdis* genau Albrechts Beschreibungen von der Gralsburg. Ein Rundbau wie Munsalvaesche, war der Tempelpalast an einem von zwei Flüssen gespeisten See gelegen und hatte drei Eingänge. Grabungen auf dem Berg Shiz führten zu dem Ergebnis, daß bereits vor Chosroes Palast ein Heiligtum des »heiligen Feuers« von den Manichäern erbaut worden war, ebenso ein Rundbau wie der spätere Takt-i-Taqdis.

Erstaunlicherweise bestand in der Nähe eine ähnliche, gleichfalls von den Manichäern erbaute Tempelanlage am See von Hamun in Sistan mit Namen *Kuh-i-sal-Chwadcha. Kuh* bedeutet Berg, wodurch wiederum eine auffallende Ähnlichkeit mit dem Namen Munsalvaesche festgestellt werden kann.

Es ist der Wissenschaft jedoch bis heute nicht gelungen, eine schlüssige Erklärung für die Zusammenhänge zu finden, weshalb Albrecht gerade diese Bauwerke als Vorbild seiner Gralsburg wählte beziehungsweise wie er sechshundert Jahre nach Zerstörung des Palastes zu derart verblüffend detaillierten Informationen gelangen konnte.

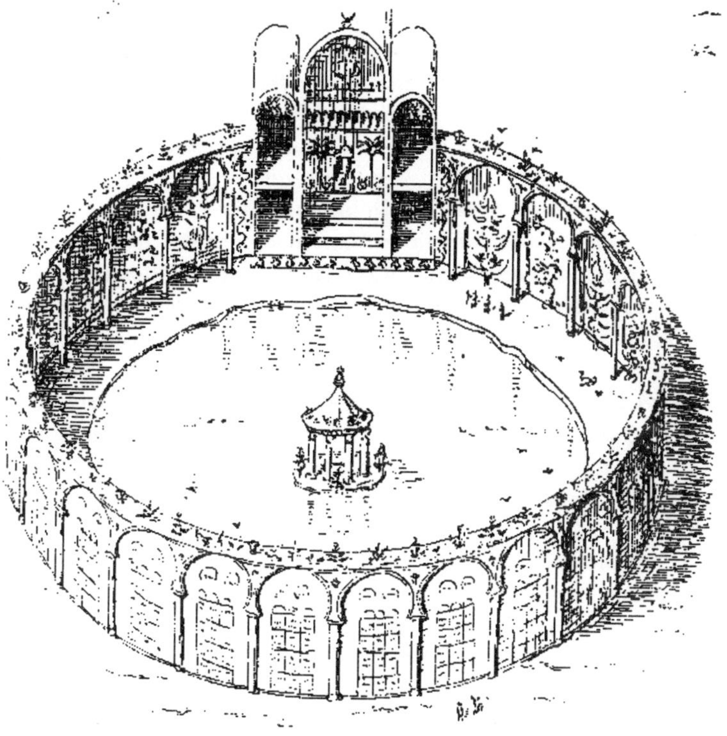

Rekonstruktion des Takt-i-Taqdis

Die Bedeutung der Personen

Parzivals Vater, Gahmuret, wird von Wolfram als ein ruhelos in der Welt umherziehender ritterlicher Abenteurer geschildert, der sich vornehmlich muslemischen Machthabern, unter anderem auch dem Kalifen von Bagdad, als Söldner verdingt. Auf einer seiner Reisen ehelicht er die maurische Königin Belakane. Nach der Geburt ihres gemeinsamen Sohnes Feirefiz kehrt Gahmuret, durch innere Unrast getrieben, wieder ins Abendland zurück und heiratet die Prinzessin Herzeloyde. Vor der Geburt seines zweiten Sohnes Parzival zieht er neuerlich ins Morgenland, wo er in Diensten des Kalifen auf dem Schlachtfeld sein Leben verliert.

Wolfram beschreibt Belakane als »schwarz wie die Nacht«, während er uns Herzeloyde »hell wie das Licht der Sonne« vorstellt. Demnach bedeutet die Heirat Gahmurets mit beiden Frauen die Vereinigung von Licht und Finsternis, womit im übertragenen Sinn die Einheit von Okzident und Orient oder von Christentum und Islam zu verstehen ist.

Stärker noch kommt diese Verbindung der beiden Kulturkreise in der Person von Parzivals Halbbruder Feirefiz in der Aventiure 17 zum Ausdruck: Auf der Suche nach seinem Bruder gelangt Feirefiz, »Herr von Sarazenen und Mohren«, zudem »Herr über die drei Indien«, mit einer großen Flotte nach Europa. Sein Gefolge besteht aus »25 Heeren von 25 Völkern«. In der Antike wurde das Sonnenjahr in 24 Halbmonate eingeteilt. Ein Tag hat 24 Stunden. In der Johannes-Apokalypse wird der Urquell der wahrnehmbaren Welt sinnbildlich mit 24 Thronen, auf denen 24 Älteste sitzen, die Christus umgeben,beschrieben *(Johannes-Apokalypse Kap.4 V. 1,2).* In der Kabbalistik weist die Zahl 25 (24+1) auf den ganzen Erdkreis. Auf Grund dieser Beschreibung und unter Bedachtnahme der geographischen Kenntnisse im ausgehenden 12. Jahrhundert kann Feirefiz als der eigentliche Herrscher über den nicht-christlichen Teil der Welt angesehen werden. Er tritt daher nicht nur als der verlorene Bruder Pazivals in Erscheinung, sondern ist vielmehr als Repräsentant des »Restes der Welt« nunmehr bereit, seine Völker dem heiligen Gral und somit der Bekehrung zum wahren Glauben zuzuführen.

In der letzten und zugleich schwersten Prüfung treffen die beiden Brüder, die sich zunächst nicht erkennen, aufeinander – es kommt zu einem Zweikampf. Er endet unentschieden, nachdem Parzivals

Darstellung des Zweikampfes zwischen Parzival und Feirefiz. Fenster in der Kathedrale von Chartres

Schwert am Helm seines Bruders Feirefiz zerbricht und dieser auf seinen Vorteil verzichtet. Jener Helm ist mit einer aufgerichteten Schlange, vom Frankendichter nach dem altgriechischen *εχιδνιον* = Schlange, »Ecidemon«, genannt, verziert. Die aufgerichtete Schlange, die bereits von den Pharaonen in ihrer Krone und von den beiden griechischen Gottheiten Aeskulap und Hermes als Heilszeichen geführt wurde, gilt auch als eines der Sinnbilder für geistige Erneuerung und Wiedergeburt.
Nach jener letzten Prüfung wird Parzival zum Gral berufen und wählt seinen Bruder zum Gefährten.[5] So verkörpern die vermeintlich feindlichen Brüder, »die sich nach dem Kampf in gegenseitiger befruchtender Ergänzung die Hände reichen zum gemeinsamen religiösen Wirken ...«, symbolhaft Orient und Okzident.
In der Folge wird Feirefiz durch die Gralstaufe und die Heirat mit der Gralsträgerin Repanse de Schoye schließlich in den erlesenen Kreis der Gralsritter aufgenommen. Feirefiz wird von Wolfram, obwohl Muslim, allgemein von gleich edlem Charakter wie Parzival geschildert. Offenkundig stellt er ihn, den Nichtchristen, ganz bewußt über die Mehrheit der christlichen Ritterschaft, da es ja lediglich reinen und tugendhaften Menschen möglich ist, den Gral zu erlangen.
Die Heirat von Feirefiz mit Repanse erinnert den aufmerksamen Leser unwillkürlich an die Ereignisse anläßlich der Friedensverhandlungen zwischen Richard I. *coeur de lion* und Sultan Saladin im Jahre 1192. Dort hatte bekanntlich der Ordensmeister Robert von Sablés jenen unkonventionellen Vorschlag einer Eheschließung zwischen der Schwester Richards, Johanna, und dem Bruder Saladins, El Adil, unterbreitet. Obgleich die Verbindung nicht zustandekam, scheint sie Wolfram nachhaltig beeinflußt zu haben, denn sie bildete ohne Zweifel die Vorlage für seine später verfaßte Allegorie.
Die eigentliche Botschaft der Parzivalsgeschichte, die Wiedervereinigung von Islam und Christentum auf geistig-ideeller Ebene, wird später durch Feirefiz' Sohn, den Priester Johannes, zur Vollendung gebracht. Dieser begründet in Indien ein christliches Reich und wird in der Zukunft zum Hüter des Grals bestimmt. Von Wolfram »Priesterkönig« oder *rex regum*, »König der Könige«, genannt, vereinigt er in seinem mit dem Paradies vergleichbaren Reich, in dem Christen und Muslime gleichermaßen vertreten sind, sowohl weltliche Macht als auch geistige Autorität und wird damit letztlich zum Symbol für den »Weltkönig«.

Tatsächlich handelt es sich bei Wolframs Priesterkönig um die aus historischer Sicht wohl merkwürdigste Phantomgestalt des Hochmittelalters, den sagenhaften »Erzpriester Johannes«. Das erstmalige Auftauchen dieser legendären Figur in den Annalen der Geschichte um das Jahr 1145 ist durch den Chronisten Otto von Freising belegt. Seiner Beschreibung nach war Johannes ein nestorianischer Christ und ein gegen die Ungläubigen Krieg führender Machthaber im östlichen Persien. Ähnliches wird um 1220 während des fünften Kreuzzugs berichtet. In diesem Fall dürften die Eroberungen der Mongolen unter Dschingis Khan an der östlichen Flanke der islamischen Einflußsphäre fälschlicherweise zu der Annahme geführt zu haben, es handle sich dabei um besagten Priesterkönig mit seinem siegreichen Heer.

Dschingis Khan

Eine von italienischen Kaufleuten stammende Fehlübersetzung des Namens von Dschingis Khan in *Gianni* oder *Jehan* könnte ebenfalls ihren Beitrag dazu geleistet haben. Seit seinem ersten vermeintlichen Erscheinen wurden mehrfach Boten ausgesandt, jedoch war die Suche logischerweise nicht mit Erfolg gekrönt. Ebenfalls gelten die Briefe, die von dem sagenhaften Reich Zeugnis geben sollten, nachweislich als gefälscht. Interessanterweise dekken sich aber die Beschreibungen des Reiches der Phantasiegestalt in jenen Briefen exakt mit denen in den Gralsepen. Dort heißt es, in diesem Reich herrsche Überfluß an allen Nahrungsmitteln, und es gebe einen Gegenstand im Palast, der »dem Hungrigen jede gewünschte Speise auf den Tisch stellt, durch die Gnade des Heili-

gen Geistes«. Man kann mit Sicherheit davon ausgehen, daß die historische Fabelfigur des Priester Johannes auch Wolfram als Vorbild gedient hat.
Aus historischer Perspektive scheint es indessen erwähnenswert, daß die »Existenz« jener ominösen Gestalt des Priesterkönigs Johannes stets dann ins Bewußtsein rückte, wenn politische und militärische Rückschläge die Machtverhältnisse zuungunsten der »christlichen Sache«, das heißt nicht zuletzt auch der römischen Kirche, zu verändern drohten.Solche schweren Rückschläge bedeuteten im Krieg gegen die Muslime etwa 1145 der Verlust von Edessa oder 1220 die sich abzeichnende Katastrophe von Damiette. Je aussichtsloser sich die strategische und politische Lage des Königreichs Jerusalem entwickelte, desto mehr setzten die Machthaber der Christenheit ihre Hoffnungen auf eine durch den unbesiegbaren Priesterkönig herbeigeführten Wende im Kampf gegen die islamische Übermacht. Das im 13. Jahrhundert immer mehr an Autorität verlierende Papsttum sah zuweilen in ihm den künftigen Retter der gesamten Christenheit schlechthin.
Im Gralsepos des Albrecht von Scharffenberg wird Priester Johannes in Indien zum Hüter des Grals designiert, nachdem dieser zuvor zusammen mit dem Schloß auf wunderbare Weise in den fernen Orient entrückt wurde. Hiermit aber geht er dem Abendland verloren, da dieses sich einem »sündhaft-materiellen Leben ergeben hat«.

Die Symbolisierung des Zeitgeistes

Wolfram kritisiert in seinem Gralsepos die Verdorbenheit des weltlichen Rittertums und des niederen Adels – so wie das Jahrzehnte zuvor schon Bernhard von Clairvaux in seinem *De laude novae militiae* getan hatte. Der Frankendichter zeigt dies in einem dualistischen Gleichnis besonderer Art. Auf der einen Seite führt er das Schloß des Zauberers Klingsor vor, Schastel Marveile, Sinnbild des Bösen und der Welt der dunklen seelischen Triebkräfte wie auch der kurzlebigen Freude höfischen Prunks – auf der anderen Seite das Gralsschloß Munsalvaesche, das »Lichtreich des Geistes«. Als ein trügerisches Spiegelbild von Munsalvaesche trachtet Schastel Marveile den Unwissenden immer wieder in Versuchung zu führen. Folgerichtig wird Klingsor selbst als »schwarz wie Satans finstere Welt« beschrieben.

Der Autor Hans Bayer vermeint in dieser Allegorie eine Anspielung auf den in jener Zeit weitgehend nach Besitz und Macht strebenden, verweltlichten und von den Kirchenreformern unter Berufung auf Kapitel 17 der Apokalypse als *ecclesia carnalis* bezeichneten Klerus zu erkennen. Dem gegenüber steht die von den Auserwählten durch Erneuerung des apostolischen Lebens aufgebaute *ecclesia spiritualis,* die vor allem die Habsucht *(avaritia),* den Prunk *(luxuria)*, den Hochmut *(fastus)* sowie die weltlichen Festivitäten *(pompa)* auf das schärfste verurteilt.
Auch Bernhard betonte die Vorzüge jener erneuerten geistlichen, »von Habgier und Eitelkeit reingewaschenen« Ritterschaft vor der verdammenswerten weltlichen. Den Idealen Bernhards entsprechend verkörpert Parzival »ein Christentum des Gebets, der Verehrung, der Liebe zu Gott, ein Christentum der Buße, dessen wichtigste Tugend die Reinheit ist (Duby)«. Einen anderen zu Bernhard führenden Hinweis finden wir sogar im Namen Parzival selbst, der in seiner französischen Urform bekanntlich Perceval lautet. *Per ce val* bedeutet auf altfranzösisch neben »mitten durch« auch »schönes Tal« – der Name von Bernhards Abtei war Clairvaux, was gleichfalls mit »schönes« oder »lichtes Tal« übersetzt werden kann.
Offenbar von Bernhard inspiriert, schildert Alanus ab Insulis in seinem Anticlaudian den neuen Menschen als »einen Ritter vom Geist, den die Tugenden (...) zu seinem großen Kampf, den er auf dem inneren Schlachtfeld der menschlichen Seele zu bestehen hat, ausrüsten mit den Waffen des Geistes«. An dieser Stelle soll nicht unerwähnt bleiben, daß auch der *Doctor universalis* mit einigen Gralslegenden in Verbindung gebracht wurde. So wird in der *Quete du Saint Graal* ein »Alan« von Josef von Arimathea auserwählt, die Kunde vom Gral zu den irischen Inseln zu bringen. Und im *Grand Saint Graal* führt jener Alan den Beinamen »der reiche Fischer«, denn er hatte den einen Fisch gefangen, mit dem er den zu Zweiflern an Gott gewordenen Teil der Gralsgefolgschaft ernährte; es konnte ihm gelingen, nachdem sich der Fisch durch die Kraft der Gebete Alans in wundersamer Weise vermehrte.
Dieses Sinnbild soll bedeuten, daß Alan all jene Menschen, die sich vom wahren Glauben abgewandt haben, zum Glauben zurückzuführen gedachte. Der Forscher Rath nimmt an, daß Alain de Lille ganz bewußt den Namen Alanus ab Insulis annahm, um eine geistige Beziehung zu dem legendären Gralsboten herzustellen, der das Christentum nach Irland brachte. Rudolf Steiner gelangte eben-

falls zu der Überzeugung, »mit der Insel ist bei Alanus ab Insulis Irland gemeint: Hybernia«.

Aus kirchlich-dogmatischer Sicht sind die Gralsepen trotzdem nicht unproblematisch. Zeitlich fallen die Anfänge der Gralstradition mit der Periode zusammen, in der die Kirche die größten Anstrengungen unternahm, die von ihr als ketzerisch betrachteten Strömungen zu unterdrücken. Die häufige Verwendung von gegensätzlichen Begriffspaaren wie weiß-schwarz, Himmel-Hölle, Treue-Untreue lassen auf einen stark ausgeprägten Dualismus schließen. Wohl kann man davon ausgehen, daß das augustinische Gedankengut als die Grundlage der Theologie des Hochmittelalters, insbesondere der mystischen Strömungen, auch auf Autoren wie Wolfram und Chrétien einen gewissen Einfluß ausgeübt hat. Andererseits sind in den dualistischen Gleichnissen deutlich Elemente gnostischer Provenienz zu erkennen. Grundsätzlich kann Wolframs Dualismus aus mystischer wie auch aus gnostischer Sicht interpretiert werden. Die Schwierigkeit jedoch liegt darin, daß beide Richtungen voneinanderschwer getrennt werden können, zumal sie dualistisch angelegt sind.

Bei der Mystik tritt zum Glauben die Vereinigung des Gläubigen mit Gott, die *unio mystica;* bei der Gnosis steht anstelle des Wissens die Einfühlung, und anstelle der Erkenntnis die Erleuchtung. Unter »Erleuchtung« verstand Augustinus in seiner Illuminationslehre die Teilhabe des »von der Vorsehung auserwählten« Menschen an jenen Ideen, die in der Selbsterkenntnis Gottes begründet sind.

Die Mystik ist der mehr sentimentale, die Gnosis der mehr intellektuelle Weg. Beiden Strömungen gemein ist die dem Schriftgebrauch im Christentum widersprechende allegorische Darstellung der Überlieferung. So ist es kein Zufall daß auch viele Mystiker sich am Rande der Häresie bewegten. Die Ausleger des Neuen Testaments sind sich weitgehend einig, daß dort, wo Mystiker die biblischen Aussagen in ihrem Sinn verstehen, diese in der Regel gegen die Orthodoxie verstoßen.

Mystik wie Gnosis streben nach der geistigen Einheit mit dem Jenseitig-Göttlichen und der Loslösung von der körperlichen Gebundenheit. Diese Denkweise hatte die Lehre Platos von der Teilung des Menschen in Körper und Seele zur Grundlage, ein Gedankengut, das über die Neuplatoniker und nicht zuletzt über Augustinus Eingang in die mittelalterliche Mystik fand. Ebenso verhält es sich mit den wunderlichen, aus der jüdischen Kabbalistik stammenden

Zahlenspekulationen, die auf das abendländische Denken einen nicht unerheblichen Einfluß ausübten.
In der Einleitung seines Epos unterscheidet Wolfram drei verschiedene Arten von Menschen: getreue, ungetreue und durch Zweifel gespaltene Menschen. Die Farbe der getreuen ist stets weiß, die der ungetreuen ist schwarz und die der Zweifler schwarz und weiß, »scheckig nach der Elstern Art«. Diese drei Arten von Menschen entsprechen sowohl der frühchristlichen als auch der gnostischen Dreiteilung in Pneumatiker, den »zur vollen Erkenntnis Gelangten«, in Pistiker, den einfachen Gläubigen, und in Hyliker, den Materialisten oder Ungläubigen. Ähnlich gelagert ist die Einteilung bei den Manichäern in *electi*, Auserwählte, in *auditores*, Hörer, und den Unbekehrten. Die von einem radikalen Licht-Finsternis-Dualismus geprägte und Ende des 12. Jahrhunderts weit verbreitete Lehre der Katharer unterscheidet ihre Anhänger in *perfecti* und *credentes*.
Bereits in der Einleitung wird das Grundthema der ganzen Gralsdichtung umrissen. So heißt es in 1, 12 – 16, unter anderem: »(...) der Tor des Bildes Sinn nicht sieht, vor seinen Blicken es entflieht (...)« und in 2, 5 – 16, »(...) wer sich nicht verbockt und nicht verläuft, sondern sich versteht, der ist ein weiser Mann und wird die Märe recht begreifen (...)« Sinngemäß bedeuten diese Verse, daß das Mysterium nur dem zur vollen Erkenntnis gelangten, weisen Menschen zugänglich gemacht wird. In der »tumpheit«, der Unkenntnis, liegt also die Ursache der Verfehlungen und Irrtümer.
Auf seinem Einweihungsweg bedient sich Parzival nacheinander dreier Pferde in den Farben rot, schwarz und weiß: Das rote am Anfang entspricht Willenskraft und Liebe zum Menschen, das schwarze Finsternis, Tod und Teufel – es entspricht aber auch dem Irrtum, dem der noch ungeläuterte Verstand unterworfen ist. Das weiße am Ende des Weges ist wie in allen mythischen Erzählungen das Sonnenpferd als ein Symbol des Sieges der nunmehr geläuterten Erkenntnis über die Finsternis der Unwissenheit.
Unter Anwendung der augustinischen Ontologie auf die Erkenntnislehre vermag »menschliches Denken nichts, außer es gründet in dem, der die ewige Wahrheit ist« (Wieners). Seine Erkenntnislehre begründet Augustinus mit der Lichtmetaphorik: »Das Licht, das dem Menschen aufgeht, die *lux aeterna*, kommt allein von Gott, es durchleuchtet die Dinge auf ihr Wesen hin.« Der auserwählte Mensch »reinen Herzens« kann deshalb nur mittels der Teilhabe an jener *lux aeterna*, der göttlichen Vernunft, die nötige Einsicht gewinnen.

Fehlt diese Teilhabe, bleibt er nach Wolfram »tump« und unterliegt dann Irrtümern und falschen Meinungen *(errores et falsae opiniones)*, er verfehlt dann – so Wieners – »ohne es zu wissen, das rechte Maß«.

Die Problematik Islam – Christentum im Gralsepos

Unter Bedachtnahme auf den Zeitgeist reichen Wolframs und Albrechts Erneuerungsideen sowohl aus geopolitischer wie auch aus dogmatischer Sicht weit über die Belange der römischen Kirche hinaus. In Wolframs Gleichnissen von Gahmuret, Feirefiz und nicht zuletzt von dem des Priesters Johannes ist eindeutig eine starke Affinität zum Islam erkennbar. Mancherorts entsteht sogar der Eindruck, das islamische Weltbild wäre dem christlichen überlegen: In seinem Streben, »den höchsten Grad geistiger Ritterschaft zu erlangen«, dient Gahmuret muslimischen Herren. In seinem Zweikampf mit Parzival zeigt sich der »Heide« Feirefiz ritterlicher als sein christlicher Bruder, indem er ihm großzügig das Leben schenkt.

Besondere Aufmerksamkeit verdient die mit Sicherheit wohl wichtigste Botschaft Wolframs: seine Vision von einer friedlichen Vereinigung der beiden Kulturkreise. Im Gegensatz zum christlichen Glauben zeigte sich der Islam bald nach seinem ersten Auftreten als die wesentlich tolerantere Glaubensrichtung. Im muslimischen Machtbereich war der dem Christentum bis zur Neuzeit unbekannte Grundsatz der freien Religionsausübung die wichtigste Grundlage einer weitgehend stabilen Innenpolitik. Die Duldsamkeit gegenüber Andersdenkenden mündete in eine weltumfassende Humanität, in eine Ritterlichkeit sogar gegenüber dem Feind.

Während sich das christliche Europa in zahllosen internen Auseinandersetzungen mit sogenannten ketzerischen Bewegungen fortwährend schwächte, führten Menschlichkeit und Toleranz in der arabisch-islamischen Hemissphäre zu friedlicher Koexistenz der verschiedenen Völker und Konfessionen und schufen so eine der abendländischen in fast allen Belangen überlegene Zivilation. Seit Beginn der islamischen Eroberungen war das christliche Abendland vierhundert Jahre hindurch nicht in der Lage, einen Zugang zu den Absichten oder Motiven des Islam zu finden und zu klären, ob es sich dabei um eine Weiterentwicklung des Christentums,

eine Häresie, eine neue Religion oder gar um »Teufelswerk« handelte.
Der angelsächsische Bibelgelehrte Beda war einer der ersten, der den Muslimen in seinen Kommentaren einen festen Platz in der christlichen Geschichte einräumte. Gemäß einer alttestamentarischen Allegorie im Buch Genesis hatte Abraham zwei Frauen, Sarah und Hagar, deren Söhne Isaak und Ismael hießen. Im Christentum symbolisiert Isaak als vorweggenommener Christus den Stammvater der römischen Kirche und Ismael den der Juden. Beda dagegen vertrat die Ansicht, die wirklichen Nachkommen Ismaels wären die arabischen Muslime. Diese Meinung wurde in den folgenden Jahrhunderten erstaunlicherweise von den theologischen Denkern buchstäblich übernommen und half die zwischen den beiden Weltbildern bestehende Kluft wenigstens teilweise zu verringern. Sicherlich waren Wolfram diese Vorstellungen ebenfalls bekannt, denn das Gleichnis von Gahmuret und seinen zwei Frauen beziehungsweise seinen beiden Söhnen ist wohl eine eindeutige Bezugnahme auf diese Allegorie aus dem Alten Testament. Im allgemeinen aber beruhten die Vorstellungen des Abendlandes über den Islam bis zu Beginn der Kreuzzüge im frühen 12. Jahrhundert weniger auf Tatsachen als vielmehr auf phantastischen Geschichten. Erst mittels direkter Kontakte mit den vermeintlichen »Götzendienern« wurden wichtige Informationen gewonnen, und es begann sich langsam eine rationale Auffassung über die tatsächliche Natur der neuen Religion durchzusetzen. Humanistisch gesinnte Theologen wie Petrus Venerabilis und Wilhelm von Tyrus leisteten bekanntlich einen unschätzbaren Beitrag zu einem besseren Islamverständnis. Doch waren ihre Bemühungen um eine friedliche Lösung des Konflikts im nachhinein wegen der gegenseitigen Machtansprüche und der daraus resultierenden unglückseligen Ereignisse des Jahres 1187 zwangsläufig zum Scheitern verurteilt, denn der Verlust von Jerusalem löste im Okzident eine neue antimuslimische Welle in Form des dritten Kreuzzugs aus.
Um so bemerkenswerter erscheint uns daher die völlig gegensätzliche Position der Gralsautoren, allen voran Wolframs, zur öffentlichen Meinung ihrer Zeit. Man kann zwar davon ausgehen, daß der von Christen wie Muslimen gleichermaßen in Liedern und Gedichten verehrte und zu dem ritterlichen Helden der Kreuzzugsepoche hochstilisierte Sultan Saladin auch Wolfram ein Begriff war und ihm in einigen seiner Allegorien als Vorbild diente. Ebenso aber war Saladin – trotz aller sprichwörtlichen Toleranz seinen christli-

chen Feinden gegenüber – ein mehr oder minder rücksichtsloser Machtpolitiker, der als Eroberer des ersten Königreichs von Jerusalem in die Geschichte einging.
Es ist nicht anzunehmen, daß all diese Fakten Wolfram, einem Zeitgenossen Saladins, unbekannt gewesen sein könnten, zumal sein Werk insgesamt auf ein außerordentliches Verständnis für die politischen Ideen und sozialen Verhältnisse seiner Zeit schließen läßt. So erwarb Wolfram – der These von Kunitzsch zufolge – seine hervorragenden Kenntnisse über den Orient vorwiegend aus der Kreuzzugschronik Wilhelms von Tyrus. Demnach ist nicht auszuschließen, daß das vom Frankendichter in seiner Gralsdichtung gezeichnete ideale Weltbild von den humanistischen Vorstellungen des Tyrers entscheidend beeinflußt wurde.
Aus historischer Sicht ist jedoch unbestritten, daß auch der Templerorden seit dem Anfang des 13. Jahrhunderts immer häufiger, wohl im Bewußtsein einer militärischen Unterlegenheit der christlichen Seite, intensiv bemüht war, mit muslimischen Machthabern auf diplomatischer Ebene Verträge auszuhandeln. Obwohl dadurch unnötige Waffengänge nach Möglichkeit vermieden und die Reste des lateinischen Königreichs mehr als einmal vor dem Schlimmsten bewahrt werden konnten, wurde dem Orden diese Vorgangsweise unter anderem im Prozeß nach 1307 als »Verrat an der christlichen Sache« angelastet.
Der Forschung ist es bis heute nicht gelungen, eine schlüssige Erklärung dafür zu finden, warum und auf welche Weise es den Gralsautoren möglich war, zu ihren Quellen und Informationen zu gelangen. Vielleicht ist die Lösung bei dem so gut wie unbekannten Kyot zu finden. Doch scheint festzustehen, daß sie das theologisch-philosophische Gedankengut ihrer Zeit in Verbindung mit den politischen und gesellschaftlichen Zielen des Templerordens zu einer Botschaft in für ihre Zeit typischen Sinnbildern formten und diese gewissermaßen als ein verschlüsseltes Manifest der Nachwelt erhalten konnten.
Zur Untersuchung des historischen Ursprungs bemerkt Sir Winston Churchill: »Wenn wir genau erkennen könnten, was wirklich geschah, werden wir uns in Gegenwart eines Themas befinden, das so untrennbar mit dem Erbe der Menschheit verbunden und so beseelt ist wie die Odyssee und das Alte Testament. Es ist alles wahr – oder zumindest sollte es das sein.« Friedrich Heer sieht in der Substanz der Gralsepen die Idee einer überkonfessionellen, Islam und Christentum umfassenden Logos-Religion: »Einweihung, Hin-

gabe und Verwandlung und das Aufgehen in ein höheres und erfüllteres Leben, gleichzeitig menschlicher und göttlicher ...«

Dantes Weltbild und der Templerorden

Von der politischen Wissenschaft wird Dante Alighieri auf Grund seines Traktates *De monarchia* allgemein als Verfechter der Idee eines wiederbelebten, von kirchlicher Bevormundung befreiten römischen Universalreiches – vielleicht nicht ganz zu Recht – zu den »Antipapisten« gezählt. Denn in seiner Umdeutung der Zwei-Schwerter-Lehre gesteht der Florentiner dem Papst lediglich das geistliche Schwert zu. Man kann mit Sicherheit annehmen, daß Dante primär von den tiefgreifenden, das Papsttum betreffenden politisch brisanten Geschehnissen sowie der daraus resultierenden folgenschweren »Umarmung« des Primats durch die französische Krone seit Beginn des 14. Jahrhunderts beeinflußt wurde. Allerdings vermeidet er in seinem Denkmodell wahrscheinlich bewußt diesbezügliche Hinweise.

Dantes *monarchia* ist eindeutig auf eine Loslösung der Politik von der rational nicht legitimierten Instanz der Theologie und somit von der Kirche selbst gerichtet. Derart gelang es ihm aber nicht nur, die politischen Unheilszustände seiner Zeit mit philosophischen Mitteln zu demaskieren, sondern auch gleichzeitig scharfe Kritik am fortschreitenden religiösen Zerfall zu üben. Dabei orientiert er sich an Thomas von Aquin, der in seiner *Summa theologica* die Lehre vom Ursprung des Gemeinwesens neu definiert hatte. Bei Dante findet das weltliche Imperium seine Legitimität somit nicht mehr im Glauben, denn der Weg der »irdischen Glückseligkeit« liegt – entklerikalisiert durch die Philosophie – ausschließlich im Bereich der Vernunft.

Mit diversen aus Bibel und Geschichte begründeten Argumenten versuchte er unmißverständlich, die papale Doktrin der *plenitudo potestatis* zu widerlegen. Bereits in seinem vor der *monarchia* zwischen 1304 –1307 verfaßten Werk »Das Gastmahl« *(Il convivio)* betont der Florentiner die göttliche Vorsehung, auf deren Prinzip das römische Imperium aufgebaut war. Dante gelangte zu der Überzeugung, das Imperium sei eine unmittelbar auf Gott zurückgehende Stiftung und nicht als ein Ausfluß der päpstlichen Gewalt zu sehen. Doch erachtet er die strikte, schon von Thomas von Aquin propagierte Gewaltentrennung als eine zur

Erlangung der »irdischen und himmlischen Glückseligkeit« *(beatitudo huius vitae et beatitudo vitae aeternae)* des Menschengeschlechts unabdingbare Voraussetzung, die seiner Auffassung nach durch den Zeitpunkt der Entstehung des Christentums begründet wird.

Demnach war die Menschwerdung des Gottessohnes im Reich des Augustus nur durch das bereits bestehende »augusteische Paradies« und der damit verbundenen universellen Eintracht möglich geworden. Dante vertritt die Ansicht, daß das irdische Paradies nach dem Sündenfall zum ersten und zugleich zum letzten Mal im Imperium des Augustus Oktavian zur historischen Wirklichkeit wurde. Mit der Legitimation des Augustus zur zeitlichen Herrschaft *(temporalis monarchia),* der irdischen Seligkeit, sieht Dante in diesem Zeitalter den Maßstab für die kommende Entwicklung der Weltgeschichte.

Das höchste Ziel dieser temporalen Weltmonarchie, die universale Menschheitskultur *(universalis civilitas humani generis)* sowie der auf der Idee einer augusteischen *Pax romana* aufgebaute Weltfrieden *(Pax universalis)* könne aber nur durch die Erkenntnistätigkeit, dem universellen Intellekt des ganzen Menschengeschlechts *(operatio humanae universitatis),* verwirklicht werden. Die Realisierung der dazu nötigen höchsten Erkenntnisfähigkeit *(virtus)* erfordere daher die Kooperation aller Menschen, denn das Ideal der umfassenden Erkenntnis als letztes Ziel ist ein kollektives Werk.

Dantes Rückgriff auf das *Imperium Romanum* steht im scharfen Gegensatz zu dem bisher gültigen Denkmodell des Augustinus *(Civ. XIX, 15),* nach dem das alte im Zerfall befindliche römische Weltreich, die *Roma aeterna* – das »ewige Rom als Idee« – zugunsten einer neuen sakral-ideologischen Heilsordnung, der *Roma christiana,* weichen mußte.

Doch wäre es weit gefehlt, würde man den Florentiner wegen seiner Überlegungen in der *monarchia,* die größtenteils in den Turbulenzen seiner Zeit ihre Ursache fanden, als kirchenfeindlich bezeichnen. Vielmehr will er das durch den Drang nach weltlicher Macht beschädigte Ansehen der Kirche wiederherstellen. Denn gerade durch jene Verweltlichung geriet das von Dante kritisierte Papsttum in Widerspruch zur eigentlichen, diesen Bestrebungen völlig diametral gegenüberstehenden Grundidee der fast schon in Vergessenheit geratenen Kirchenreform, nämlich der Erneuerung mittels Verinnerlichung und Kontemplation im Sinne der apostolisch-evangelischen Nachfolge.

Da der Florentiner die funktionale Gewaltentrennung vertritt, räumt er jeder Macht in ihrem Bereich volle Autonomie ein. Dantes an die Zwei-Welten-Ontologie Platons und Augustinus erinnernde Überlegungen zufolge, ist es die Aufgabe der Menschheit, zwei ihr von Gott gesetzte Ziele anzustreben, die »nicht wesensgleich sind (...), die aber doch eine so enge Verbundenheit miteinander haben, daß die Vernachlässigung des einen unweigerlich den Verlust des anderen nach sich zieht...« (L.John).

So wie das *regnum* der Garant für die irdische Glückseligkeit ist, erkennt Dante in der spirituellen, von allen weltlichen Dingen gereinigten Macht der *ecclesia* den Wegbereiter des überirdischen Zieles, der absoluten Hinwendung zu Gott im himmlischen Paradies. Diese Auffassung entspricht der Aussage von Augustinus: »Die eine Heilige Kirche ist jetzt anders, als sie in Zukunft sein wird, jetzt hat sie noch böse Glieder, dann wird sie keine haben.«

Die weltliche »Politik« stößt indessen beim Versuch, ein irdisches Paradies herzustellen, an ihre Grenzen. Das allerhöchste Gut des gesamten Universums, das über die irdischen Belange hinausreichende Glück der jenseitsorientierten Gottesschau, kann ohne die Hilfe des göttlichen Lichts nicht bewerkstelligt werden.

Mit dieser Ansicht kommt Dante der Position des Kirchenvaters noch näher, dessen Erkenntnislehre an Hand der Lichtmetaphorik definiert wird: »Das Licht, das dem Menschen aufgeht, die *lux aeterna*, kommt von Gott – es durchleuchtet alle Dinge auf ihr Wesen hin.« Man kann darum nur mittels der Teilhabe an jener *lux aeterna*, der göttlichen Vernunft, die nötige Einsicht gewinnen. Unter Anwendung der augustinischen Ontologie auf die Erkenntnislehre vermag »menschliches Denken und Wissen nichts, außer es gründet in dem, der die ewige Wahrheit ist«. Der Florentiner setzt mit einer Allegorie im *convivio* Wahrheit und Wissenschaft mit dem Himmel auf dieselbe Stufe: »Ich verstehe unter Himmel Wissenschaft ...«

Mangelndes Wissen – Wolfram von Eschenbach nennt es *tumpheit* – ist demnach die Ursache aller Verfehlungen. Dante hat, so der Wissenschaftler Imbach, »die gesellschaftliche Funktion der Philosophie in ihrer Dringlichkeit wahrgenommen« und erachtet es als »großes und hohes Unternehmen« *(grande e alta opera),* gelehrtes Wissen an Ungelehrte zu vermitteln: »Das [Wissen] wird das neue Licht *(luce nuova)* sein, die neue Sonne, die da aufgehen wird, wo die alte *(l'usato)* untergeht, und die denen Licht geben wird, die in Finsternis und Schatten sitzen, wegen der gewohnten Sonne, die nicht bis zu ihnen dringt.«

In seinen Ausführungen über die Ordnung in der *beatitudo temporalis* bringt Dante zum Ausdruck, daß dort jedermann ungehindert, seinen persönlichen Fähigkeiten entsprechend, sein Leben gestalten und auf diese Art »selig« werden könne, sofern er nicht seinen Vorteil zum Nachteil anderer sucht. Diese Auffassung entspricht »dem bekannten Prinzip der Ableitung aus hierarchisch gefügter Ordnung, nach dem jenseitige Gültigkeit in diesseitige Verbindlichkeit herüberreicht«. Sie liegt exakt auf der Linie des Bernhard von Clairvaux. Dieser versteht mit anderen Worten in seiner 50. Predigt auf das eschatologisch gefärbte Hohelied das *Diliges proximum tuum sicut ipsum* (»Du sollst deinen Nächsten lieben wie dich selbst«) aus *Matthäus 22, 39,* folgendermaßen: »Er liebt also seinen Nächsten. Er wünscht ihm nichts Böses, wie er auch sich selbst nichts Böses wünscht. Er will sich und ihn im Himmel sehen.« Wie bei Bernhard ist die uneingeschränkte Liebe zu Gott, die augustinische *amor Dei,* »deretwegen der Mensch Gott um Gottes Willen, ja sich selbst nur um Gottes Willen liebt«, auch bei Dantes Werken von Anfang an das zentrale Thema.

Dante ist nicht als Dichter im herkömmlichen Sinn zu betrachten – er ist »Weltenbaumeister«. Er will mit seinen Werken keine Gefühle oder Bilder schaffen, sondern eine neue Ordnung aufbauen, »in der Welt und Menschsein so sind, wie sie vor Gott sein sollen«. So heißt es in *Comm. Par. XII, 134 f.*: »Die Dinge stehen allesamt in einer Ordnung zueinander, und diese ist die Form, welche das All Gott ähnlich macht.« Rheinfelder zufolge verdeutlicht Dante auf diese Weise, »daß der eigentliche Mittelpunkt der Welt nicht die körperliche Erde, sondern Gott das reine Geistwesen ist ...«

Mit dieser Position liegt der Florentiner ebenfalls ganz auf der Linie der geistigen Innovationsbewegung um Bernhard von Clairvaux. So richten sich Dantes Bemühungen in seinen *convivio* auf die Weitergabe von Wissen, um all jene, »die er auf falschen Wege gehen sah, zur Rückkehr auf den rechten Pfad anzurufen«. Er beginnt dieses Werk mit einer scharfen Kritik am Adel, der lediglich wegen seines »uralten Reichtums und feinen Sitten« bestehe, und stellt gleichzeitig die Vorzüge des »wahren Adels« *(nobilitade)* in den Vordergrund. Damit setzt der Dichter die Tradition der Mystiker vom »Adel der Seele« fort, worunter die dynamische Bezüglichkeit zu Gott, »das Bild Gottes in der Seele« zu verstehen ist. Überdies erin-

nert uns Dante an die Worte des heiligen Bernhard aus dem *De laude novae militiae:* »Unter ihnen [den Templern] gibt es keinen Vorzug der Person; man urteilt nach Verdienst, nicht nach Adel...«
Neueren Forschungserkenntnissen zufolge zeugt aber die wahrscheinlich zur selben Zeit wie die *monarchia* begonnene, aber erst gegen Ende seines Lebens vollendete *Divina Commedia,* die »Göttliche Komödie«, von einer engen Verbundenheit Dantes mit den Idealen der »Neuen Ritterschaft« des Templerordens. Wie Wolfram von Eschenbachs Gralsdichtung stellt besonders dieses Werk Dante Alighieris den Versuch dar, vor dem Hintergrund der bereits abklingenden sakral-ideologischen Innovationsbewegung mittels eines weltumfassenden Christentums »eine Brücke zwischen Okzident und Orient zu schlagen«.

Durch geschickte Verwertung von Überlieferungen aus der Mysterientradition der Antike erweist sich Dante Alighieri in seiner einzigartigen poetischen Ausdrucksweise als ein wahrer Meister der Symbolsprache – wohl notgedrungen, lebte er doch im Zeitalter der allgegenwärtigen Inquisition. In einem Widmungsschreiben *(Epistola XIII, 20–22)* an seinen Gönner Cangrande della Scala in Verona verweist der Dichter selbst auf die vielschichtige Bedeutung seiner Arbeit: »Es ist zu erwähnen, daß dieses Werk nicht einen einfachen Sinn hat, sondern *polysensum*, das heißt vielsinnig genannt werden kann. Der eine Sinn ist der, den es nach dem Buchstaben hat, der andere der, den es durch das hat, was durch den Buchstaben angedeutet wird.«

Zum Vergleich heißt es bei Wolfram von Eschenbach, wie schon erwähnt, in seinem Gralsepos »Parzival« 1, 12–16, unter anderem: »(...) der Tor des Bildes Sinn nicht sieht, vor seinen Blicken es entflieht (...)«. Oder in 2, 5–16: »(...) wer sich nicht verbockt und nicht verläuft, sondern sich versteht, der ist ein weiser Mann und wird die Märe recht begreifen (...).« Im »Gastmahl« wird Dante sogar noch deutlicher – er sagt wörtlich: »Die Schriften können verstanden und müssen ausgelegt werden zumeist (...) in viererlei Bedeutung: Die eine heißt die buchstäbliche; und sie erstreckt sich nicht weiter als der Buchstabe der erfundenen Worte (...). Die zweite heißt die allegorische, und sie ist es, die sich unter der Hülle der Fabeln verbirgt (...). Die dritte Bedeutung heißt die moralische (...), und sie hat der Leser dem Geschriebenen unterzulegen zu seinem und seiner Schüler Nutzen. Die vierte heißt die anagogische, das ist die übersinnliche, wenn nämlich eine Schrift in geistlichem Sinn gedeutet wird, so daß sie, obwohl immerhin in buchstäblichen Sinne wahr, unter dem Bilde der dargestellten Dinge der ewigen Herrlichkeit gewinnt.« Gerade diese Vielfalt der möglichen Deutungen macht eine Reduzierung auf eine einzige schlüssige Auslegung fast unmöglich.

Eine Interpretation der »Göttlichen Komödie«

Wie bereits in Wolframs Gralsdichtung ist die Auslegung der Zahlen in den Werken des Florentiners von ganz außerordentlicher Bedeutung. Mit Hilfe der Zahlensymbolik gelingt es dem Dichter, auf Umstände hinzuweisen, die der menschlichen Vernunft sonst nur schwer zugänglich sind. Denn nur unter Verwendung der Zahlenmystik – in Verbindung mit der den meisten hervorragenden Denkern der vorangegangenen Epochen vertrauten Astrosophie als universale Lehre der mikro- und makrokosmischen Analogien – ist es vielleicht annähernd möglich, das »siebenfach versiegelte« Buch der *Divina Commedia* zu entschlüsseln. Dante versucht damit, den Weg des Menschen durch die Sphären der Gestirne zum Himmel Gottes aufzuzeigen, »den Aufstieg der Geistseele aus ihren materiellen Fesseln zur Einigung mit Gott«. Wie die großen Mystiker erkannte auch Dante den Menschen als Mikrokosmos, als Spiegel des Makrokosmos. Weltall und Mensch werden als Ebenbild Gottes durch seine schöpferische Kraft durchdrungen und ihrer Vollendung entgegengeführt.

Das gesamte Werk der »Göttlichen Komödie« ist durchsetzt vom Mysterium der Dreifaltigkeit. Ihr zu dienen, ist nach den Worten des Antroposophen Veltman »Gralsdienst, Dienst im Tempel der Schöpfung«: Eingeteilt in die Kapitel *Inferno*, *Purgatorio* und *Paradiso*, durchdringen einander diese drei nach den astrologischen Planetensphären gegliederten Welten, die der Mensch in Leib, Seele und Geist in sich trägt – sie sind unlösbar miteinander verbunden.

Das *Purgatorio*, den »Läuterungsberg«, ordnet Dante in sieben Läuterungsstufen. Die Stellung des einzelnen Menschen innerhalb dieses System wird allein durch sein Verhältnis zur Liebe Gottes als der »tiefsten Grundmacht allen Lebens« bestimmt und identifiziert solcherart Charakter mit Schicksal. Unverkennbar nimmt sich Dante an dieser Stelle wiederum Augustinus zum Vorbild, der in seinem *De trinitate libri XV* feststellte, daß sich das tiefste Wesen Gottes und des Menschen nur in der Liebe zeigen könne:

»Geistiges Licht, der Liebe voll;
Liebe zum höchsten Gut, der Freude voll,
die alle Süße übersteigt.«

Die Durchwanderung der sieben Läuterungsstufen bedeuten die verschiedenen Wandlungsstufen der Liebe. Sie versinnbildlichen aber auch wie in Wolframs Gralsepos »die sieben Wege zum göttlichen Licht«. Sie erinnern an die von Augustinus in *Vera rel. XXVI. 48* beschriebenen sieben Alterstufen als einer steten Pilgerschaft gleichen Wanderung nach einem besseren Daseinszustand. Vor allem will Dante damit zum Ausdruck bringen, daß derjenige, der den rechten Weg nach innen zu seiner Seele findet, zu seinem göttlichen Kern vorstoßen und zur Einheit mit dem Urquell alles Seins, zur *Unio mystica* mit Gott, gelangen kann.

Dante, Florenz und die drei Reiche der Göttlichen Komödie

Zum besseren Verständnis der geistigen Zusammenhänge muß man auf Dantes vor 1295 verfaßtes Werk *Vita nuova*, »Das neue Leben«, zurückgreifen. Hier spricht der Dichter vom »Neuen Wissen«, der *Intelligenza nuova*, die ihm »unter Tränen jene Sonne und Sterne bewegende Liebe« offenbarte. Dieses »Neue Wissen«

sollte die ideelle Grundlage für den anzustrebenden Bewußtseinswandel im Hinblick auf die Verwirklichung der *ecclesia spiritualis* als geistige Führungskraft einer verchristlichten Menschheit sein. Welches überwältigende Erlebnis bewegte jedoch den florentinischen Dichter, dessen Auswirkungen er in der *Vita nuova* schildert und sein weiteres Leben wie kein anderes zuvor beeinflussen sollte? Nach seinen eigenen Worten stand nämlich »in seinem Lebensbuch bis zu diesem Zeitpunkt nicht viel zu lesen«. Die Antwort auf diese Frage finden wir in dem zentralen Thema des »Neuen Lebens« wie auch der »Göttlichen Komödie«: es ist seine grenzenlose Liebe zu der geheimnisvollen Beatrice. Beatrice ist – so Scartazzini in seinem Kommentar zu V.N., Kap. 10 – »... für ihn [Dante] eine Zerstörerin aller alten Laster und eine Königin der Tugenden gewesen, und daß er um ihretwillen dem gemeinen Haufen den Rücken kehrte ...«
Bis heute ist sich die Forschung allerdings uneins, ob Beatrice überhaupt eine historisch-realistische oder aber eine von Dantes Genie geschaffene idealistische Persönlichkeit verkörperte. Obgleich die *Vita nuova* allgemein als das überragende Werk der hochmittelalterlichen Troubadourlyrik gilt, halten manche Kommentatoren das nicht leicht zu interpretierende Werk für eine Initiation in Weisheit und Theologie, die in der Gestalt Beatrices symbolisch dargestellt werden.
D.C.Stange versuchte den wissenschaftlichen Nachweis zu erbringen, »daß die *Vita nuova* nicht im Sinn einer sentimentalen Jugendliebe gedeutet, sondern allegorisch im Sinn einer religiösen Erwekkung und geistigen Wiedergeburt verstanden werden kann«. Er stützt seine These wahrscheinlich auf einschlägige Aussagen der Söhne des Dichters und zeitgenössischer Interpreten, wie etwa den mit den florentinischen Verhältnissen bestens vertrauten Autor des *Ottimo Commento,* denen allesamt eine lediglich allegorische Beatrice bekannt war.
Rudolf Steiner meinte, daß Dante mit Beatrice »nichts anderes als die Weisheit« zur Darstellung bringen wollte: Nur derjenige verstehe Dantes »Göttliche Komödie«, der sie von dieser Seite betrachtet. Daher finden sich auch bei Dante »diesselben Symbole, die bei Templern, den christlichen Ritterschaften und den Gralsrittern zum Ausdruck kommen«. Gleich Kondwiramur (altfranzösisch *Conduiramour*) für Parzival ist Beatrice für den Florentiner die »Führerin zur Liebe«. Ebenso haben bei Dante und Wolfram die für beide Frauengestalten charakteristichen Farben

– Rot und Weiß – denselben Sinngehalt: Seele und Geist sowie Weisheit und Liebe. Bernhard von Clairvaux schreibt in seinem über seine mystische Vermählung mit Gott *De deligendo Dei* ebenfalls: »... was die Seele mit Gott vermählt, das ist die Liebe.« Bei den von der Bernhardinischen Mystik inspirierten Dichtern wiederum wird die geliebte Frau im übertragenen Sinn zur Offenbarungsträgerin der *Sophia*, der Liebe des Heiligen Geistes. L. Valli sowie A. Ricolfi gelangten zu der Auffassung, daß »die Frauen Dantes, Calvacantis, Dino Compagnis und der Dichter am Hofe Friedrichs II. bis hin zu Petrarca Symbolgestalten sind für Initiatenweisheit ...«

Robert L. John erklärte indessen zu jener immer noch ungelösten Problematik unumwunden: »Entweder war man Templer, und dann wußte man, wer Beatrice war; oder man war ein uneingeweihter Profaner und gehörte zu dem *ingrato vulgo,* und dann durfte man nicht wissen, was Beatrice in Wahrheit bedeutete.« Sagte Dante nicht selbst in der *Vita nuova:* »Die glorreiche Herrin meines Geistes: sie, die Beatrice genannt ward von vielen, die nicht wußten, wie sie zu nennen.« René Guenon bezeichnet Dante als »Eingeweihten, der mit den Templern in direkter Verbindung stand«. Auch John Charpentier, Willem Veltman und nicht zuletzt Arthur Schult teilen diese wissenschaftlich nicht unumstrittene Ansicht. Deren These zufolge war Dante Alighieri nämlich Mitglied einer Laienfraternität des Templerordens. Die geistige Elite der seit etwa 1135 nachgewiesenen weltlichen Laienbruderschaften, den Affilierten, entsprach der gesellschaftlichen Elite der ritterbürtigen Tempelherren.

Dantes verborgene Hinweise auf den Templerorden

Tatsächlich gibt es eine Fülle von bemerkenswerten Anhaltspunkten, die durchaus auf eine Verbindung Dantes zu den Rittermönchen schließen lassen. So spielt die Zahl neun in beiden Werken eine sehr auffällige, wenn nicht sogar eine dominierende Rolle, denn sie kommt allein in der *Vita nuova* insgesamt zehnmal vor. Gleich zu Beginn – bei der ersten Begegnung mit Beatrice – führt der Dichter an: »Neunmal schon seit meiner Geburt war der Himmel des Lichtes zum gleichen Stande zurückgekehrt kraft des Kreislaufes, der ihm eigen.« Dante »ließ« Beatrice am 9. Juni 1290 sterben: »...und nach unserer Zeitrechnung verschied sie in demjenigen Jahre (...), in dem die vollkommene Zahl (die zehn) neunmal vollendet war in dem Jahrhundert, in dem sie in die Welt gesandt worden war (...). So war jene Zahl ihr Freund, um anzuzeigen, daß bei ihrer Zeugung alle neun bewegten Himmel in vollkommenster Stellung miteinander gewesen. Für den aber, der tiefer nachdenkt und nach der unfehlbaren Wahrheit sucht, war diese Zahl sie selber.«

Auf diese Weise soll Beatrice die neun Himmel sowie die neun Engelhierarchien verkörpern. Schult zufolge deutet Dante dieses Mysterium in der Sprache der Zahlensymbolik »des in Gott verklärten, am innertrinitarischen Leben der Heiligen Dreifaltigkeit teinehmenden Menschen an«. Für die »Wissenden« bedeutet jedoch die Neun die Symbolzahl des Templerordens. Dies versucht Schult unter Berufung auf einige besonders markante Ereignisse in der Geschichte des Ordens zu beweisen.

Bekanntermaßen wurde der Orden von neun Rittern gegründet, nach neun Jahren trat er in Troyes ins Licht der abendländischen Öffentlichkeit, und die »französische« Regel sieht neun Fälle für den Ausschluß aus der Gemeinschaft vor. Ebenfalls neun Ritter erschienen vor dem Konzil in Vienne, um die Unschuld des Tempels zu beteuern und ein gerechtes Verfahren zu fordern. Die erste, die »lateinische« Ordensregel besteht aus acht mal neun = 72 Kapiteln. Es wurde bereits angeführt, daß die Neun aus kabbalistischer Sicht die Zahl der Vollendung symbolisiert.[6] Die Zahl acht wiederum entspricht den Begriffen »Auferstehung«, »Erneuerung« und »Wiedergeburt«.[7]

Dante wählte in der *Divina Commedia* eine Kombination aus Kreuz und Adler als sein persönliches Kennzeichen, das dem aufmerksamen Leser dreißigmal in diesem Werk begegnet. Bekanntlich führten auch die Großmeister des Tempels Kreuz und Adler in ihrem persönlichen Siegel. Das Kreuz versinnbildlicht die monastische *vita contemplativa*, der Adler das weltliche *Imperium*. Die Vereinigung dieser Begriffe symbolisiert nicht nur die Union von Mönchtum und Rittertum, sondern auch die Synthese der beiden in der *Monarchia* vorgestellten jeweiligen Idealzustände der *beatitudo temporalis* und der *beatitudo aeterna*.

Doch findet man in der *Divina commedia* auch andere Hinweise, die eine noch deutlichere Sprache sprechen. Unverkennbar verurteilt Dante im *Purgatorio (XX, 91)* die ungerechte Vernichtung des Templerordens:

Ich seh Pilatus neu so grausam wieder,
daß dies ihm nicht genügt und er begierig
sein Banner trägt zum Tempel ohne Urteil ...

Gleichfalls scheute sich der toskanische Dichter trotz drohender Inquisition nicht, die unheilige Verbindung des apostolischen Stuhls mit der Krone Frankreichs als direkten Ausdruck des Bösen aufzuzeigen. Den nicht zuletzt wegen dieses Mißstandes für den Untergang der Templer mitverantwortlichen Papst Clemens V. überantwortet er im *Paradiso XXX, 133–148,* noch vor dessen Tod der ewigen Verdammnis.

Eine weitere mehr oder weniger direkte Anspielung auf die Templer findet sich in *Paradiso XXXI, 1–3,* wo Beatrice auf die himmlischen Heerscharen hinweist:

In der Gestalt dann einer weißen Rose [8]
erblickte ich vor mir die heilige Schar,
der Christus sich verlobt mit seinem Lose.

In diesem Dreizeiler will der Florentiner unmißverständlich auf den Untergang der Tempelritter, »der heiligen Schar, der sich Christus mit seinem Lose verlobt«, anspielen. Er deutet damit auf die in der kontemplativen Gottesliebe sowie auf die im Kreuzzugsideal verankerte *imitatio Christi* der Templer, die ja unter anderem den Namen *Militia Christi* führten, gemäß *Lukas 14, 27*: »Wer nicht sein Kreuz trägt und mir nachfolgt, kann nicht mein Jünger sein.« An dieser Stelle soll nicht unerwähnt bleiben, daß der alte Schlachtruf der Tempelritter »Es lebe der Gott der Liebe« *(Vive Dieu Saint-Amour)* dem Sinne nach genau den Vorstellungen Dantes über »die wahre Liebe«, der *amore,* der Sehnsucht nach Gotteinigung entspricht.

Wohl am auffälligsten aber wird die Beziehung Dantes zu den Rittermönchen im letzten Gesang des *Paradiso* durch das Erscheinen Bernhards von Clairvaux im Lichthimmel, dem *Empyreum,* in der unmittelbaren Nähe zu Gott dokumentiert. Der geistige Vater und Programmatiker des Templerordens tritt dem Dichter als letzter Führer auf seiner Wanderung durch das Jenseits zur Seite, um ihm für einen kurzen Augenblick »die letzte Schau in Gottes Wesenstiefe« zu vermitteln.

Bernhard ruft Maria an und bittet um ihre Fürsprache für seinen Begleiter. Die Madonna ist nach Schults Auffassung nicht nur die

Mutter Gottes, des weltumfassenden Logos, und die jungfräulich lautere Menschenseele, sondern sie verkörpert bei Dante wie zuvor schon Beatrice im übertragenen Sinn das göttliche Wissen, die *Sophia.* Sie ist aber für den Dichter auch gleichzeitig ein Symbol *der ecclesia spiritualis,* deren Widerpart, die *ecclesia carnalis,* er voller Verachtung als eine von der Gunst Philipps von Frankreich abhängige Dirne darstellt.

In den letzten Versen des *Paradiso* am Ende der *Divina commedia* präsentiert Bernhard der Mutter Gottes seinen Begleiter Dante als den Menschen, der nach seinen visionären Wanderungen durch sämtliche Reiche der jenseitigen Welt nunmehr um die Gnade der höchsten Gottesschau und um die Vereinigung mit Gott bittet. In dem an Intensität zunehmenden himmlischen Licht des allumfassenden Logos erlebt der Dichter jetzt die Vielheit der Dinge als Einheit – die gegensätzlichen Grundbegriffe des Denkens werden aufgehoben, denn der Logos ist – so Schult – »die Allverbundenheit in Liebe, *la forma universal,* die Idee der Ideen«. Hierbei orientiert sich Dante an Augustinus, der seinen »Gottesstaat« ebenfalls mit der beseligenden Schau Gottes beschließt: »Da werden wir ruhen und schauen, schauen und lieben, lieben und loben. Das ist es, was sein wird am Ende ohne Ende.«

Unter der Prämisse eines besonderen Naheverhältnisses Dantes zu den Rittermönchen der *Nova Militia* kann auch seine *monarchia* aus dieser Perspektive analysiert werden. Es wurde vielfach angenommen, daß dem Florentiner bei seiner angestrebten universalen Weltverantwortung unter einem von allen übrigen Monarchen gewählten Imperator, dessen Macht nicht erblich ist, das deutsche Kaisertum als Vorbild gedient haben soll. Obwohl die Rittermönche in der *monarchia* namentlich nicht erwähnt werden, könnte in diesem Punkt nach Veltmans und John Charpentiers These möglicherweise dem Templerorden eine richtungsweisende Rolle zuerkannt werden, denn der Großmeister wurde gleichfalls von einem dem »Rat der Fürsten« analogen Ordenskollegium gewählt, und sein Amt war nicht erblich.

Dante erkannte klar, daß der der Ordnung und Sicherheit dienende Weltfriede[9], die *pax universalis,* nur mit Hilfe einer nach Einigung aller Kräfte strebenden sowie allfälligen konkurrierenden, eigennützigen Interessen der *nationes, regna et civitates* mit Nachdruck entgegenwirkende Macht repräsentiert werden könne. Jedoch stellt sich hier zwangsläufig die rein theoretische Frage, mit welchen Mitteln besagter »Weltkaiser« in den Überlegungen des Dichters seine Herrschaft sowie die *pax universalis* in einer noch zu einenden Welt hätte durchsetzen können.

Um die nötige Sicherheit und das politische Gleichgewicht innerhalb eines einer »internationalen Staatengemeinschaft« nicht ganz unähnlichen Weltreiches hinreichend zu gewährleisten, kann man sich eigentlich nur eine von den politischen Interessen der einzelnen rivalisierenden Mitgliedsstaaten weitgehend unabhängig agierende multinationale »Polizei« – oder Eingreiftruppe vorstellen. Die in Dantes Denkmodell für diese Institution wohl bedeutendste Aufgabe wäre aber mit Bestimmtheit in der Mittlerrolle zwischen der geistlichen und der weltlichen Universalmacht, zwischen Kaiser und Papst zu sehen. Es ist zwar nach dem gegenwärtigen Stand der Forschung nicht beweisbar, doch finden wir einige Anhaltspunkte, daß der Dichter für diese wichtige Funktion den elitären Templerorden vorgesehen haben könnte. Denn dessen Präsenz war durch die vielen Niederlassungen bereits im ganzen Abendland fest etabliert. Zudem verhielten sich die Ordensritter hinsichtlich des in ihrer Ordensregel festgeschriebenen Verbots, gegen Christen die Waffe zu heben, in innereuropäischen Konflikten nicht stets neutral, ja sie traten manchmal sogar als Friedensstifter in Erscheinung.

Wie Bernhard erblickte offenbar auch der Florentiner in jener *Nova Militia* des Tempels, die »endlich geläutert war von Habgier und Eitelkeit, reingewaschen, verschmolzen mit den himmlischen Heerscharen...«, eine Gemeinschaft von Kriegern und Mönchen, eine Spezies von »neuen Menschen«, in der die hehren Werte seiner *beatitudo temporalis* ihren Kulminationspunkt erreichen. Dieser Orden vereinte nun einmal die beiden herausragenden sozialen Ordnungen seiner Epoche: die monastische Ordnung für das geistig-kontemplative und die ritterliche für das weltlich-kriegerische Element der mittelalterlichen Gesellschaft.

John Charpentier gelangt daher zu der festen Überzeugung, daß in der *Monarchia* für jene zwischen geistlicher und weltlicher Autorität ausgleichenden »dritten Kraft« allein die Templer als das unumstrittene Idealbild des abendländischen Rittertums in Betracht kommen können: um »einerseits die Kirche zu stützen und zu ermahnen, sich selbst treu zu bleiben, andererseits die [weltliche] Regierung zu lenken und alle beide in Abhängigkeit von dem mit einer unparteiischen Polizei vergleichbaren Orden zu halten«. In der Sprache der christlichen Symbolik steht der Papst für Glauben, der Kaiser für Wissen, das geistliche Rittertum verkörpert hingegen die Willensstärke und ist als vermittelnde Macht die Synthese der beiden anderen. Es dürfte aus ideengeschichtlicher Sicht wohl kaum ein Zufall sein, daß dieses trifunktionale System von Papst, Kaiser und der nunmehr geläuterten Ritterschaft unwillkürlich an eine Modifikation des von Plato in seiner *Politeia* beschriebenen Drei-Stände-Staates erinnert.

Abschließend sollte nicht unerwähnt bleiben, daß Dante Alighieri, der unerreichte *gran signore del verso,* in seinem Werken wie kaum ein anderer nahezu die ganze Wissenschaft, alle moralischen wie geistigen Erfahrungen und nicht zuletzt die politische Spekulation seiner Zeit in literarisch beeindruckender Form wiederzugeben vermochte – als dichterisches Vermächtnis des 13. Jahrhunderts. Doch ist sein Werk vor dem Hintergrund der brennenden Scheiterhaufen der Templer zugleich die Verklärung einer unwiderruflich der Vergangenheit angehörenden Welt. Es ist ein Schwanengesang all jener edlen Werte, die der große Florentiner liebte, die unerfüllbare Sehnsucht nach universaler Einheit – vielleicht eine hochherzige Utopie, aber mit Sicherheit eine wunderbare Vision, mit deren Hilfe er für Augenblicke dem irdischen Elend entfloh.

[1] »Ritter in weißen Mänteln« sind in anderen Gralslegenden ebenfalls mit der Bewachung des Grals betraut.

[2] Die Katharer übernahmen von den Manichäern das Symbol der mani, jenes die Welt erhellenden Steines, der die Menschen jedes irdische Verlangen vergessen läßt.

[3] Auf der Suche nach dem Gral weicht Parzival siebenmal vom rechten Weg ab.

[4] Der Adler ist auch Symboltier des olympischen Zeus.

[5] Wohl deswegen, weil Feirefiz die andere Hälfte der Welt repräsentiert.

[6] So vollendete bekanntlich auch Christus sein irdisches Leben in der neunten Tagesstunde.

[7] Nach dem Kirchenvater Ambrosius ist die Acht die Zahl der Wiederauferstehung.

[8] Die Rose galt in der Sprache der Symbolik allgemein als ein Sinnbild der sich immer aufs Neue entfaltenden Welt und wurde als das Prinzip der ursprünglichen Einheit sowie der Versöhnung der Dualitäten im Zeichen der Liebe verstanden. Sie ist auch ein Symbol für die Jungfrau Maria und im Sinne der Minnelehre durch das Nebeneinander von Blüte und Dornen der Inbegriff von Liebe und Leid.

[9] Dantes »Weltfriede« ist eine Modifikation des Friedens im »Himmlischen Staat« bei Augustinus.

Symbolische Darstellung der Vernichtung des Templerordens: Brand eines achteckigen Turmes

Epilog

Gedanken zum Ende

Beim Untergang des Templerordens spielen verschiedene Aspekte eine nicht unerhebliche Rolle. Hierbei ist dem von zahlreichen Autoren so gerne kolportierten »Kapitalbedarf« des französischen Königs Philipp aller Wahrscheinlichkeit nach die geringste Bedeutung beizumessen. Eine der Hauptursachen für das unrühmliche Ende des Ordens findet sich bereits in seinen Anfängen – in jener der mittelalterlichen Gesellschaftsordnung widersprechenden Vereinigung von Ritter und Mönch sowie deren diametrale Aufgaben und Zielsetzungen. So kann der aufmerksame Leser diesen Widerspruch selbst bei Bernhard von Clairvaux in seiner Rechtfertigung der Templer am Ende seines *De laude novae militiae* erkennen; dort bemerkt der sonst so wortgewaltige Abt ein wenig verlegen: »Ich weiß nicht, ob man sie Ritter oder Mönche nennen sollte. Ich halte es für richtig, ihnen beide Namen zu geben, denn es fehlt ihnen weder der Sanftmut des Mönches noch der Mut des Kriegers.«
Der große Reformdenker und Mystiker Bernhard von Clairvaux glaubte – wie auch viele andere Sakralideologen des 12. und 13. Jahrhunderts – in dieser *miles et monachus* vereinigenden Organisation der »neuen Ritterschaft« die Wegbereiter der »neuen Zeit,« des Johanneischen Endzeitreiches, zu erkennen. Die militärischen Erfolge zu Beginn der Kreuzzüge schienen den Templern zunächst rechtzugeben. Denn mit der Eroberung des Heiligen Landes, des »Erbgutes Christi«, schien eine jener für die Verchristlichung der Welt notwendige Voraussetzungen verwirklicht.
Doch zeigte sich schon nach wenigen Jahrzehnten, daß der Christenheit in den orientalischen Muslimen nun ein übermächtiger Gegner entgegentrat. Nur vorübergehend waren die Araber und Türken des vorderen Orients durch dynastische Konflikte geschwächt, hatten aber nach dem überraschenden Verlust ihrer heiligen Stadt Jerusalem bald wieder zu Einigkeit und Dynamik gefunden – nun plötzlich in dem Ziel vereint, Jerusalem zurückzugewinnen. Durch das Desaster der Christen im zweiten Kreuzzug beflügelt, stellten die Muslime nun ihrerseits der christlichen Vorstellung des *bellum iustum* den nach ihrer Auffassung ebenfalls gerechten *Jihad* entgegen.

Diese Rückschläge entfachten in der Christenheit massives Krisenbewußtsein, vor allem aber zeitigten sie erste Anzeichen des beginnenden Niedergangs der Kreuzzugsidee. Selbst Bernhard mußte nach dem völligen Fehlschlag seines von ihm so heftig betriebenen Kreuzzugs leidvoll zur Kenntnis nehmen, daß die Vorstellung eines universal dominierenden Christentums allein mit militärischen Mitteln nicht zu bewerkstelligen war.
Die ernüchternde Niederlage von Hattin durch Sultan Saladin und der darauf folgende Verlust von Jerusalem im Jahre 1187 brachte auch für den Templerorden den entscheidenden Umbruch. Die Templer, bis zu diesem Zeitpunkt unerbittliche Gegner der Sarazenen, sahen sich zum Überdenken ihrer bisherigen Position genötigt. Ihr einziger Daseinsgrund – der Erhalt der heiligen Stätten für die Christen – zwang die Templer, kriegerischen Auseinandersetzungen mit dem zahlenmäßig weit überlegenen Glaubensfeind nach Tunlichkeit auszuweichen und durch kluge Diplomatie einen für beide Seiten tolerierbaren *modus convivendi* zu erhalten. So schrieb Gérard de Nerval: »Die Tempelritter waren unter den Kreuzfahrern diejenigen, die eine weitgehende Verbindung der orientalischen mit der römisch-christlichen Gedankenwelt herbeizuführen versuchten.« Auch in Wolframs Gralsepos ist eindeutig ersichtlich, daß die Templer zu der Erkenntnis gelangten, eine Synthese der Tugenden von Morgenland und Abendland könne der Welt von weit größerem Nutzen sein als eine haßerfüllte Konfrontation der beiden Kulturkreise.
Die Rittermönche verloren aber deshalb nicht ihren Auftrag aus den Augen, an dem *magnum opus* der Verchristlichung der Welt mitzuwirken. Das realpolitische Geschehen im lateinischen Orient des 13. Jahrhunderts bestätigt dies deutlich. Denn die vor allem in den letzten fünfzig Jahren betriebene überlegte Verhandlungspolitik des Ordens diente der christlichen Sache mehr als sämtliche Kreuzzugsunternehmungen in diesem Zeitraum und bewahrte den Restbestand des lateinischen Königreichs mehr als einmal vor dem Schlimmsten.
Mit gewissen Einschränkungen kann der lediglich rein zweckorientierte Pragmatismus des Templerordens am ehesten noch mit jenem berühmten *omnia ad maiorem Dei gloriam* der im Rahmen der Gegenreformation geschaffenen »Gesellschaft Jesu«, den Jesuiten, verglichen werden. In deren Denkweise ist die Idee der *militia Christi* bestimmt nicht ohne Grund bis zu einem gewissen Grad neu belebt worden.

Manche Autoren sehen sich aber allzu leicht versucht, in dieser auf den ersten Blick zu den Grundzügen der ursprünglichen Kreuzzugsidee widersprechende Verhaltensweise den »untrüglichen Beweis« für eine Ent-Ideologisierung zu erkennen. Obwohl paradoxerweise ihre für die Kreuzzugsepoche atypische Vorgangsweise im 13. Jahrhundert gerade durch die Lehre des »geistigen Vaters« des gerechten Kriegs, Augustinus, in *Civ. XIX. 17* durchaus legitimiert war und von mehreren theologisch-humanistischen Denkern als bessere Alternative zum Kreuzzug gesehen wurde, geriet der Orden zunehmend unter den gefährlichen Verdacht, mit den Muslimen gemeinsame Sache zu machen und gezielt gegen die christlichen Interessen zu handeln.

Der in der Folge wohl daraus resultierende Vorwurf, der Templerorden sei selbst ein nach der Weltherrschaft strebender, die christliche und muslimische Lehre synkretisch verbindender Geheimbund gewesen, ist aus wissenschaftlicher Sicht völlig unhaltbar. Nicht einmal in jener von phantastischen Anschuldigungen aller Art angereicherten Anklageschrift im Prozeß von 1307 wird der Begriff »Weltherrschaft« erwähnt.

Man findet hingegen in der zeitgenössischen Literatur zahlreiche Hinweise, daß sich der Orden als auserwählt erachtete, die Johanneisch-endzeitliche Vision eines ewigen Weltfriedens in die Tat umzusetzen. Sie befanden sich damit in der Tradition von Augustinus, Bernhard, Dante und anderen großen Denkern und Mystikern, die alle diese »neue Zeit« als Vorstufe zur Wiederkunft Christi propagierten. Zwangsläufig verstanden die Rittermönche als »lebendige Bausteine des Tempels des Herrn« in diesem Weltfrieden eine Diesseits und Jenseits verschmelzende *pax christiana* im Sinne von Augustinus. Dieser preist den Frieden in *Civ. XIX. 13* als »letzte Glückseligkeit und Ziel der Vollendung«: »So sollte man eigentlich als Ziel des Gottesstaates, als sein höchstes Gut, den Frieden im ewigen Leben oder ewiges Leben im Frieden bezeichnen ...«

Dennoch sollte die Glaubensvorstellung der Templer als Unterordnung unter ein höheres Christentum gewertet werden – abgehoben vom gewöhnlichen Christentum, das ja ihrer Ansicht nach von so vielen allzu menschlichen Leidenschaften wie Neid, Zorn und Habgier geprägt war.

In diesem Zusammenhang sei nochmals auf die in symbolischer Hinsicht außerordentlich wichtige sakral-ideologische Bedeutung des ersten Standorts des Ordens im Bereich des alten salomonischen Tempels hingewiesen. Wohl nicht zuletzt wegen ihrer Eigenschaft als Hüter und Wächter jenes allen drei monotheistischen Religionen heiligen Berges Moriah, des Tempelbergs von Jerusalem, erachteten sie sich als Mittler zwischen Okzident und Orient und stellten solcherart gleichzeitig eine Verbindung des christlichen Glaubens zum Ort der Urüberlieferung sowie zur Urreligion her. An dieser Stelle sei auf die bemerkenswerte Feststellung des großen Augustinus am Ende seines arbeitsamen Lebens in *Retractiones I, 13,* hingewiesen: »Das, was man jetzt christliche Religion nennt, gab es schon bei den Alten und fehlte nie seit Anfang des menschlichen Geschlechtes, bis daß Christus im Fleisch erscheinen würde, von wo die wahre Religion, die schon da war, anfing, die christliche genannt zu werden.«

Allein schon wegen ihrer Auffassung können diesbezüglichen Wertvorstellungen der Templer keinesfalls mit den aus eigener Machtvollkommenheit konstruierten Universalansprüchen der meisten jener sogenannten Reformpäpste des ausgehenden 13. Jahrhunderts identifiziert werden. Denn nicht nur einmal lehnten es die ihren Prinzipien stets treu gebliebenen Rittermönche ab, an den abendländischen »Kreuzzügen« vor den Toren Roms gegen die angeblichen inneren Feinde der Christenheit teilzunehmen.

Das große Werk im Heiligen Land mußte aber scheitern, weil der monumentale Zusammenstoß der beiden Kulturkreise von unüberbrückbaren sakral-ideologischen Gegensätzen dominiert war. Auch wurden alle Versuche zur Verständigung stets aufs Neue durch fundamentalistische Kräfte sowie übertriebenen Ehrgeiz einzelner Machthaber auf beiden Seiten in gleicher Weise immer wieder hintertrieben. Außerdem bestand nach dem Ende der relativ toleranten Ayubidendynastie für die nur noch machtorientierten und ihrer militärischen Überlegenheit bewußten Sultane der Mamelukken keine Ursache, die letzten Bastionen der Christen in ihrer Einflußsphäre zu verschonen.

Auf christlicher Seite wiederum wurde die Chance, zur rechten Zeit mit den Ayubiden als Exponenten des islamischen Kulturkreises einen tragenden Konsens zu finden, durch unrealistische Forderungen und Uneinigkeit stümperhaft für alle Zeit vertan. Die Initiative eines Ordens und einiger weniger humanistischer Intellektueller war zu wenig. Vielmehr führten in der Folge militärische Rückschläge, der Verfall der Kreuzzugsidee sowie das schwindende Interesse am Schicksal der Heiligen Stätten im Verlauf des 13. Jahrhunderts wiederholt zu massiver Kritik an der

Mission des einflußreichen Ordens. Nachdem die letzten lateinischenStützpunkte in die Hand der Muslime gefallen waren, verlor auch der Tempel seinen in den Augen des Abendlandes ausschließlichen Daseinsgrund.

Im Gegensatz zu den Deutschordensrittern und den Hospitalitern verabsäumte die Führung des Tempels,dem Orden nach dem Verlust von *Outremer* ein neues adäquates Betätigungsfeld zu erschließen.

Die ab diesem Zeitpunkt nicht mehr ganz unberechtigte Frage der nie verstummten Kritiker nach dem Sinngehalt jener *Monachus et Miles* vereinigenden Organisation tauchte verstärkt wieder auf. Welche Funktion hatte ein in ideeller Hinsicht weitgehend orientierungslos gewordener internationaler, militärisch-monastischer Orden noch in einer Welt von Staaten, die, nach nationaler Eigenständigkeit strebend, nun nicht mehr gewillt waren, die universale Autorität Roms anzuerkennen?

Zusätzlich ausschlaggebend für den Untergang war daher das Scheitern eben jener vom Templerorden mitgetragenen Universalidee eines an der Spitze des Abendlandes stehenden Papsttums. Der Heilige Stuhl war auf Grund der fehlenden Machtmittel nicht in der Lage, die zum Zweck des Machterhaltes propagierte »Einheit« der christlichen Welt gegenüber den erstarkenden Nationalmonarchien auf Dauer durchzusetzen. Zum anderen verlor das Ideal des *dominum mundi* an der nötigen Glaubwürdigkeit, als es wiederholt den persönlichen Zielsetzungen der Nachfolger Petri untergeordnet oder gar mißbraucht wurde.

Nachdem Philipp IV. bei der Papstwahl schließlich seinen Kandidaten auf den Thron Petri lancieren konnte, fiel es dem französischen König wahrhaft nicht schwer, den in seinen Augen überflüssig gewordenen Orden mit Hilfe des völlig von ihm abhängigen Clemens V. in einem skandalösen Schauprozeß aus der Welt zu schaffen.

Wir wissen heute, fast 600 Jahre nach der Auflösung des Templerordens, daß er keiner seiner von ihm gesetzten hehren Zielsetzungen gerecht werden konnte. Vergeblich war sein Mühen, die verwirrte Welt zu einigen und ihr den Weg in die »neue Zeit«, das Reich des ewigen Friedens, des Paradieses auf Erden, zu weisen. Die »neue Ritterschaft« zerbrach an der Unreife ihrer Zeitgenossen, eine geistige Verständigung von Menschen unterschiedlichen Glaubens, geschweige denn eine Union der Nationen mitzutragen und nachzuvollziehen. Die »neue Zeit« der Allverbundenheit in Liebe, jene Danteische *forma universal,* die »Idee der Ideen«, war noch nicht formuliert – und sollte ohnehin eine literarische Idee bleiben. Einige Forscher vertreten die Ansicht, der Orden habe zumindest die Idee des ritterlichen Menschen, des *homo legalis*, vertieft, indem er ihm ethisch-religiöse Funktionen gab und damit dem Abendland für Jahrhunderte unschätzbare Dienste erwies, die heute noch erkennbar sind, denn Menschen vergehen, Prinzipien aber bleiben. Doch der Tempel der Templer war zerstört. So bemerkte der Kirchenhistoriker Döllinger in seinem Werk über den Untergang des Templerordens nicht ohne Grund, wenn er den schwärzesten Tag der Weltgeschichte, den *dies nefastus*, nennen solle, fiele ihm kein anderer Tag als der 13. Oktober 1307 ein.

Inhaftierung von Templern 1307

Die Zeit nach 1314

Nach dem Auflösungsdekret von Papst Clemens V. anläßlich des Konzils von Vienne im Jahre 1312 sowie des unrühmlichen Endes des letzten Großmeisters Jakob von Molay, stellt sich natürlich die Frage, was mit all jenen Templern geschah, die nicht unter der Folter oder auf dem Scheiterhaufen einen gewaltsamen Tod fanden.

So wurde im Rahmen der Aufhebung mittels der zu diesem Zweck eigens erlassenen Bulle *Considerantes dudum* bekanntlich über die Zukunft aller unter Arrest stehenden ehemaligen Ordensmitglieder entschieden. Diejenigen, die »ihren Irrtum eingestanden und aufrichtige Reue zeigten«, erhielten aus dem beschlagnahmten Ordensvermögen Pensionen und konnten in einem Kloster, in einem anderen Ritterorden oder – wie manche Brüder in England, Spanien oder Italien – sogar von den Erträgen ihrer ehemaligen Komtureien oder sonstiger Besitztümer leben.

So etwa lebte der von sämtlichen Anklagepunkten freigesprochene Präzeptor des Mas Deu im Roussillon, Raimund Sa Guardia – wie der Historiker Demurger berichtet – »weiterhin in seiner Komturei, ohne Rente oder Miete zu zahlen, von dem Genuß der Garten- und Baumfrüchte, allerdings nur für den eigenen Verzehr. Er durfte außerdem Holz im Wald sammeln und erhielt eine Pension von 350 Pfund.«

Lediglich in den von Frankreich dominierten Territorien beendeten zahlreiche Templer ihr Leben im Kerker oder zumindest unter Arrest.[1] Außerhalb des Einflußbereichs der französischen Krone wurden sie meist vollkommen rehabilitiert. Auf der iberischen Halbinsel beispielsweise wollte und konnte man auf ihre nach wie vor unbestrittenen militärischen Fähigkeiten im harten Überlebenskampf der *reconquista* gegen die Mauren keinesfalls verzichten.

Nach dem Tod von Papst Clemens V. fanden die iberischen Monarchen im Einvernehmen mit dessen Nachfolger Johannes XXII. eine auch nach kanonischem Recht vertretbare Lösung: Für die nunmehr »geläuterten« Templer gründete man 1317 in Aragon kurzerhand den Ritterorden von Montesa und in Portugal den bereits erwähnten Christusorden, der zwei Jahre später durch die päpstliche Bulle *Ad ea ex quibus* mit ähnlich großzügigen Privilegien ausgestattet wurde wie sein Vorgänger, der Templerorden. Beachtenswert aber ist auch die Tatsache, daß die beschlagnahmten Güter des verbotenen Templerordens im Gegensatz zur Bulle *Ad providam* zur Gänze in das Eigentum dieser neugegründeten Ritterorden überging.

Aus dem um seine Unabhängigkeit von England ringenden Schottland sind ebenfalls keine nennenswerten Maßnahmen gegen die Templer bekannt.

Im übrigen Europa schlossen sich die heimatlos gewordenen Brüder vom Tempel mehrheitlich den Hospitalitern, die von Clemens V. bekanntlich als »Haupterben« des ehemaligen Templervermögens eingesetzt worden waren, oder dem in Ostpreußen gegen die Slawen kämpfenden Orden der Deutschen Herren an.

Doch zweifellos gab es auch eine ganze Reihe von Angehörigen des Tempels, die sich rechtzeitig durch Flucht der drohenden Verhaftung entziehen konnten. Einige verließen den Tempel bereits vor 1307. Vielleicht ahnten manche das drohende Unheil – oder aber sie fürchteten die zunehmende Monotonie des monastischen Alltagsleben ohne Aussicht auf Kampf und Abenteuer in einem auf seine Besitzungen im Abendland reduzierten Orden; schließlich war der Orden ja nach dem Verlust des Heiligen Landes im Begriff, seine ursprüngliche Identiät zu verlieren.

Grundsätzlich muß darauf hingewiesen werden, daß uns über die zahlenmäßige Stärke des Templerordens für keinen Zeitpunkt während seines knapp zweihundert Jahre währenden Bestehens zuverlässige Daten zur Verfügung stehen. Erhaltene Urkunden belegen den Besitz des Tempels in Frankreich um 1307 von wenigstens 556 Ordenshäusern. Nachdem wahrscheinlich ein Großteil von Dokumenten im Laufe der Jahrhunderte verloren gegangen ist, kann man davon ausgehen, daß die Besitzungen noch weit zahlreicher waren. So soll der Orden nach seriösen Schätzungen zumindest 3200 Mitglieder gezählt haben, von denen lediglich etwa 350 dem ritterlichen Stand *(fratres milites)* angehörten. Da gemäß der Ordensregel jedem Ritter zwei bis drei Bewaffnete beigestellt waren, errechnet sich die Zahl von ungefähr 950 Knappen *(fratres armigeri)*. Die übrigen waren dienende Brüder, also Knechte und Handwerker *(fratres servientes famuli et officii)*.

Den Angaben der Inquisition zufolge wurden aber insgesamt nicht mehr als 620 Templer verhaftet, von denen höchstens 120 Ritterbrüder waren. Nicht wenige Forscher haben seither immer wieder – ohne Aussicht auf Erfolg – versucht, den Verbleib und das Schicksal jener übrigen 2580 Angehörigen des Templerordens zu ergrün-

den, die allein in Frankreich das Glück hatten, den Schergen König Philipps IV. zu entkommen.
Es gibt eine Menge Theorien, denen vorwiegend Volksmärchen oder Sagen aus der Zeit nach 1314 zugrunde liegen. Da die meisten davon jeglicher wissenschaftlichen Grundlage entbehren, ist es wenig sinnvoll, im Rahmen dieser Arbeit dazu Stellung zu nehmen. Zwei dieser Theorien scheinen jedoch unter gewissen Umständen durchaus geeignet, eine schlüssige Antwort auf jene bis heute noch unbeantwortete Frage zu geben.
Nach der Kernaussage eines in mehreren ähnlichen Varianten überlieferten Berichts erhielt ein gewisser Peter von Aumont, Ordenspräzeptor der Provinz Auvergne, der sich offenbar der Verhaftung entziehen konnte, von dem eingekerkerten Molay den Auftrag, den Orden unter allen Umständen weiterzuführen. Etwa um 1310 soll Aumont zusammen mit acht anderen flüchtigen Templern als Maurer verkleidet über Irland schließlich nach Schottland geflohen sein, wo er sich unter den Schutz seiner schottischen Ordensbrüder unter deren Präzeptor George Harris gestellt haben soll.
Dieser Erzählung zufolge wurde auf einem zu Johannis 1312 abgehaltenen Generalkapitel Aumont zum Großmeister gewählt, und die Versammelten entschieden, den Orden »auf ewige Zeit« fortzusetzen.[2] Zum Gedenken an ihre Flucht hätten die Templer beschlossen, Namen, Sitten und Gebräuche der Maurer anzunehmen. Nach dem Tod von Aumont soll George Harris an die Stelle seines Vorgängers getreten sein. Danach folgt eine Reihe namhafter Persönlichkeiten bis zur Mitte des 17. Jahrhunderts, unter anderem tauchen drei Nachkommen des besagten Aumont auf, die angeblich von 1504 bis 1592 die Großmeisterwürde innehatten.
Auffällig an dieser etwa Mitte des 18. Jahrhunderts präsentierten Geschichte ist der Umstand, daß für den leichter nachzuprüfenden Zeitraum der letzten 90 Jahre »geheime Meister« mit sonderbaren Phantasienamen wie zum Beispiel der »Ritter vom schwarzen Pferd« *(Eques ab Equo Nigro)* oder der »Ritter vom goldenen Löwen« *(Eques a Leone Aureo)* genannt werden.
Die Autoren, die – wie der kundige Leser vielleicht schon erraten hat – in den Reihen der schottischen Freimaurer zu suchen sind, können auf jeden Fall in einem konkreten Punkt widerlegt werden: Als dritter Großmeister wird nach Harris nämlich ein gewisser Sylvester von Grumbach angeführt. Bei diesem Mann, eine der wenigen historisch nachweisbaren Personen auf jener verdächtigen Liste von »geheimen Meistern«, handelt es sich um niemand

anderen als den Wildgraf von Salm, den Präzeptor der Komturei von Grumbach. Wegen seines fortgeschrittenen Alters legte dieser jedoch bereits 1305 seine Ämter nieder und beendete nach Aufhebung des Templerordens nachweislich sein Leben als angesehener Domkapitular in Mainz und ganz bestimmt nicht als »geheimer« Ordensmeister 1332 in Schottland.

Es steht außer Zweifel, daß zumindest ein guter Teil der Erzählung eine Erfindung aus dem Umfeld der Freimaurerei ist. Die Aumont-Geschichte wurde in der vorliegenden Form einzig und allein zu dem Zweck in Umlauf gebracht, um dieser zur Mitte des 18. Jahrhunderts sich stark ausdehnenden Bewegung den nötigen historischen Hintergrund zu verschaffen und gleichzeitig eine direkte Verbindung zum Templerorden herzustellen. Da in vielen Sagen auch immer ein Fünkchen Wahrheit verborgen liegt, wäre es unklug, diese Geschichte in vollem Umfang als Schwindel abzutun. Doch wollen wir uns erst einmal der zweiten Theorie zuwenden.

Ende März 1705 machte in den Salons von Paris ein aufsehenerregendes Gerücht die Runde: Der Templerorden – so wurde gemunkelt–, der ja seit nun fast 400 Jahren offiziell gar nicht mehr existierte, soll im königlichen Schloß zu Versailles ein Generalkapitel abgehalten haben. Die Verwirrung wurde nicht geringer, als bekannt wurde, daß dieser Konvent überdies Prinz Philipp, Herzog von Orléans – einen nahen Verwandten des »Sonnenkönigs« Ludwig XIV. – zum 41. Großmeister dieses Ordens gewählt hatte.

Bei jenem denkwürdigen Kapitel wurde die älteste Form *(archétype)* der Statuten revidiert und handschriftlich auf 27 Seiten aufgezeichnet. Dieses durch Unterschrift und Siegel von *Philippus Aurelianus* (Philipp von Orléans) bestätigte Dokument ist in einem originalen Kleinfolioband überliefert und befindet sich seit 1871 im Nationalarchiv in Paris.

Als eigentliche Hauptschrift des *Ordre du Temple* muß allerdings die *Tabula Aurea* oder *Charta Transmissionis* hervorgehoben werden, ein der Forschung schon lange unter der Bezeichnung »Charta des Larmenius« bekanntes Dokument aus dem Jahr 1324. In dieser Urkunde wird ein historisch sonst unbekannter Johann Marcus Larmenius als der von Molay bestimmte unmittelbare Nachfolger für das Amt des Großmeisters genannt. In den nächsten Jahrhunderten wurde besagte Charta von allen nachfolgenden Großmeistern unterfertigt.

Diese Urkunde gilt allgemein als plumpe Fälschung aus dem 18. Jahrhundert, mit deren Hilfe der 1705 an die Öffentlichkeit

getretene *Ordre du Temple* eine lückenlose Fortsetzung des 1312 aufgehobenen Ordens unter Einbindung illustrer historischer Persönlichkeiten als Großmeister in der Nachfolge Jakob von Molays – ähnlich der Aumont-Legende – zu konstruieren versuchte.
So wurde schon im ersten Drittel des 18. Jahrhunderts von Gegnern des *Ordre du Temple* das Gerücht in Umlauf gebracht, jenes Dokument sei von dem Jesuitenpater und Antiquar Bonani im Jahre 1711 gefälscht worden. Manchen Wissenschaftlern genügte diese zeitgenössische Behauptung als »eindeutiger Beweis« der Unechtheit. Sie übersahen dabei allerdings geflissentlich, daß die Charta bereits 1705 vorgelegt worden war – sechs Jahre vor dem Datum ihrer angeblichen Herstellung!
Auch in der gegenwärtigen Templerliteratur wird dieser Standpunkt weitgehend beibehalten, obwohl keine Berichte über Untersuchungen vorliegen, die dieses Dokument wissenschaftlich ein für allemal als Fälschung entlarven. Die einzige – vielen Forschern scheinbar nicht bekannte – seriöse Untersuchung fand 1911 in London statt, welche die bisherige »Lehrmeinung« zur Gänze widerlegte. Von besonderer Bedeutung ist der Umstand, daß der englische Historiker Frederick J. W. Crowe kein Angehöriger irgendeiner jener zahlreichen, zumeist erst in unserer Zeit entstandenen sogenannten »Templerorden« ist, die vergeblich nach ihren historischen Wurzeln suchen. Damit erscheint er absolut glaubwürdig und läuft auch nicht Gefahr, sich dem Vorwurf auszusetzen, bei seinen Analysen wäre »der Wunsch Vater des Gedankens gewesen«. Außerdem ließ er sicherheitshalber seine Forschungsergebnisse von dem über jeglichen Verdacht erhabenen Archivar der Manuskriptsammlung des Britischen Museums, Sir George Warner, nachprüfen und bestätigen. Die Charta des Jean Marc Larmenius ist demnach ohne jeden Zweifel keine Fälschung und somit das älteste im Original erhaltene Dokument des Templerordens nach seiner „offiziellen" Aufhebung im Jahre 1312. Diese Urkunde könnte somit das lang gesuchte Bindeglied sein – »the missing link« – zwischen dem alten Orden und der Zeit nach seiner Aufhebung. Der vollständige, auf Deutsch übersetzte Text der *Charta Transmissionis* lautet:
»*Ich, Bruder Jean Marc Larmenius von Jerusalem, durch die Gnade Gottes und durch den höchstgeheimen Erlaß des ehrwürdigen und allerheiligsten Märtyrers, dem obersten Meister der Ritterschaft vom Tempel (er sei geehrt und gepriesen), bestätigt durch das Generalkapitel der Brüder, ausgezeichnet mit der hohen Würde des Meisteramtes über den ganzen Orden vom Tempel, wün-*

sche allen, die dieses Dekret erhalten, Gesundheit, Gesundheit, Gesundheit.

Es wird kundgetan für jetzt und alle Zeit, da meine Kräfte wegen des hohen Alters und wegen der schwere Bürde meines Amtes und der damit verbundenen Tätigkeit schwinden, daß zur höchsten Ehre Gottes und zum Schutz und zur Sicherheit des Ordens, der Brüder und der Statuten, ich, der demütige Meister der Ritterschaft vom Tempel, mich entschlossen habe, das hohe Amt des Meisters stärkeren Händen anzuvertrauen.

Daher, mit der Hilfe Gottes und mit der Zustimmung des obersten Kapitels der Ritterschaft, habe ich dem herausragenden Komtur und meinem liebsten Bruder Franz Theobald von Alexandria die hohe Würde des Meisteramtes verliehen, zusammen mit der damit verbundenen Autorität und den Privilegien und mit der nötigen Macht, wenn es die Zeit oder die Umstände verlangen, das hohe Amt des Meisters der Ritterschaft vom Tempel an einen anderen Bruder zu übergeben, der eindeutig von edler Herkunft ist und über einen edlen Charakter verfügt, damit die Kontinuität des Amtes gewährleistet ist, die Nachfolge nicht unterbrochen und die Ordnung der Statuten nicht verändert wird. Ich befehle jedoch, daß das Amt des Meisters nicht ohne die Zustimmung des Generalkapitels des Tempels übertragen wird und daß das oberste Kapitel versammelt wird, und wenn das stattfindet, soll ein Nachfolger durch die Wahl der Ritter gewählt werden.

Aber damit die Funktionen des obersten Amtes nicht vernachlässigt werden, sollen jetzt und für alle Zeit vier Vikare vom obersten Meister bestimmt werden, die die höchste Autoriät über den ganzen Orden ausüben, außer aber über den obersten Meister; die Vikare sollten aus den Reihen der erfahrenen Brüder ihren Fähigkeiten entsprechend ausgewählt werden. Diese Vorschrift entspricht dem mir und den Mitbrüdern übergebenen Vermächtnis des oben erwähnten heiligen, ehrwürdigen und gesegneten Meisters, dem Märtyrer, er sei geehrt und gepriesen. Amen.

Mit der höchsten mir durch das Generalkapitel übertragenen Autorität befehle ich, daß die schottischen Templer, die den Orden verlassen haben, verdammt werden und daß sie wie auch die Brüder von St. Johannes zu Jerusalem, jene Verderber der Ritterschaft (der Herr sei ihr gnädig) außerhalb des Kreises des Tempels befindlich sein werden, für jetzt und alle Zeit.

Ich habe daher bestimmt, unseren Ordensbrüdern für jene falschen Brüder jetzt und für allezeit unbekannte Zeichen und Symbole auf

mündlichem Wege zu übermitteln, in der Art, wie ich es bereits dem Generalkapitel mitgeteilt habe.
Aber diese Symbole, die nur vor jenen Rittern enthüllt werden dürfen, die gemäß den Statuten, den Rechtsgrundlagen und den Überlieferungen der Ritterschaft vom Tempel angehören, wurden von mir jenem oben erwähnten herausragenden Komtur übersendet, so wie diese mir vom ehrwürdigen und allerheiligsten Meister, dem Märtyrer (er sei geehrt und gepriesen) in die Hände gelegt wurden. Es soll so sein, wie ich es gesagt habe, so sei es. Amen.
Ich, Jean Marc Larmenius habe dies kundgetan, 13.Febr.1324.«

Die ihrer Meinung nach jeden Irrtum ausschließende Echtheit der Charta begründen Frederick Crowe sowie Sir George Warner mit folgenden Argumenten:
Das vom Verfasser in lateinischer Sprache geschriebene Dokument weist umgangssprachliche Eigenheiten auf, wie sie nur zu Beginn des 14. Jahrhunderts gebräuchlich waren, und entspricht exakt dem zu jener Zeit bei Dokumenten dieser Art allgemein üblichen Stil mit all seinen Redewendungen und Fehlern.
Larmenius wurde in Übereinstimmung auf der Grundlage der althergebrachten Ordenstraditon mit dem Konsens des Generalkapitels zum Großmeister ernannt.
Die Ernennung von vier Vikaren sowie eine Erweiterung der Regeln lassen sich durch die auf Grund der vorangegangenen Ereignisse mit Sicherheit entstandenen Verwirrung im Orden – oder in dem, was von ihm zu dieser Zeit noch übrig war – erklären. Vor allem aber dürften die vier Vikare unter anderem als »oberster Rat« vorgesehen worden sein, der bei unvorhersehbaren Situationen die Weiterführung der Ordensgeschäfte bis zu einem gewissen Grad gewährleisten sollte.
Selbst die auf den ersten Blick als unwesentlich erscheinende Gegebenheit, daß Bertrand Duguesclin, einer der späteren Großmeister im Laufe des 14. Jahrhunderts, ein Kreuz hinter seinem Namen auf der Liste setzte, erkennt Crowe einen deutlichen Hinweis auf die Originalität des Dokuments. Denn der Namenszug ist keine eigenhändige Unterschrift, sondern wurde – wie es damals allgemein der Brauch war – von einem schreibkundigen Sekretär in Blockbuchstaben eingesetzt. Das Kreuz ist somit lediglich das Handzeichen Duguesclins. Bis ins 17. Jahrhundert waren nämlich viele Adelige Analphabeten.

Charta Transmissionis

V. D.  S. A.

EGO Frater Johannes-Marcus Larmenius, Hierosolymitanus, Dei gratia et Secretissimo Venerandi sanctissimique Martyris, Supremi Templi Militiæ Magistri (cui honos et gloria) decreto, communi Fratrum Consilio confirmato, super universum Templi Ordinem Summo et Supremo Magisterio insignitus, singulis has decretales litteras visuris salutem, salutem, salutem.

Notum sit omnibus tam præsentibus quam futuris, quod, deficientibus, propter extremam ætatem, viribus, rerum angustia et gubernaculi gravitate perpensis, ad majorem Dei gloriam, Ordinis, Fratrum et Statutorum tutelam et salutem ego, supra dictus, humilis Magister Militiæ Templi, inter validiores manus Supremum statuerim deponere Magisterium.

Idcirco, Deo juvante, unoque Supremi Conventus Equitum consensu, apud eminentem Commendatorem et carissimum Fratrem, Franciscum-Thomam-Theobaldum Alexandrinum, Supremum Ordinis Templi Magisterium, auctoritatem et privilegia contuli, et hoc præsenti decreto pro vita confero, cum potestate, secundum temporis et rerum leges, Fratri alteri, institutionis et ingenii nobilitate morumque honestate præstantissimo, Summum et Supremum Ordinis Templi Magisterium summamque auctoritatem conferendi. Quod sic, ad perpetuitatem Magisterii, successorum non intersectam seriem et Statutorum integritatem tuendas. Jubeo tamen ut non transmitti possit Magisterium, sine commilitonum Templi Conventus Generalis consensu, quoties colligi voluerit Supremus iste Conventus; et, rebus ita sese habentibus, successor ad nutum Equitum eligatur.

Ne autem languescant Supremi Officii munera, sint nunc et perenniter quatuor Supremi Magistri Vicarii, supremam potestatem, eminentiam et auctoritatem, super universum Ordinem, salvo jure Supremi Magistri, habentes; qui Vicarii Magistri apud seniores secundum professionis seriem, eligantur. Quod Statutum e commendato mihi et Fratribus voto sacrosancti supra dicti Venerandi Beatissimique Magistri nostri, Martyris (cui honos et gloria) Amen.

Ego denique, Fratrum Supremi Conventus decreto, e suprema mihi commissa auctoritate, Scotos Templarios Ordinis desertores, anathemate percussos, illosque et Fratres Sancti Johannis Hierosolymæ, dominiorum Militiæ spoliatores (quibus apud Deum misericordia) extra girum Templi, nunc et in futurum, volo, dico et jubeo.

Signa, ideo, pseudo-Fratribus ignota et ignoscenda constitui, ore commilitonibus tradenda, et quo, in Supremo Conventu, jam tradere modo placuit.

Quæ vero signa tantummodo pateant post debitam professionem et equestrem consecrationem, secundum Templi commilitonum Statuta, ritus et usus, supra dicto eminenti Commendatori a me transmissa, sicut a Venerando et Sanctissimo Martyre Magistro (cui honos et gloria) in meas manus habui tradita. Fiat sicut dixi. Fiat. Amen.

Ego Johannes-Marcus Larmenius dedi, die decima tertia februarii 1324.

Ego Franciscus-Thomas-Theobaldus Alexandrinus, Deo juvante, Supremum Magisterium acceptum habeo, 1324.

Ego Arnulphus De Braque, Deo juvante, Supremum Magisterium acceptum habeo, 1340.

Ego Johannes Claromontanus, Deo juvante, Supremum Magisterium acceptum habeo, 1349.

Ego Bertrandus Duguesclin, Deo juvante, Supremum Magisterium acceptum habeo, 1357.

Ego Johannes Arminiacus, Deo juvante, Supremum Magisterium acceptum habeo, 1381.

Ego Bernardus Arminiacus, Deo juvante, Supremum Magisterium acceptum habeo, 1392.

Ego Johannes Arminiacus, Deo juvante, Supremum Magisterium acceptum habeo, 1419.

Ego Johannes Croyus Deo juvante, Supremum Magisterium acceptum habeo, 1451.

Ego Robertus Lenoncurtius, Deo juvante, Supremum Magisterium acceptum habeo, 1478.

Ego Galeatius de Salazar, Deo juvante, Supremum Magisterium acceptum habeo, 1497.

Ego Philippus Chabotius, Deo juvante, Supremum Magisterium acceptum habeo, 1516.

Ego Gaspardus De Salciaco, Tavannensis, Deo juvante, Supremum Magisterium acceptum habeo, 1544.

Ego Henricus De Monte Morenciaco, Deo juvante, Supremum Magisterium acceptum habeo, 1574.

Ego Carolus Valesius, Deo juvante, Supremum Magisterium acceptum habeo, 1615.

Ego Jacobus Ruxellius de Grancio, Deo juvante, Supremum Magisterium acceptum habeo, 1651.

Ego Jacobus-Henricus De Duro Forti, dux de Duras, Deo juvante, Supremum Magisterium acceptum habeo, 1681.

Ego Philippus, dux Aurelianensis, Deo juvante, Supremum Magisterium acceptum habeo, 1705.

Ego Ludovicus-Augustus Borbonius, dux du Maine, Deo juvante, Supremum Magisterium acceptum habeo, 1724.

Ego Ludovicus-Henricus Borbonius-Condæus, Deo juvante, Supremum Magisterium acceptum habeo, 1737.

Ego Ludovicus-Franciscus Borbonius-Conty, Deo juvante, Supremum Magisterium acceptum habeo, 1741.

Ego Ludovicus-Hercules-Timoleo de Cossé-Brissac, Deo juvante, Supremum Magisterium acceptum habeo, 1776.

Ego Claudius-Mathæus Radix de Chevillon, Templi senior Vicarius Magistri, adstantibus Fratribus Prospero-Maria-Petro-Michaele Charpentier de Saintot, Bernardo-Raymundo Fabre-Palaprat, Templi Vicariis Magistris, et Johanne-Baptista-Augusto de Courchant, Supremo Præceptore, hasce litteras decretales a Ludovico-Hercule-Timoleone de Cossé-Brissac, supremo Magistro, in temporibus infaustis mihi depositas, Fratri Jacobo-Philippo Ledru, Templi seniori Vicario Magistro tradidi, ut istæ litteræ, in tempore opportuno, ad perpetuam Ordinis nostri memoriam, juxta ritum (voyez le Rituel lévitique) Orientalem, vigeant: Die decima junii 1804.

Ego Bernardus-Raymundus Fabre-Palaprat, Deo juvante, Supremum Magisterium acceptum habeo: Die quarta novembris 1804.

Bertrand Duguesclin

Einige Namen sind mit Gewißheit Pseudonyme, wie etwa bei Larmenius selbst und seinem ersten Nachfolger Franz Theobald von Alexandria – wohl zum Schutz der eigenen Identität vor Verfolgung und Entdeckung, die noch im 17. Jahrhundert den sicheren Tod zur Folge gehabt hätte.
Die Charta wurde – wohl aus Gründen der Sicherheit – in verschlüsselter Form verfaßt. Die Verschlüsselung erfolgte auf geradezu geniale Art und Weise mittels Anwendung der Geometrie des *croix pattée,* des Tatzenkreuzes. Diese symbolische Geometrie liefert den Schlüssel, das Dokument überhaupt erst lesen zu können. Es ist erwiesen, daß diese Form der Verschlüsselung etwa zur selben Zeit – am Ende des 13. und zu Beginn des 14. Jahrhunderts – ebenfalls

auch außerhalb Frankreichs im Orden, unter anderem im Templer-Großpriorat Schottland, bei besonders bedeutenden Urkunden angewandt wurde.
Aus historischer Sicht – so Crowe und Warner – ergibt der Bann gegen die schottischen Templer und gegen die Johanniter nur vor dem Hintergrund der prekären Situation zu Beginn des 14. Jahrhunderts einen Sinn. Dagegen wäre ein im 18. Jahrhundert ausgesprochenes Verdikt völlig bedeutungslos, wenn nicht sogar unsinnig gewesen.
Unter diesem Aspekt erscheint auch die Aumont-Legende – zumindest in ihren Anfängen – in einem völlig anderen Licht. Gehen wir von der Annahme aus, daß es Jakob von Molay während seiner fast sieben Jahre währenden Inhaftierung tatsächlich gelang, Kontakte zu einigen auf freiem Fuß befindlichen Vertrauensleuten und rechtzeitig untergetauchten Templern herzustellen. Vielleicht erteilte er in dieser Zeit mehreren Ordensbrüdern die Anweisung, den Orden weiterzuführen, in der vagen Hoffnung, daß wenigstens einer davon seinen schwierigen Auftrag erfüllen möge. Denn die Gefahr, von den allgegenwärtigen Schergen des Königs entdeckt zu werden, war eminent.
Wir können nicht ausschließen, daß Molay sowohl Aumont als auch Larmenius getrennt voneinander veranlaßte, den Orden fortzusetzen. In der Folge versuchten dann beide – der eine in Schottland und der andere in Frankreich –, die versprengten Reste des Ordens zu sammeln. Der vielleicht daraus resultierende Interessenkonflikt über die Rechtmäßigkeit der Nachfolge findet in der Charta mit dem Verdikt des Larmenius gegen die schottischen Templer seinen Niederschlag.
Bei näherer Betrachtung der dem Larmenius nachfolgenden Großmeister fällt auf, daß außer Franz Theobald von Alexandria sämtliche Namen historisch nachweisbaren Persönlichkeiten entsprechen; sie hatten mehrheitlich in der Geschichte des spätmittelalterlichen Frankreichs herausragende Funktionen inne: allen voran Bertrand Duguesclin, Graf von Longueville (Großmeister von 1357–1380), der als Marschall von Frankreich in zahlreichen Schlachten im Hundertjährigen Krieg gegen die englischen Heere Eduards III. sowie seines Sohnes Edward, Prinz von Wales, dem berühmten »Schwarzen Prinzen«, erfolgreich blieb.
Besondere Aufmerksamkeit verdient jedoch Robert Lenoncourt von Lothringen (Großmeister von 1478–1497), Zisterzienserabt, Erzbischof von Tours und später von Reims, ein Mann, dem für die

Verifizierung der Charta eine außerordentliche Bedeutung zukommt. Ein Fälscher nämlich würde mit Sicherheit einen hohen kirchlichen Würdenträger ausgesucht haben, der das Großmeisteramt – wie normalerweise üblich – auf Lebenszeit ausgeübt hätte. Lenoncourt hingegen legte dieses Amt zum Zeitpunkt seiner Berufung zum Erzbischof von Reims im Jahre 1497 nieder. In dieser Funktion krönte er 1508 Franz I. zum König von Frankreich.
Die wichtigsten Beweise für die Echtheit der Charta liefern jedoch die ersten vier aus dem Hause Bourbon stammenden Großmeister nach 1705, allen voran Philipp von Orléans, der nach dem Tod Ludwigs XIV. von 1715–1723 als Regent für den minderjährigen Ludwig XV. die Staatsgeschäfte in Frankreich führte. Aus welchem Beweggrund sollte sich der Souverän der mächtigsten Nation Europas erniedrigen, um sich einer dubiosen Gesellschaft anzuschließen, die zum Nachweis ihrer historischen Legitimation in sichtlich betrügerischer Art und Weise auf eine gefälschte Urkunde zurückgreifen mußte?
Eine Persönlichkeit von diesem Range konnte es sich weder aus politischen noch aus gesellschaftlichen Gründen leisten, Mitglied in einem Orden zu sein, der in Wirklichkeit vielleicht gar keiner war. Allein der Eintritt des Herzogs von Orléans in den *Ordre du Temple* ist eine mehr als ausreichende Bestätigung für die Rechtmäßigkeit dieser Organisation. Die Annahme der Großmeisterwürde durch den Souverän hingegen kommt einer staatlichen Anerkennung gleich.
Es läßt sich nun auch erklären, warum der Orden erst 1705 an die Öffentlichkeit trat und nicht schon viel früher. Erst mit dem Herzog von Orléans und späteren Regenten Frankreichs als Großmeister drohte dem Orden von staatlicher Seite her keine Gefahr mehr. Er war fortan für die Staatsgewalt praktisch unangreifbar.
Doch gewiß ist dieser *Ordre du Temple* aus rechtlicher Sicht nicht mehr ohne weiteres mit dem alten, 1312 aufgelösten Orden gleichzusetzen. Der alte Orden war eine seit 1128 vom Heiligen Stuhl anerkannte monastische Institution nach kanonischem Recht. Durch das Papstdekret vom 3. April 1312 wurde diese Ordensgemeinschaft »nicht aus Rechtsgründen *(de iure)*, sondern aus fürsorglicher Rücksicht auf das allgemeine Wohl und mittels päpstlicher Verordnung« aufgehoben oder – besser gesagt – unterdrückt.
Die Voraussetzung für eine Verurteilung nach kanonischem Recht war demnach nicht gegeben, da ein Konzilsbeschluß fehlte. Der Papst handelte aus eigener Machtvollkommenheit, denn er fügte

seiner Entscheidung folgende Klausel hinzu: *Ideo Papa Clemens in bulla sua, condemnatoria Ordinis, ad jecit hanc clausulam: Quanquam de iure non possumus, tamen ad plenitudo potestatis dictum Ordinem reprobamus.*
Die Reste des Ordens, der sich nach 1314 im Untergrund wenigstens zum Teil wieder sammeln konnte, können allerdings nach kirchlichem Recht nicht mehr als Orden angesehen werden – selbst dann nicht, wenn Larmenius und seine Mitbrüder auch vor der Aufhebung in den damals noch existierenden Orden aufgenommen wurden. *De facto* aber existierten die Templer – wie wir hinlänglich festgestellt haben – weiter. Am ehesten kann die Situation mit einem etwas hinkenden Vergleich definiert werden: Ein in Konkurs gegangenes Großunternehmen wird von einigen ehemaligen Miteigentümern mittels einer Auffanggesellschaft in einer anderen Rechtsform fortgesetzt. Es ist anzunehmen, daß sich die versprengten und über die Ungerechtigkeit der Welt verbitterten Templer gerade wegen ihres gemeinsamen Schicksals einander brüderlich verbunden fühlten. Denn ein ehemals mächtiger Orden wie der Tempel war nicht irgendeine, auf losen Bindungen aufgebaute Vereinigung. Auch bot diese der gegenseitigen Unterstützung dienende Gemeinschaft dem einzelnen besseren Schutz vor Verfolgung. Vielleicht erhoffte in den ersten Jahren so mancher eine baldige Rehabilitierung des Tempels im Rahmen eines neuen Kreuzzugs. Doch nichts dergleichen geschah.
Über die Zeit bis 1705 liegen keine wissenschaftlich verwertbaren Anhaltspunkte über eine allfällige Tätigkeit des Ordens vor. Die Forschung ist in dieser Frage ausschließlich auf Spekulationen angewiesen. Die ununterbrochene Liste der Großmeister liefert den zur Zeit vielleicht einzigen Hinweis.
Bei einer Analyse der Biographien jener Namen entsteht beim aufmerksamen Leser unwillkürlich der Eindruck, daß sich aus der Selbsthilfeorganisation von 1314 im Laufe der Jahre eine offenbar nur den ersten Familien vorbehaltene solide Geheimgesellschaft entwickelte. Fast sämtliche in der Charta angeführten Persönlichkeiten hatten erwiesenermaßen in irgendeiner Form – direkt oder indirekt – Einfluß auf die Staatsgeschäfte. Daß dieser Einfluß – offenbar in Fortsetzung bester Templertradition – kein allzu schlechter gewesen sein konnte, zeigt uns der Aufschwung Frankreichs zur kulturell und politisch dominierenden Großmacht.
1705 präsentiert sich der Templerorden offiziell als Laienritterorden, der aber ungebrochen an die alte Tradidtion anknüpft.

ORDRE 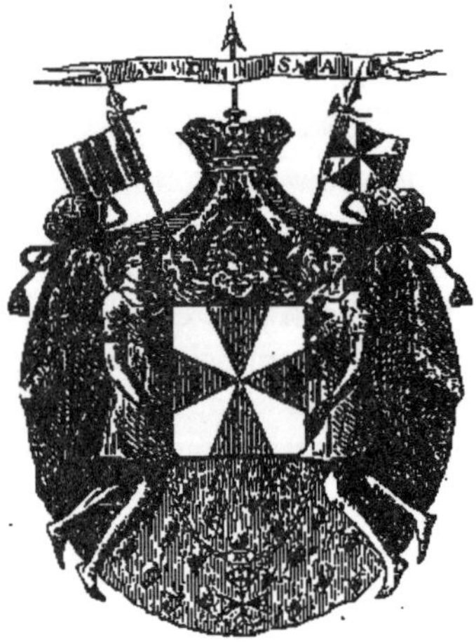 DU TEMPLE.

STATUTS

DES CHEVALIERS DE L'ORDRE DU TEMPLE,

FORMÉS DES RÉGLES SANCTIONNÉES DANS LES CONVENTS-GÉNÉRAUX
ET RÉDIGÉS EN UN SEUL CODE,
PAR LE CONVENT-GÉNÉRAL DE *VERSAILLES*, L'AN 586 (1705).

A. M. D. G.

PHILIPPE, Grand-Maître de la Milice du Temple; Jean-Hercule d'Afrique, Lieutenant-Général; François-Louis-Léopold d'Europe, Lieutenant-Général; Marie-Louis d'Amérique, Lieutenant-Général; Henri d'Asie, Lieutenant-Général,

Par la grâce de Dieu et les suffrages de Nos Frères, Princes Souverains de l'Ordre,

A tous ceux qui ces présentes verront, SALUT, SALUT, SALUT.

Le Convent-Général des Chevaliers du Temple, tenu à Versailles, le vingt-neuf de la Lune d'Adar, l'an de l'Ordre, cinq cent quatre-ving-six, a réuni les présentes Règles pour en former les Statuts de l'Ordre.

Die Statuten von 1705

So lauten Ausschnitte der von einem Postulanten bei seiner Investitur zu leistende Eid: »...ich gelobe, mich den Regeln unseres seligen Vaters Bernhard unterzuordnen (...), die Pilger im Heiligen Land zu schützen, all jenen Trost zu spenden und zu helfen, die für die Sache des Kreuzes in Gefangenenschaft geraten sind, und denen die krank, schwach (...) sind. (...) ich gelobe, die Ungläubigen und die Gottlosen zu bekämpfen mit meinem Beispiel, durch Tugendhaftigkeit, gute Werke und überzeugende Worte; aber mit dem Schwert für das Kreuz gegen jene Ungläubigen und Gottlosen zu streiten, die ihrerseits mit dem Schwert in der Hand gekommen sind, um gegen das Kreuz zu kämpfen.«

Nach dem Tod des Herzogs von Bourbon 1723 folgen drei weitere Prinzen als Großmeister: Ludwig-August von Bourbon, Herzog von Maine (1724–1737), Ludwig-Heinrich von Bourbon, Prinz von Condé (1737–1740), und Ludwig-Franz von Bourbon, Prinz von Conty (1741–1776).

Im Jahre 1754 beschließt der im Kolleg der Jesuiten zu Clermont abgehaltene Konvent, künftige Mitglieder nach Möglichkeit aus den höchsten Kreisen der Aristokratie zu rekrutieren sowie den ritterlichen Geist des Ordens im Sinne der vier Generaltugenden Erkenntniskraft *(prudentia),* Tapferkeit *(fortitudo),* Bescheidenheit *(modestas)* und Gerechtigkeit *(iustitia)* auf immer und ewig zu bewahren.

Nach dem Tod von Ludwig-Franz von Bourbon wird 1776 Louis-Hercules-Timoléon von Cossé, Herzog von Brissac, zum Großmeister gewählt. Ein Konvent der drei Ordensprovinzen Frankreichs entscheidet 1778 in Lyon, neben dem bisherigen Ordensnamen *Ordre du Temple* zusätzlich die Bezeichnung *Chevaliers Bienfaisants de Temple de la Cité Sainte* (»Die wohltätigen Ritter der Heiligen Stadt«) zu führen. Gleichfalls werden die Ordenszielsetzungen mit *servir le Christ et édifier le Temple de la Jérusalem céleste* (Christus zu dienen und den Tempel des himmlischen Jerusalems wiederzurichten) in Anlehnung an die Mystik Bernhards definiert.

Nach Beginn der Französischen Revolution übergibt er in weiser Voraussicht das Ordensarchiv sowie die Larmenius-Charta an Claude Mathieu Radix von Chevillon. 1792 wird Cosse-Brissac durch die Guillotine enthauptet. Chevillon der nicht – wie Brissac – dem Hochadel angehörte, gelingt es, den Orden trotz Krankheit und hohen Alters als Regent durch die Wirren der Revolution zu führen.

Nach dieser schweren Krisenzeit erlebt der Orden zu Beginn des 19. Jahrhunderts durch den Beitritt zahlreicher prominenter Persönlichkeiten – auch aus dem bürgerlichen Lager – einen neuen Aufschwung. Einer von diesen, Bernard-Raymond Fabré-Palaprat, wird 1804 zum Großmeister gewählt und sollte die Geschicke des Ordens die nächsten Jahrzehnte nachhaltig beeinflussen.
Auf Grund eines von François Raynouard verfaßten Theaterstücks über den Untergang des »alten« Ordens beginnt sich Kaiser Napoleon I. für die Hintergründe des Prozesses zu interessieren. 1805 läßt er viele Akten des Prozesses gegen die Templer aus dem Vatikan nach Paris bringen und eine Kommission von Experten einsetzen, welche die Unschuld des »alten« Ordens feststellt. Unter anderem wird mittels dieser Dokumente eindeutig bewiesen, daß der Orden niemals mit Magie, Hexerei oder ähnlichem zu tun hatte.
Obwohl Bonapartes Standpunkt das Vorgehen Philipps IV. bis zu einem gewissen Grad rechtfertigt, »...politische Tragödien treten ein, nicht weil Politiker Verbrechen begehen, sondern weil sie durch die politische Notwendigkeit oder die Natur der Umstände zum Handeln gezwungen werden...«, rehabilitiert er in der Folge den *Ordre du Temple* und erkennt ihm wieder den während der Revolution aberkannten Adelsstatus zu.
Fabré-Palaprat, Theologe und Arzt, wird wegen persönlicher Tapferkeit sowie seiner außerordentlichen Verdienste in der medizinischen Betreuung von Verwundeten während der Revolution mit höchsten Auszeichnungen geehrt.[3] Dank seiner dynamischen Führung expandiert der Templerorden innerhalb weniger Jahre über die Grenzen Frankreichs hinaus.
Persönlichkeiten wie der Kaiser von Brasilien, Prinz August von Württemberg, Fitz-Gerald, Herzog von Leinster, der Herzog von Sussex, der Herzog von Montmorency und andere treten in den Orden ein. Da sich unter den neu aufgenommenen Mitgliedern auch zahlreiche Freimaurer verschiedener Obödienzen befinden, tritt 1811 der *Grand Orient* sowie das *Directoire des Rites* an den Orden heran, sich zu legitimieren.
Eine Delegation des Templerordens erklärt daufhin, daß sie »die Obödienzen der Freimaurerei grundsätzlich nicht anerkennen könne, da der Templerorden mit der Freimaurerei überhaupt nichts zu tun habe«. Sie verweigern daher jede weitere Erklärung. Auf diese Weise vollzieht der *Ordre du Temple* formell einen klaren Trennungsstrich zwischen dem Templerorden und der »schottischen

Maurerei«, die stets auf einen Zusammenschluß zwischen Tempel und Loge bedacht war.
Im selben Jahr präsentiert die Ordensführung eine Neufassung der Statuten und setzt Magistrale Legaten in den Vereinigten Staaten, in der Schweiz, in Rußland, Spanien, Italien, Portugal, Deutschland und Griechenland ein.
Doch nicht alle Aktivitäten des Fabré-Palaprat gereichen dem Orden zum Vorteil. Als Begründer und geistliches Oberhaupt der sogenannten »Johanneischen Urkirche« stößt er auf den hartnäckigen Widerstand der katholischen Mehrheit im Orden. Ein deswegen 1813 einberufenes Generalkapitel zwingt ihn schließlich zum Rücktritt und bestimmt Charles-Antoine Graf von Choiseul zum Regenten. Kurze Zeit später übernimmt Charles-Louis Le Peltier, Graf von Aunay, die Regentschaft über den Orden.
Nach der Wiedereinsetzung der Bourbonen im Jahre 1814 bestätigt der aus dem Exil nach Frankreich zurückgekehrte König Ludwig XVIII. das königliche Protektorat über den *Ordre du Temple*. Es folgen die Gründungen von Prioraten unter anderem in Großbritannien, Deutschland, Belgien, Schweiz, Italien, Schweden, Griechenland, Brasilien, Nordafrika, Haiti, Indien und in den USA. Für das außerordentliche Engagement des Tempels im Unabhängigkeitskampf gegen die Türken wird dem Orden von Griechenland sogar diplomatischer Status zuerkannt.
Im Jahre 1825 wird von dem Verleger Guzot in Paris das »Handbuch für die Ritterschaft vom Tempel« herausgegeben, worin nachgewiesen wird, daß der Orden nichts mit der Freimaurerei gemein hat und sich stets von ihr distanzierte. Außerdem bestätigt Guzot unter Berufung auf authentische Dokumente die fortlaufende Existenz des Ordens.
Um einer drohenden Spaltung entgegenzuwirken, legt schließlich der Graf von Aunay im Interesse des Ordens 1827 die Regentschaft nieder. Auf das vehemente Betreiben seiner Anhänger wird der 1826 wegen seines unermüdlichen humanitären Einsatzes zum Präsidenten der *Société Royale académique de Sciences* gewählte Fabré-Palaprat ohne Widerspruch der Opposition erneut Großmeister.
Doch gelingt es ihm auch in seiner zweiten Amtszeit nicht, seine religiösen Vorstellungen innerhalb des Ordens durchzusetzen, da die Mehrheit nicht bereit ist, sich vom »rechtmäßigen« katholischen Glauben zu distanzieren. Die ständigen Auseinandersetzungen führen schließlich im Jahre 1836 zu der Einsetzung einer

Admiral Sir William Sidney Smith, G.C.B
Admiral of the Red
Grand Cross of the Order of the Bath
Grand Master of the Order of the Temple
Born 21 July 1764
Died 16 May 1840

Grabesinschrift

Exekutivkommission, die sich unter der Leitung des Herzogs von Choiseul mit der Wiederherstellung der ursprünglichen katholischen Verfassung befaßt und gleichzeitig eine Generalrevision der Statuten ausarbeitet.
Nachdem sich der gesundheitlich schwer angeschlagene Fabré-Palaprat in seine Heimat nach Südfrankreich zurückgezogen hat, wo er bald danach verstirbt, findet im Frühjahr 1838 ein Generalkonvent statt, der Charles-Antoine Herzog von Choiseul zum Regenten bestimmt. In eindrucksvoller Weise legt der Orden bei diesem Konvent ein Bekenntnis zum katholischen, apostolischen Glauben ab. Eine dementsprechende Erklärung dokumentiert die Wiederherstellung der alten Ordenstradition und die Treue zur römischen Amtskirche.

Nach dem Tod von Choiseul übernimmt Charles-Fortune-Jules Guigues, Graf von Morèton und Chabrillan, die Regentschaft bis zur Wahl von Sir William Sidney Smith zum Großmeister 1839. Smith, Admiral und britischer Seeheld aus der Zeit der Napoleonischen Kriege, kam bereits vor der Jahrhundertwende mit der Geschichte des Templerordens in Berührung – allerdings unfreiwillig. Er fiel 1796 in französische Kriegsgefangenschaft und wurde zwei Jahre lang im *Temple* zu Paris interniert. Nach seiner Freilassung erhielt er ein Kommando als Stationskommandant in Konstantinopel. Aus Eigeninitiative griff er wenig später das Expeditionskorps Bonapartes in Syrien an und zerstörte den Großteil der französischen Flotte vor Akko.

Der Aufenthalt im Heiligen Land erweckte offenbar sein Interesse am Templerorden, denn nach dem endgültigen Friedensschluß mit Frankreich 1815 entschied er, seinen Wohnsitz nach Paris zu verlegen, um sich dem *Ordre du Temple* anzuschließen.

Es gelingt Smith während seiner kurzen, jedoch außerordentlich effektiven Amtszeit nicht nur die durch Fabré-Palaprat hervorgerufene Spaltung im Orden zu überwinden, sondern auch nachhaltige Reformen im organisatorischen Bereich durchzuführen. Dank des international hohen Ansehens seines Großmeisters erreicht der *Ordre du Temple* seine größte Ausdehnung seit dem Mittelalter: Der Orden verfügt 1840 weltweit über insgesamt 78 Priorate, 154 Balleien und 224 Komtureien.

Doch ist der durch Fabré-Palaprats religiöse Ideen angerichtete Schaden nicht mehr ohne weiteres rückgängig zu machen. Da nach Smiths Tod die alten Gegensätze zwischen den Anhängern der Johanneischen Kirche und den Katholiken wieder aufbrechen, ziehen es einige Priorate wegen der in Frankreich geführten Debatte vor, ihren eigenen Weg zu beschreiten. In der Hoffnung, die Einheit des Ordens wiederherstellen zu können, sendet der nach Admiral Smith eingesetzte Regent Jean-Marie Raoul im März 1845 den Prinzen von Chimay als Magistralen Legaten nach Rom, um mit dem Heiligen Stuhl über die Bedingungen für eine Wiederanerkennung zu verhandeln.

Papst Gregor XVI. empfängt den Legaten, läßt ihn aber wissen, er könne den Orden nur unter der Bedingung anerkennen, daß sämtliche Ordensangehörigen den römisch-katholischen Glauben annähmen. Vielleicht hat Rom insgeheim damit gerechnet, daß die Templer die bis zum heutigen Tage historisch einmalige Gelegenheit nicht würden nützen können – denn die päpstliche

conditio sine qua non ist zu diesem Zeitpunkt innerhalb des Ordens ganz einfach nicht mehr durchsetzbar. Bereits seit der Jahrhundertwende expandierte der *Ordre du Temple* sehr stark in mehreren nichtkatholischen Ländern wie Schweden, Großbritannien oder den Vereinigten Staaten. Die Mitglieder in diesen Prioraten sind zum überwiegenden Teil Protestanten und nicht bereit, ihre Konfession als Preis für eine Anerkennung ihres Ordens aufzugeben.
Trotz dieser internen Schwierigkeiten wird der Status des Ordens von Kaiser Napoleon III. offiziell bestätigt und durch das Dekret vom 18. Juli 1853 von nun an als *Ordo Supremus Militaris Templi Hierosolymitani* (OSMTH) anerkannt.
Im August 1871 übergibt der Regent Dr. A. G. H. Vernois Teile des Ordensarchivs – unter anderem die Charta des Larmenius, die Originalstatuten von 1705 sowie zahlreiche wertvolle Dokumente und alte Siegel – in Paris an den Direktor des Nationalarchivs von Frankreich, M. Maury.[3] Der Orden hat in späterer Zeit an der Vorgangsweise des Dr. Vernois immer wieder Kritik geübt, da er ohne vorausgehenden Beschluß eines Generalkapitels die wichtigsten ordenseigenen Dokumente angeblich »geheim« und ohne schriftliche Übernahmebestätigung – lediglich mittels mündlicher Absprache *in verbis* – dem Nationalarchiv überlassen hat. Man übersieht hier offensichtlich in Ermangelung historischer Kenntnisse, daß Dr. Vernois wegen der unmittelbar nach dem verlorenen Krieg 1870/71 von der »Pariser Kommune« hervorgerufenen anarchischen Zustände aller Wahrscheinlichkeit nach gezwungen war, die wertvollen Dokumente auf kürzestem Weg in Sicherheit zu bringen.
Auf Grund der unterschiedlichen nationalen Interessen beschließt der Generalkonvent von 1894 in Brüssel, mangels Einigung auf einen Großmeister oder Regenten, die künftige Führung des Ordens einem internationalen Sekretariat *(Secrétariat International des Templiers)* mit magistralen Rechten anzuvertrauen. Dieses internationale Sekretariat übergibt 1934 seine Verantwortung an einen gewählten *Conseil de Régence*, bestehend aus sechs hohen Würdenträgern des Ordens. Dieser Rat wiederum wählt kurze Zeit später aus seinem Kreis Theodore Covias zum Regenten.
In seinem Amt folgt ihm 1935 Emile Clement J. I. Vandenberg. Bedingt durch die Kriegseinwirkungen und die Besetzung Belgiens 1940, übergibt Vandenberg aus Sicherheitsgründen das Archiv und sämtliche Dokumente über die Botschaft des neutralen Portugal

an dessen Großprior, Dom Antonio Campello Pinto de Sousa Fontes. Um den Fortbestand des Ordens zu gewährleisten, tritt Vandenberg 1942 schließlich als Regent zurück und überträgt Dom Antonio Campello Pinto de Sousa-Fontes mit magistralem Dekret vom 23.Dezember 1942 die Regentschaft sowie die Leitung des Ordens »mit allen Rechten, Pflichten und Privilegien« des *Magnum Magisteriums.* Der Sitz des Templerordens ist seither Porto in Portugal.

Im Jahre 1960 wird Dom Fernando Pinto Pereira de Sousa Fontes, Großprior von Portugal, zum Regenten ernannt. Der Orden unterhält mittlerweile in fast allen europäischen Ländern sowie in Nord- und Südamerika und in Australien eigene Priorate.

Der in Venedig im Exil lebende König von Jugoslawien, Peter II., übernimmt am 6. April 1964 das königliche Protektorat über das Großpriorat der Vereinigten Staaten. Das Dekret hat folgenden Inhalt:

»Now therefore, we bestow by these presents our Royal Patronage upon The Sovereign Military Order of the Temple of Jerusalem and our grace and favor upon the person of Chevalier Grand Cross Crolian William Edelen, Grand Prior of the said Order in the United States of America.«

Nach dem Tod von Peter II. im Jahre 1970 bleibt diese Funktion bis zum heutigen Tage unbesetzt. Per magistralem Edikt wird vom Regenten 1970 der »Erste Generalkonvent des 20. Jahrhunderts« einberufen. Im Rahmen dieses Kapitels finden insgesamt drei Sitzungsperioden statt: Paris 1970, Chicago 1971 sowie Tomar in Portugal 1973. Zu den bedeutendsten Beschlüssen dieses Kapitels kann die Abänderung des Begriffes »katholisch« in »christlich« angesehen werden. Grundvoraussetzung für die Mitgliedschaft im Templerorden ist der beglaubigte Nachweis zu einer anerkannten christlichen Konfession. Von nun an ist der ökumenische Charakter des Ordens auch in den Statuten festgeschrieben.

Im Rahmen eines internationalen Ordenskapitels übernimmt das Oberhaupt der mit Rom unierten griechisch-katholischen Kirche, Seine Seligkeit Maximos V. Hakim, Patriarch von Antiochia, dem ganzen Orient, von Alexandria und Jerusalem, am 22. September 1990 in der Basilika von St. Gereon zu Köln das geistliche Protektorat. Mit dem Treueeid an den Patriarchen (»Schutz und Beistand den Christen im Heiligen Land«) kehren die Ritter vom Tempel zu Jerusalem nach 872 Jahren wieder zum Ursprung ihres Ordens zurück.

Seither unterstützt der Templerorden zahlreiche karitative Einrichtungen - allerdings nicht nur in Israel, denn der Begriff des »Heiligen Landes« ist nicht geographisch, sondern im Sinn der Bibel zu verstehen und schließt daher alle Länder im Nahen Osten ein. Besonderen Wert legen die Ritter vom Tempel darauf, daß diejenigen Institutionen bevorzugt werden, die bedürftigen Menschen ohne Ansehen von Rasse und Religion zur Verfügung stehen. Das zur Zeit größte Projekt stellt der 1994 begonnene Neubau der Al Mahab-Clinic in Nablus-Rafidiah im Westjordanland dar, die unter der Patronanz des OSMTH steht.
Nicht zuletzt wegen dieser humanitären Verdienste im Heiligen Land wurde – erstmals seit der apostolischen Aufhebung des Ordens im Jahre 1312 – anläßlich einer Audienz im Vatikan am 27. April 1994 eine Delegation der Großpriorate Deutschlands und Österreichs als »Ritterorden der Templer von Jerusalem« von Papst Johannes Paul II. begrüßt und öffentlich gesegnet.
Der Orden, der einst auszog in dieses ferne Land *Outremer* jenseits des Meeres, um die christliche Präsenz im Heiligen Land mit dem Schwert sicherzustellen, kehrt nunmehr in seine ideelle Heimat zurück – jedoch nicht mehr um zu kämpfen, sondern um den leidgeprüften Menschen in ihrem existentiellen Kampf gegen Ungerechtigkeit und Armut in brüderlicher Liebe beizustehen.

[1] Man unterschied im mittelalterlichen Inquisitionsverfahren üblicherweise drei Arten des Freiheitsentzuges: ad murum largum, den großzügig gehandhabten Arrest, ad murum strictum, den »einfachen« Kerker, und ad murum strictissimum, dem verschärften Kerker durch Fesseln mit Ketten etc.

[2] Nach einer historisch unbelegten Hypothese sollen diese Tempelritter an der Seite von Robert Bruce bei dessen Sieg über die Engländer in der Schlacht von Bannockburn 1314 eine entscheidende Rolle gespielt haben. Vgl. Aitken, R., »The Knights Templars in Scotland in Scottish Review«, Bd: XXXII in Baigent, Leigh.

[3] Ritterkreuz der Ehrenlegion, Medaille der Stadt Paris, *Décoration de Juillet* und andere.

[4] Mysteriöserweise gilt die Charta seit etwa der Zeit des Ersten Weltkriegs als »verschollen«. Unbestätigten Informationen zufolge soll sich das Dokument seitdem in den Archiven des Vatikans befinden.

Anhang

Die Großmeister der Templer

R. vor einigen Namen bedeutet Regent

Hugues de Payens	1118
Robert de Craon	1136
Evrard des Barres	1149
Bernard de Tremelay	1152
André de Montbard	1153
Bertrand de Blanchefort	1156
Philippe de Naplous	1169
Odon de Saint Amand	1171
Arnaud de Torroge	1180
Gerard de Ridefort	1185
Robert de Sablé	1191
Gilbert Erail	1194
Philippe de Plessis	1201
Guillaume de Chartres	1210
Pierre de Montaigu	1219
Armand de Perigord	1232
Richard de Bure	1244
Guillaume de Sonnac	1247
Renaud de Vichiers	1250
Thomas Bérard	1256
Guillaume de Beaujeu	1274
Thibaud Gaudin	1291
Jacques de Molay	1293
Jean-Marc Larmenius de Jerusalem	1314
François-Thomas-Thibaut d' Alexandrie	1324
Arnould de Braque	1340

Jean de Clermont	1349
Bertrand Duguesclin	1357
Jean d' Armagnac	1381
Bernard d'Armagnac	1392
Jean d'Armagnac	1419
Jean de Croy	1451
R. Bernard Imbault	1472
Robert de Lenoncourt de Lorraine	1478
Galéas de Salazar	1497
Philippe de Chabot	1516
Gaspard de Saulx et de Tavennes	1544
Henry de Montmorency	1574
Charles de Valois	1615
Jacques Rouxel de Grancey	1651
Jacques-Henry de Durfort, Duc de Duras	1681
Philippe de Bourbon, Duc de Orléans	1705
Louis-Auguste de Bourbon, Duc de Maine	1724
Louis-Henry de Bourbon, Prince de Condé	1737
Louis-François de Bourbon, Prince de Conty	1741
Louis-Hercules-Timoléon de Cossé, Duc de Brissac	1776
R. Claude-Mathieu Radix de Chevillon	1792
Bernard-Raymond Fabré-Palaprat (1. Amtszeit)	1804
R. Charles-Antoine-Gabriel, Duc de Choiseul	1813
R. Charles-Louis Le Peletier, Comte d'Aunay	1813
Bernard-Raymond Fabré-Palaprat (2. Amtszeit)	1827
R. Charles-Antoine-Gabriel, Duc de Choiseul (2. Amtszeit)	1838
La Commission Exécutive du Convent Géneral	1838
R. Charles-Fortune-Jules Guigues, Comte de Moréton et de Chabrillan	1838
Sir William Sidney Smith	1839
R. Jean-Marie Raoul	1840
R. Narcisse Valleray	1850
R. Dr. A.G.H. Vernois	1866

R. Joseph Péledan	1892
Secrétariat International des Templiers	1894
Conseil de Régence	1934
R. Theodore Covias	1935
R. Emile-Clement-J. I. Vandenberg	1935
R. Antonio Campello Pinto de Sousa Fontes	1942
R. Fernando Campello Pinto Pereira de Sousa Fontes	1960

Tempelritter

49 ème. GRAND-MAITRE EMILE CLÉMENT
ISAAC VANDENBERG 08-08-1935/23-12-1942

50 ème. GRAND-MAITRE Dom ANTONIO CAMPELLO
PINTO DE SOUSA FONTES 23-12-1942/15-02-1960

51 ème. GRAND-MAITRE Dom FERNANDO CAMPELLO
PINTO DE SOUSA FONTES 19-02-1960/

Die Chronik der Templer

Eine historische Übersicht

1095	*Deus vult* – Aufruf von Papst Urban II. in Clermont zur Befreiung der Heiligen Stätten
1096	Beginn des ersten Kreuzzugs
	Gründung des Zisterzienserordens
1099	Eroberung von Jerusalem und Ende des ersten Kreuzzugs
1118	Gründung der »Armen Bruderschaft vom Tempel zu Jerusalem« durch Hugues de Payens, Godefroy de St.Omer und sieben weiteren Rittern aus Frankreich mit der Aufgabe, die Pilgerstraßen zu sichern und die Heiligen Stätten zu verteidigen
1119	Balduin II., der König von Jerusalem (1118-1131), überläßt dem Orden einige Gebäude im Bereich des ehemaligen Tempels Salomons. Fortan nennt sich der Orden Ritterschaft vom Tempel zu Jerusalem *(Militia Templi Hierosolymitani).*
1126	Hugues de Payens schreibt an Bernhard von Clairvaux mit der Bitte um Unterstützung.
1128	Auf dem Konzil in Troyes wird die von Hugues de Payens nach dem Vorbild der Regeln von Benediktinern und Zisterziensern verfaßte und durch Bernhard von Clairvaux redigierte Ordensregel von Papst Honorius II. bestätigt. Somit werden die Tempelherren

als erster Mönchs- und Ritterorden in der christlichen Geschichte anerkannt.

1129 Der Orden beginnt seine Aktivitäten auf der Iberischen Halbinsel.

1139 Im Rahmen des zweiten Laterankonzils werden die Templer am 29. März durch die Bulle *Omne datum optimum* der ausschließlichen Jurisdiktion des Heiligen Stuhls in Rom unterstellt.

1143 Durch die Bulle *Militia Templi* von Papst Cölestin II. erhält der Orden die Ermächtigung, eigene Kirchen und Friedhöfe zu besitzen.

1146 Bernhard von Clairvaux ruft in Vezelay zum zweiten Kreuzzug auf.

1147 Auf die Bitte Bernhards gewährt Papst Eugen III. den Templern für ihre Verdienste bei der Verteidigung des Heiligen Lands das exklusive Recht, ständig ein rotes Kreuz auf der linken Schulter *(a sinistra)* zum steten Gedenken an das Martyrium Christi zu tragen.

1147 – 1149 Zweiter Kreuzzug

1148 Aus dem Hospitalorden von St.Johannis zu Jerusalem wird ein militärischer Ritterorden nach dem Vorbild der Templer.

1153 Tod Bernhards von Clairvaux

1169 – 1171 Saladin gelingt die Vereinigung von Syrien mit Ägypten.

1187 Nach der vernichtenden Niederlage des christlichen Heeres bei Hattin übernehmen die Muslime unter Saladin die Heilige Stadt.

	Der Templerorden verliert sein Stammhaus in Jerusalem.
1191	Der Templerorden verlegt seinem Hauptsitz nach Akko, der damals wichtigsten Stadt des lateinischen Königreichs.
1189 – 1192	Dritter Kreuzzug
1191	Die Hospitalbruderschaft vom Deutschen Haus von St.Marien zu Jerusalem beschließt während der Belagerung von Akko, dem Vorbild der Templer zu folgen und sich als militärischer Orden zu konstituieren.
1192	Waffenstillstand mit Saladin. Den Christen verbleibt die Küste von Tyros bis Jaffa. Freier Zugang christlicher Pilger ins muslimische Jerusalem.
1193	Tod Saladins
1202 – 1204	Vierter Kreuzzug (nach Konstantinopel)
1207	Papst Innozenz III. wird als einziger Papst als Affilierter in den Orden aufgenommen.
1208	Beginn der Kreuzzüge gegen die Katharer
1212	Sieg des christlichen Heeres bei Navas de Tolosa über die Mauren
1217	Errichtung des *Chastel de Pélerin,* des Pilgerschlosses bei Athlit
1220	Beginn der Mongoleninvasion im Zweistromland
1218 – 1221	Fünfter Kreuzzug
1228 – 1229	Kreuzzug unter Kaiser Friedrich II.

1229	Der Staufer Friedrich II. gewinnt Jerusalem durch Diplomatie zurück.
1241	Erster Einfall der Mongolen im Heiligen Land.
1243 – 1246	Wiederaufbau der Templer-Festung von Safed
1244	Vernichtende Niederlage der Christen bei La Forbie sowie zweiter und endgültiger Verlust Jerusalems an die Muslime. Fall der Bergfestung Montsegur - die Kreuzzüge gegen die Katharer sind zu Ende.
1245	Erstes Konzil von Lyon
1248 – 1254	Der letzte große Kreuzzug
1266	Safed wird von Sultan Baybars eingenommen.
1268	Die Templerburg Beaufort und die Stadt Antiochien fallen in die Hand der Sarazenen.
1275	Zweites Konzil von Lyon
1291	Trotz heldenhafter Verteidigung geht Akko nach sechswöchiger Belagerung am 18. Mai an die Sarazenen verloren. Der 21. Großmeister, Guillaume de Beaujeu, fällt im Kampf. Mitte August räumen die Templer ihre letzten Stützpunkte, Tortosa und das *Chastel de Pèlerin*. Der Orden verlegt daraufhin seinen Sitz nach Zypern.
1300	Noch einmal gelingt es dem Orden, auf der Tortosa vorgelagerten Insel Ruad Fuß zu fassen und starke Befestigungen anzulegen.
1302	Mangels Unterstützung verlieren die Templer die Insel Ruad an die Sarazenen. Damit haben die Christen endgültig alle während der

Kreuzzüge eroberten Besitzungen verloren. Papst Bonifaz VIII. erläßt die Bulle *Unam Sanctam.*

1305 Beginn der »babylonischen Gefangenschaft« der Kirche. Bertrand de Got, Erzbischof von Bordeaux, wird auf Betreiben des französischen Königs Philipp IV. am 14. November in Lyon als Clemens V. zum Papst gekrönt. Er verlegt seine Residenz nach Avignon. Von dort aus wird die Kirche nun 70 Jahre lang in Abhängigkeit vom französischen Königshaus regiert.

1306 Der 23.Großmeister Jacques de Molay reist von Zypern nach Frankreich zu Papst Clemens, um ihn von der Notwendigkeit eines neuen Kreuzzugs zur Rückgewinnung der Heiligen Stätten zu überzeugen. Der Orden von St.Johannis zu Jerusalem (Johanniter) beginnt mit der Eroberung der Insel Rhodos.

1307 Am 13.Oktober, dem »schwarzen Freitag«, werden in Frankreich in einer »Nacht- und Nebelaktion« alle Templer verhaftet. Papst Clemens V. protestiert gegen die Vorgangsweise König Philipps.

1308 Nach der Anhörung von 72 »geständigen« Templern eröffnet Clemens V. durch die Bulle *Faciens misericordiam* das Verfahren gegen die Templer.

1309 Die Eroberung von Rhodos wird abgeschlossen – die Johanniter nennen sich nun auch Ritter von Rhodos oder Rhodiser.

1310 Philippe von Marigny, Erzbischof von Sens, läßt 59 Templer, die ihre unter der Folter erpreßten Geständnisse widerrufen haben, wegen »Rückfälligkeit« öffentlich verbrennen.

1311 Abschluß der »Untersuchungen« im Juni. Im Oktober tritt in Vienne das von Papst Clemens V. einberufene Konzil zusammen, um unter anderem über das weitere Schicksal des Templerordens zu entscheiden. 114 Kardinäle, Erzbischöfe und Bischöfe nehmen daran teil. Bis auf fünf französische Bischöfe spricht sich die überwältigende Mehrheit gegen eine Verurteilung des Ordens aus und verlangt eine Anhörung.

1312 König Philipp erscheint am 2. April in Vienne, bedrängt den völlig von ihm abhängigen Papst, worauf dieser den Orden vom Tempel mangels Konzilsbeschluß »nicht aus Rechtsgründen *(de iure)*, sondern aus fürsorglicher Rücksicht auf das allgemeine Wohl und mittels päpstlicher Verordnung« aufhebt. Am 2. Mai werden mit der Bulle *Ad Providam* die Güter des Templerordens dem Ritterorden vom Hospital St. Johannis zu Jerusalem, dem späteren Malteserorden, übereignet.

1314 Am 18. März werden der Großmeister Jacques de Molay sowie der Präzeptor der Normandie, Geoffroy de Charnay, auf der Seine-Insel auf Befehl des Königs verbrannt. Der von Jacques de Molay kurz vor seinem Martyrium zum 24. Großmeister ernannte Komtur Jean-Marc Larmenius sammelt die verstreuten Reste des Templerordens und führt den Orden im geheimen weiter.

1317 Gründung des Christusordens in Portugal und des Montesa-Ordens in Aragon

1319 Durch die päpstliche Bulle *Ad ea ex quibus* wird der Christusorden mit ähnlich großzügigen Privilegien ausgestattet wie einst sein Vorgänger, der Templerorden.

1324 Am 13. Februar bestimmt Jean-Marc Larmenius Theobald von Alexandria zu seinem Nachfolger im Amt des Großmeisters und übergibt die Übertragungsurkunde dem versammelten Generalkonvent. Dieses bis heute erhaltene Dokument bildet als sogenannte »Larmenius-Charta« die Grundlage für die Fortführung des Ordens in den nächsten Jahrhunderten sowie für die ununterbrochene Reihenfolge der Großmeister beziehungsweise Regenten des Ordens bis zum heutigen Tage.

1705 Generalkonvent des Templerordens in Versailles. Der neu gewählte Großmeister, Philipp von Bourbon, Herzog von Orléans und späterer Regent von Frankreich, bestätigt Ende März die neuen Statuten. Der *Ordre du Temple* ist nun offiziell ein Laienritterorden.

1723 Nach seinem Tod folgen ihm im Amt des Großmeisters drei weitere Prinzen aus dem Hause Bourbon.

1754 Kapitel des Ordens im Kollegium der Jesuiten von Clermont. Ablegung des Glaubensbekenntnisses und der Verpflichtung, den ritterlichen Geist des Ordens im Sinne der vier Generaltugenden Erkenntniskraft, Tapferkeit, Bescheidenheit und Gerechtigkeit zu bewahren.

1776 Der Herzog von Cossé-Brissac wird zum Großmeister gewählt.

1778 Ein Konvent der drei Ordensprovinzen Frankreichs in Lyon 1778 entscheidet, von nun an neben dem bisherigen Ordensnamen zusätzlich die Bezeichnung »die wohltätigen Ritter der Heiligen Stadt« zu führen. Gleichfalls werden die Ordenszielsetzungen mit »Christus zu dienen und den Tempel des himmlischen Jerusalems wiederzurichten« definiert. Nach Beginn der französischen Revolution übergibt Cossé-Brissac das Ordensarchiv an Radix de Chevillon.

1792 Cossé-Brissac wird durch die Guillotine enthauptet. Der Orden übersteht die Revolution und erlebt zu Beginn des 19. Jahrhunderts eine neue Blütezeit. Zahlreiche einflußreiche Persönlichkeiten ersuchen um Aufnahme.

1805 Kaiser Napoleon I. läßt Akten des Prozesses gegen die Templer aus dem Vatikan nach Paris bringen und eine Kommission einsetzen, die die Unschuld des Ordens feststellt. Daraufhin rehabilitiert Napoleon den *Ordre du Temple* und erkennt ihm wieder den durch die Revolution verlorenen Adelsstatus zu.

1814 König Ludwig XVIII. erneuert das königliche Protektorat über den Templerorden.

1818 Der *Ordre du Temple* beginnt sich über die Grenzen Frankreichs in ganz Europa auszubreiten.
Es folgt die Gründung von Prioraten unter anderem in Großbritannien, Deutschland, Belgien, der Schweiz und Schweden.

1825 Herausgabe des »Handbuchs der Templer« in Paris. Neuerliche Bestätigung der fortlaufenden Existenz des Ordens. Deutliche Abgrenzung gegenüber der Freimaurer-Bewegung.

1837 Der Orden legt ein deutliches Bekenntnis zum katholischen Glauben ab. Eine dementsprechende Erklärung dokumentiert die Wiederherstellung der alten Ordenstradition und die Treue zur römischen Amtskirche.

1845	Verhandlungen mit Papst Gregor XVI. über eine Wiederanerkennung des Templerordens
1853	Der Status des Ordens wird von Kaiser Napoleon III. offiziell bestätigt und per Dekret von nun an als *Ordo Supremus Militaris Templi Hierosolymitani* (OSMTH) anerkannt.
1871	Am 15. August übergibt der Regent des Ordens, Dr. A.G.H. Vernois, die wichtigsten Dokumente des Ordensarchivs in Paris an den Direktor des Nationalarchivs von Frankreich, M. Maury.
1894	Auf dem Generalkonvent des OSMTH wird die Gründung eines internationalen Sekretariats beschlossen.
1934	Durch das magistrale Dekret vom 10. Oktober werden alle Befugnisse auf den Regentschaftsrat des Ordens mit Sitz in Brüssel übertragen.
1934	Übertragung der Rechte auf den neuen Regenten Theodore Covias.
1935	Emile J. I. Vandenberg wird Regent.
1940	Bedingt durch die Kriegseinwirkungen und die Besetzung Beligiens, übergibt der Regent Emile J.I. Vandenberg das Archiv und sämtliche Dokumente an den Großprior von Portugal, Antonio Campello Pinto de Sousa-Fontes.
1942	Dom Antonio Campello Pinto de Sousa-Fontes wird neuer Regent des Ordens. Sitz des OSMTH ist nun Porto in Portugal.
1960	Dom Fernando Pinto Pereira de Sousa Fontes, Großprior von Portugal, wird Regent des

Ordens, der in fast allen europäischen Ländern, aber auch in Nord- und Südamerika sowie in Australien eigene Priorate unterhält.

1964 Der in Venedig im Exil lebende König von Jugoslawien Peter II. übernimmt das königliche Protektorat über das Großpriorat der Vereinigten Staaten.

1970 Erstes Generalkapitel des 20.Jahrhunderts. Der Begriff »katholisch« wird in »christlich« abgeändert. Grundvoraussetzung für die Mitgliedschaft im Templerorden ist der Nachweis der Zugehörigkeit zu einer anerkannten christlichen Konfession. Von nun an ist der ökumenische Charakter des Ordens auch in den Statuten verankert.

1990 Im Rahmen eines internationalen Ordenskapitels übernimmt am 22. September Seine Seligkeit Maximos V. Hakim, Patriarch von Antiochia, dem ganzen Orient, von Alexandria und Jerusalem in der Basilika von St. Gereon zu Köln das geistliche Protektorat.
Mit dem Treueeid an den Patriarchen (»Schutz und Beistand den Christen im Heiligen Land«) kehren die Ritter vom Tempel zu Jerusalem nach 872 Jahren wieder zum Ursprung ihres Ordens zurück.

1994 Erstmals seit der apostolischen Aufhebung des Ordens im Jahre 1312 wird am 27. April eine Delegation des deutschen und des österreichischen Großpriorates anläßlich einer Audienz im Vatikan als „Ritterorden der Templer von Jerusalem" begrüßt und öffentlich von Papst Johannes Paul II. gesegnet.
Beginn des Neubaus der unter der Patronanz des OSMTH stehenden Al Mahab-Clinic in Nablus-Rafidiah im Westjordanland.

Literaturverzeichnis

Andreas, P., Lloyd-Davies, R., Das verheimlichte Wissen, Knaur, München 1984
Archiv des Ordo Supremus Militaris Templi Hierosolymitani (OSMTH), Großpriorat Österreich
Avi-Yonah, Michael, Geschichte des Heiligen Landes, Weidenfeld & Nicholson, London 1975
Bahat, Dan, Jerusalem, 4000 Jahre Geschichte der Heiligen Stadt, Francke, Marburg 1985
Baigent, Michael / Leigh, Richard, Der Tempel und die Loge, Lübbe, München 1990
Baldock, John, The Elements of Christian Symbolism, Longmead: Element Books 1990
Bander van Duren, Peter, Orders of Knighthood and Merit, Gerrards Colin Smythe Ltd., Cross 1995
Baltrusaitis, Jurgis, Das phantastische Mittelalter, Berlin: Ullstein, o. J.
Bauer, W., Dürnatz, J., Lexikon der Symbole, Fourier, Wiesbaden 1986
Bayer, Hans, Gralsburg und Minnegrotte, Schmitt, Berlin 1978
Bellinger, Gerhard, Knaurs Lexikon der Mythologie, Knaur, München 1989
Beck, A., Der Untergang der Templer, Herder, Freiburg 1992
Berg-Schlosser, Dirk et al., Einführung in die Politikwissenschaft, München 1974
Bertouch, Ernst von, Mittelstaedt, Axel, Hg., Mönchs- und Ritterorden, Ronacher, Wiesbaden 1887, Reprint: München 1984
Biedermann, Hans, Lexikon der magischen Künste, Die Welt der Magie seit der Spätantike, Heyne, München 1984
Bischoff, Erich, Mystik u. Magie der Zahlen, Schikowski, Berlin 1982
ders., Die Elemente der Kabbala, Fourier, Wiesbaden 1990
Bloom, H., Die heiligen Wahrheiten stürzen Dichtung und Glauben von der Bibel bis zur Gegenwart, Suhrkamp, Frankfurt 1991
Boeckh, Andreas, Hg., Internationale Beziehungen: Theorien, Organisationen, Konflikte (Pipers Wörterbuch zur Politik, Bd.5)
Boros, L., A. Augustinus, Aufstieg zu Gott, Piper, München 1985
Borst, Arno, Die Katharer, Herder, Freiburg 1991

Bulst-Thiele, M.L., Untersuchungen zur Geschichte des Templerordens, Vandenhoeck & Ruprecht, Göttingen 1974
Bumke, J., Wolfram von Eschenbach, Sammlung Metzler – Realien zur Kiteratur, Metzler, Stuttgart 1991
Burman, Edward, The Templars, Knights of God, Aquarian, Chatham 1986
Campbell, G.A., Die Tempelritter, Stuttgart, 1958
Charpentier, John, Die Templer, Ullstein, Frankfurt 1981
Charpentier, Louis, Spanien, Das Geheimnis der Pilgerstraßen, Goldmann, Augsburg 1991; Die Geheimnisse der Kathedrale von Chartres, Gaia, Köln 1986; Macht und Geheimnis des Templerordens, Pawlak, Herrsching 1986
Cohn, Norman, Das neue irdische Paradies, Rowohlt, Reinbek 1988
Corvin, Otto v., Pfaffenspiegel - Historische Denkmale des Fanatismus in der römisch-katholischen Kirche, Bock, o.J. Berlin
Cox, William, in Beausseant, Journal of the Priory St.King Charles the Martyr, Hg., Heft IV, 1994
Demurger, Alain, Die Templer, Aufstieg und Untergang 1118 - 1314, Beck, München 1991
Dieterich, A., Abraxas, Studien zur Religionsgeschichte des späteren Altertums, Leipzig 1905, Reprint: Scientia, Aalen 1973
Dimier, M., A., Die Kunst der Zisterzienser, Echter, Würzburg 1986
Di Nola, Alfonso, Der Teufel, Diederichs, München 1990
Dinzelbacher, P., Sachwörterbuch der Mediävistik. Kröner, Stuttgart 1992
Duby, Georges, Die Zeit der Kathedralen, Suhrkamp, Frankfurt 1988; Die drei Ordnungen, Das Weltbild des Feudalismus, Suhrkamp, Frankfurt 1986; Der heilige Bernhard und die Kunst der Zisterzienser, Fischer, Augsburg 1991; Wirklichkeit und höfischer Traum, Fischer, Frankfurt 1990
Dumontier, Michel, Sur le pas des Templiers à Paris et en Isle de France, Copernic N.N.Paris; Sur les pas des Templiers en Bretagne, Normandie, Pays de Loire, Copernic N.N., Paris
Eckert, W., et al., Bildwerk zu Kirchengeschichte, Christophorus, Offenbach 1984
Eco, Umberto, Kunst und Schönheit im Mittelalter, dtv, München 1993
Eliade, Mircea, Mythos und Wirklichkeit, Insel, Frankfurt 1988
Elser, M., Enzyklopädie der Philosophie, Weltbild, Augsburg 1992
Evans, Joan, Blüte des Mittelalters, Die Welt der Ritter und Mönche, RVG, München 1986
Exempla historica, Epochen der Weltgeschichte, Römisches Reich und frühes Mittelalter, Fischer, Frankfurt 1985

Faupel, Klaus, Ein analytischer Begriff der Entspannung: Große Politik, Machtpolitik und das Ende des Ost-West-Konflikts. In: Ztschr. f. Politik, 38(1991)2
Fenske, Hans, et al., Geschichte der politischen Ideen, Fischer, Frankfurt 1990
Ferguson, H., Yale, Mansbach, Richard, W., The Subjekt is Politics: A New Research Agenda in International Politics, Paper Prepared for the Inaugural Pan-Europan Conference, European Consortium for Poltical Research, Standing Group on International Relations, 16-20 September Heidelberg 1992, Between Celebration and Despair: Constructive Suggestions for Future International Theory, International Studies Association 1991
Fiebag, Johannes und Peter, Die Entdeckung des Grals, Goldmann, Augsburg 1990
Flasch, Kurt, Das philosophische Denken im Mittelalter, Reclam, Stuttgart 1987
Fleckenstein, Josef und Manfred Hellmann, Hg., Die geistlichen Ritterorden Europas, Vorträge und Forschungen, Band XXVI, Thorbecke, Sigmaringen 1980
Forey, Alan, The Military Orders, MacMillan Ltd., London 1992
Fourier, Handbuch der Formen- und Stilkunde: Mittelalter, Fourier, Wiesbaden 1988
Frank, Karl, Geschichte des christlichen Mönchtums, Wissenschaftliche Buchgesellschaft, Darmstadt 1988
Frick, Karl, Licht und Finsternis, Band I, Akademische Druck- und Verlagsanstalt, Graz 1975; Die Erleuchteten, Akademische Druck- und Verlagsanstalt, Graz 1973
Frutiger, Adrian, Der Mensch und seine Zeichen, Fourier, Wiesbaden 1989
Fuhrmann, H., Deutsche Geschichte im hohen Mittelalter, Göttingen 1993
Galbreath, D. L., Jequier, L., Handbuch der Heraldik, Battenberg, Augsburg 1990
Gerhard, K., Das Abendland, Frankfurt 1987
Giani, Leo, Die Weltreligionen, Compact, München 1981
Gie, Francis, The Knight in History, New York, Harper & Row, Cambridge 1984
Göbel, D., Abenteuer des Denkens, Fourier, Wiesbaden o. J.
Großmann, A, Roth, H.J., Bernhard von Clairvaux und die Tempelritter, die Speerspize der Kreuzzüge, St. Meinrad, Sinzig 1990
Gruber, Andreas, Pilgerwege im Heiligen Land, Wewel, München 1989

Günther, R., Müller, R., Das goldene Zeitalter, Kohlhammer, Stuttgart 1988

Haas, A., M., Gott leiden, Gott lieben, Insel, Frankfurt 1989

Hartmann Karl, Die Rechnung mit Gott, Gnostische Strömungen in Kirchengeschichte und Gegenwart, Quell, Stuttgart 1982

Henne am Rhyn, Otto, Geschichte des Rittertums, Reprint Magnus, Stuttgart o. J.; Das Buch der Mysterien, Altweg, St. Gallen 1869; Kulturgeschichte der Kreuzzüge, Friesenhahn, Leipzig o. J.

Hedley Bull; Adam Watson, Hg., The Expansion of International Society, Oxford 1984

Herbst, Karl, Kriminalfall Golgotha, Econ, Düsseldorf 1992

Hilsch, P., Mittelalter, Geschichte 2, Athenäum, Frankfurt 1989

Hofstätter, H.H., Henri Stierlin, Hg., Architektur der Welt: Gotik, Benedikt Tasche, Berlin o.J.

Hunke, Sigrid, Allahs Sonne über dem Abendland – Unser arabisches Erbe, Fischer, Frankfurt 1990

Ifrah, G., Universalgeschichte der Zahlen, Campus, Frankfurt 1991

Imbach, R., Dante Alighieri, Monarchia, Reclam, Stuttgart 1989

Irmscher, Johannes, Lexikon der Antike, Sandrom, Wien 1987

Kaltenbrunner, G., Geheimgesellschaften und der Mythos der Weltverschwörung, Herder, München 1987

Karmon, Yehuda, Die Johanniter und Malteser, Callway, Wien 1987

Keen, Maurice, Das Rittertum, Rowohlt, Reinbek 1991

Keohane, Robert O., Hg., Neorealism and its Crisis, New York 1986

Kergall, Herve, Gotische Kathedralen und Kunstschätze in Frankreich, Bechter Münz, Eltville 1990

Kersten, H., Gruber, E. R., Das Jesus-Komplott, Langen Müller, München 1992

Koeppen, Werner, Der deutsche Ritterorden, Österreichische Landsmannschaft, Wien 1983

Kramberg, Heinz, in Non Nobis, Ordo.Militiae Crucis Templi, Deutsches Priorat, Hg., Jahrg. 6, Heft 8/9, Düsseldorf 1989

Krück von Poturzyn, M. J., Der Prozeß gegen die Templer, Ogham, Stuttgar 1982

Kühn, D., Der Parzifal des Wolfram von Eschenbach, Insel, Frankfurt 1991

Kühner, Hans, Lexikon der Päpste, Fourier, Zürich 1977

Kunkel, U., Dante Alighieri, Vita Nova - Das Neue Leben, dtv, München 1988

Laag, H., Kleines Wörterbuch der frühchristlichen Kunst und Archäologie, Reclam, Stuttgar 1990

Läpple, A., Der Glaube an das Jenseits, Aschaffenburg: Pattloch, 1978., Ketzer und Mystiker, Delphin, München 1988
Lambert, Malcolm, Ketzerei im Mittelalter, Herder, Freiburg 1991
Lawrence, T.E., Crusaders Castles, Immel Ltd., London 1992
Le Forestier, René, Die templerische und okkultistische Freimaurerei Kristkeitz, Leimen 1987
Le Goff, Jacques, Phantasie und Realität des Mittelalters, Klett-Cotta, Stuttgart 1990; Das Hochmittelalter, Fischer, Frankfurt 1989, Hg.; Der Mensch des Mittelalters, Campus, Frankfurt 1990
Leisegang, Hans, Die Gnosis, Kröner, Stuttgart 1985
Leclercq, Jean, Bernhard von Clairvaux, Ein Mann prägt seine Zeit, Neue Stadt, München 1990
Lennhoff, E., Posner, O., Internationales Freimaurerlexikon, Wien 1932, Reprint: Amalthea, Wien 1980
Leu-Schmidt, E., Ein Gralsimpuls im Osten, Geering, Dornach 1980
Livingstone, Elisabeth, Hg., The Christian Church, Oxford University, Oxford 1990
Lurker Manfred, Die Botschaft der Symbole in Mythen, Kulturen und Religionen, Kösel, München 1990
MacKay, A., Spain in the middle ages, MacMillan, London 1989
MacLagan, David, Schöpfungsmythen, Kösel, München 1985
Mahieu, Jacques de, Die Templer in Amerika oder das Silber der Kathedralen, Grabert, Tübingen 1982
Marques-Riviere, J., Hutin, S., Hg., Die großen Geheimbünde, VMA, Düsseldorf 1979
Matthews, John, The Grail, Thames & Hudson, London 1981
Mayer, Hans E., Die Geschichte der Kreuzzüge, Kohlhammer, Stuttgart 1989
Mazar, B., Archäologie auf den Spuren des Christentums, Pawlak, Herrsching 1979
Mead, G. R. S., Fragmente eines verschollenen Glaubens, Berlin 1902, Reprint: Ansata, Interlaken 1990
Meyer, Hans, Abendländische Weltanschauung, II.Band, Schöningh, Paderborn 1965
Meyer, Rudolf, Zum Raum wird hier die Zeit, Urachhaus, Stuttgart 1980
Michell, J., Wagner, W., Maßsysteme der Tempel, Neue Erde, Fulda 1988
Milger, Peter, Die Kreuzzüge, Krieg im Namen Gottes,Bertelsmann, München 1988
Mohr, H., Menschen und Heilige, Herder, Freiburg 1930

Möbus, Gerhard, Die politischen Theorien von der Antike bis zur Renaissance, Köln N.N.
Müller, Herrmann, Die Tempelritter, Arenberg, Hamburg 1982
Nardini, Bruno, Mysterien und Geheimlehren, Aurum, Braunschweig 1990
Newark, T., Medieval warfare, Jupiter, London 1979
Nicholson, Helen, Templars, Hospitallers and Teutonic Knights, Leicester Press, London 1995
Norwich, John J., Die Architektur der Welt, Parkland, Stuttgart 1987
Oursel, R., Henri Stierlin, H., Hg., Architektur der Welt: Romanik, Benedikt Taschen, Berlin o. J.
Panofsky, E., Gotische Architektur und Scholastik, Dumont, Köln 1989
Payne, Robert, Die Kreuzzüge, Pawlak, Herrsching 1990
Prutz, Hans, Geheimlehre und Geheimstatuten des Tempelherrenordens, Berlin 1879, Reprint Hiram o. J.; Entwicklung und Untergang des Tempelherrenordens, Grote, Köln 1888, Reprint 1990
Putzger, F. W., Historischer Atlas, Hölder, Wien 1963
Raeburn, M., Baukunst des Abendlandes, Pawlak, Stuttgart 1986
Rahn, Otto, Kreuzzug gegen den Gral, Ganzheitliche Forschung und Kultur, Stuttgart 1989
Rath, Willhelm, Alanus ab Insulis, Der Anticlaudian, Mellinger, Stuttgart 1983; Bernardus de Silvestris, De universitate mundi, Mellinger, Stuttgart 1983
Rehmke, J., Schneider, F., Geschichte der Philosophie, VMA, Wiesbaden 1959
Rheinfelder, H., Dante, Die göttliche Komödie, dtv, München 1978
Rich, Anthony, Illustriertes Wörterbuch der römischen Altertümer, Firmin Didot, Paris 1862, Reprint Leipzig 1984
Riemeck, Renate, Glaube, Dogma, Macht, Geschichte der Konzilien, Urachhaus, Stuttgart 1985
Riley-Smith, J., Großer Bildatlas der Kreuzzüge, Herder, Freiburg:1992
Ritter, J., Historisches Wörterbuch der Philosophie, Basel 1971
Robinson, John, Dungeon, Fire and Sword, O'Mara Books Ltd., London 1994
Rödig, Thomas, Zur politischen Ideenwelt Wilhelms von Tyrus, Lang, Frankfurt 1990
Roll., E., Mani, der Gesandte des Lichts, Mellinger, Stuttgart 1989
Rosenau, James, N., Czempiel, Ernst-Otto, Hg., Governance Without Government: Order and Change in World Politics, Cambridge 1992
Runciman, Steven, Geschichte der Kreuzzüge, Beck, München 1989

Saur, Robert, M., Bernhard von Clairvaux, Glühen ist mehr als Wissen, Christiana, Stein 1977
Scartazzini, G., A., Dante-Handbuch, Brockhaus, Leipzig 1892
Schneider, F., Dante, Eine Einführung in sein Leben und Werk, Böhlau, Weimar 1935
Schöningh, F., A., Hg., Augustinus, Die Auslegung der Psalmen, Schöningh, Paderborn 1955; A. Augustinus, Der freie Wille, Schöningh, Paderborn 1962
Schult Arthur, Die Weltsendung des Hl. Gral, Turm, Bietigheim 1975; Dantes Divina Commedia als Zeugnis der Tempelritter-Esoterik, Turm, Bietigheim 1979
Schuster, G., Geheime Gesellschaften, Verbindungen und Orden, Fourier, Wiesbaden o. J.
Schwaiger, Georg, Hg., Mönchtum - Orden - Klöster, Beck, München 1993
Scott, Ernest, Die Geheimnisträger, Knaur, München 1989
Seibt, F., Glanz und Elend des Mittelalters, Goldmann, Berlin 1987
Seligmann, K., Das Weltreich der Magie, Bechter Münz, Eltville 1988
Simek, R., Erde und Kosmos im Mittelalter, Beck, München 1992
Simrock, Karl, Parzival u. Titurel, Cotta, Stuttgart 1857
Sippel, Hartwig in 'Nova Militia', Zentalorgan des Ordo Militia Crucis Templi - Deutscher Tempelherrenorden, Hg., sowie der Großpriorate Deutschland und Österreich des Ordo Supremus Militaris Templi Hierosolymitani – Souveräner Ritterorden vom Tempel zu Jerusalem, Jahrgang 1992, Heft 1, Hannover 1992., in Le Beausseant - Journal der Templer von Jerusalem, *Ordo Supremus Militaris Templi Hierosolymitani* Großpriorat Österreich, Hg., Jahrgang 1995, Heft III
Sloterdijk, P., Macho, T., Weltrevolution der Seele, Artemis, Gütersloh: 1991
Smail, R.,C., Crusading warfare, Cambridge University, Cambridge 1977
Southern, W. Richard, Das Islambild des Mittelalters, Kohlhammer, Stuttgart 1981
Spitzing, G.,Lexikon byzantinisch-christlicher Symbole, München: Diederichs, 1989
Steiner, Rudolf, Das Christentum als mystische Tatsache und die Mysterien des Altertums, Altmann, Leipzig 1910; Die Tempellegende und die goldene Legende, Steiner, Dornach 1991
Stier, H., Kirsten, E., Atlas der Weltgeschichte, Orbis, München 1990
Storch, W., Auf der Suche nach dem Gral, Hentrich, Berlin 1991
Tapé, A., Aurelius Augustinus, Neue Stadt, München 1988
Tate, Georges, Die Kreuzritter, Maier, Ravensburg 1993

Thimme, Wilhelm; A. Augustinus, De vera religione, Reclam, Stuttgart 1983; A. Augustinus, Vom Gottesstaat, 1. und 2. Teil, dtv, München 1978
Toman, Rolf, Das hohe Mittelalter, Taschen, Köln 1988
Upton-Ward, J.M., The Rule of the Templars, Matthew Bennett, Woodbridge 1992
Vaillant, Bernard, Westliche Einweihungslehren, Hugendubel, München 1986
Veltman, W. F., Tempel und Gral, Frankfurt: Info 3,1993
Voegelin, Erich, Die politischen Religionen, Schriftenreihe »Ausblicke«, Bermann-Fischer, Wien 1938
Vorländer, K., Geschichte der Philosophie, Band 2, Mittelalter und Renaissance, Rowohlt, Reinbek 1990
Watson, Adam, The Evolution of International Society: A Comparative Historical Analysis, 1992
Watt, W. M., Der Einfluß des Islam auf das europäische Mittelalter, Wagenbach, Berlin 1988
Werner, H., Lexikon der Esoterik, Fourier, Wiesbaden 1991
Wieners, Peter, Das Gottes -und Menschenbild Wolframs in Parzival, Habelt, Bonn 1973
Wise, T., The wars of the crusades, Bookclub Associates, London 1978
Wille, Otto, Die verfolgten Nachfolger Christi, Universelles Leben, Würzburg 1987
Wilson, Ian, Holy Faces - Secret Places, Doubleday, London 1991
Winkler, G., Hg., Bernhard von Clairvaux, Sämtliche Werke, Tyrolia, Innsbruck 1990
Wolfhart, Heinz, Die Welt der Ritterorden, Schroll, Wien 1978
Zimmerling, Dieter, Der Deutsche Ritterorden,Econ, Düsseldorf 1991
Zink, Jörg, Die Bibel, Pattloch, Stuttgart 1980
Zöllner, Walter, Geschichte der Kreuzzüge, VEB, Berlin 1977

Register

C

D

E

F

G

L

M

N

O

P

Q

R

S

Ordenssiegeln mit unterschiedlicher Darstellung des Motivs